职业院校
汽车类"十三五"规划教材

工业和信息化高职高专
"十三五"规划教材立

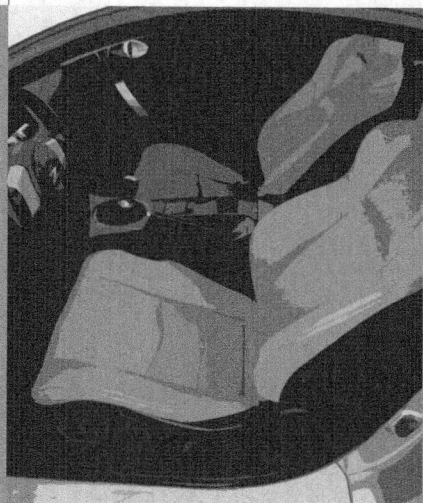

U0665910

汽车
舒适与安全系统检修
（第2版）

Maintenance of Automobile Comfort
and Safety System (2nd Edition)

◎ 张军 主编

人民邮电出版社
北京

图书在版编目（CIP）数据

汽车舒适与安全系统检修 / 张军主编. -- 2版. --
北京：人民邮电出版社，2015.12（2023.8重印）
职业院校汽车类"十三五"规划教材
ISBN 978-7-115-40156-4

Ⅰ. ①汽… Ⅱ. ①张… Ⅲ. ①汽车－安全装置－检修
－高等职业教育－教材 Ⅳ. ①U472.41

中国版本图书馆CIP数据核字(2015)第180918号

内 容 提 要

本书按照项目式教学的要求，将先进的汽车舒适与安全系统装备的结构、工作原理以及故障检测与维修方法结合学生的认知规律贯穿到各项目的实施中，以提高学生的实际检修技能。

本书内容包括汽车总线技术的检测、汽车舒适（空调、电动车窗、中央门锁、防盗、巡航）系统的检测与维修、汽车安全（安全气囊）系统的检测与维修、信息（导航、娱乐）系统的检测与设定，共9个项目。每个项目按照"项目要求—相关知识—项目实施—拓展知识—小结—习题"的形式安排，突出实用性。

本书可作为高职高专院校汽车类专业的教材，也可作为汽车售后服务部门专业人员的培训用书。

◆ 主　编　张　军
责任编辑　刘盛平
责任印制　张佳莹　杨林杰

◆ 人民邮电出版社出版发行　　北京市丰台区成寿寺路 11 号
邮编　100164　　电子邮件　315@ptpress.com.cn
网址　http://www.ptpress.com.cn
北京九州迅驰传媒文化有限公司印刷

◆ 开本：787×1092　1/16
印张：17.25　　　　　　　　2015 年 12 月第 2 版
字数：444 千字　　　　　　2023 年 8 月北京第 14 次印刷

定价：39.80 元

读者服务热线：(010)81055256　印装质量热线：(010)81055316
反盗版热线：(010)81055315

汽车舒适与安全系统是汽车车身电气系统的一部分，它是集网络传输、控制于一体的电气系统，已成为现代汽车的标准配置。"汽车舒适与安全系统检修"是高职院校汽车专业一门重要的专业课程，为了帮助高职院校的教师全面、系统地讲授这门课程，使学生能够熟练地掌握现代汽车舒适与安全系统装备的检测维修方法，我们编写了本书。

我们对本书的体系结构做了精心的设计，根据学生的认知规律，由简单到复杂地安排全书的项目。对每一个项目，按照"项目要求—相关知识—项目实施—拓展知识—小结—习题"这一思路进行编排。各项目内容相对独立，且涉及的知识比较先进、针对性强，基本上涵盖了德系、日系、美系车型的新技术。本书每个项目都附有一定数量的习题，可以帮助学生进一步巩固基础知识。一些项目还附有拓展知识，供学生掌握新知识、新技术。

本书的参考学时为 70 学时，其中实践环节为 34 学时。各项目的参考学时见下面的学时分配表。

项 目	项目内容	学 时 分 配	
		讲 授	实 训
一	汽车总线系统检测	4	4
二	汽车空调系统检修	12	12
三	电动车窗、天窗与电动后视镜的检修	4	2
四	电动座椅检修	2	2
五	巡航控制系统的检测与设定	4	4
六	中控门锁与防盗系统检修	4	4
七	汽车安全气囊的检修	2	2
八	汽车音响系统的设定	2	2
九	信息通信系统的检测与设定	2	2
课时总计		36	34

本书由长春汽车工业高等专科学校张军任主编，长春汽车工业高等专科学校汽车工程系汽车电子技术教研室的教师参与编写。全书共 9 个项目，其中，项目一、项目六、项目九由张军编写；项目二由张军、王卫军共同编写；项目三、项目七、项目八由丛彦波、张军编写；项目四、项目五由李臻编写，其他参与编写的人员还有杨金玉、王慧怡、董长兴等。一汽大众公司培训师张颖、任立金，长春通立公司的孙雪梅、乔伟等售后服务和维修人员为本书的编写提供了宝贵意见，在此表示感谢。

由于编者水平有限，书中难免存在不足之处，敬请广大读者批评指正。

编 者

2015 年 6 月

目　录

项目一

汽车总线系统检测

一、项目要求

【知识要求】

（1）掌握汽车总线系统工作原理。

（2）掌握汽车总线系统检测方法。

【能力要求】

能够使用 VAS5051、VAS6150 示波器对汽车总线系统进行检测。

二、相关知识

（一）汽车控制器（单片机）技术基础

1. 汽车控制器组成

汽车控制器是以单片机为核心器件的微处理器系统。该系统不是以几个部件的形式出现在汽车上，而是将几乎所有的硬件集中装配在一块印制电路板上，然后用一个金属外壳封装起来；有的为了防潮、防振，还在壳体内部灌注树脂胶。所以，在汽车上我们看到的是由金属外壳封装的、具有各种功能的单片机控制系统，也就是所谓的汽车电子控制单元（Electronic Control Unit，ECU）。

装在外壳下和汽车凹槽深处的汽车控制器（微控制器）可以收集并交换信息，实现监测控制和优化等功能，如图 1-1 所示。

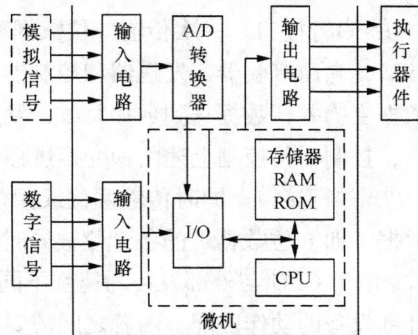

图 1-1　汽车电子控制单元（ECU）的基本构成

（1）中央处理器（Central Processing Unit，CPU）。CPU 是微控制器内部的核心部件，它决定了微控制器的主要功能和特性。CPU 由两部分组成：一部分为控制器，英文缩写为 CU，它控制各部分协调工作；另一部分为算术逻辑运算器，英文缩写为 ALU，它负责算术和逻辑运算，核心为一个运算器。

（2）输入电路。输入电路对传感器输入的各种信号进行放大、滤波、整形、变换等，转换为计算机可以识别的标准信号，一般分为模拟信号输入电路和数字信号输入电路。

① 模拟信号输入电路。模拟信号输入电路是利用单片机将控制对象的各种被测参数，如水温、空气流量、气温等参数，通过传感器变成模拟电信号，然后经过 A/D 转换器变成数字信号，再输入 ECU 的电路。

② 数字信号输入电路。数字量输入装置多是产生离散信号，通常这些信号代表两种状态，如开和关、限内和限外、高电平和低电平等。例如，发动机曲轴转速数字传感器可以产生和曲轴转角速度成正比的频率脉冲信号。在防滑制动中的轮胎转速传感器也是一种数字传感器，它把数字传感器产生的信号经过预处理变成 ECU 要求的标准脉冲后，进入 ECU 控制的计数器，通过测频或测周期的算法求出相应的转速值。上止点的脉冲信号发生器在曲轴转到上止点之前的某个位置时，会产生一个窄脉冲，作为点火喷油的基准信号。以上装置都是数字信号输入装置。

（3）输出电路。输出电路把计算机发出的控制指令信号经过放大、变换等处理转换成可以驱动各执行器工作的电信号，一般分为模拟信号输出电路和数字信号输出电路。

① 模拟信号输出电路。模拟量输出装置多是执行机构，例如，控制空燃比的油门开度控制器，就是把 ECU 送来的数字信号通过步进电机变成机械转动量（模拟量）。

② 数字信号输出电路。数字量输出装置是汽车自动控制的输出机构的一种，电子喷油器的电磁线圈、点火器的点火线圈等都是数字量输出装置。喷油的自动控制主要解决两个问题：一个问题是喷油量的多少，主要由 ECU 给喷油器电磁线圈脉冲的宽度来决定；另一个问题是在什么时间开始喷油，由发动机曲轴转角大小（由上止点到开始喷油的转角大小）来决定。当然，ECU 输出的信号要通过接口、光电隔离及功率放大后才能控制执行机构。

（4）A/D 转换器。A/D 转换器是将模拟信号转换成数字信号的装置。

（5）存储器。存储器一般分为随机存储器和只读存储器两种。能读出也能写入的存储器叫随机存储器，英文缩写为 RAM；只能读出的存储器叫做只读存储器，英文缩写为 ROM。

（6）接口。接口是一种在微处理机和外围设备之间控制数据流动和数据格式的电路。简单地说，接口就是连接两个电子设备单元的部件。微处理机要通过外部设备与外界联系，接口的结构分为串行和并行两种。

① 串行接口。一次传输一位数据称为串行传输。以串行传输方式通信时，使用的接口叫串行接口，它由接收器、发送器和控制器三部分组成，如图 1-2 所示。接收器把外部设备送来的串行数据变为并行数据送到数据总线，发送器把数据总线上的并行数据变为串行数据发送到外部设备去，控制器是控制上述两种变换过程的电路。串行接口的主要用途是进行串/并、并/串转换。

② 并行接口。同时传输两位或两位以上的数据称为并行传输。以并行传输方式通信时，多位数据（如 8 位数据）的各个位被同时传送，如图 1-3 所示。微控制器内部几乎都采用并行传输方式。由于 CPU 与外部设备的速度不同，所以外部设备的数据线不能直接接到总线上。为使 CPU 与外部设备的动作匹配，两者之间需要有缓冲器和锁存器。缓冲器和锁存器用于暂时保存数据，具有这些功能的接口称为并行接口。串行接口和并行接口统称为输入/输出接口。

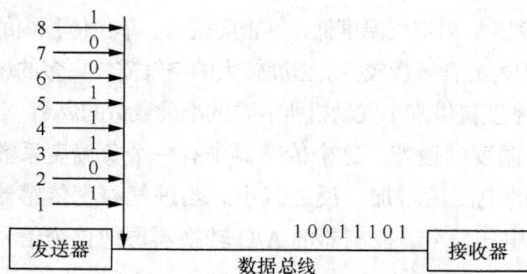

图 1-2　串行数据传输

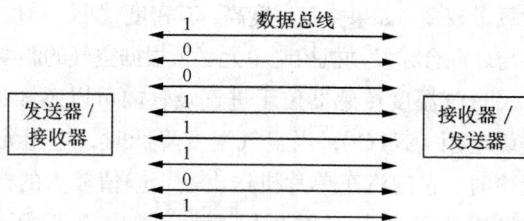

图 1-3　并行数据传输

随着汽车电子控制技术的发展，单片机在车上的应用基本上分成三类：动力系统控制、舒适系统控制、信息与娱乐系统控制，如图 1-4 所示。

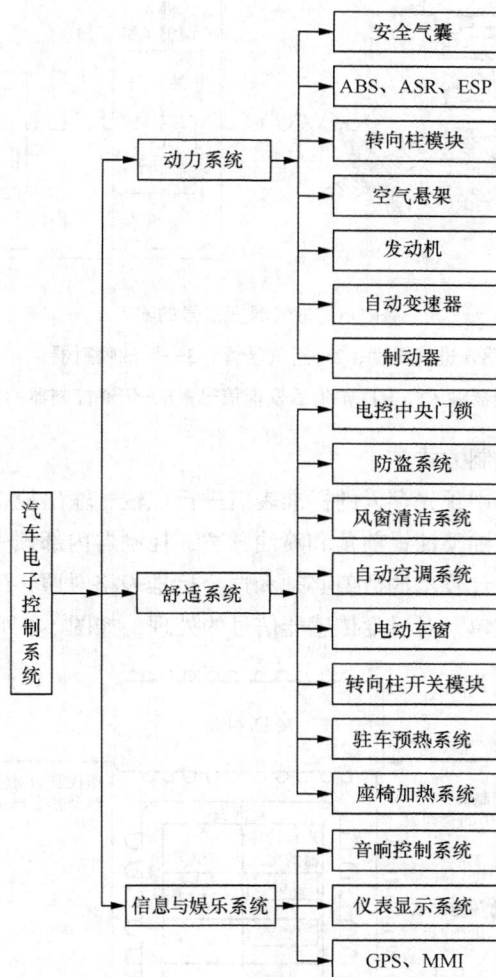

图 1-4　汽车电子控制系统按总线网络的分类

2. 控制单元的控制方式

汽车某个系统工作时其控制单元（控制器）对传感器不断进行检测，即信号不断输入和输出，信息的传递形式有模拟信号和数字信号两种。

模拟信号一般要转换为数字信号后才能传递给汽车控制器，而数字信号只要稍加电平变换就可以

直接被控制器接收。以进气温度传感器的信号处理为例，如果空气温度低，其密度就大，单位体积内的含氧量较多；如果空气温度高，其密度就小，单位体积内的含氧量较少。密度较大的空气需要更多的燃料与之混合，发动机控制单元必须根据空气的温度和密度提供汽车发动机所需要的准确数量的燃料。

进气温度传感器位于进气歧管内可以感知进气温度的地方。这个传感器中有一个负温度系数热敏电阻（NTC），当空气温度降低时，电阻元件的电阻值增加，反之减小。当进气温度传感器变冷时，它向汽车单片机送出一个幅值较大的模拟电压信号，控制器的 A/D 转换器再把这个信号转换成数字信号，被控制器接收，如图 1-5 所示。

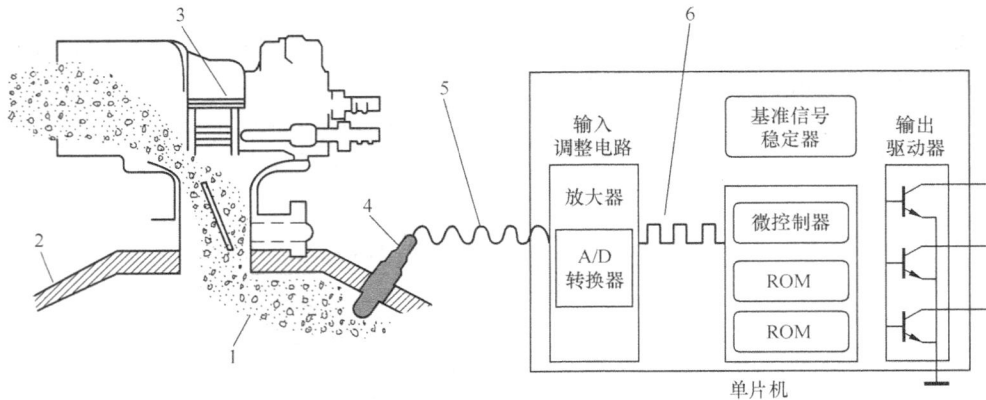

图 1-5　进气温度信号的输入

1—进气温度传感器感知进气温度；2—进气歧管；3—燃油喷射器；4—进气温度传感器；
5—向控制器输入高电压幅值的模拟信号；6—传递控制器的数字信号

控制单元有以下几种控制方式。

（1）利用与查询控制器中预先存入的标准表值进行比较，输出校正值来驱动执行元件。为了精确计算出点火提前角、燃油喷油提前角和喷油脉宽，控制器内部预先存入一个标准值的表格，控制器根据传感器传来信号计算出的数值必须和这个标准表格对照，最后输出一个校正的值来控制执行器工作。例如，电控单元对温度传感器信号的处理，如图 1-6 所示。

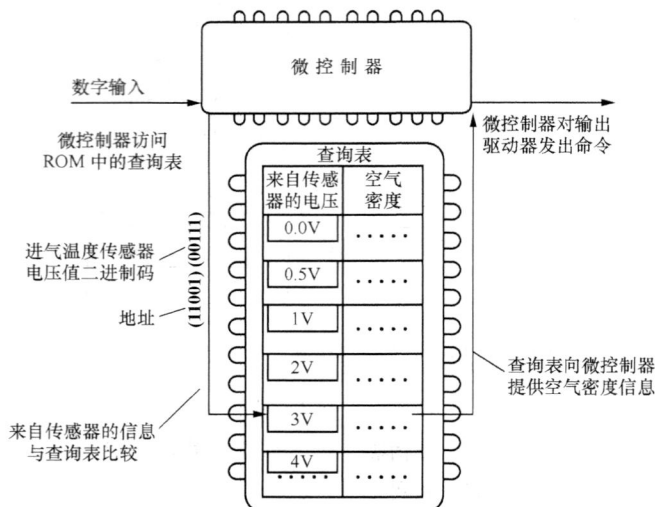

图 1-6　发动机电控单元对进气温度信号的处理

控制器收到进气温度传感器信号后立即访问 ROM 中的查询表，查询表列出了每一空气温度对应的空气密度。当进气温度传感器电压信号很高时，查询表会指出空气密度很大。这个信息被传给微控制器，微控制器通过输出驱动器控制燃油喷油器向发动机提供准确数量的燃油，如图 1-6 所示。

（2）电控单元直接输出正电。用于运行微控制器的 5V 恒定电压是由电源电压在发动机控制单元内部产生的，是专门用于传感器的电源，如图 1-7 所示。为了输出电压信号，一般传感器用 0～5V 的电压变化来代替被检测的位置信号。

（3）采用上拉拔电阻或下拉拔电阻的分压检测分流电压。图 1-7 中，电控单元测量电流直接流向传感器，或是测量电流从传感器流入控制单元。两种情况下，通过拔出（下拉拔电阻）或插入（上拉拔电阻）电阻都会产生电压损失。控制单元内的传感器与电阻组合形成分压器。测量电流会造成电压损失，而分流电压等于控制单元的测量值。电阻 R_1、R_2、R_3 为上拉拔电阻（电源在电控单元内部），通过拉拔电阻分压，电控单元检测到 A、B、C 三点的电位，就可以检测到线路连接、传感器和开关的工作状态。这里要注意的是，温度传感器、霍尔传感器电流是由电控单元流出经过传感器搭铁。

图 1-7 所示电阻 R_4 为下拉拔电阻（外加电源、电控单元内部搭铁），经过电位计/压力传感器的电流是由电源方向流向控制单元内部搭铁。

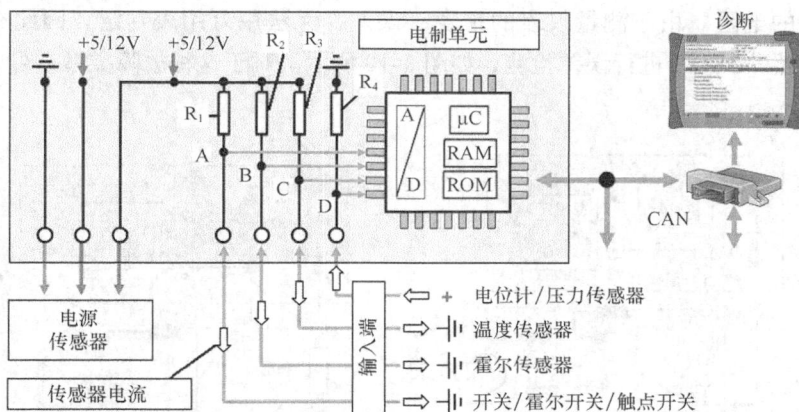

图 1-7　电控单元对信号输入、输出的处理方式

① 开关信号。图 1-8 所示为开关信号电路，控制单元在拉拔电阻前供给电压。根据系统不同，电压可以是 5V 持续电压、12V 持续电压或脉冲电压及信号。每个开关在接通时通常由控制单元的电压来测量，电流流经每个闭合开关，并由此提高控制单元的电耗。因此，车辆电气中电子设备的设计旨在车辆锁合后，所有处于待机模式的开关（车门开关接触开关、发动机机舱盖接触开关、车门锁开关）都处于打开状态，以降低电耗值。若使用脉冲技术，还有扩展故障诊断功能。控制单元内的拉拔电阻作为分压器预制于传感器或开关前。开关将通常为 5V 或 12V 的预压电位计接地。控制单元对开关状态的电压值进行分析（此情况为 0V 或 12V）。

同理，电控单元也可以通过脉冲信号检测开关触点电位不同来判断不同的挡位，驱动相应的执行件工作。例如，车门控制单元控制车窗的升降，如图 1-9 所示。

图1-8　开关信号

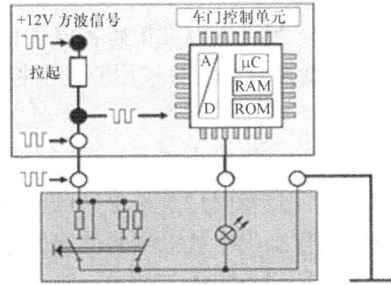

图1-9　电动车窗挡位识别

② 电位计、温度传感器信号。在写入模式下可以记录 NTC 的特征线。由于 NTC 特征线在高温时呈平缓趋势，因此 NTC 仅适用于低温测量，对于极端高温应采用正温度系数热敏电阻（PTC）（如排气温度）。特征线在采用 PTC 的情况下成水平逆转。拉拔电阻与 NTC 形成分压器，分流电压为控制单元的测量值。根据温度变化，电压始终控制在 0～5V。若加载电压超出这个范围，可能会造成存储单元的故障存储记录。遇到错接，发送器的电压不得为 0V 或 5V，该连接相当于控制单元与接触开关的连接（门触点、罩壳触点、车后门把手等）。为了避免滑触头电压随电位计电源波动，通常用控制单元来对电源进行稳压。同理，为了能够在整车电源低压状态下使用电位计值，电源电压要始终明显低于整车电压，这同样也适用于所有用来进行信号采集的电阻。由于测量仪表的精度、误差，无法用万用表判定，因此有必要采用数字存储式示波器（DSO）进行误差检测，如图 1-10 所示。对于这种故障类型，可以不必进行故障储存记录。

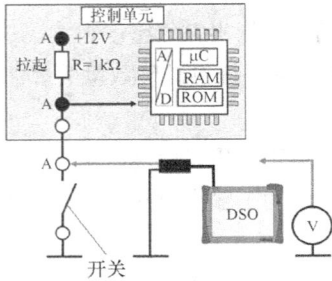

（a）NTC 传感器控制

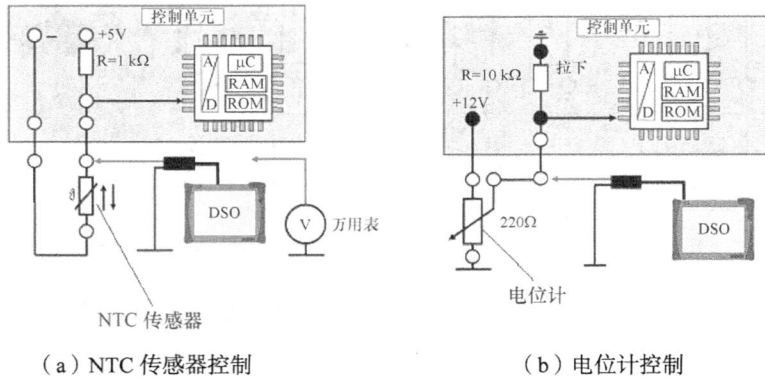

（b）电位计控制

图1-10　上、下拉拔电阻的应用

（二）总线系统信息传输及总体构成

1. 总线系统信息传输

总线系统的信息一般采用多路传输。所谓多路传输也叫时分复用（Time-Division Multiplexing, TDM）技术，是将不同的信号相互交织在不同的时间段内沿着同一个信道传输，在接收端再用某种方法将各个时间段内的信号提取出来还原成原始信号的通信技术，多路传输原理如图 1-11 所示。

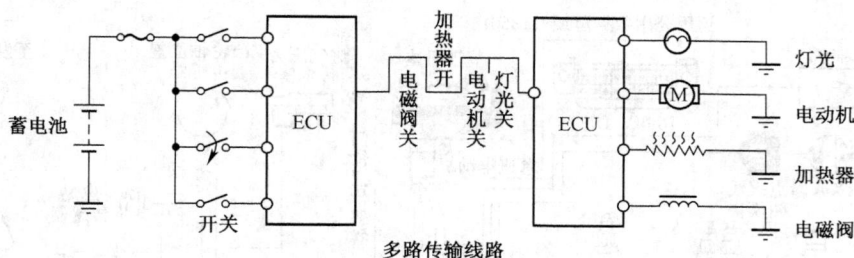

图 1-11　多路传输原理图

为了提高通信系统信道的利用率，语音信号的传输往往采用多路复用技术通信的方式。这里所谓的多路复用技术通信方式，通常是指在一个信道上同时传输多个语音信号的技术，有时也将这种技术简称为复用技术。

2.　总线系统构成

总线系统主要由控制器、数据总线、网络、通信协议、网关等组成。

（1）控制器。控制器（ECU），是探测信号或进行信号处理的电子装置。

（2）数据总线。数据总线（BUS）是控制单元之间运行数据传递的通道，即所谓的信息"高速公路"。如果一个控制单元既可以通过总线发送数据，又可以从总线接收数据，则这样的数据总线就称之为双向数据总线。汽车上的数据总线实际是一条导线或两条导线，如图 1-12 所示。

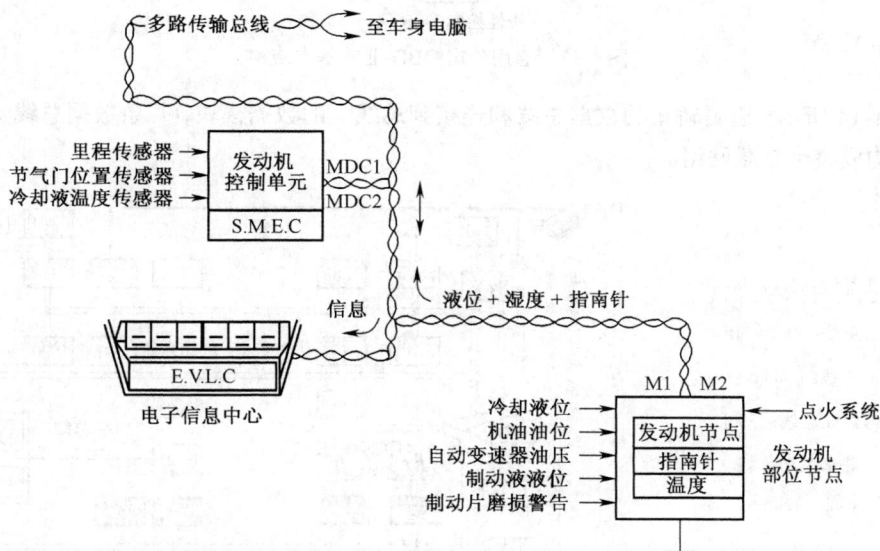

图 1-12　克莱斯勒 CCD 系统采用的双绞线数据总线

如图 1-13 所示，是通用公司 OBD-Ⅱ 的基本结构。从图上可以看出，所有的输入信号线和输出信号线都经过车辆控制模块，许多车还有一根总线连接 ABS 模块。车辆控制模块采用轮速信号作为车辆的速度输入信号，因为车辆控制模块同时控制发动机和自动变速器，所以无须像其他车辆一样再用另一根总线和自动变速器控制模块连接。

（3）网络。局域网是在一个有限区域内连接的计算机网络，通过这个网络实现这个系统内的信息资源共享。局域网一般的数据传输速度在 10^5 kbit/s 以内，汽车上的总线传输系统（车载网络）是一种局域网。

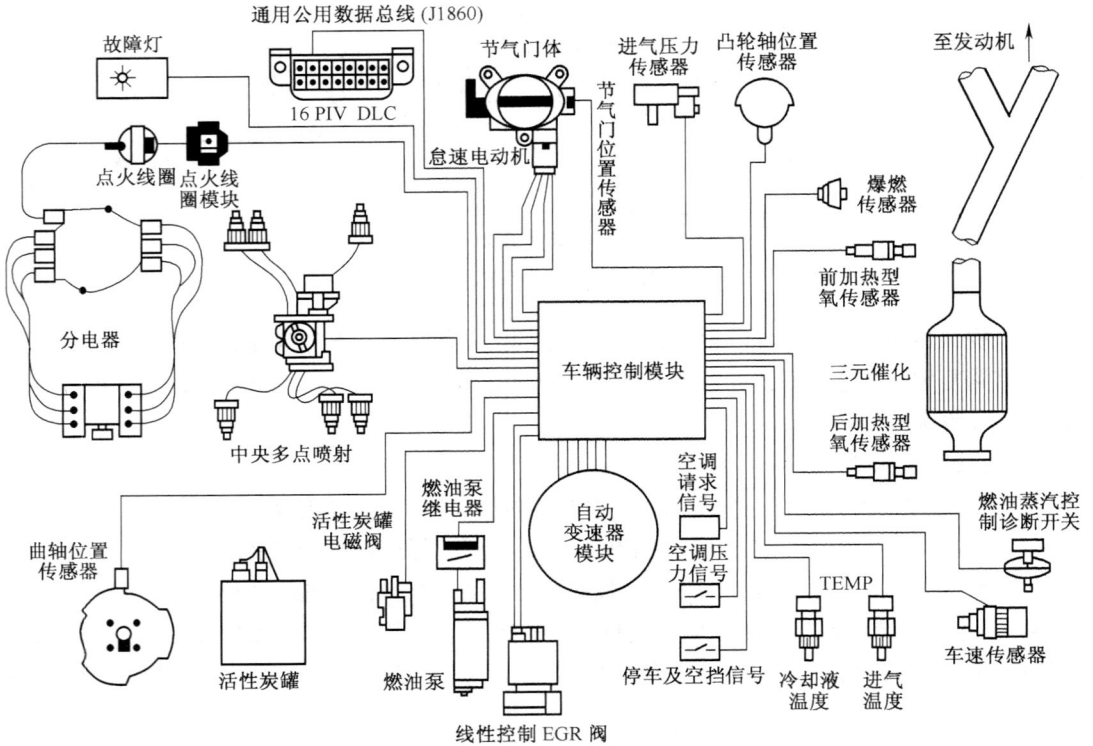

图 1-13　通用公司 OBD-Ⅱ 的基本结构

如图 1-14 所示，迈腾轿车的数据总线和连接到总线上的数据模块，几条数据总线又连接到局域网上，构成整个车载网络。

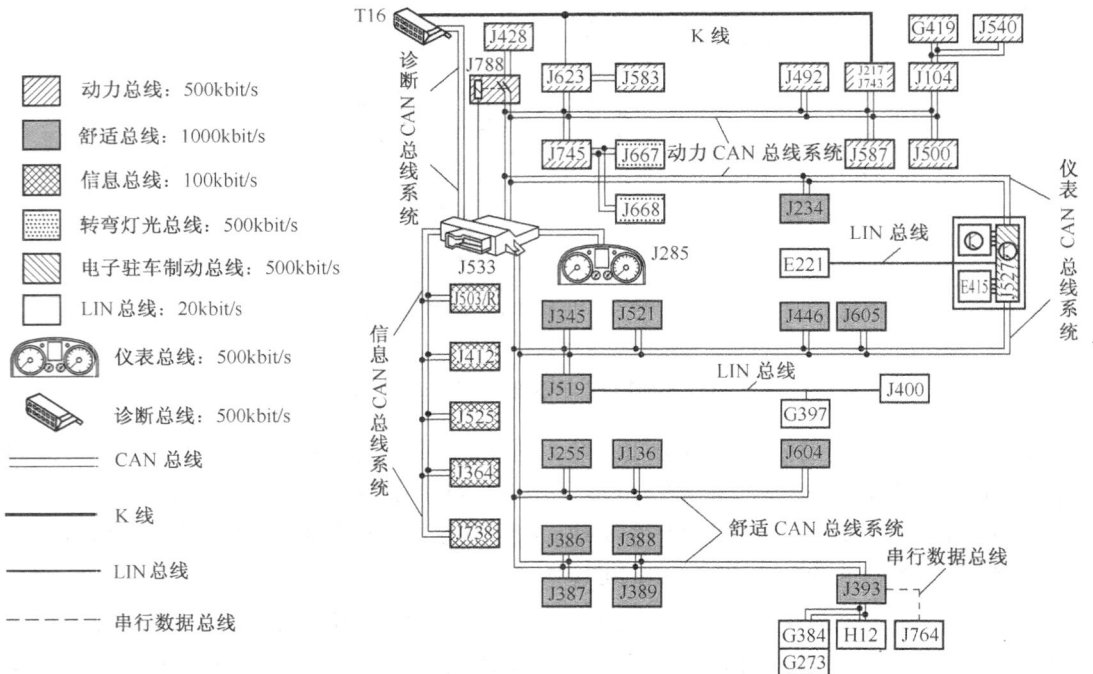

图 1-14　迈腾轿车车载网络系统

（4）通信协议。通信协议犹如交通规则，包括"交通标志"的制定方法。通信协议的标准蕴含唤醒访问和握手。唤醒访问就是一个给模块的信号，这个模块为了节电而处于休眠状态。握手就是模块间相互确认兼容并处在工作状态。作为汽车维修人员，并不关心通信协议本身，真正关心的是它对汽车维修诊断的影响。为什么各汽车制造厂家都制定通信协议呢？通信协议本身取决于车辆要传输多少数据，要用多少模块，数据总线的传输速度要多快。大多数通信协议（以及使用它们的数据总线和网络）都是专用的，因此，维修诊断时需要专门的软件。

（5）网关。按照汽车装配的不同控制单元对总线系统性能要求的不同，汽车上的总线系统各有不同。图 1-15 所示为一汽迈腾轿车 CAN-BUS 系统，共设定了动力系统总线（驱动总线）、舒适系统总线、信息系统总线、仪表系统总线和诊断系统总线 5 个不同的区域。

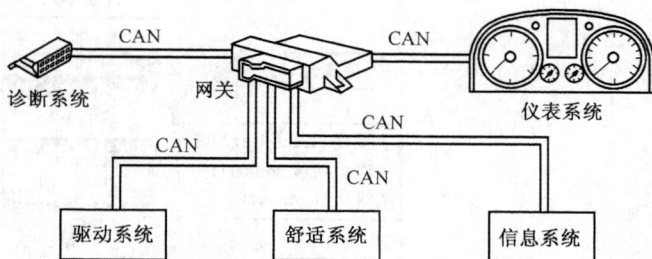

图 1-15　一汽迈腾轿车 CAN-BUS 由网关连接的系统

由于不同区域车载网络的速率和识别代号不同，因此，一个信号要从一个总线区域进入到另一个总线区域，必须对它的识别信号和速率进行改变，使之能够被另一个数据总线系统接收，这个任务由网关（Gateway）来完成。另外，网关还具有改变信息优先级的功能，例如，车辆发生相撞事故，安全气囊控制单元会发出负加速度传感器的信号，这个信号的优先级在动力系统总线中是非常高的，但转到舒适系统车载网络后，网关调低了它的优先级，因为它在舒适系统中的功能只是打开车门和灯。

通过网关将 5 个系统联成网络，由于电压电平和电阻配置不同，所以在 CAN 驱动总线和舒适/信息系统总线之间无法进行耦合连接。另外这两种数据总线的传输速率是不同的，这就决定了它们无法使用相同的信号。这样，就需要在这两个系统之间能完成一个转换，这个转换过程也是通过网关来实现的。

根据车辆的不同，网关可能安装在组合仪表内、供电控制单元内或在自己的网关控制单元内。由于通过 CAN 数据总线的所有信息都供网关使用，所以网关也用作诊断接口。

网关相当于站台。如图 1-16 所示，在站台 A 到达一列快车（CAN 驱动数据总线，500 kbit/s），车上有数百名旅客，在站台 B 已经有一辆火车（CAN 舒适/信息系统数据总线，100 kbit/s）在等待，有一些乘客就换到这辆火车上，有一些乘客要换乘快车继续旅行。

车站/站台的功能是让旅客换车，以便通过速度不同的交通工具到达各自的目的地。网关的主要任务是使两个速度不同的系统之间能进行信息交换。

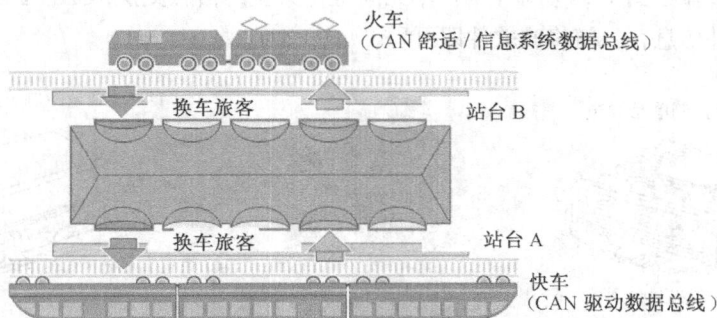

图 1-16　网关的功能

（三）CAN-BUS 的结构

1. CAN-BUS 各组成部件及功能

CAN-BUS（CAN 数据传输系统）包括控制单元、收发器（Tranceiver）、数据总线终端电阻，其中收发器包括发送器（Transmitter）和接收器（Receiver），如图 1-17 所示。

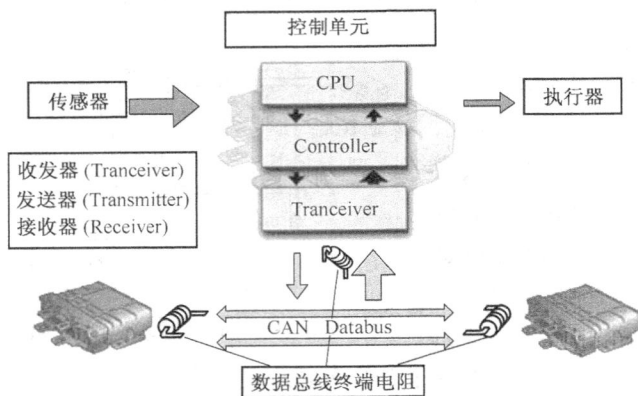

图 1-17　CAN-BUS 数据总线组成

（1）控制单元。控制单元接收来自传感器的信号，将其处理后再控制执行元件，同时根据需要将传感器的信息通过 CAN 发送给其他控制单元，如图 1-17 所示。

（2）收发器。CAN 收发器由 1 个 CAN 发送器和 1 个 CAN 接收器组成，其作用是将 CAN 控制器提供的数据转换成 CAN-BUS 网络信号发送出去，同时，它也接收总线数据，并将数据传送到 CAN 控制器。其中发送器把数据传输总线构件连续的比特流（逻辑电平）转换成电压值(线路传输电平)，这个电压值适合铜导线上的数据传输；接收器则把电压信号转换成连接的比特流，这种比特流适合 CPU 处理。

2. 数据传输形式和数据传输原理

（1）数据传输形式。目前，在汽车上应用的总线数据传输可以采用单线形式，也可以采用双线形式。原则上数据传输总线用一条导线就足以满足功能要求了，使用第二条导线传输信号只不过是与第一条导线上的传输信号形成镜像关系，这样可有效地抑制外部干扰。电控单元之间的所有信息都是通过两根数据线 CAN-Low 线和 CAN-High 线来传输的，例如，发动机和自动变速器控制单元之间的传输如图 1-18 所示。电控单元间进行大量的信息交换，CAN-BUS 也能完全胜任，如果需要增加额外信息，只需修改软件即可。

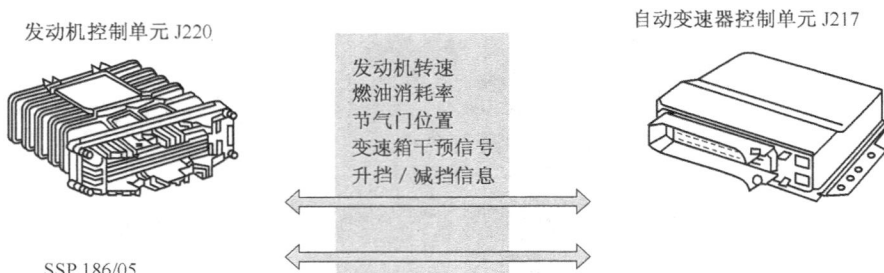

图 1-18　数据传输形式

（2）数据传输原理。CAN-BUS 中的数据传递就像一个电话会议，如图 1-19 所示。一个电话用户（电控单元）将数据"讲入"网络中，其他用户通过网络"接听"这个数据，对这个数据感兴趣的用户就会利用数据，而其他用户则选择忽略。

（3）CAN-BUS 传递数据的格式。CAN-BUS 传递的数据由多位构成。在数据中，位数的多少由数据域的大小决定。CAN-BUS 在极短的时间里在各控制单元间传递的数据，如图 1-20 所示，可将其分为开始域、状态域、检查域、数据域、安全域、确认域和结束域 7 个部分，该数据构成形式在两条数据传输线上是一样的。

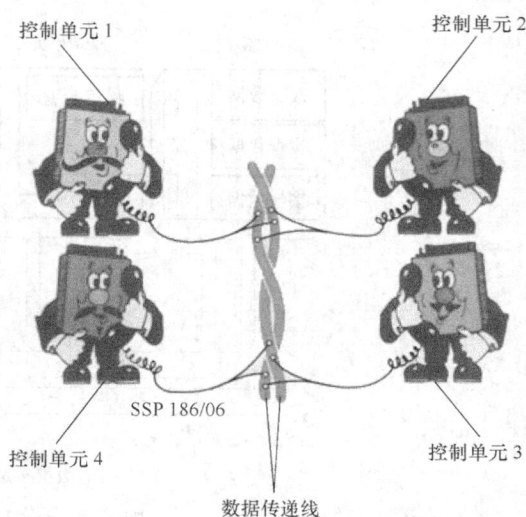

图 1-19　CAN 数据总线数据传输原理

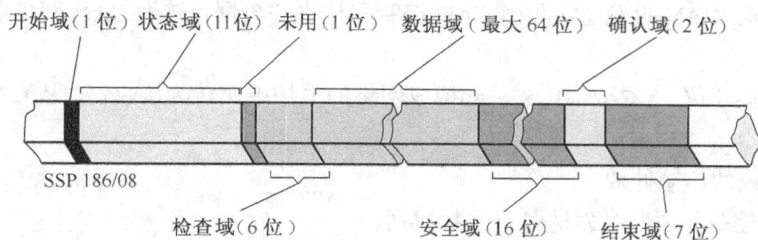

图 1-20　CAN 数据总线传递数据的构成

① 开始域。开始域标志着数据列的开始，由 1 位构成。带有大约 5 V 电压（由系统决定）的 1 位被送入高位 CAN 线，带有大约 0 V 电压的 1 位被送入低位 CAN 线。

② 状态域。状态域判定数据中的优先权，由 11 位构成。如果两个控制单元都要同时发送各自的数据，那么，具有较高优先权的控制单元优先发送。

③ 检查域。检查域用于显示在数据域中所包含的信息项目数，由 6 位构成。在本部分，允许任何接收器检查是否已经接收到所传递过来的所有信息。

④ 数据域。数据域传给其他电控单元的信息，最大由 64 位构成。

⑤ 安全域。安全域检测传递数据中的错误，由 16 位构成。

⑥ 确认域。确认域由 2 位构成。在此，CAN 接收器信号通知 CAN 发送器，确认 CAN 接收器已经收到传输数据。若检查到错误，CAN 接收器立即通知 CAN 发送器，CAN 发送器再重新发送一次数据。

⑦ 结束域。结束域由 7 位构成，标志数据列的结束。此部分是显示错误并重复发送数据的最后一次机会。

3. CAN-BUS 的数据传递过程

CAN-BUS 并没有指定数据接收者，数据在 CAN-BUS 传输过程中，可以被所有电控单元接收和计算。CAN-BUS 的数据传递过程如图 1-21 所示。

控制单元1　　控制单元2　　控制单元3　　控制单元4

接受数据　提供数据　　　　　　接受数据
检查数据　　　　　检查数据　检查数据
接收数据　发送数据　接收数据　接收数据

SSP 186/07

数据传递线

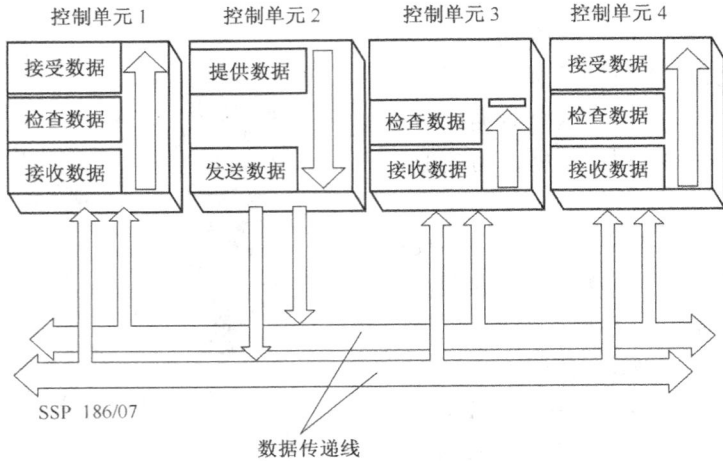

图 1-21　CAN-BUS 的数据传递过程

① 提供数据：电控单元的微处理器向 CAN 控制器提供需要发送的数据。

② 发送数据：CAN 收发器接收由 CAN 控制器传来的数据，转为 CAN 网络电信号并发送到 CAN-BUS 上。

③ 接收数据：所有与 CAN-BUS 一起构成网络的电控单元转为接收器，从 CAN-BUS 上接收数据。

4. CAN 总线的传输仲裁

如果多个电控单元要同时发送各自的数据列，那么数据总线上就必然会发生数据冲突。为了避免发生这种情况，CAN-BUS 就必须决定哪个控制单元的数据列首先进行发送，总线采用传输仲裁的原则是：具有最高优先权的数据首先发送。

例如，由 ABS/EDL 电控单元提供的数据比自动变速器控制单元（驾驶舒适）提供的数据更重要，因此具有优先权。数据列的状态域是由 11 位组成的编码，其数据的组合形式决定了数据的优先权，如图 1-22 所示。3 个控制单元同时发送数

ABS/EDL 控制单元　　发动机控制单元　　自动变速器控制单元

SSP 186/32

数据总线（外部节点）

图 1-22　优先权判定 CAN-BUS 举例

据列，此时，在 CAN-BUS 数据传输线上进行一位一位的比较，如果 1 个控制单元发送了 1 个低电位而检测到 1 个高电位，那么该控制单元就停止发送数据列而转为接收器。

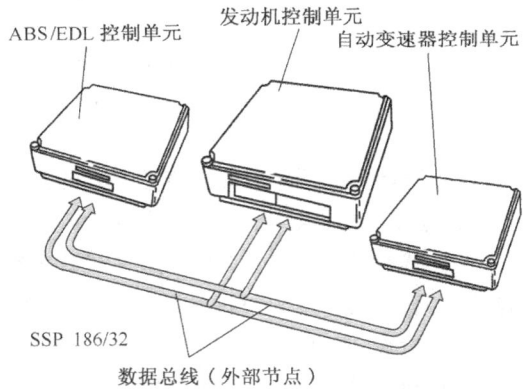

表 1-1 所示为 3 组不同数据列的优先权。例如，如图 1-23 所示，在数据列的状态域位 1，ABS/EDL 控制单元发送了 1 个高电位，发动机控制单元也发送了 1 个高电位，自动变速器控制单元发送了 1 个低电位而检测到 1 个高电位，那么自动变速器控制单元将失去优先权而转为接收器。在数据列的状态域位 2，ABS/EDL 控制单元发送了 1 个高电位，发动机控制单元发送了 1 个低电位并检测到 1 个高电位，那么，发动机控制单元也失去优先权而转为接收器。在数据列的状态域位 3，ABS/EDL 控制单元拥有最高优先权并接收分配的数据，该优先权保证其持续发送数据直至发送终了，ABS/EDL 控制单元发送数据结束后，其他控制单元再发送各自的数据。

表 1-1　　　　　　　　　　　　　　　不同数据列的优先权

优 先 权	数 据 报 告	状态域形式
1	制动 1（Brake1）	001　1010　0000
2	发动机 1（Engine1）	010　1000　0000
3	变速器 1（Gearbox1）	100　0100　0000

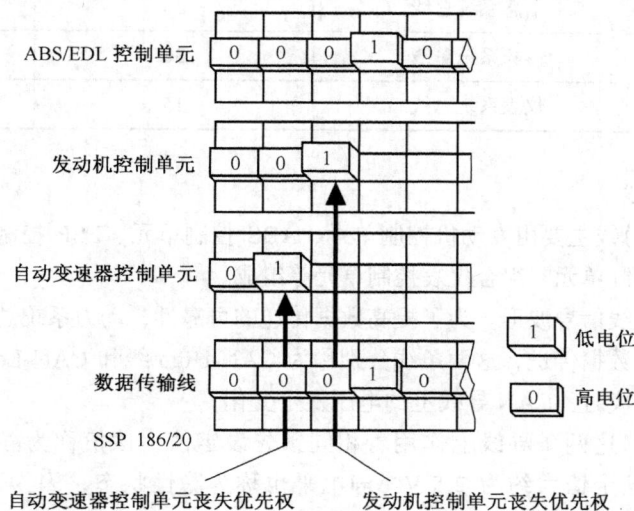

图 1-23　数据列优先权的判定

（四）大众车系 CAN-BUS

随着大众车系舒适系统、安全系统的不断升级，电控单元数量不断增加，同时车上的传感器、执行器也不断增加，信息交换越来越密集，车辆的控制越来越复杂，传统的点对点的连接方式使线束变得越来越庞大，使汽车的设计及发展陷入尴尬的境地。德国 BOSCH 公司开发的 CAN 总线系统解决了上述矛盾，在增加控制单元的同时减少线束的数量，使控制过程更加简化。

1. 大众车系 CAN-BUS 类型

以迈腾轿车为例，该系统设定为 5 个不同的区域，分别为动力（驱动）系统、舒适系统、信息系统、仪表系统、诊断系统 5 个局域网，如图 1-24 所示。5 个子局域网的传输速率见表 1-2。其中在 CAN 总线系统下还存在 LIN 总线系统，其传输速率为 20 kbit/s，整个 CAN 总线系统最大可承载 1 000 kbit/s。

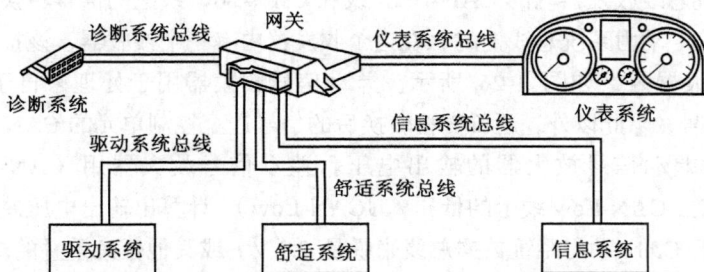

图 1-24　CAN-BUS 的子系统

表 1-2 　　　　　　　　　　　 CAN-BUS 的传输速率

1	局域网总线	电源供电线	传输速率（kbit/s）
2	动力系统总线	15	500
3	舒适系统总线	30	100
4	信息系统总线	30	100
5	诊断系统总线	30	500
6	仪表系统总线	15	500

2. 动力系统总线

CAN 动力系统总线主要由发动机控制单元、ABS 控制单元、ESP 控制单元、自动变速器控制单元、安全气囊控制单元、组合仪表控制单元等组成。

（1）动力系统总线信号波形。为了提高数据传递的可靠性，动力系统总线的两条导线（双绞线）分别用于不同的数据传送，这两条线分别称为 CAN-High 线和 CAN-Low 线。在显性状态和隐性状态之间进行转换时，CAN 导线上的电压发生变化。

在隐性状态时，这两条导线上作用着相同预先设定值，该值称为静电平。对于 CAN 动力系统总线来说，这个值大约为 2.5 V。静电平也称为隐性状态，因为连接的所有控制单元均可修改它。

在显性状态时，CAN-High 线上的电压值会升高一个预定值（对 CAN 动力系统总线来说，这个值至少为 1 V），CAN-Low 线上的电压值会降低一个同样值（对 CAN 动力系统总线来说，这个值至少为 1 V）。于是，在 CAN 动力系统总线上，CAN-High 线就处于激活状态，其电压不低于 3.5 V（2.5 V+1 V=3.5 V），而 CAN-Low 线上的电压值最多可降至 1.5 V（2.5 V−1 V=1.5 V）。

因此，在隐性状态时，CAN-High 线与 CAN-Low 线上的电压差为 0 V；在显性状态时，该差值最低为 2 V。

动力系统总线网络由 15 号供电线激活，传输速率 500 kbit/s，是所有 CAN 总线中最高的，采用终端电阻结构，其中心电阻的值为 66 Ω。CAN 数据总线上的信号变化波形如图 1-25 所示。

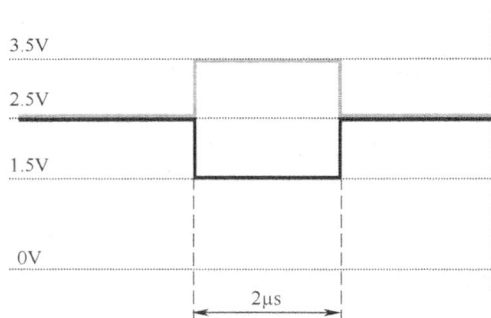

图 1-25　动力 CAN 数据总线上的信号变化

（2）动力系统总线收发器内的 CAN-High 线和 CAN-Low 线上的信号转换。控制单元是通过收发器连接到 CAN 动力系统总线上的，在这个收发器内有一个接收器，该接收器安装在接收一侧的差动信号放大器内，如图 1-26 所示。差动信号放大器用于处理来自 CAN-High 线和 CAN-Low 线的信号，除此以外，还负责将转换后的信号送至控制单元的 CAN 接收区，这个转换后的信号，称为差动信号放大器的输出电压。差动信号放大器用 CAN-High 线上的电压（UCAN-High）减去 CAN-Low 线上的低压（UCAN-Low），计算出输出电压差，用这种方法可以消除静电平（对于 CAN 动力系统数据总线来说是 2.5 V）或其他任意重叠的电压（如干扰）。差动信号放大器内的信号处理如图 1-27 所示。

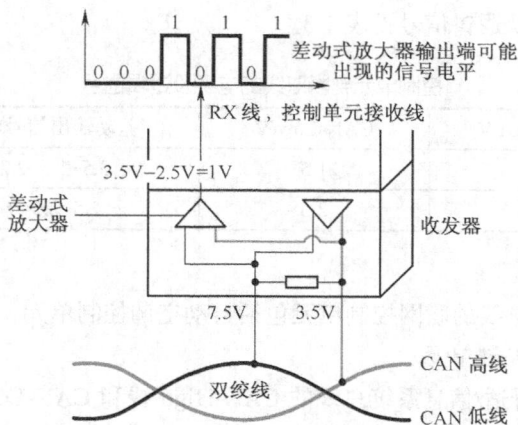

图 1-26　动力系统总线上的差动信号放大器

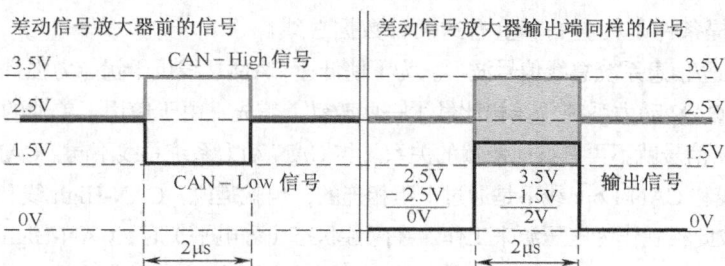

图 1-27　差动信号放大器内的信号处理

（3）CAN 动力系统总线差动信号放大器内的干扰过滤。由于数据总线也要布置在发动机舱内，所以数据总线就要遭受各种干扰，要考虑对地短路和蓄电池电压、点火装置的火花放电和静态放电。

CAN-High 信号和 CAN-Low 信号经过差动信号放大器处理后，可最大限度地消除干扰的影响，即使车上的供电电压有波动（如在起动发动机时），也不会影响各个控制单元的数据传递的可靠性，如图 1-28 所示。

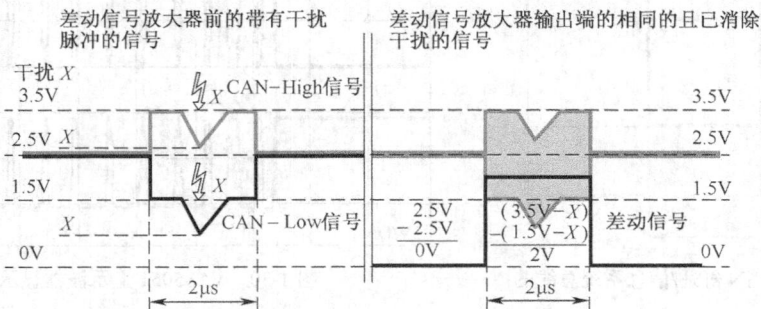

图 1-28　差动信号放大器内的干扰过滤

在图 1-28 中，可清楚地看到这种传递的效果。由于 CAN-High 线和 CAN-Low 线是扭绞在一起的，所以干扰脉冲 X 就总是有规律地作用在两条线上。

由于差动信号放大器总是用 CAN-High 线上的电压（$3.5\ V-X$）减去 CAN-Low 线上的电压（$1.5\ V-X$），因此在经过差动处理后，$(3.5\ V-X)-(1.5\ V-X)=2\ V$，差动信号中就不再有干扰脉冲了。

控制单元判断双线的电平及逻辑信号见表 1-3。

表 1-3　　　　　　　　　　　　控制单元判断双线的电平及逻辑信号

状　态	CAN-High/V	CAN-Low/V	差动输出信号电压/V	逻 辑 信 号
显性	3.5	1.5	3.5−1.5=2.2 > 2	0
隐性	2.5	2.5	2.5−2.5=0 < 2	1

3. 舒适/信息系统总线

CAN 舒适/信息系统总线的联网控制单元包括自动空调控制单元、车门控制单元、舒适控制单元、收音机和导航显示控制单元。

控制单元通过 CAN 舒适/信息系统总线的 CAN-High 线和 CAN-Low 线来进行数据交换，如车门开/关、车内灯开/关、车辆位置（GPS）等。

由于使用同样的脉冲频率，所以 CAN 舒适系统总线和 CAN 信息系统总线可以共同使用一对导线，当然，前提条件是相应的车上有这两种数据总线。

（1）CAN 舒适/信息系统总线信号波形。为了使低速 CAN 总线抗干扰能力强且电流消耗低，CAN 舒适/信息系统与 CAN 动力系统总线相比做了一些改动。首先，由于使用了单独的驱动器（功率放大器），这两个 CAN 信号就不再有彼此依赖的关系。与 CAN 动力系统总线不同，CAN 舒适/信息系统总线的 CAN-High 线和 CAN-Low 线不是通过电阻相连的，也就是说，CAN-High 线和 CAN-Low 线不再相互影响，而是彼此独立作为电压源来工作。在隐性状态（静电平）时，CAN-High 线信号为 0 V，在显性状态时信号≥4 V。对于 CAN-Low 线信号来说，隐性电平为 5 V，显性电平≤1V，如图 1-29 所示。

于是，在差动信号放大器内相减后，隐性电平为−5 V，显性电平为≥3 V，那么隐性电平和显性电平之间的电压变化（电压提升）提高到≥8 V。VAS5051 上的数字存储式示波器（DSO）上显示的舒适/信息系统总线波形图（静态）如图 1-30 所示。

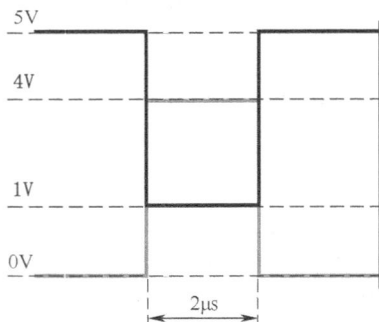

图 1-29　CAN 舒适/信息系统总线的
信号电压变化

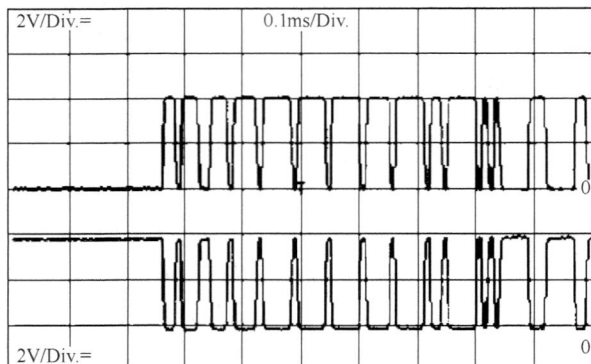

图 1-30　VAS5051 上示波器显示的 CAN
舒适/信息系统总线波形图（静态）

（2）CAN 舒适/信息系统总线的 CAN 收发器。CAN 舒适/信息系统总线收发器的结构如图 1-31 所示，其工作原理与 CAN 动力系统总线收发器基本是一样的，只是输出的电压电平和出现故障时切换到 CAN-High 线或 CAN-Low 线的方法（单线工作模式）不同。另外，CAN-High 线和 CAN-Low 线之间的短路会被识别出来，并且在出现故障时会关闭 CAN-Low 驱动器，在这种情况下，CAN-High 线和 CAN-Low 线信号是相同的。

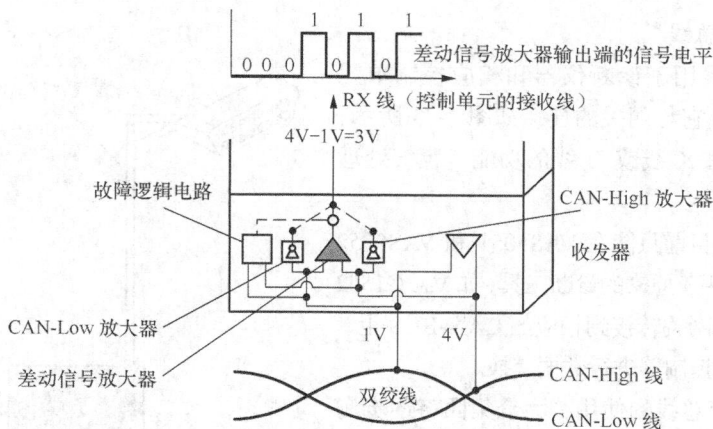

图 1-31　CAN 舒适/信息系统总线收发器的结构

CAN-High 线和 CAN-Low 线上的数据传递由安装在收发器内的故障逻辑电路监控，故障逻辑电路检验两条 CAN 导线上的信号，如果出现故障（如某条 CAN 导线断路），那么故障逻辑电路会识别出该故障，从而使用完好的那一条导线（单线工作模式）。

在正常的工作模式下，使用的是 CAN-High "减去" CAN-Low 所得的信号（差动数据传递），这样就可将故障对 CAN 舒适/信息系统总线的两条导线的影响降至最低（与 CAN 动力系统总线是一样的）。控制单元判断双线的电平及逻辑信号见表 1-4。

表 1-4　　　　　　　　　　　控制单元判断双线的电平及逻辑信号

状　态	CAN-High/V	CAN-Low/V	差分输出信号电压/V	逻 辑 信 号
显性	4	1	4−1=3＞2	0
隐性	0	5	0−5=−5＜0	1

（3）单线工作模式下的 CAN 舒适/信息系统数据总线。如果因断路、短路或与蓄电池电压相连而导致两条 CAN 导线中的一条不工作了，那么就会切换到单线工作模式。在单线工作模式下，CAN 舒适/信息系统总线仍可工作。控制单元使用 CAN 不受单线工作模式影响，一个专用的故障输出用于通知控制单元。例如，现在收发器是工作在单线模式下，VAS5051 上示波器显示的 CAN 舒适/信息系统总线工作在单线模式下的波形（静态）如图 1-32 所示。

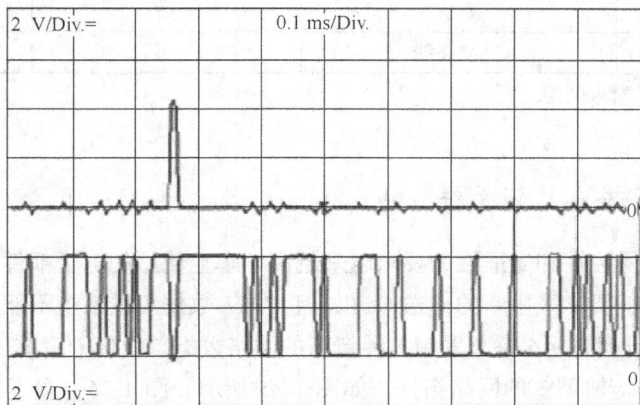

图 1-32　VAS5051 上示波器显示的 CAN 舒适/信息系统总线工作在单线模式下的波形（静态）

4. 诊断系统总线

诊断系统总线用于诊断仪器和相应控制单元之间的信息交换，它与网关的连接如图1-33所示，被用来代替原来的K线或L线的功能（废气处理控制器除外）。

诊断系统总线目前只能在VAS5051和VAS5052下工作，而不能适用于原来的诊断工具，如V.A.G1552等，诊断总线通过网关转接到相应的CAN-BUS上，然后再连接相应的控制器进行数据交换。

随着诊断系统总线的使用，大众集团将逐步淘汰控制器上的K线存储器而采用CAN线作为诊断仪器和控制器之间的信息连接线，我们称之为虚拟K线。

当车辆使用诊断 CAN-BUS 总线结构后，VAS5051等诊断仪器必须使用相对应的新型诊断线（VAS5051/5A、VAS5051/6A 或 VAS6150），否则无法读出相应的诊断信息。另外，车上的诊断接口也做出了相应的改动，如图1-34所示，诊断接口的排列见表1-5。

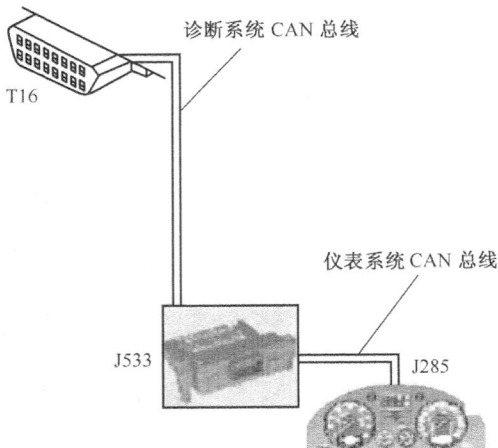

图 1-33 诊断系统总线与网关的连接

图 1-34 诊断接口

表 1-5　　　　　诊断接口端子针脚的含义

针 脚 号	对应的线束	针 脚 号	对应的线束
1	15 号线	7	K 线
4	接地	14	CAN 低线
5	接地	15	L 线
6	CAN 高线	16	30 号线

注：未标明的针脚号暂未使用。

（五）奥迪A6轿车总线系统

随着人们对车辆操控性和舒适性的要求越来越高，车上使用的电子部件越来越多，各个控制单元之间的数据传递就要求采用新的传送通道。但 CAN 数据总线系统不能完全满足数据传输性能的多样化要求，因此奥迪A6轿车采用多种新型的网络数据总线传输系统。例如，LIN、MOST、Bluetooth 等新型总线传输系统的网络拓扑，如图1-35所示。图1-36、图1-37所示为奥迪A6轿车车载网络控制单元。

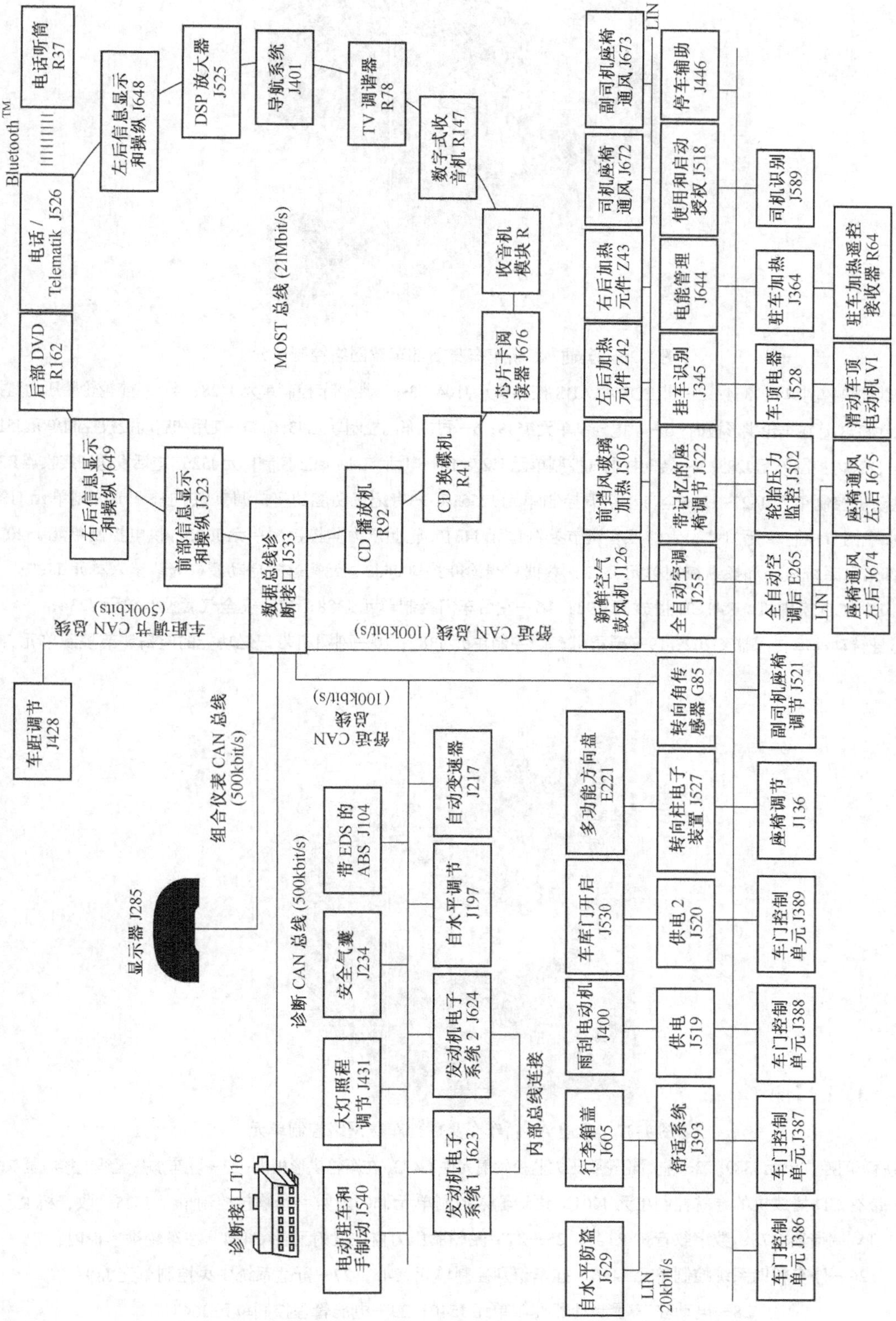

图 1-35 奥迪 A6 轿车车载网络网络拓扑图

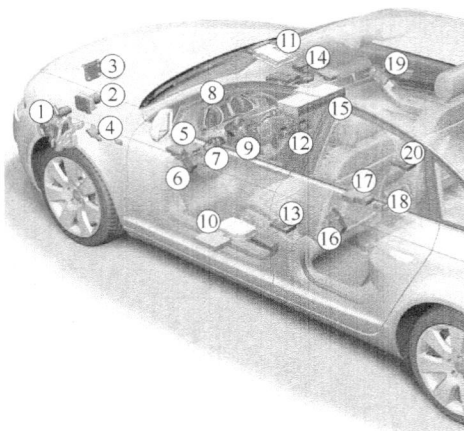

图 1-36　奥迪 A6 轿车车身前部车载网络控制单元

1—辅助加热控制单元 J364；2—带 EDS 的 ABS 控制单元 J104；3—车距调节控制单元 J428；4—左前轮轮胎压力监控发射元件 G431，在车轮拱形板内；5—供电控制单元 J519；6—司机车门控制单元 J386；7—使用和启动授权控制单元 J518；8—组合仪表内控制单元 J285；9—转向柱电气控制单元 J527；10—电话、Telematik 控制单元 J526、电话发送和接收器 R36；11—发动机控制单元 J623；12—全自动空调控制单元 J255；13—有记忆功能的座椅调节/转向柱调节控制单元 J136；14—水平调节控制单元 J197、大灯照程调节控制单元 J431、轮胎压力监控控制单元 J502、供电控制单元 J520、前部信息系统显示和操纵控制单元 J523、数据总线诊断接口 J533、无钥匙式启动授权天线读入单元 J723；15—CD 换碟机、R41CD 播放机 R92；16—左后车门控制单元 J388；17—安全气囊控制单元 J234；18—车身转动速率传感器 G202；19—副司机车门控制单元 J387；20—副司机带记忆功能的座椅调节控制单元 J521

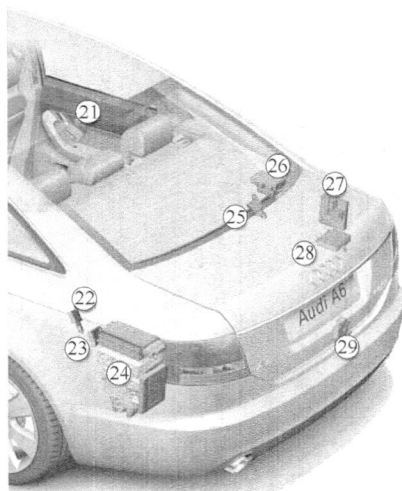

图 1-37　奥迪 A6 轿车车身后部车载网络控制单元

21—右后车门控制单元 J389；22—左后轮轮胎压力监控发射元件 G433，在车轮拱形板内；23—驻车加热无线电接收器 R64；24—带有 CD 播放机的导航控制单元 J401、语音输入控制单元 J507、数字音响包控制单元 J525、收音机 R、TV 调谐器 R78、数字收音机 R147；25—右后轮轮胎压力监控发射元件 G434，在车轮拱形板内；26—停车辅助系统控制单元 J446、挂车识别控制单元 J345；27—舒适系统中央控制单元 J393；28—电动驻车/手制动器控制单元 J540；29—电能管理控制单元 J644

1. CAN 总线

（1）动力系统 CAN 总线。

① 动力系统 CAN 总线组成。如图 1-38 所示，动力系统 CAN 总线连接发动机控制单元、变速器控制单元、制动 ESP 控制单元、安全气囊控制单元、电子驻车制动控制单元、大灯照程调节系统控制单元等。

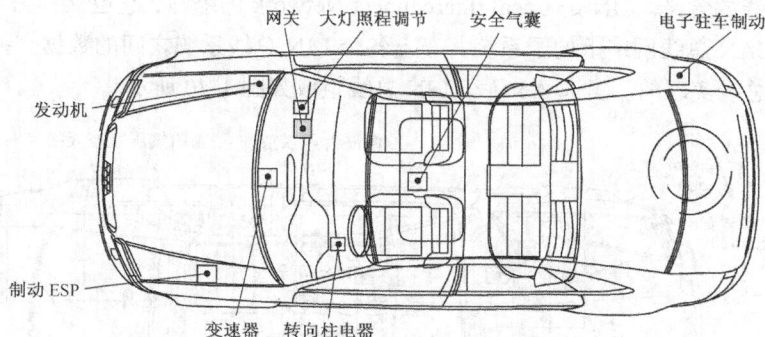

图 1-38 动力系统 CAN 总线组成图

点火开关断开后，CAN 通信一直有效，通信断路时（如拔下插头或某一控制单元供电断路）会产生故障记忆，在重新连接正常后，必须删除所有控制单元的故障存储后才可以正常运行。

② 动力系统 CAN 总线特点如下所述。

（a）500 kbit/s 特高速传输。

（b）级别 CAN/C。

（c）双绞线：高线为橙色/黑色，低线为橙色/棕色。

（d）在一根线断路/短路时，所有功能都会停止。

（2）舒适系统 CAN 总线。

① 舒适系统 CAN 总线组成。如图 1-39 所示，舒适系统 CAN 总线连接空调控制单元、停车辅助控制单元、挂车控制单元、电瓶能量管理控制单元、车门控制单元、电子转向柱锁控制单元、驻车加热控制单元、轮胎气压监控控制单元以及多功能方向盘、电子座椅等控制单元。点火开关断开后，CAN 通信一直有效，通信断路时（如拔下插头或某一控制单元供电断路）会产生故障记忆，在重新连接正常后，必须删除所有控制单元的故障存储后才可以正常运行。

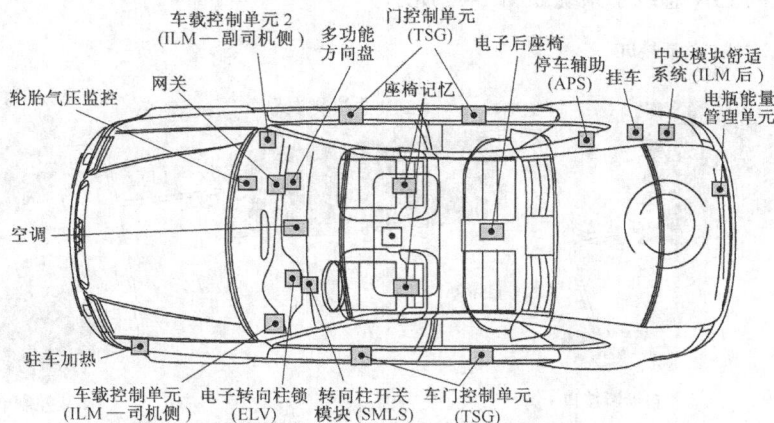

图 1-39 舒适系统 CAN 总线组成图

② 舒适系统 CAN 总线特点如下所述。

（a）传输速率 100 kbit/s 未来提升到 500 kbit/s。

（b）级别 CAN/B。

（c）双绞线：高线为橙色/绿色，低线为橙色/棕色。

2. LIN 总线

（1）LIN 总线的含义。LIN 是 Local Interconnect Network 的缩写，它也被称为"局域子系统"，即 LIN 总线是 CAN 总线网络下的子系统。车上各个 LIN 总线系统之间的数据交换是由控制单元通过 CAN 数据总线实现的。奥迪 A6 轿车 LIN 总线组成如图 1-40 所示。

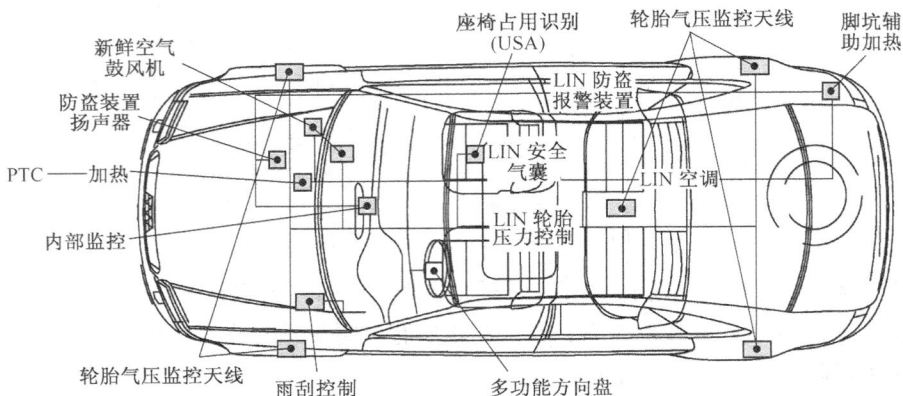

图 1-40　LIN 总线组成示意图

（2）LIN 总线传输特征。LIN 总线是一种低成本的串行通信网络，用于实现汽车中的分布式电子系统控制。LIN 的目标是为现有汽车网络（如 CAN 总线）提供辅助功能，因此，LIN 总线是一种辅助的总线网络，在不需要 CAN 总线的带宽和多功能的场合（如智能传感器和制动装置之间的通信）使用，LIN 总线可大大节省成本。LIN 总线的主要特性如下。

① 最大传输速率为 19.2 kbit/s。

② 低成本，基于通用 UART 接口，几乎所有微控制器都具备 LIN 必需的硬件条件。

③ 只需要一根数据传输线。

④ 单主控制器/多从控制器设备模式无须仲裁机制，通过单主/多从的原则保证系统安全，奥迪 A6 空调系统的 LIN 总线子系统如图 1-41 所示。

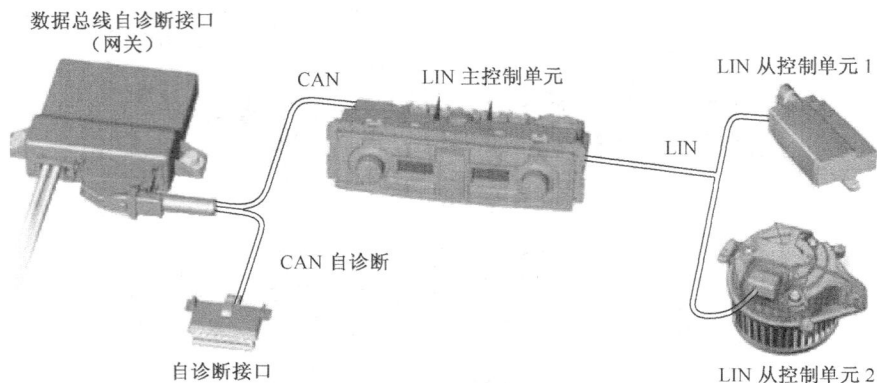

图 1-41　奥迪 A6 空调系统的 LIN 总线子系统实物图

⑤ 从节点不需振荡器就能实现同步，节省了多从控制器部件的硬件成本。

⑥ 保证信号传输的延迟时间。

⑦ 不需要改变 LIN 节点上的硬件和软件就可以在网络上增加节点。

⑧ 通常一个 LIN 网络上节点数目小于 12 个，共有 64 个标志符。

⑨ 单线，基本色：紫色+标识色。

LIN 总线系统是单线式，底色是紫色，有标识色。该线的横截面面积为 $0.35\,mm^2$，无须屏蔽，该系统允许一个 LIN 主控制单元最多与 16 个 LIN 从控制单元进行数据交换。

（3）LIN 总线组成和工作原理。

① LIN 主控制单元。该控制单元连接在 CAN 数据总线上，它执行 LIN 总线的主功能。其主要作用如下。

（a）监控数据传递和数据传递的速率，发送信息标题。

（b）主控制单元的软件内已经设定了一个周期，这个周期用于决定何时将哪些信息发送到 LIN 数据总线上多少次。

（c）主控制单元在 LIN 数据总线与 CAN 总线之间起"翻译"作用，它是 LIN 总线系统中唯一与 CAN 数据总线相连的控制单元。

（d）通过 LIN 主控制单元进行 LIN 系统自诊断。

如图 1-42 所示，空调控制单元和天窗控制单元就是两个 LIN 主控制单元。前风窗加热器、鼓风机和两个温度传感器是空调控制单元（主控制单元）中的从控制单元，天窗控制电机则是天窗控制单元（主控制单元）中的从控制单元。

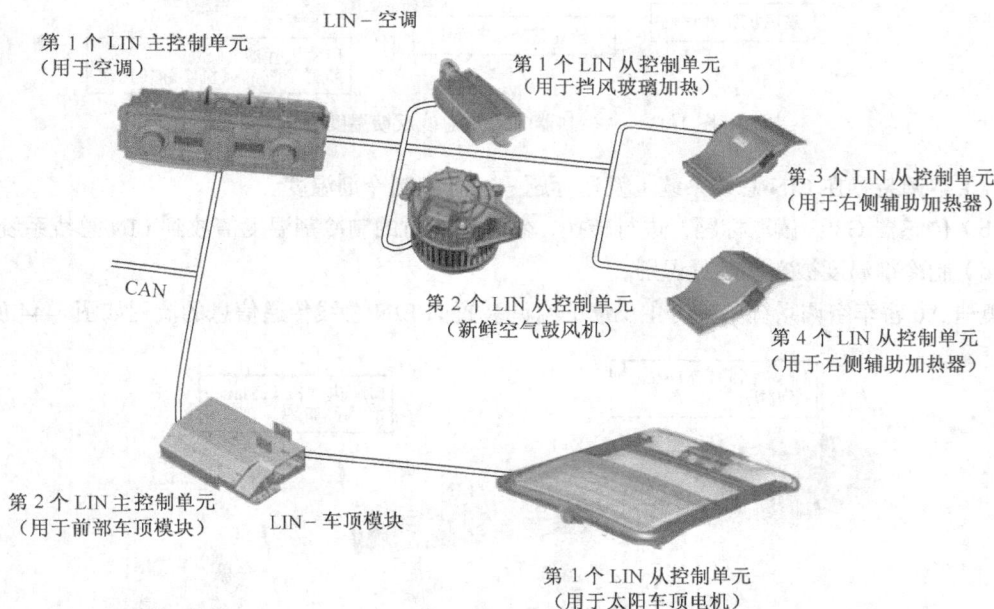

图 1-42 LIN 主控制器与从控制器、元件之间的连接

② LIN 从控制单元。在 LIN 数据总线系统内，单个的控制单元、传感器及执行元件都可看作 LIN 总线主控制单元的从控制单元。传感器内集成有一个电子装置，该装置对测量值进行分析，数值是作为数字信号通过 LIN 总线传递的。有些传感器和执行元件只使用 LIN 主控制单元插口上

的一个针脚，LIN 执行元件都是智能型的电子或机电部件，这些部件通过 LIN 主控制单元的 LIN 数字信号接收任务。LIN 主控制单元通过集成的传感器来获知执行元件的实际状态，然后就可以进行规定状态和实际状态的对比，从而获得相应的控制信号，控制执行元件的工作状态。LIN 从控制单元的主要作用和特点如下。

（a）接收、传递或忽略从主控制系统接收到的信息标题的相关数据，可以通过一个"唤醒"信号来唤醒主系统。

（b）检查对所接收数据的检查总量。

（c）对所发送数据的检查总量进行计算。

（d）同主系统的同步字节保持一致。

（e）只能按照主系统的要求同其他子系统进行数据交换。

③ 数据传递过程。奥迪 A6 轿车空调系统中，带有子反馈的空调装置向 LIN 总线传递信息的流程如图 1-43 所示。

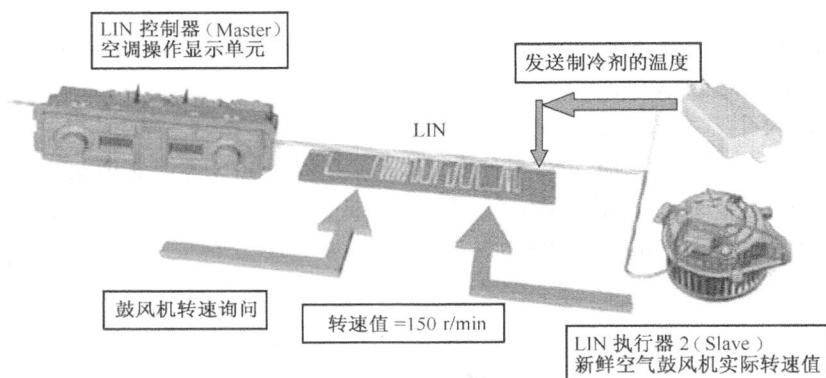

图 1-43　从控制器向 LIN 总线反馈温度信号

（a）空调装置在 LIN 总线系统上发送标题——查询制冷剂温度。

（b）传感器 G395 读取标题，进行转换，然后将当时的制冷剂温度值放到 LIN 总线系统上。

（c）制冷剂温度被空调装置识别。

奥迪 A6 轿车空调系统中带有主反馈的空调装置向 LIN 总线传递信息的流程如图 1-44 所示。

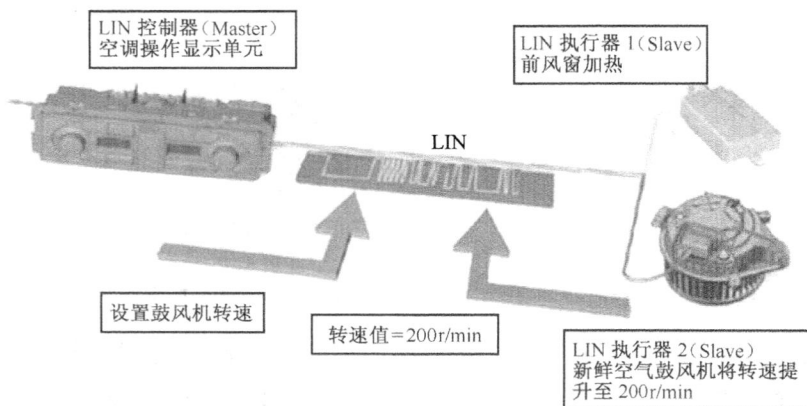

图 1-44　主控制器向 LIN 总线系统发送信息

（d）空调装置在 LIN 总线系统上发送标题——调节鼓风机的等级。

（e）所发送的标题用于新鲜空气鼓风机等级的调节。

（f）空调装置发送所希望的鼓风机等级。

（g）新鲜空气鼓风机读取信息，相应地控制鼓风机。

④ LIN 总线系统的物理结构。LIN 总线系统的物理结构如图 1-45 所示。4 个信号收发两用机的任何一个都可以接通所属的晶体管，由此将 LIN 总线与负极连接。在这种情况下，会由一个发送器传输一个主导位，如果晶体管都不导通，在 LIN 总线电路上为高电压。

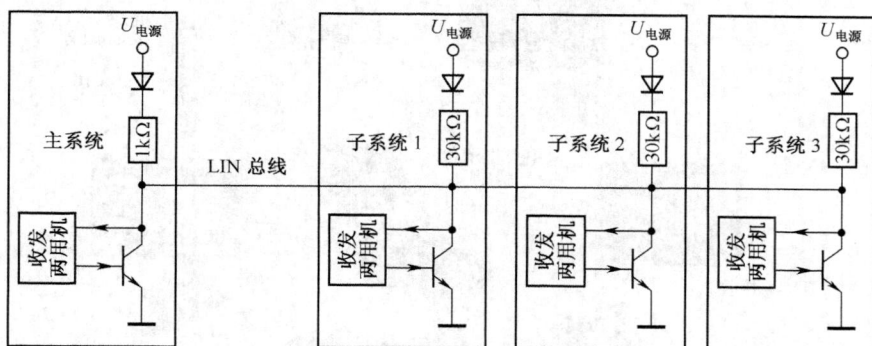

图 1-45　LIN 总线系统的物理结构

3. 多媒体定向系统传输数据总线的结构与检修

（1）概述。在汽车网络中常见的多媒体定向系统传输（Media Oriented Systems Transport，MOST），是比较典型的光学网络，下面就来介绍一下 MOST 在汽车中的实际应用情况。

MOST 是媒体信息传送的网络标准。MOST 采用塑料光缆（Plastic Optical Fiber，POF）的网络协议，将音响装置、电视、全球定位系统及电话等设备相互连接起来，给用户带来了极大的便利。在 MOST 中，不仅对通信协议给出了定义，而且也说明了分散系统的构筑方法。

MOST 可以不需要额外的主控计算机系统，结构灵活、性能可靠和易于扩展。MOST 网络光纤作为物理层的传输介质，可以连接视听设备、通信设备以及信息服务设备。MOST 网络支持"即插即用"方式，在网络上可以随时添加和删除设备。MOST 具有如下优点。

① 保证低成本的条件下，达到 24.8 Mbit/s 的数据传输速度。

② 无论是否有主控计算机都可以工作。

③ 使用 POF 优化信息传送质量。

④ 支持声音和压缩图像的实时处理。

⑤ 支持数据的同步和异步传输。

⑥ 发送/接收器嵌有虚拟网络管理系统。

⑦ 支持多种网络连接方式，提供 MOST 设备标准以及方便、简洁地应用系统界面。

⑧ 通过采用 MOST，不仅可以减轻连接各部件的线束质量、降低噪声，而且可以减轻系统开发技术人员的负担，最终在用户处实现各种设备的集中控制。

⑨ 光纤网络不会受到电磁辐射干扰与搭铁环的影响。

MOST 利用一根光纤，最多可以同时传送 15 个频道的 CD 质量的非压缩音频数据，在一个局域网上，最多可以连接 64 个节点（装置）。从拓扑方式来看，MOST 基本上为一个环状拓扑，这种拓扑结构在增加节点时不需要手柄及开关，而且媒体（光纤）没有集中在某特定装置的附近，可以节省光纤。MOST为多媒体时代的车载电子设备所必须的高速网络和分散系统的构筑方法、遥控操作及集中管理的方法等提出了方案。在不久的将来，MOST将成为汽车用多媒体设备所不可缺少的技术。

（2）奥迪A6轿车MOST数据总线系统。在奥迪A6、奥迪A8轿车上，信息系统的数据传递采用MOST总线系统，这是一种环形结构，如图1-46所示。

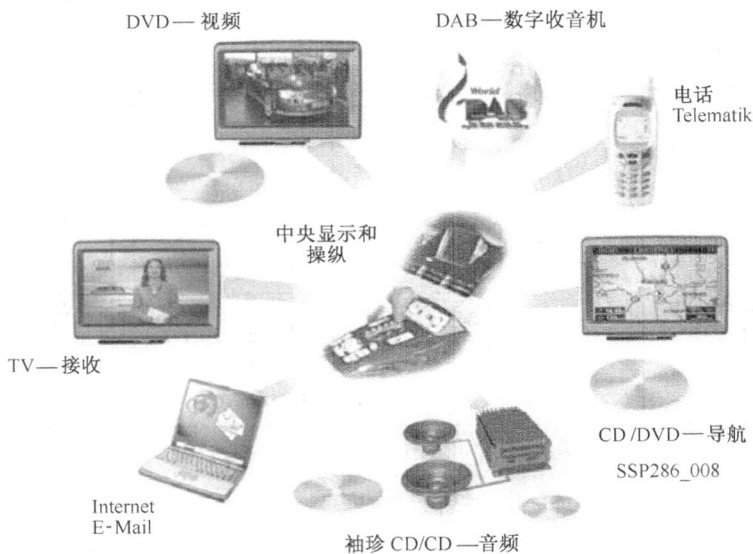

图1-46　基于MOST总线的信息系统

（3）奥迪A6轿车MOST数据总线系统模式。MOST总线系统有睡眠、待命和工作3种模式。

① 睡眠模式。MOST总线系统的睡眠模式如图1-47所示。这时MOST总线内没有数据交换，所有装置处于待命状态，只能由系统管理器发出的光启动脉冲来激活，静态电流被降至最小值。睡眠模式的前提条件如下所述。

（a）总线上的所有控制单元显示为准备进入睡眠模式。

（b）其他总线系统不经过网关向MOST提出要求。

（c）诊断不被激活。

② 待命模式。MOST总线系统的待命模式无法为用户提供任何服务，给人的感觉就好像是系统已经关闭一样。这时MOST总线系统在后台运行，但所有的输出介质（如显示屏、收音机放大器等）都不工作或不发声，这种模式在启动及系统持续运行时被激活。待命模式的前提条件如下所述。

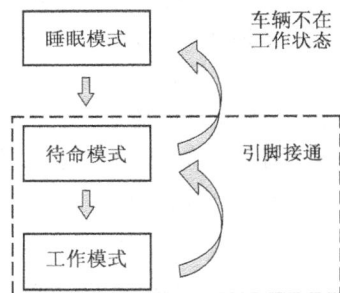

图1-47　系统工作模式

（a）由其他数据总线经由网关得以激活，如驾驶座位旁车门打开/关闭时。

（b）可以由总线上的一个控制单元得以激活，如一个要接听的电话。

③ 工作模式。在MOST总线系统的通电工作模式下，控制单元完全接通，MOST总线上有数据交换，用户可使用所有功能。通电工作模式的前提条件如下所述。

（a）MOST总线处在待命模式。

（b）由其他数据总线得以激活。

（c）实现激活可以通过使用者的功能选择，通过多媒体 E380 的操纵单元。

（4）奥迪 A6 轿车 MOST 数据总线系统的控制单元和工作过程。MOST 网络的每一个控制单元内都装有光电转换器和电光转换器，MOST 环状总线的结构为两个控制单元之间以光学方式点对点连接。

① 控制单元的结构。如图 1-48 所示，MOST 总线控制单元的主要部件如下所述。

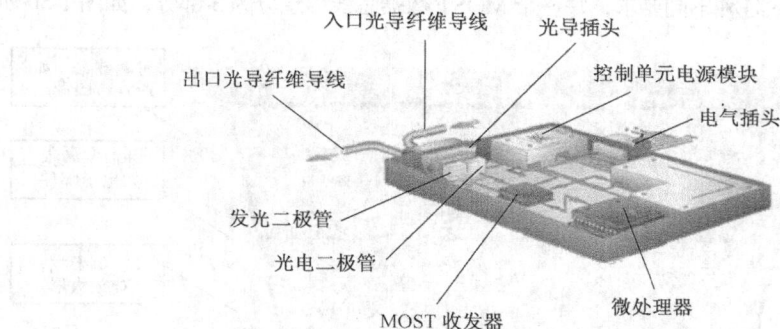

图 1-48　MOST 总线控制单元的结构

（a）光导纤维—光导插头。光纤使用专门的光学插头与控制单元连接，插头上的一个信号方向箭头表明（至接收机的）输入端，插头外壳形成与控制单元的连接。光信号通过由光导纤维导线和光导插头进入控制单元或传到下一个总线用户，如图 1-49 所示。

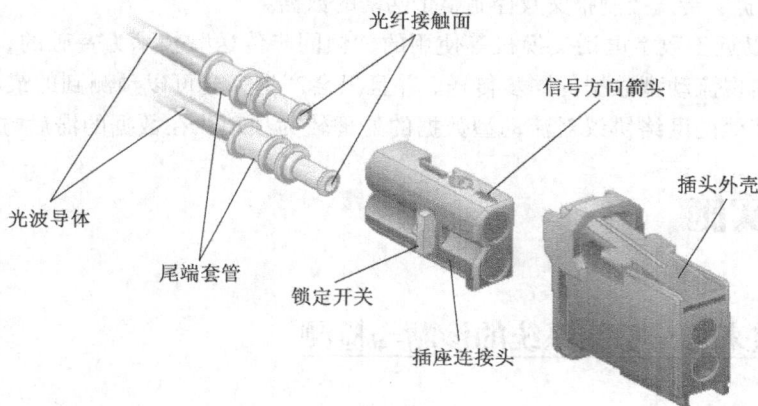

图 1-49　光导纤维—光导插头结构

（b）控制单元电源模块。由电气插头送入的电再由内部供电装置分送到各个部件，这样就可单独关闭控制单元内的某一部件，从而降低静态电流。

（c）收发单元——光导发射器（FOT）。该装置由一个光电二极管和一个发光二极管构成，到达的光信号由光电二极管转换成电压信号后传至 MOST 收发机。发光二极管的作用是把 MOST 收发机的电压信号再转换成光信号，产生光波波长为 650 mm 的可见红光。数据经光波调制后由光导纤维传送到下一个控制单元。

（d）MOST 收发器。MOST 收发器由发射机和接收机两个部件组成。发射机将要发送的信息作为电压信号传至光导发射器，接收机接收来自光导发射器的电压信号并将所需的数据传至控制单元内的微处理器（CPU）。其他控制单元不需要的信息由收发机来传送，不是将数据传到 CPU

上，而是原封不动发至下一个控制单元。

（e）控制单元（ECU）。控制单元（ECU）的内部有一个微处理器，用于操纵控制单元的所有基本功能。

② MOST 总线控制单元的工作过程。MOST 数据总线的一个基本特征是，它不像 CAN 数据总线那样只传输控制数据和传感器数据，它还能传输数字信号、音频信号、视频信号、图形以及其他数据信息。为了满足数据传输的各种不同要求，每一个 MOST 数据总线信息分为 3 部分，如图 1-50 所示。

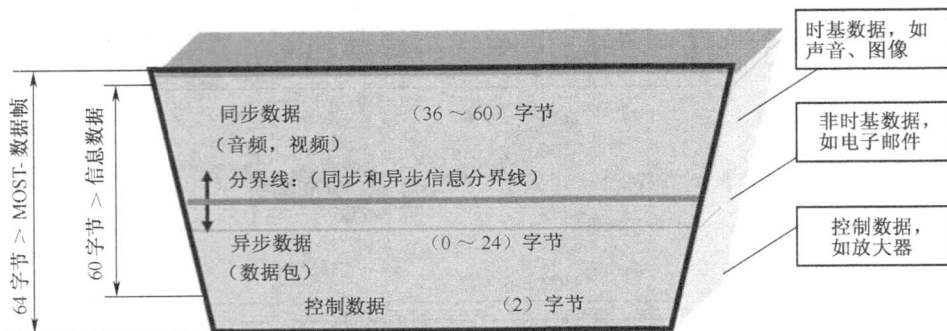

图 1-50　MOST 数据总线工作过程

（a）同步数据（实基数据）：实时传送音频信号、视频信号等流动型数据。

（b）异步数据：传送访问网络及访问数据库等的数据包。

（c）控制数据：传送控制报文及控制整个网络的数据。

MOST 是以近于数字电话交换机等使用的"帧同步传送"技术为基础的，因此通过简单的硬件就可以实现流动型数据的同步传送，并且只会产生完全可以预测到的最小限度的滞后。而与此相比，其他的网络协议对流动型数据的处理较为烦琐，在数据的滞后方面还有问题。

三、项目实施

任务　宝来轿车总线系统的诊断与检测

（一）实施目的及要求

（1）通过该任务的实施，应能够对宝来轿车的总线系统进行检测、故障诊断与排除，并掌握该系统的工作原理。

（2）该项目应具备完成项目的车辆和该车辆的电路图等资料。

（3）实训设备及仪器：VAS5051/VAS5052、VAS6150 等诊断仪。

（二）实施步骤

1. 宝来轿车总线系统诊断

宝来轿车动力传动系统和舒适系统中装用了两套 CAN 数据传输系统，系统网关内置于仪表内，负责动力 CAN、舒适 CAN 和 K 诊断线的数据交换，如图 1-51 所示。

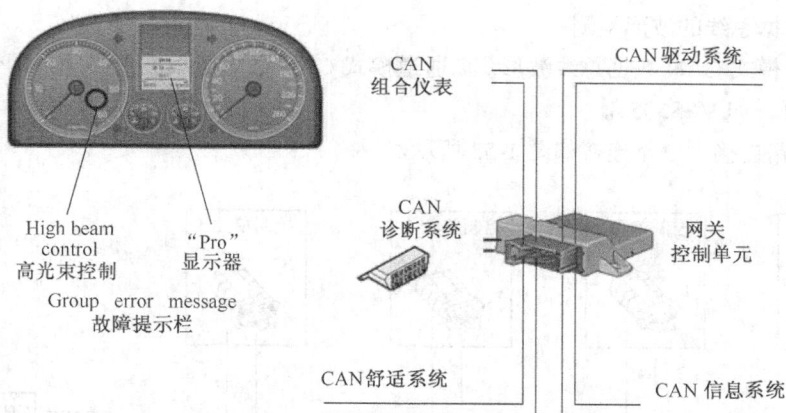

图 1-51 汽车 CAN 数据传输结构

2. CAN 数据总线的万用表检测

CAN 数据总线可以采用数字万用表进行电压信号测试,判断数据总线的信号传输是否存在故障,检测方法如图 1-52 所示。

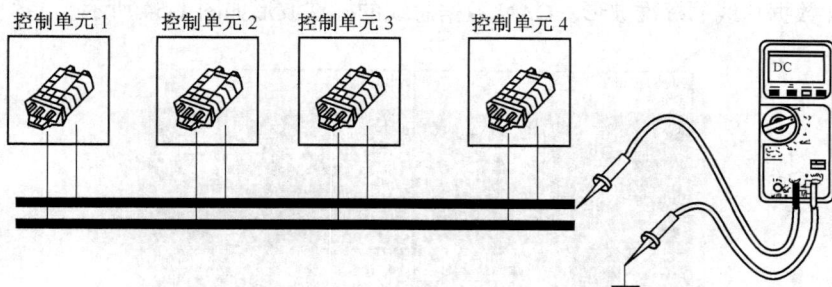

图 1-52 用万用表检测 CAN 总线

用万用表电阻挡测量 CAN-High 线和 CAN-Low 线之间的电阻,正常情况下应该有一个规定的电阻(电阻大小随车型而异),不应直接导通;用万用表电阻挡测量 CAN-High 线或 CAN-Low 线分别与搭铁或蓄电池正极之间的导通性,正常情况下应不导通。

(1)用万用表检测动力 CAN 总线。LAN-High 线信号在总线空闲时的电压约为 2.5V。CAN-High 线上有信号传输时,总线上的电压值在 2.5~3.5 V 高频波动,因此 CAN-High 线的主体电压应是 2.5 V,万用表的测量值为 2.5~3.5 V,大于 2.5 V 但靠近 2.5 V。

同理,CAN-Low 线信号在总线空闲时的电压约为 2.5 V。总线上有信号传输时,总线上的电压值在 1.5~2.5 V 高频波动,因此 CAN-Low 线的主体电压应是 2.5 V,万用表的测量值为 1.5~2.5 V,小于 2.5 V 但靠近 2.5 V。

(2)用万用表测量舒适 CAN 总线。CAN-High 线信号在总线空闲时的电压约为 0 V。总线上有信号传输时,总线上的电压值在 0~5 V 高频波动,因此 CAN-High 线的主体电压应为 0 V,万用表的测量值为 0.35 V 左右。

同理,CAN-Low 线信号在总线空闲时的电压约为 5 V。总线上有信号传输时,总线上的电压值在 0~5 V 高频波动,因此 CAN-Low 线的主体电压应是 5 V,万用表的测量值为 4.65 V 左右。

3. CAN 数据总线的波形检测

（1）双通道模式 CAN 数据总线波形。双通道模式 CAN 数据总线波形必须采用带有双通道的示波器或诊断仪，如 VAS5051。

① 检测电路连接。电路连接如图 1-53 所示。

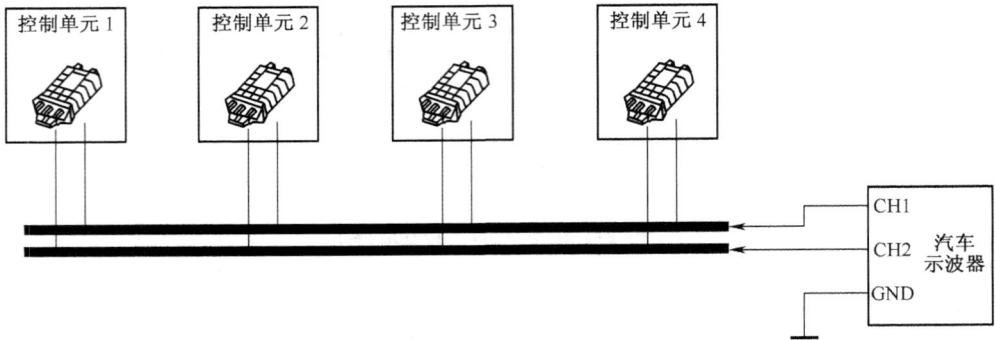

图 1-53　双通道模式检测电路连接

② CAN 数据总线的标准波形。CAN 数据总线的标准波形如图 1-54 所示。

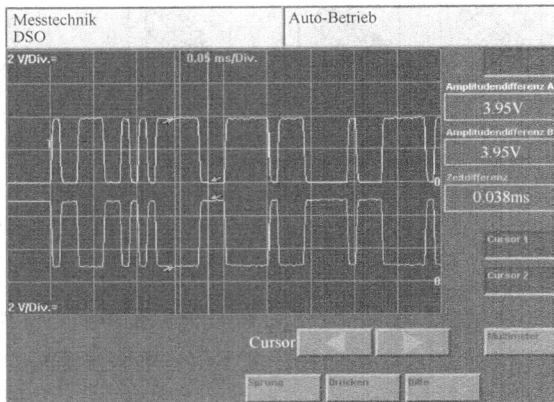

图 1-54　CAN 数据总线的标准波形

（2）CAN 数据总线故障波形。

① CAN 数据总线对地短路时的信号波形。如图 1-55（a）所示，当 CAN 数据总线对地短路时，检测到的 CAN 数据总线的信号波形如图 1-55（b）所示。

② CAN 数据总线对正极短路时的信号波形。如图 1-56（a）所示，当 CAN 数据总线对正极短路时，检测到的 CAN 数据总线的信号波形如图 1-56（b）所示。

③ CAN-Low 断路时的信号波形。如图 1-57（a）所示，当 CAN-BUS 数据总线 CAN-Low 断路时，检测到的 CAN 数据总线的信号波形如图 1-57（b）所示。

④ CAN-High 断路时的信号波形。如图 1-58（a）所示，当 CAN 数据总线 CAN-High 断路时，检测到的 CAN 数据总线的信号波形如图 1-58（b）所示。

⑤ CAN-High 和 CAN-Low 短路时的信号波形。如图 1-59（a）所示，当 CAN-High 和 CAN-Low 短路时，检测到的 CAN 数据总线的信号波形如图 1-59（b）所示。

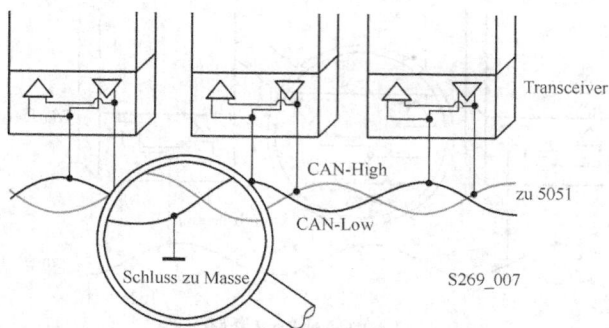

（a）CAN 数据总线对地短路

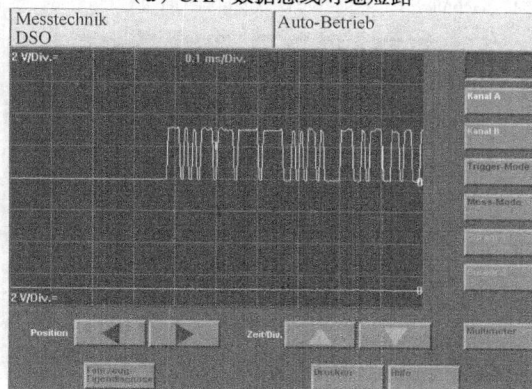

（b）CAN 数据总线对地短路时的信号波形

图 1-55 CAN 数据总线对地短路及其信号波形

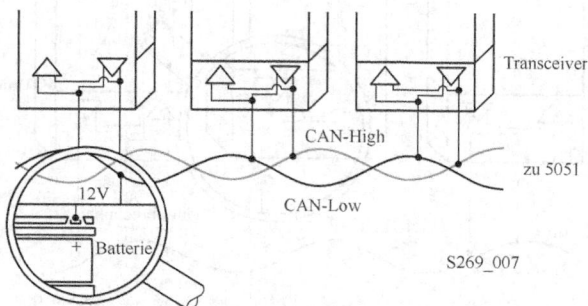

（a）CAN 数据总线对正极短路

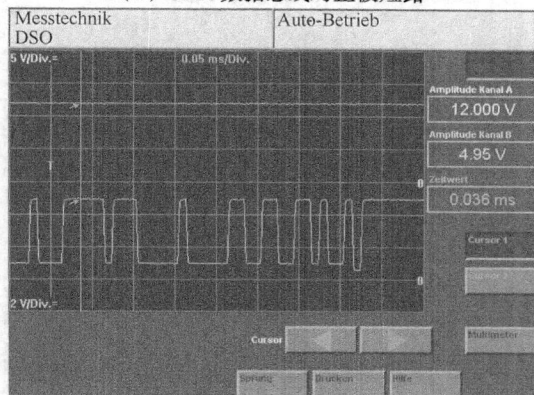

（b）CAN 数据总线对正极短路时的信号波形

图 1-56 CAN 数据总线对正极短路及其信号波形

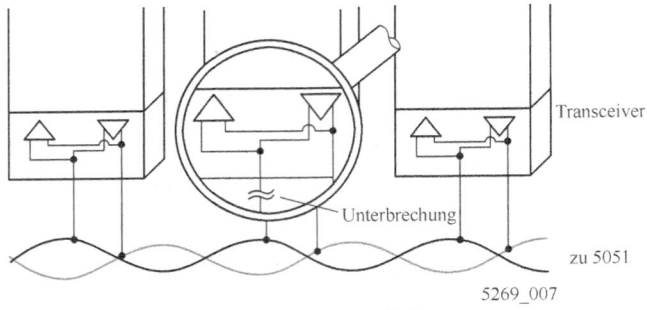

（a）CAN-Low 断路

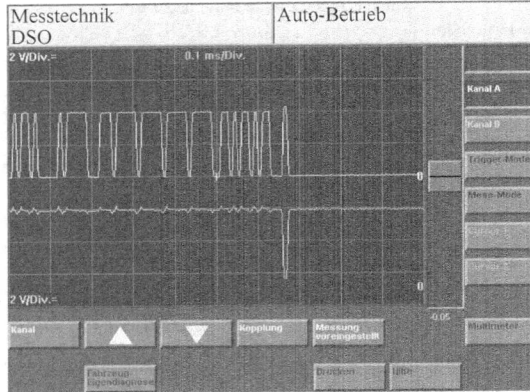

（b）CAN-Low 断路时的信号波形

图 1-57　CAN-Low 断路及 CAW 数据总线信号波形

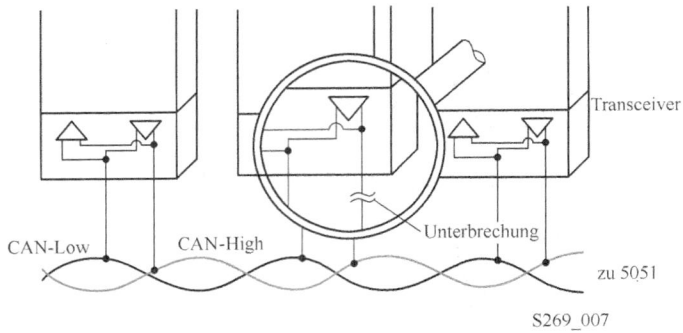

（a）CAN-High 断路

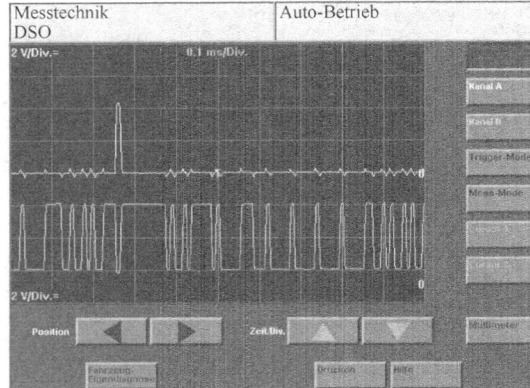

（b）CAN-High 断路时的信号波形

图 1-58　CAN-High 断路及 CAN 数据总线信号波形

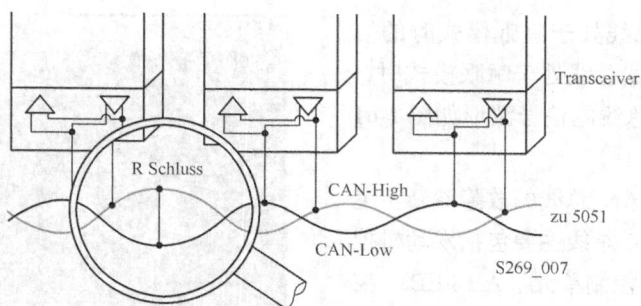

（a）CAN-High 和 CAN-Low 短路

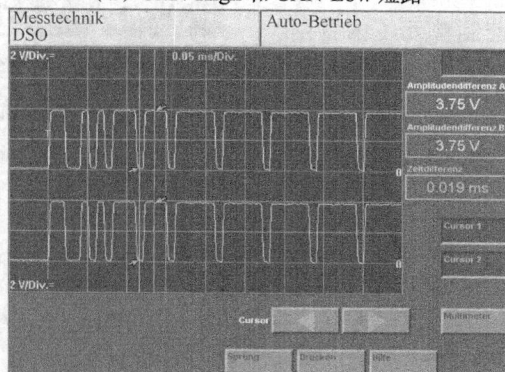

（b）CAN-High 和 CAN-Low 短路时的信号波形
图 1-59　CAN-High 和 CAN-Low 短路及 CAN 数据总线信号波形

⑥ CAN-High 和 CAN-Low 交叉连接时的信号波形。如图 1-60（a）所示，CAN-High 和 CAN-Low 交叉连接时，检测到的 CAN 数据总线的信号波形如图 1-60（b）所示。

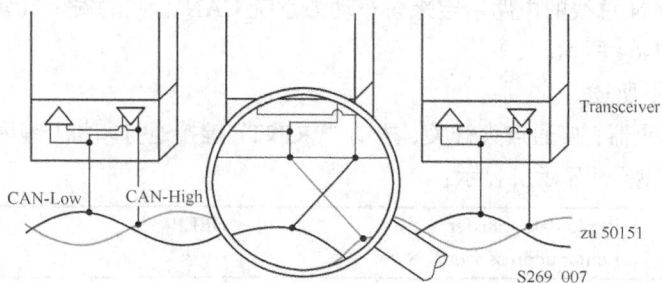

（a）CAN-High 和 CAN-Low 交叉连接

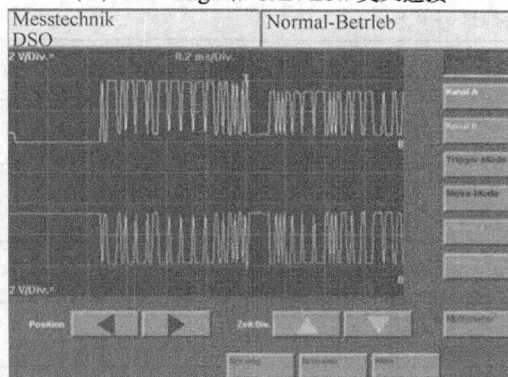

（b）CAN-High 和 CAN-Low 交叉连接时的信号波形
图 1-60　CAN-High 和 CAN-Low 交叉连接及 CAN 数据总线信号波形

⑦ CAN 数据总线处于睡眠模式时的信号波形。当 CAN 数据总线处于睡眠模式时，检测到的 CAN 数据总线的信号波形如图 1-61 所示。

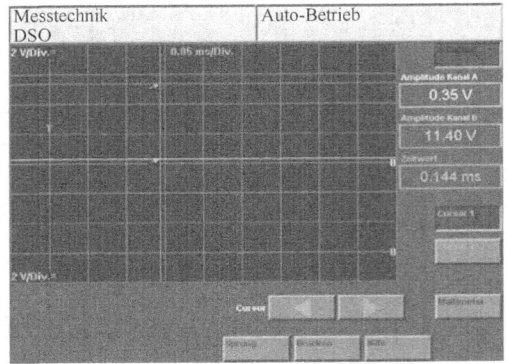

（3）动力系统 CAN 总线的故障诊断。宝来轿车动力系统 CAN 总线主要包括发动机控制单元、自动变速器控制单元、ABS/EDL 控制单元、转向角传感器、四轮驱动控制单元、安全气囊控制单元、仪表控制单元（内置网关），如图 1-62 所示。

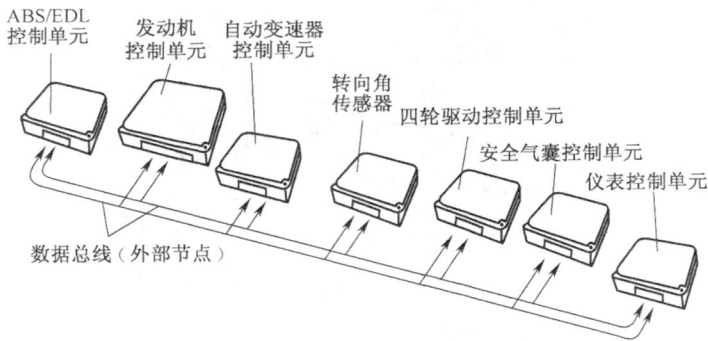

图 1-61　CAN-BUS 数据总线处于睡眠模式时的信号波形

图 1-62　动力系统 CAN 总线网络

① 动力系统 CAN 总线的电路。宝来轿车动力系统 CAN 总线的安全气囊、ABS、EDS 总线电路如图 1-63 和图 1-64 所示。

② 诊断步骤如下所述。

（a）连接故障解码器，接通点火开关，按动 "PRINT" 键接通打印机（键内指示灯亮），按 "1" 键选择 "快速数据传递"，显示屏显示：

英文显示	Rapid data transfer Eenter address word ××	HELP
中文含义	快速数据传递 输入地址码××	帮助

（b）按 "1" 键和 "9" 键选择 "入口"，显示屏显示：

英文显示	Rapid data transfer 19-Gataway	Q
中文含义	快速数据传递 19-网关	确认

（c）按 "Q" 键确认输入，显示屏显示：

英文显示	Rapid data transfer 19-Gataway	Q
中文含义	快速数据传递 检测仪发送地址码 19	确认

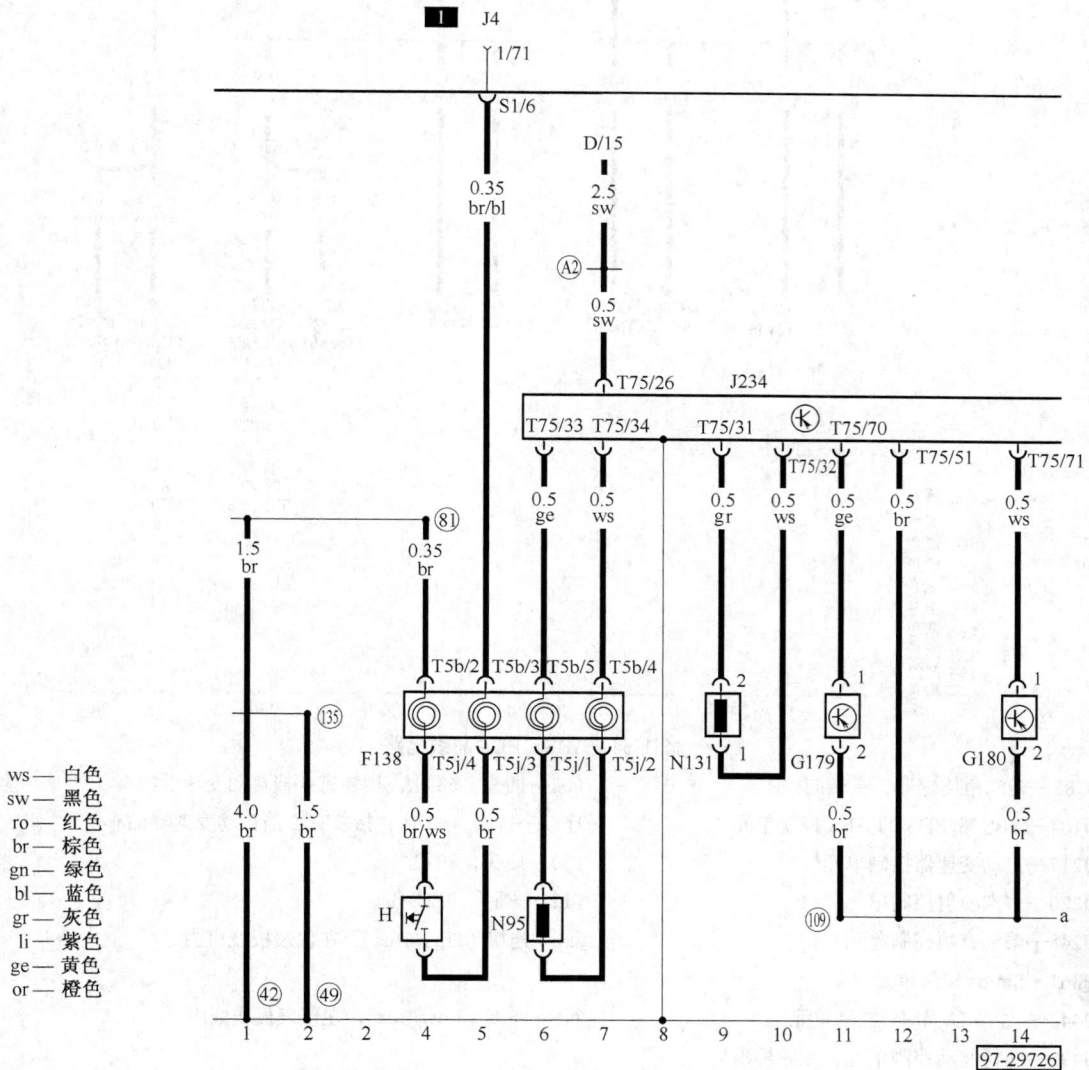

图 1-63 安全气囊总线电路

D—点火开关

F138—安全气囊卷簧

G179—司机侧面安全气囊撞车传感器

G180—副司机侧面安全气囊撞车传感器

H—扬声器操纵机构

J4—双音扬声器继电器

J234—安全气囊控制单元, 副仪表板后下部

N95—司机安全气囊触发器

N131—副司机安全气囊触发器 1

T5b—插头, 5 孔

T5j—插头, 5 孔

T75—插头, 5 孔

㊷—接地点, 在转向柱附近

㊾—接地点, 在转向柱上

㉛—接地连接-1-, 在仪表板线束内

⑩⑨—接地连接, 在安全气囊线束内

⑬⑤—接地连接-2-, 在仪表板线束内

Ⓐ2—正极连接 (15), 在仪表板线束内

ws — 白色
sw — 黑色
ro — 红色
br — 棕色
gn — 绿色
bl — 蓝色
gr — 灰色
li — 紫色
ge — 黄色
or — 橙色

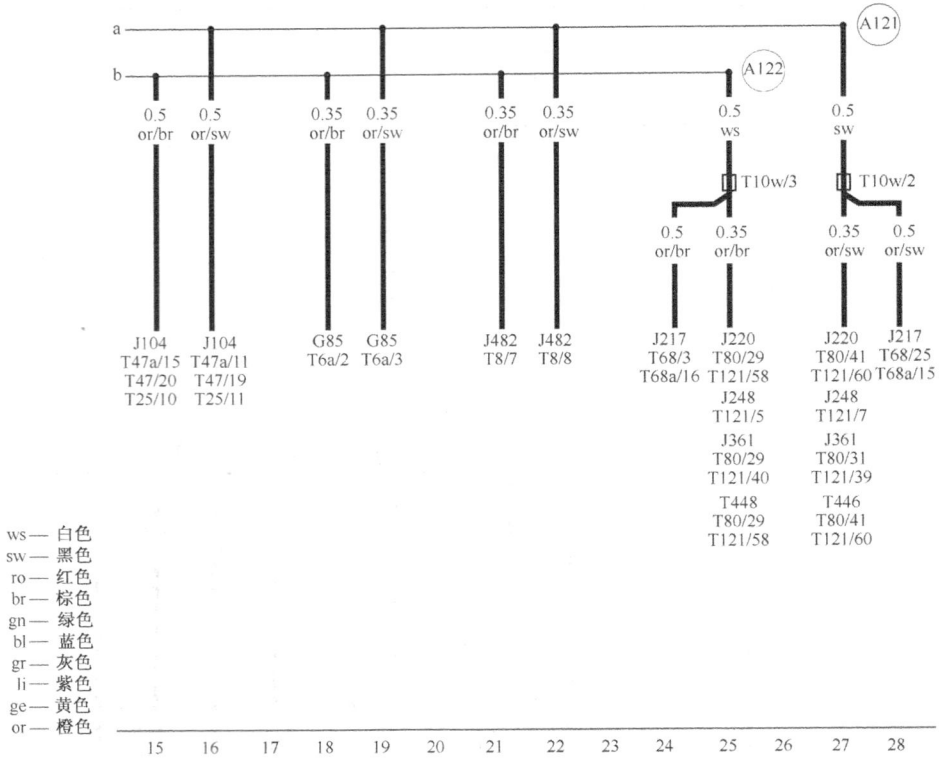

图 1-64　ABS、EDS 总线电路

G85—转向角传感器，在转向柱上

J104—ABS 带 EDS 的 ABS 控制单元

J217—自动变速器控制单元

J220—多点喷射控制单元

J248—柴油直喷控制单元

J361—Simos 控制单元

J448—4AV/4LV/4MV 控制单元

J492—四轮驱动控制单元，在后桥附近

T6a—插头，6 孔

T8—插头，8 孔

T10w—插头，10 孔，白色，在插头保护壳体内，在流水槽左侧

T25—插头，25 孔，在 ABS 带 EDS 的 ABS 控制单元上

T47—插头，47 孔，在带 EDS/ASR/ESP 的 ABS 控制单元上（2000 年 7 月前）

T47a—插头，47 孔，在 ABS 带 EDS/ASR/ESP 的 ABS 控制单元上（2000 年 8 月后）

T68—插头，68 孔，指装有 4 挡自动变速器的车

T68a—插头，68 孔，指装有 5 挡自动变速器的车

T80—插头，80 孔

T121—插头，121 孔

Ⓐ121—连接（High-Bus），在仪表板线束内

Ⓐ122—连接（Low-Bus），在仪表板线束内

（d）按"0"键确认输入，显示屏显示：

英文显示	6NO909901 Gataway　　　K Coding ××××　　WSC××××
中文含义	6N0909901 网关　　　　K 编码×××　　　服务商代码××××

（e）按"→"键，显示屏显示：

英文显示	Rapid data transfer　　HELP Select function　　××
中文含义	快速数据传递　　帮助 选择功能　　××

（4）动力系统 CAN 总线的典型故障码如下。

① 故障码 00778：方向盘转向角度传感器（G85）无法通信。

可能故障：转向角传感器通过数据总线的数据接收不正常。

可能影响：与数据总线相连的系统的功能不正常。

故障排除：

（a）检查数据总线自诊断接口的编码；

（b）查询 ABS 控制模块故障存储器并排除故障；

（c）按照电路图检查和转向角传感器相连接的数据总线。

② 故障码 01044：控制单元编码错误。

可能故障：

（a）与数据总线相连的某控制单元编码错误；

（b）与数据总线相连的某控制单元损坏。

可能影响：

（a）行驶性能不良（换挡冲击，负荷变化冲击）；

（b）无行驶动力控制。

故障排除：

（a）读取数据流；

（b）查询与数据总线相连的所有控制单元故障存储器，并排除故障；

（c）检查并改正控制单元编码，如果需要，更换控制单元。

③ 故障码 01312：数据总线（动力系统）损坏。

可能故障：

（a）数据总线有故障；

（b）数据总线在"BUS-OFF"状态。

可能影响：

（a）行驶性能不良（换挡冲击，负荷变化冲击）；

（b）无行驶动力控制。

故障排除：

（a）读取数据流；

（b）检查控制单元编码；

（c）按照电路图检查数据总线；

（d）更换损坏的控制单元。

④ 故障码 01314：发动机控制单元无法通信。

可能故障：发动机控制单元通过数据总线的数据接收不正常。

可能影响：

（a）行驶性能不良（换挡冲击，负荷变化冲击）；

（b）无行驶动力控制。

故障排除：

（a）读取数据流；

（b）查询发动机故障存储器并排除故障；

（c）按照电路图检查发动机控制单元数据总线。

⑤ 故障码01315：变速器控制单元无法通信。

可能故障：变速器控制单元通过数据总线的数据接收不正常。

可能影响：

（a）行驶性能不良（换挡冲击，负荷变化冲击）；

（b）无行驶动力控制。

故障排除：

（a）读取数据流；

（b）查询发动机控制模块故障存储器并排除故障；

（c）按照电路图检查发动机控制模块的数据总线。

⑥ 故障码01316：ABS控制单元无法通信。

可能故障：ABS控制单元通过数据总线的数据接收不正常。

可能影响：

（a）行驶性能不良（换挡冲击，负荷变化冲击）；

（b）无行驶动力控制。

故障排除：

（a）读取数据流；

（b）查询ABS控制单元故障存储器并排除故障；

（c）按照电路图检查ABS控制单元的数据总线。

⑦ 故障码01317：组合仪表内控制单元（J285）无法通信。

可能故障：

（a）控制模块数据线有故障；

（b）控制模块损坏。

可能影响：

（a）行驶性能不良（换挡冲击，负荷变化冲击）；

（b）无行驶动力控制。

故障排除：

（a）读取数据流；

（b）查询与数据总线相连的所有控制单元的故障存储器并排除故障；

（c）按照电路图检查数据总线。

⑧ 故障码01321：安全气囊控制单元（JZ34）无法通信。

可能故障：安全气囊控制模块通过数据总线的数据接收不正常。

可能影响：安全气囊警告灯亮。

故障排除：

（a）读取数据流；

（b）查询安全气囊控制单元的故障存储器并排除故障；

（c）按照电路图检查安全气囊控制单元的数据总线。

⑨ 故障码 01324：四轮驱动控制单元（J492）无法通信。

可能故障：四轮驱动控制单元通过数据总线的数据接收不正常。

可能影响：

（a）行驶性能不良（换挡冲击，负荷变化冲击）；

（b）无行驶动力控制。

故障排除：

（a）读取数据流；

（b）查询四轮驱动控制单元故障存储器并排除故障；

（c）按照电路图检查四轮驱动控制单元的数据总线。

小　结

1. 微控制器由中央处理器、输入电路、输出电路、A/D 转换器、存储器和接口组成。

2. 总线系统主要由控制单元、数据总线、网络、架构、通信协议、网关等组成。

3. 总线系统网络拓扑指网络节点的几何结构，即各个节点相互连接的方式，一般分为星形网络拓扑、环形网络拓扑、总线型网络拓扑结构。

4. CAN 数据总线包括：控制单元、收发器、两个数据传输终端和两条数据总线。

5. 数据传输原理：CAN 数据总线中的数据传递就像一个电话会议，一个电话用户（电控单元）将数据"讲入"网络中，其他用户通过网络"接听"这个数据，对这个数据感兴趣的用户就会利用数据，而其他用户则选择忽略。

6. CAN 数据总线传递数据的格式分为开始域、状态域、检查域、数据域、安全域、确认域和结束域 7 个部分。

7. CAN 数据总线的传输仲裁原则是：具有最高优先权的数据首先发送。

8. LIN 总线是一种低成本的串行通信网络，用于实现汽车中的分布式电子系统控制，采用主从控制结构。

9. MOST 是媒体信息传送的网络系统，采用光纤环形结构。

习　题

1. CAN 总线是怎样解决干扰问题的？

2. 详述大众车系总线系统的链路特点。

3. 简述 MOST 总线的传输原理。

项目二

汽车空调系统检修

一、项目要求

【知识要求】
（1）能够描述汽车空调系统的组成。
（2）能够描述汽车空调系统的工作原理。

【能力要求】
（1）能够操纵汽车空调系统。
（2）能够对汽车空调系统进行维护。

二、相关知识

（一）汽车空调系统概述

1. 汽车空调系统的功能

汽车空调系统的功能是通过人为的方式创造一个对人体适宜的环境，即对车内的温度、湿度、气流速度进行调节，并具有净化空气的功能。除此之外，汽车空调还能除去风窗玻璃上的雾、霜、冰、雪，给驾驶员一个清晰的视野，确保行车安全。

（1）调节车内的温度。调节车内温度是汽车空调的基本功能，汽车空调利用其制冷装置和加热装置，调节车内适宜的空气温度。

（2）调节车内的湿度。普通汽车空调一般不具备这种功能，只有高级豪华汽车采用的冷暖一体化空调器才能对车内的湿度进行适量调节。它通过制冷装置冷却降温，去除空气中的水分，再由采暖装置升温以降低空气的相对湿度。

（3）调节车内的空气流动。空气的流速和方向对人体舒适性影响很大。夏季，气流速度稍大，有利于人体散热降温，但过大的风速直接吹到人体上，会使人感到不舒服，舒适的气流速度一般为 0.25 m/s。冬季，风速大了会影响人体保温，因而，冬季采暖希望气流速度尽量小一些，一般为 0.15 ~ 0.20 m/s。根据人体生理特点，头部对冷比较敏感，脚部对热比较敏感，因此，在布置空调出风口时，应让冷风吹到乘员头部，暖风吹到乘员脚部。

（4）过滤净化车内空气。由于空间小、乘员密度大，车内极易出现缺氧和二氧化碳浓度过高的情况。汽车发动机废气中的一氧化碳、道路上的粉尘和野外有毒的花粉都容易进入车内，造成车内空气污浊，影响乘员的身体健康。因此，必须要求汽车空调具有补充车外新鲜空气、过滤和净化车内空气的功能。

2. 汽车空调系统的组成

汽车空调系统由制冷系统、加热系统、通风系统、操纵控制系统和空气净化系统组成。

（1）制冷系统。制冷系统采用蒸汽压缩式的制冷原理对车内的空气进行冷却。作为冷源的蒸发器，其温度低于空气的露点温度，因此，制冷系统还有除湿和净化空气的作用。

（2）加热系统。一般轿车空调不单独设置热源，而是通过把发动机的冷却水引入加热器，利用鼓风机对空气进行加热。加热系统还可以对前挡风玻璃进行除霜。

（3）通风系统。通风系统包括鼓风机、风道、风门、出风口等，它把车外的新鲜空气引入车内，通过排风口把车内的污浊空气排出车外。

（4）操纵控制系统。操纵控制系统一般由电气系统、真空系统和操纵装置组成，它对制冷系统和加热系统进行控制，同时对车内的空气温度、风量、流向进行操纵，保证空调系统正常工作。

（5）空气净化系统。空气净化系统一般由空气过滤器、排风口、电气集尘器、阴离子发生器等组成，它对被引入的车外空气进行过滤，不断排出车内的污浊气体，保证车内空气清洁。

3. 汽车空调系统的热负荷

（1）通风换气热负荷。为了保证乘员能呼吸新鲜空气，车内需要一定的通风量，另外，由于门窗等处存在缝隙，也有新鲜空气漏入。这些新鲜空气从车外进入车内，必然会带入很多热量，使车内温度上升。

（2）传导热负荷。由于车外空气温度高于车内空气温度，太阳辐射使车身温度升高，热量必然要通过车身、车窗和底板传导进入车内，发动机舱的热量也经过罩壁传导进入车内。因此，要求汽车车厢的保温隔热性能要好，以减少传导热负荷。

（3）辐射热负荷。太阳光的热量以辐射形式通过玻璃窗进入车内，这一部分热量占制冷负荷的 20% ~ 30%。采用反射玻璃或遮阳贴膜，可以减少发动机的功率消耗。

（4）乘员热负荷。人体不断产生热量并散发出来。

4. 汽车空调系统的特点及要求

（1）汽车空调系统的特点。汽车空调系统的特点包括汽车直接暴露在太阳下或风雪中，隔热措施实施困难；汽车在行驶时有大量风沙、废气从各种缝隙钻入车厢内，造成车厢内空气污染并增加热负荷；汽车的行驶速度变化无常，难以保证稳定的空调工况等。因此，汽车空调的工作环境比房间空调要恶劣得多。

由于汽车这个"移动房间"的特殊工作环境，它与建筑空调有许多不同之处，具体表现在以下几个方面。

① 在炎热的夏季，由于汽车车厢容积小，而且车窗占的面积比例相对较大，易受阳光直射。

一般建筑物可以用窗帘防止阳光直射，在汽车上要保证视野而无法做到，因此车厢内的温度很高。此外，车厢内的温度还受到地面热量反射、人体散热、发动机的辐射热等影响，所以汽车空调的制冷负荷较大。

② 汽车空调制冷压缩机要由汽车发动机来驱动，因此对汽车的动力性、经济性均有一定的影响。

③ 在由发动机驱动时，汽车空调的制冷性能受发动机转速影响，但即使是怠速运转，也要保证车内温度凉爽适宜。

④ 汽车车厢内乘员所占空间比例较大，加上座椅和其他机械装置的高低不平，直接影响了车厢内的风速分布和温度分布的均匀性，从而影响了人体的舒适性。

⑤ 冷凝压力偏高。对于轿车、货车、小型旅行车等大多数车辆，冷凝器置于汽车水箱前面，其散热效果受到发动机水箱辐射热、汽车行驶速度、路面尘土污染的影响，尤其在汽车怠速或爬坡时，不仅冷凝压力异常升高，而且影响汽车发动机水箱的散热。即使装在汽车车身侧面的冷凝器，冷却条件也不是很理想。

⑥ 制冷剂容易泄漏。汽车在颠簸不平的道路上行驶时震动厉害，制冷管路连接处容易松动，冷凝器易受飞石击伤或泥浆腐蚀，产生泄漏现象。

⑦ 在汽车空调制冷系统中循环的制冷剂流量变化范围较大，给设计带来困难。发动机的转速可从 700 r/min（怠速）变到 6 000 r/min，压缩机转速与发动机转速成正比，这给制冷系统的制冷量调节带来困难，使得汽车空调系统的调节比控制较普通的建筑空调系统更为复杂。汽车空调与房间空调的比较见表 2-1。

表 2-1　　　　　　　　　　汽车空调与房间空调的比较

序　号	项　目	汽车空调	房间空调
1	制冷剂	R12 或 R134a	R22
2	热负荷 室内人口密度 环境温度 太阳辐射	大 大 −30℃ ～ 120℃ 大	较小 小 −30℃ ～ 50℃ 小
3	换气 壁面隔热措施 室内温度变动 玻璃窗面积 降温速度要求	大 有困难 大 大 快	较小 好 小 较小 可缓慢降低
4	冷凝器工作条件	差（有泥浆污染）	好
5	泄漏可能性 震动 连结管路 压缩机类型	大 大 橡胶软管 开启式	小 小 金属软管 全（半）封闭式
6	压缩机动力源	发动机	电动机
7	压缩机转速	变化大	变化小
8	对结构重量要求	体积小、重量轻	要求低
9	通用性	差（各车行不同）	好（标准系列化）
10	控制系统	较复杂	简单
11	室内温度分布	不易均匀	比较均匀

（2）汽车空调系统的要求。由于汽车空调自身的特点，汽车空调应比一般房间空调具有更高的技术性能和工作可靠性。具体要求如下所述。

① 汽车空调应保证在任何条件下，车厢内部都具有舒适的温度范围和气流平均速度。舒适的温度范围，冬季为 16℃ ~ 20℃，夏季为 20℃ ~ 28℃；舒适的湿度范围，冬季为 55% ~ 70%，夏季为 60% ~ 75%；舒适的气流平均速度一般为 0.25 m/s。

② 汽车空调的控制机构和操纵机构要灵活、方便、可靠。

③ 汽车空调的零部件要求可靠、体积小、重量轻、安装维修方便。

④ 汽车空调应具有快速制冷和快速采暖的能力。

⑤ 汽车空调冷气装置工作时，对汽车的动力性和经济性的影响要尽可能小。

⑥ 汽车空调在汽车上的结构布局要紧凑合理，零部件安装要有防震措施，保证汽车空调在剧烈颠簸、震动条件下能可靠地工作。

（二）汽车空调制冷系统

1. 制冷系统的组成

空调制冷系统由空调压缩机、冷凝器、膨胀阀（或 CCOT 阀）、蒸发器四大机件组成，如图 2-1 所示。

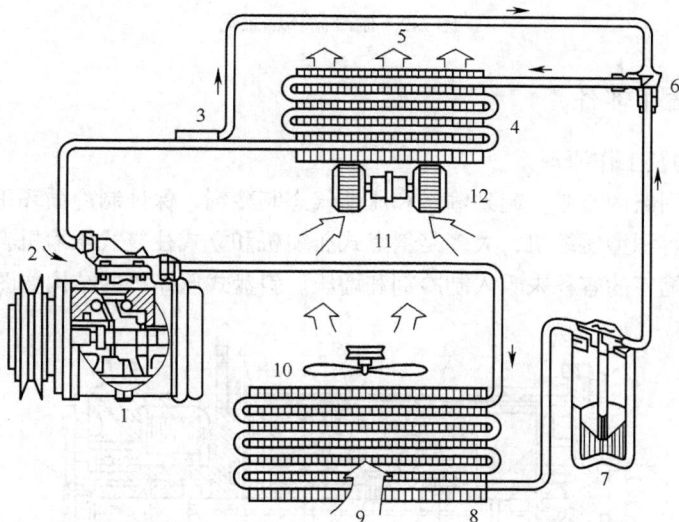

图 2-1 空调制冷系统的组成

1—压缩机；2—低压阀；3—感温包；4—蒸发器；5—冷气；6—膨胀阀；7—储液干燥器；8—冷凝器；
9—迎面风；10—发动机冷却风扇；11—热空气；12—鼓风机

2. 制冷循环工作原理

（1）压缩过程。压缩机把从蒸发器出来的 0℃、0.15 ~ 0.2 MPa 的气态制冷剂变成 70℃、1.0 ~ 1.5 MPa 过热制冷剂气体，送往冷凝器冷却降温。

（2）冷凝过程。在冷凝器里，过热气态制冷剂受到空气冷却。冷凝过程的后期，制冷剂变成 40℃、1.0 ~ 1.2 MPa 的过冷液态制冷剂，流经冷凝器的空气温度上升。

（3）膨胀过程。冷凝后的液态制冷剂经过膨胀阀后体积变大，其压力和温度急剧下降，变成

−5℃、0.15 ~ 0.2 MPa 的湿蒸汽，以便进入蒸发器中迅速吸热蒸发。

（4）蒸发过程。−5℃、0.15 ~ 0.2 MPa 的湿蒸气不断吸收热量而汽化，转变成 0℃、0.15 ~ 0.2 MPa 的气态制冷剂，使流过蒸发器的空气温度下降。

从蒸发器流出的气态制冷剂又被吸入压缩机，就这样，制冷系统利用有限的制冷剂在封闭的制冷系统中，重复地将制冷剂压缩、冷凝、膨胀、蒸发，对车内的空气进行制冷循环过程，如图 2-2 所示。

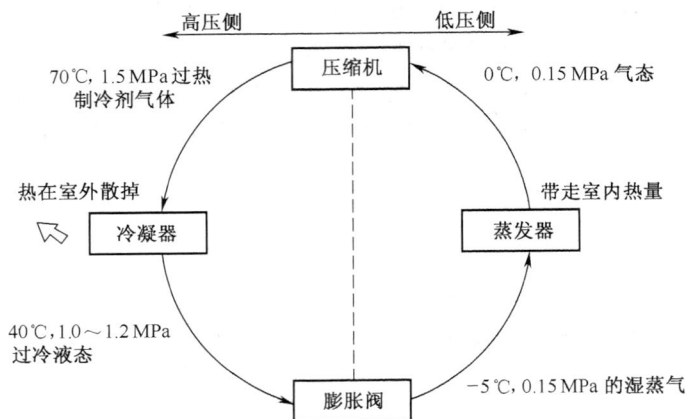

图 2-2　制冷循环示意图

（三）制冷循环部件

1. 压缩机结构及工作原理

压缩机是制冷回路的心脏，起到输送和压缩气态制冷剂、保证制冷循环正常工作的作用。汽车空调压缩机采用容积型压缩机，大多是斜盘式压缩机和立式往复式压缩机，利用活塞在汽缸中做往复运动改变压缩室的容积来吸入制冷剂和增压。斜盘式压缩机的结构如图 2-3 所示。

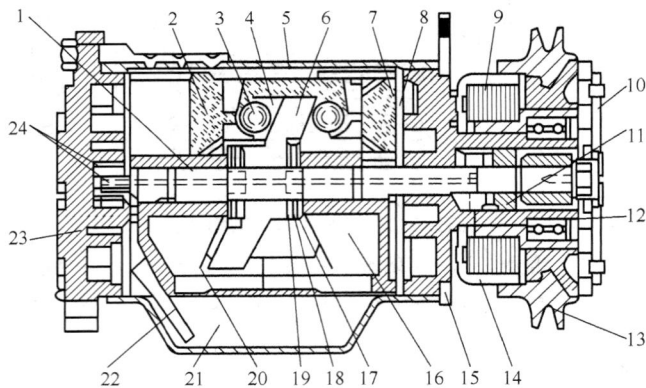

图 2-3　斜盘式压缩机的结构

1—曲轴；2—活塞；3—钢球；4—支承盘；5—外壳；6—旋转斜盘；7—吸簧；8—外放泄阀板；9—轴封；
10—离合板及毂；11—密封座；12—滑动轴承；13—带滑轮；14—离合器线圈及外壳；15—前端盖；
16—汽缸的前半部；17—推力座圈；18—推力轴承；19—推力座圈；20—汽缸后半部；
21—油池；22—吸油管；23—后端盖；24—油泵齿轮

斜盘式压缩机的工作原理如图 2-4 所示。

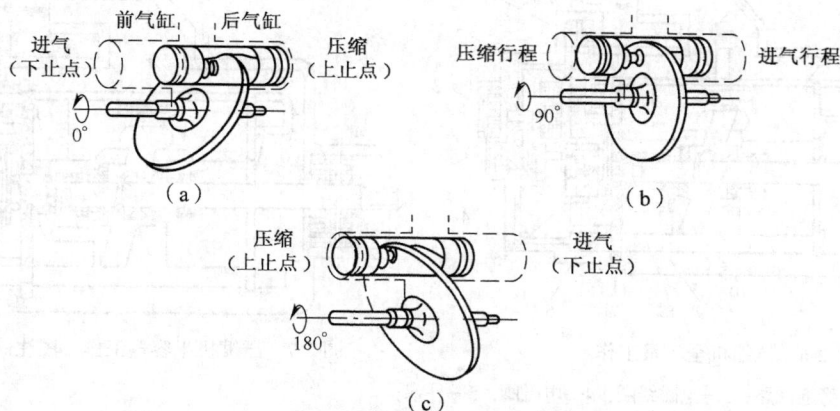

图 2-4 斜盘式压缩机的工作原理

压缩机轴旋转时，斜盘做左右摇摆运动，通过钢球驱动双头活塞在前、后汽缸中做往复运动，进行吸气和压缩过程，使气态制冷剂压力提高。

斜盘式压缩机结构紧凑、转动扭矩小、运动的平衡性较高、效率高、性能可靠，最适合小型高速车辆使用。

斜盘式压缩机的润滑方式如图 2-5 所示。

当压缩机的轴转动时，驱动油泵把曲轴箱中的润滑油泵入轴的油道，压入到各轴承、油封、活塞驱动球、球盘等需要润滑的部件。

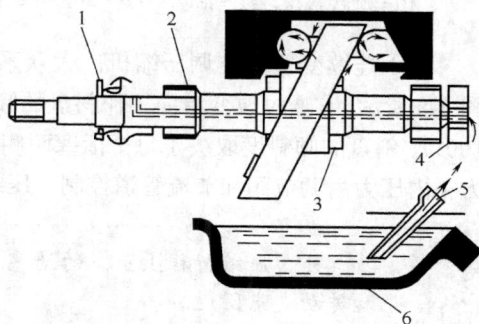

图 2-5 斜盘式压缩机的润滑方式
1—轴承；2—径向轴承；3—止推轴承；
4—油泵；5—油管；6—润滑油

2．变容量压缩机

由于空调压缩机转速随发动机转速而变化，从节约能源等方面考虑，出现了变容量压缩机，能够根据蒸发器制冷负荷的变化自动调节排量。变容量压缩机的种类有容量固定变化式和连续变化式两种。

（1）两级变容量空调压缩机。日本丰田佳美 20 系列轿车采用的变容量压缩机，在 10 缸旋转斜盘压缩机的基础上增加了一套可变排量机构，能使压缩机在全容量（100%）或半容量（50%）两种状态下工作。可变排量机构主要由柱塞、电磁阀、电磁线圈、单向阀和排出阀组成。如图 2-6 所示，压缩机在全容量工作时，电磁线圈不通电，电磁阀在弹簧弹力的作用下，将 a 孔打开、b 孔关闭，高压制冷剂经过旁通回路，从 a 孔进入电磁阀，压向电磁阀后端。因此，柱塞克服弹簧弹力，向左移动，排出阀挤压在阀盘上。于是，压缩机的 10 个汽缸都工作，此时在压缩机后部产生的高压将单向阀向上推起，来自压缩机后部的高压气体与来自压缩机前部的高压气体一起流至冷凝器。如图 2-7 所示，可变排量压缩机半容量工作时，电磁线圈通电，电磁阀阀心在磁场力的作用下上移，将 a 孔关闭、b 孔打开。高压制冷剂不能经过旁通回路进入电磁阀，作用于电磁阀后端的压力降低，柱塞在弹簧弹力的作用下回到右侧，排出阀离开阀盘，使压缩机后部的 5 个汽缸停止工作。此时单向阀被前后压差吸出，关闭后部高压气体的排出通道，防止压缩机前部的高压气体回流。当压缩机停止工作时，高压端和低压端内部压力逐渐平衡，柱塞被弹簧弹力推回右侧。单向阀随高压端压力下降而落下，关闭在后部的高压制冷剂排出通道，排出阀和单向阀以半容量工作。当压缩机启动时，以半容量工作，从而减小压缩机启动时的震动。

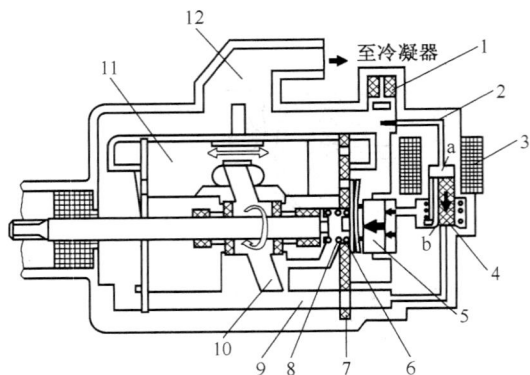

图 2-6　压缩机全容量工作

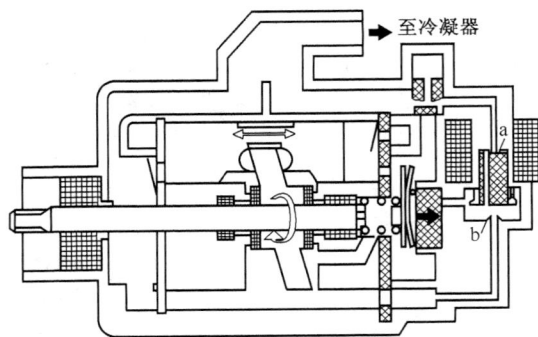

图 2-7　压缩机半容量工作（图注同图 2-6）

1—单向阀；2—旁通回路；3—电磁线圈；4—电磁阀；5—柱塞；

6—排出阀；7—阀盘；8—弹簧；9—低压制冷剂；

10—旋转斜盘；11—活塞；12—高压制冷剂

（2）连续变容量空调压缩机。大众系列轿车常见的变容量压缩机为连续变化式，其结构如图 2-8 所示。它通过改变单向工作斜盘的倾斜度（活塞的工作行程）来改变排量，调节范围为 5% ~ 100%。斜盘的倾斜度取决于每个活塞两侧的压力差，活塞右侧的压力受压力箱内压力的影响，压力箱内压力由调节阀和节流管道控制，压缩机的调节阀通过波纹管 2 的伸缩具有输出稳压作用。

注意　处于压缩行程上止点的活塞对斜盘的倾斜度影响较小，因为该活塞的力作用在斜盘转动支点附近。

如图 2-9 所示，压缩机大排量输出时，输出压力较高，通过节流管道作用使压力箱内压力升高。压力箱内压力升高到某一值时，调节阀开启，使压力箱与进气低压接通，压力箱内的压力不再升高。此时，活塞两侧的压力差增大，活塞左侧的压力相对增加，从而使斜盘的倾斜度增大，活塞行程变长。

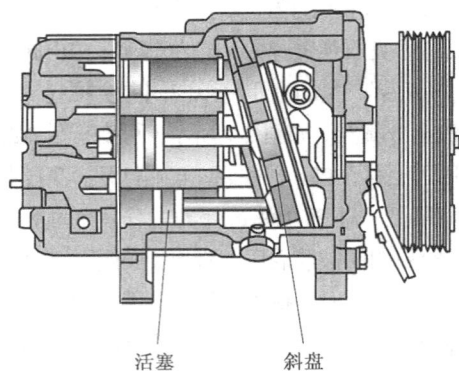

图 2-8　大众系列轿车变容量压缩机结构

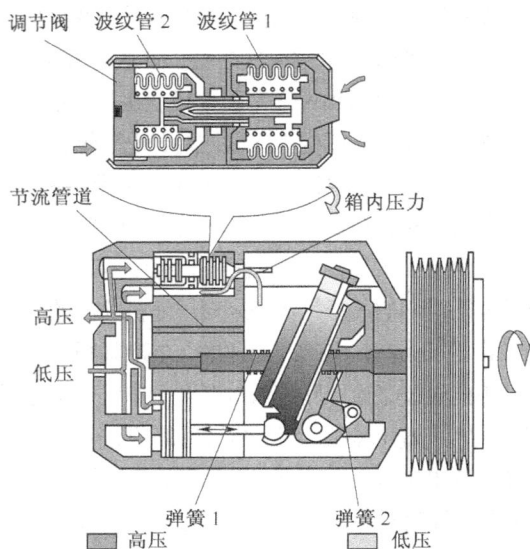

图 2-9　压缩机大排量输出

如图 2-10 所示，压缩机小排量输出时，输出压力较低，通过节流管道作用使压力箱内压力不断升高，但调节阀处于关闭状态。此时，活塞右侧的压力相对增加，从而使斜盘的倾斜度减小，活塞行程变短。

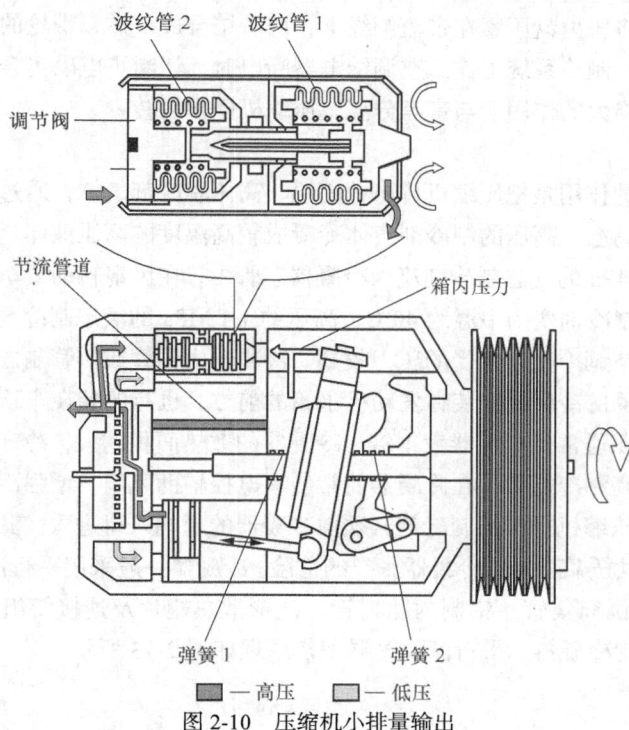

图 2-10　压缩机小排量输出

3. 电磁离合器

电磁离合器的作用是切断或接通压缩机的工作，汽车空调压缩机所用电磁离合器有旋转线圈式与固定线圈式两种。

旋转线圈式电磁离合器当压缩机转动时与带轮一起旋转，线圈的两端各自焊接在两个铜环上，通过两个电刷输入励磁电流。

固定线圈式电磁离合器的结构如图 2-11 所示。

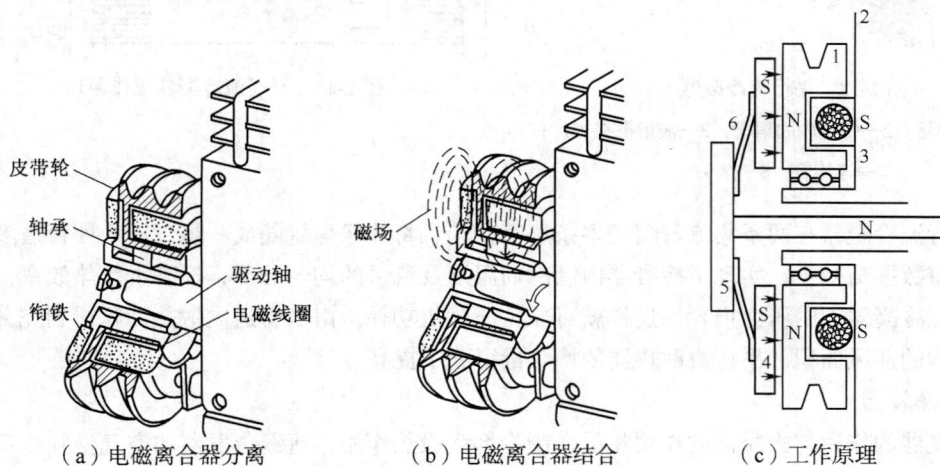

（a）电磁离合器分离　　（b）电磁离合器结合　　（c）工作原理

图 2-11　固定线圈式电磁离合器的结构

1—皮带轮；2—压缩机壳体；3—电磁线圈；4—摩擦板；5—压力盘；6—弹簧爪

固定线圈式电磁离合器主要由皮带轮、电磁线圈、压力盘、轴毂总成组成，电磁线圈的一端搭铁，另一端经空调继电器与电源相连。当接通空调开关时，空调继电器接通，压缩机的电磁线圈通电，产生电磁力将压力盘压紧在带盘侧缘上，两者结合成一体，带轮的驱动力经离合器片与轴毂带动压缩机旋转，制冷系统工作。空调继电器断电时，切断了电磁离合器线圈的电流，轴毂上的压力盘在弹簧片弹力的作用下与带盘分离，压缩机停止运转。

4. 冷凝器

汽车空调冷凝器的作用是把压缩机排出的高温、高压制冷剂气体，通过冷凝器将热量散发到车外空气中，从而使高温、高压的制冷剂气体冷凝成较高温度的高压液体。从压缩机压出的高温约80℃、高压约1.5 MPa的气态制冷剂流入冷凝器芯管中，在风扇转动或车辆行驶时空气吹过冷凝器，冷却芯管中的制冷剂变为中温约40℃、高压约1.1 MPa的液态制冷剂。与发动机的冷却水散热器相比较，汽车空调冷凝器承受的压力较高。冷凝器由铜管或铝管制成芯管，并在芯管周围焊接散热片，多数车辆的冷凝器安装在发动机水箱的前方，也有的装在车顶上。

冷凝器的散热面积通常比蒸发器大1倍，冷凝器的散热面积越大，冷却效果越好。为了保证更好的冷却效果，提高制冷能力，在冷凝器前常装有电控辅助风扇，增强冷凝器的散热效率。安装冷凝器时，注意从压缩机排出的制冷剂必须由冷凝器的上端入口进入，其出口必须在下方，否则会引起制冷系统压力升高，导致冷凝器胀裂的危险。冷凝器一般采用平行流式，如图2-12所示。

平行流冷凝器由圆筒集管、铝制内肋扁管、波形散热翅片及连接管组成，是为适应新介质R134a而研制的新结构冷凝器。平行流冷凝器工作原理如图2-13所示。

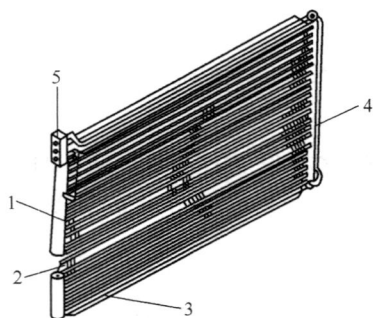

图 2-12　平行流冷凝器

图 2-13　平行流冷凝器工作原理

1—圆筒集管；2—铝制内肋扁管；3—波形散热翅片；
4—连接管；5—接头

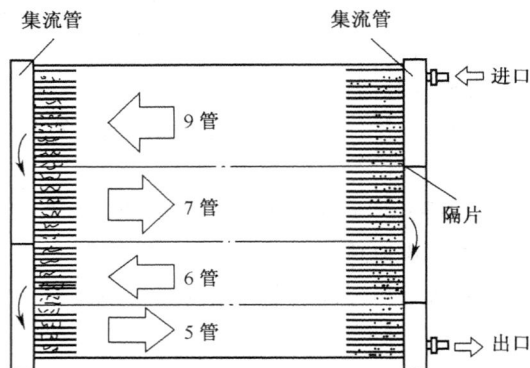

平行流冷凝器在两条集流管间用多条扁管相连，将几条扁管隔成一组，进入处管道多，而后每组管道数逐渐减少，实现了冷凝器内制冷剂温度及流量的均匀分配，提高了换热效率，降低了制冷剂在冷凝器中的压力损耗，这样就可减少压缩机功耗。由于管道内散热面积得到充分利用，对于同样的迎风面积，平行流散热器的换热量得到了提高。

5. 蒸发器

蒸发器的作用与冷凝器的作用相反，制冷剂起吸热作用，流经蒸发器的空气受到冷却，制冷系统工作时，高压液态制冷剂通过膨胀阀膨胀而压力降低，变成湿蒸汽进入蒸发器芯管，吸收散热片及周围空气的热量。

蒸发器有管片式、管带式和层叠式 3 种结构。管片式蒸发器结构简单、加工方便，但换热效率比较差；管带式蒸发器工艺复杂，但换热效率比管片式蒸发器高；层叠式蒸发器由冲压成复杂形状的铝板叠在一起组成制冷剂通道，每两片通道之间夹有蛇形散热铝带，加工难度最大，换热效率也最高。

管片式蒸发器与管带式蒸发器的结构如图 2-14 所示。层叠式蒸发器的结构如图 2-15 所示。

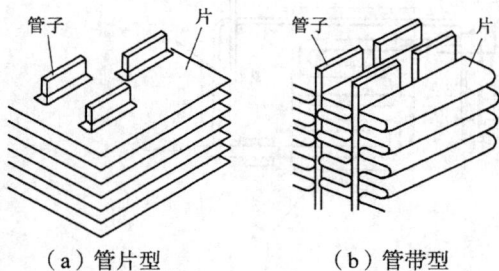

（a）管片型　　　（b）管带型

图 2-14　管片式蒸发器与管带式蒸发器的结构

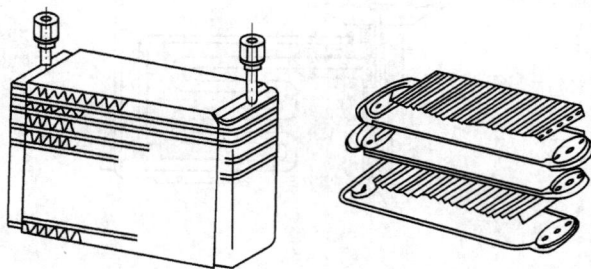

图 2-15　层叠式蒸发器的结构

6. 膨胀阀

汽车空调的节流膨胀装置主要是热力膨胀阀，另外，还有组合式阀、电子膨胀阀等。

（1）热力膨胀阀的作用。热力膨胀阀是一种膨胀节流装置，它是制冷系统中自动调节制冷剂流量的元件，被广泛应用于各种空调制冷系统中。热力膨胀阀的工作特性好坏，直接影响整个制冷系统能否正常工作。热力膨胀阀以蒸发器出口的过热度为信号，自动调节制冷系统的制冷剂流量，因此，它是以发信器、调节器和执行器组合成一体的自动调节器。具体地说，热力膨胀阀一般有 3 个作用。

① 节流降压。使从冷凝器来的高温、高压液态制冷剂节流降压成为容易蒸发的低温、低压雾状制冷剂进入蒸发器，将制冷剂分成高压侧和低压侧。

② 自动调节制冷剂流量。由于制冷负荷的改变以及压缩机转速的改变，要求流量做相应调节，以保持车内温度稳定。膨胀阀能自动调节进入蒸发器的流量，以满足制冷循环要求。

③ 控制制冷剂流量，防止液击和异常过热发生。膨胀时以感温包作为感温元件控制流量大小，保证蒸发器尾部有一定量的过热度，从而保证蒸发器容积的有效利用，避免液态制冷剂进入压缩机而造成液击现象，同时又能控制过热度在一定范围内。

大多数汽车空调制冷系统在运行过程中，其冷负荷是变化的。如系统刚开始降温时，车内的温度较高，这时就要求蒸发器的制冷剂流量增大，而当车内温度较低时，冷负荷减少了，这时要求蒸发器的制冷剂流量减小。因此，热力膨胀阀的作用就是根据系统冷负荷需要调节制冷剂流量，使制冷系统能正常地工作。

（2）热力膨胀阀的结构。热力膨胀阀有内平衡和外平衡两种形式，下面以外平衡式膨胀阀为例说明热力膨胀阀的结构。

外平衡式热力膨胀阀的结构如图 2-16 所示，它主要由

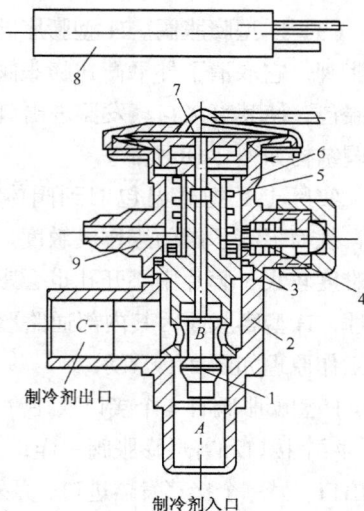

制冷剂出口

制冷剂入口

图 2-16　外平衡式热力膨胀阀的结构

1—阀针；2—下阀体；3—垫；4—调节齿轮；

5—弹簧；6—上阀体；7—薄膜；8—感温包；

9—平衡管接头

上阀体、下阀体、阀针、弹簧、薄膜、感温包、外平衡管接头等组成。

外平衡式膨胀阀的工作原理如图 2-17 所示。

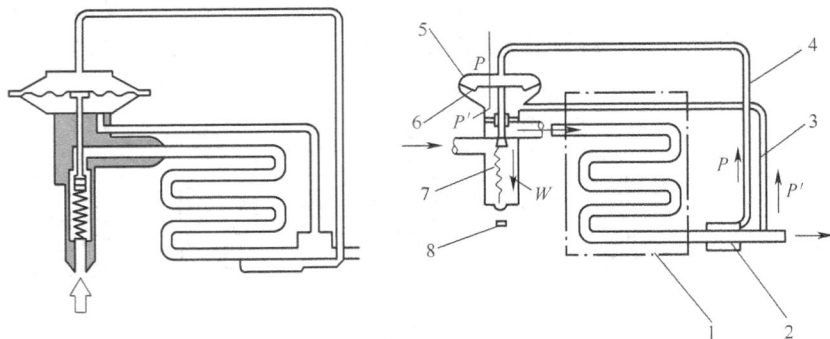

图 2-17　外平衡式膨胀阀的工作原理

1—蒸发器；2—感温包；3—外部均压管；4—毛细管；5—膨胀阀；6—波纹膜片；7—过热调整弹簧；8—调整螺管

图 2-17 中 P 为感温包感受到的蒸发器出口温度相对应的饱和压力，P' 为蒸发器出口的蒸发压力，W 为过热调整弹簧的压力。当车室内温度处在某一工况时，膨胀阀处在一定开度，P、P' 和 W 应处在平衡状态，即 $P=P'+W$。如果车室内温度升高，蒸发器出口过热度增大，则感受温度上升，相应的感应压力 P 也增大，这时 $P>P'+W$，因此，波纹膜片向下移，推动传动杆使膨胀阀孔开度增大，制冷剂流量增加，制冷量也增大，蒸发器出口热度相应下降。相反，如果蒸发器出口处过热度降低，则感受温度下降，相应的饱和压力也减小，这时 $P<P'+W$，使波纹膜片上移，传动杆也随之上移，膨胀阀的阀孔开度减小，制冷剂流量减小，制冷量也减小，蒸发器出口过热度也相应上升，满足了蒸发器变化的需要。由于在蒸发器出口处和膨胀阀波纹膜片下方引有一个外部均压管，所以称此膨胀阀为外平衡式热力膨胀阀。

（3）H 型膨胀阀。H 型膨胀阀是一种整体型膨胀阀，它取消了外平衡式膨胀阀的外平衡管和感温包，使其直接与蒸发器进出口相连。H 型膨胀阀结构如图 2-18 所示。

实际上是把感温包缩到阀体内的回气管路上，从而提高了阀的工作灵敏度。但这种结构加工难度较大，膜片中心开孔也会影响膜片的开阀特性，H 型膨胀阀因其内部通路形同 H 而得名，其工作原理如图 2-19 所示。

H 型膨胀阀有 4 个接口通往汽车空调系统，其中，两个接口和普通膨胀阀一样，一个接储液干燥器出口，另一个接蒸发器进口；另外两个接口，一个接蒸发器出口，另一个接压缩机进口，感温包和毛细管均由薄膜下面的感温元件所取代，感温元件处在进入压缩机的制冷剂气流中。H 型膨胀阀结构紧凑、性能可靠，符合汽车空调的要求。

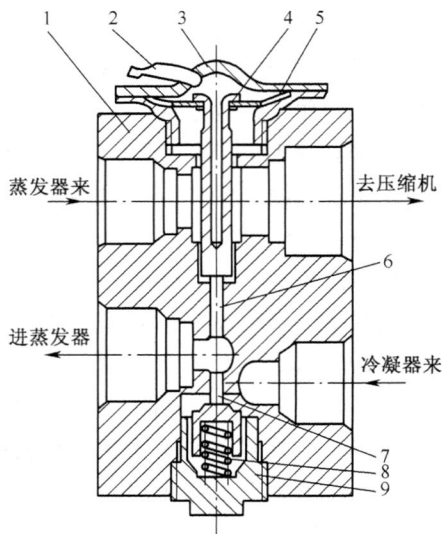

图 2-18　H 型膨胀阀结构

1—阀体；2—灌充管；3—动力头；4—顶杆（兼感温包）；5—膜片；6—传动杆；7—球阀；8—弹簧；9—弹簧座

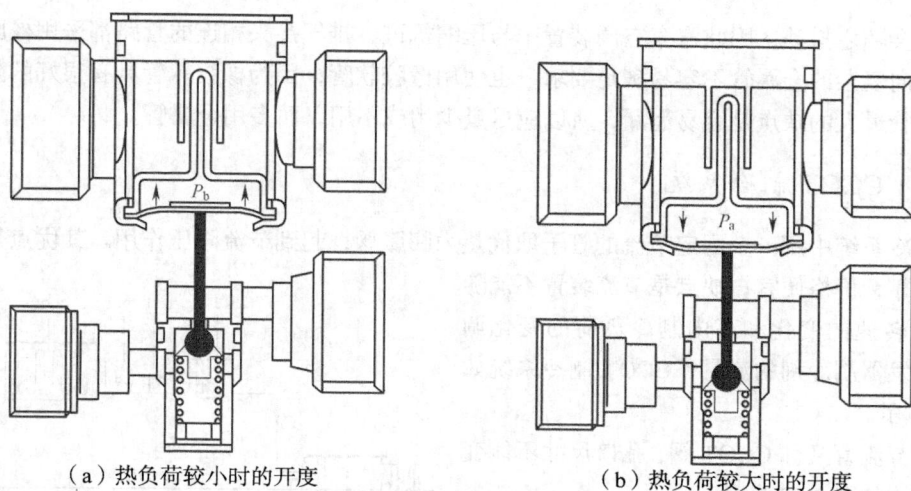

（a）热负荷较小时的开度　　　　　　　　　（b）热负荷较大时的开度

图 2-19　H 型膨胀阀工作原理

H 型膨胀阀安装在蒸发器的进出管之间，阀上端直接暴露在蒸发器出口介质中，感应温度不受环境温度影响，也不需要通过毛细管而造成时间滞后。由于该膨胀阀无感温包、毛细管和外平衡接管，可免除因汽车颠簸、震动而使充注系统断裂外漏以及感温包包扎松动而影响膨胀阀的正常工作，提高了膨胀阀的抗震性能。

H 型膨胀阀可安装在离开蒸发器的其他地方，如装在驾驶员前围板外的发动机舱中，安装、调换方便。

7. 储液干燥过滤器

储液干燥过滤器的作用是存储制冷剂，除去制冷剂中的水分，过滤制冷剂中的杂质。储液干燥过滤器如图 2-20 所示。

储液干燥过滤器主要由玻璃观察窗、吸取管、粗过滤器、干燥剂、过滤器及壳体组成。玻璃观察窗用以观察制冷剂是否够量，若观察窗很明净，表示系统制冷剂够量；若出现气泡，说明系统内进入了空气或制冷剂不足；若看到乳白色雾状物，表示干燥剂已从储液干燥过滤器中逸出，随制冷剂一起在系统中循环。

有些储液干燥过滤器上装有易熔塞，如图 2-20 所示。若因冷凝器散热不良或其他零部件过热使其温度急剧上升，当储液干燥过滤器的温度升至 100℃～156℃、压力高达 3.0 MPa 时，易熔塞的低熔点易熔合金就会熔化，从而排泄系统中的高温、高压制冷剂，防止制冷系统中其他机件的损坏。

8. 管路

管路把制冷系统各元件连成一个封闭系统。由于发动机在工作时会产生抖动，安装在发动机上的

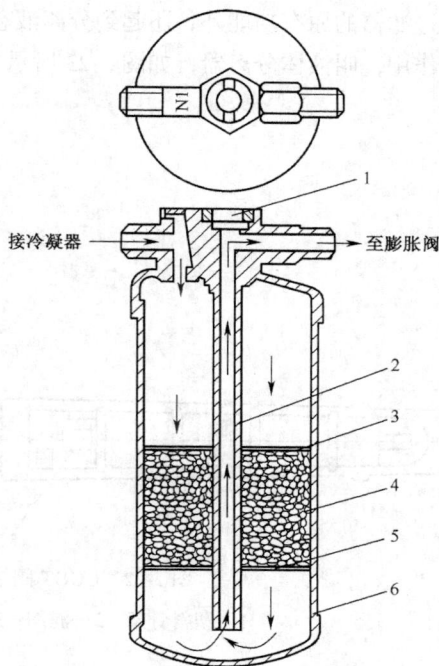

接冷凝器　　　　　　　　　　　　至膨胀阀

图 2-20　储液干燥过滤器

1—玻璃观察窗及易熔塞；2—吸取管；3—粗过滤器；

4—干燥剂；5—过滤器；6—壳体

压缩机也会随之抖动，因此汽车空调装置中与压缩机进、排气接头相连的管路都采用橡胶软管。此外，走向复杂的金属管不容易满足要求，也使用橡胶软管，因为橡胶软管具有很好的随和性。但橡胶软管最大的缺点是容易泄漏，所以应尽量少用或不用，而多用金属管。

（四）CCOT 制冷系统

在制冷系统中用一个固定节流的管子取代热力膨胀阀，起到节流降压作用。其优点是节流装置简单可靠，价格便宜；缺点是节流装置不能随着压缩机转速的变化和车内制冷负荷的变化调节供给蒸发器制冷剂的流量。CCOT 制冷系统如图 2-21 所示。

固定节流管又称 CCOT 阀，孔口尺寸不能变化。其结构如图 2-22 所示。

在制冷负荷或发动机转速发生变化时，通过两种方法来调节制冷：一种是利用温度开关或压力开关按照一定的频率切断和接通压缩机电磁离合器；另一种是利用可变容量压缩机调节制冷剂流量。

为了避免液体制冷剂进入压缩机造成液击现象，在 CCOT 制冷系统中，把膨胀阀前的储液干燥过滤器改装到蒸发器的出口处，除了储液干燥过滤器的原有功能外，还起到分离液态制冷剂的作用，叫液体分离器，如图 2-23 所示。

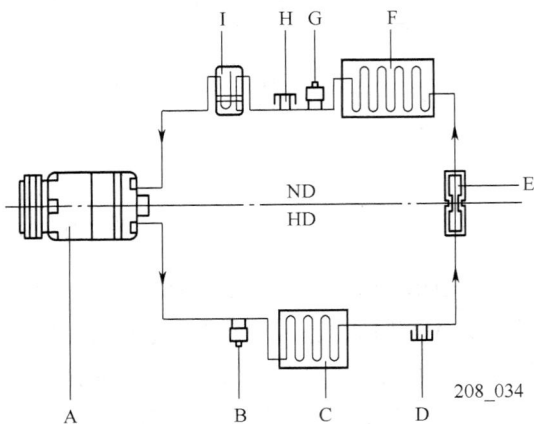

图 2-21　CCOT 制冷系统

A—压缩机；B—高压开关；C—冷凝器；
D—高压充注阀；E—膨胀节流阀；F—蒸发器；
G—低压开关；H—低压充注阀；I—液体分离器

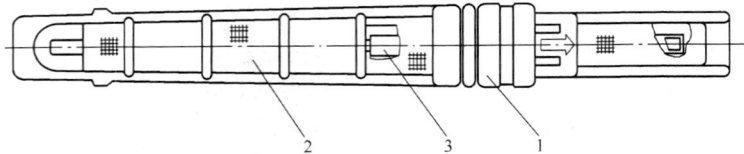

图 2-22　CCOT 阀结构

1—塑料骨架；2—滤网；3—节流管

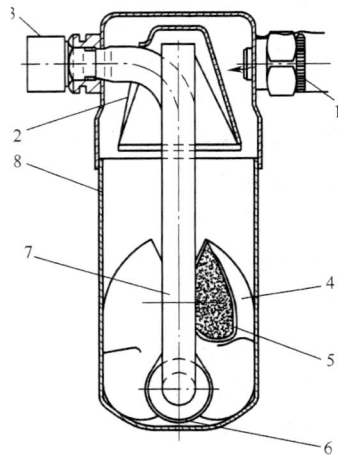

图 2-23　液体分离器

1—制冷剂进口；2—环形塑料挡板；3—出口；
4—干燥剂袋；5—干燥剂；6—过滤网；
7—U 形管；8—外壳

在液体分离器内，也同样设置有过滤、干燥的结构。如图 2-23 所示，从蒸发器流出的制冷剂湿蒸气通过液体分离器的制冷剂进口进入液体分离器内，湿蒸气中的液滴和油滴落到液体分离器外壳的底部。在液体分离器的底部有一环形毛毡干燥剂袋，毛毡袋内装有分子筛干燥剂，用于吸收液体制冷剂和油中的水分。液体分离器的出口与液体分离器中的U形管相接，U形管的另一端管口位于液体分离器的上方，周围有环形塑料挡板，避免从管口吸进制冷剂液滴和油滴，保证进入的是纯净的制冷剂气体。压缩机通过液体分离器的出口抽吸的制冷剂是液体分离器上方的纯净制冷剂气体。在U形管的下方管壁上开一小孔，其周围有一环形过滤网，当制冷剂气体流经U形管时，可从小孔中吸进少许含油液体，用于压缩机内部的润滑。

液体分离器的外壳用铝合金板冲制焊接而成，在液体分离器的上方设置单向阀接头，用以充注制冷剂或检查制冷系统工作是否正常。

（五）通风系统

通风系统的作用是向车内提供温度适宜的干净空气，主要包括新鲜空气/循环空气风门、鼓风机、中央风门、除霜/下出风风门、风道、各个出风口等，如图 2-24 所示。

新鲜空气/循环空气真空阀的作用是接通或关闭车外新鲜空气进气口。空气流经鼓风机后，通过蒸发器冷却，再流向暖风加热器，温度风门的位置不同，流向暖风加热器加热的空气比例也不同，这样通过调节温度风门位置就调节了出风温度，如图 2-25 所示。中央风门真空阀、除霜/下出风风门真空阀用来改变通风系统的出风方式。

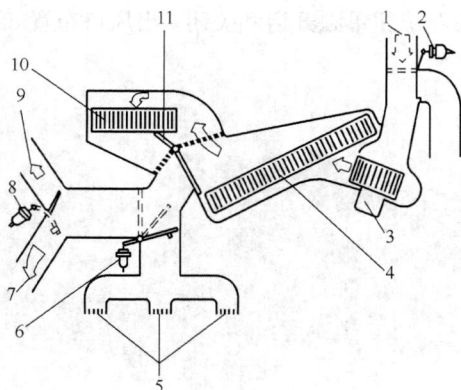

图 2-24　通风系统示意图　　　　　　图 2-25　出风温度调节过程

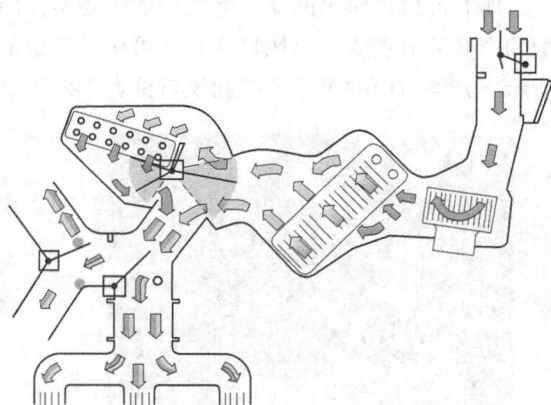

1—车外新鲜空气；2—新鲜空气/循环空气真空阀；3—鼓风机；

4—蒸发器；5—仪表板出风口；6—中央风门双向真空阀；

7—下出风口；8—除霜/下出风真空阀；9—除霜出风口；

10—暖风加热器；11—温度风门

（六）操纵控制系统

空调操纵系统的功能是对制冷系统与加热系统进行控制，调节车内的空气温度、风量、流向，确保空调系统正常工作，一般由操纵开关、机械传动（或真空系统）、电气系统组成。

手动温度控制装置及操纵机构又分为两种类型：一种是由仪表板上的旋钮通过拉丝控制温度门及空气分配门开度；另一种是由仪表板上的拨杆通过拉丝控制温度门开度，通过真空伺服机构

控制空气分配门开度。

下面以新捷达轿车空调的操纵系统为例，介绍空调操纵系统的工作过程。

1. 空调按钮开关

手动空调控制系统包括温度旋钮开关、鼓风机旋钮开关、空气分配旋钮开关、空调按钮开关、车内空气循环按钮开关等，如图 2-26 所示。

（1）温度旋钮开关 A。顺时针旋转该开关，提高车内温度；逆时针旋转该开关，降低车内温度。可按需要用此开关将车内温度调至适宜状态。

（2）鼓风机旋钮开关 B。鼓风机转速设为 4 挡，用以调节空气流量。低速行驶时，鼓风机应以低速运转。开关处于 0 位时，关闭鼓风机和空调装置。

配备粉尘滤清器的轿车，无论开关 B 处于何挡位，粉尘滤清器均能滤除灰尘、花粉、炭烟等污物。

（3）空气分配旋钮开关 C。它用来控制空气流向，气流通向脚坑。

（4）空调按钮开关 D。按下该开关，空调系统启动，开关内的符号"AC"同时点亮。再按一下该开关，空调系统关闭，开关内的符号"AC"熄灭。

（5）车内空气循环按钮开关 E。按下该开关，车内循环系统启动，按钮内的指示灯同时点亮。此状态下，车外空气不能进入车内，系统自车内吸入空气，并不断在车内循环。再按一下该开关，即可关闭车内循环系统，同时指示灯熄灭。

2. 出风口的调节

所有出风口输出的新鲜空气是加热还是输出冷风，均取决开关 A、D 及 E。出风口的空气分配均由开关 C 控制，出风口 3 和 4 可用其旁边的滚花旋钮单独开启和关闭。出风口布置如图 2-27 所示，开关对应的符号及控制风口见表 2-2。

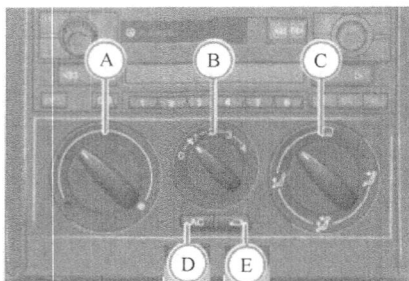

图 2-26 新捷达轿车空调按钮开关

图 2-27 出风口布置图

1—除霜、除雾风口（前）；2—除霜、除雾风口（侧）；

3—中央风口；4—侧风口；5—下出风口；

O—旋钮拧至该位置，关闭出风口；

—旋钮拧至该位置，打开出风口

表 2-2　　　　　　　　　　　　　　开关对应的符号及控制风口

开关对应符号	送 风 方 向	出风口全开	出风口部分开
	前风窗	1、2	4
	脚部空间	5	1、2、4
	乘员上身及脚部空间	3、4、5	1、2
	乘员上身	3、4	

送风高度取决滚花旋钮的位置，左、右拨动出风格栅内的滚花旋钮可横向改变气流方向，后排乘员脚部空间的出风口 5 同时开启或关闭。

具体操纵如下所述。

（1）风窗及侧窗除霜。

① 将开关 A 右旋到头；②开关 B 置于 3 挡；③开关 C 拧到帚挡，关闭出风口 3，出风口 4 对准侧窗。

（2）风窗与侧窗除雾。车外空气湿度很高（如雨天）时，车窗玻璃将凝结雾气，影响视线，建议按下述方法调节各开关，去除车窗的雾气。

① 按需要调节开关 A，加热空气；②开关 B 置于 2 挡或 3 挡；③开关 C 拧到帚挡；④按下开关 D，启动空调装置，关闭出风口 3，出风口 4 对准侧窗。

（3）快速暖车。

① 将开关 A 右旋到头；②开关 B 置于 3 挡；③开关 C 拧到帚挡；④关闭出风口 3；⑤按需要用其旁的滚花旋钮全开或部分打开出风口 4；⑥按下开关 E（空调装置关闭），启动车内循环系统。

> **注意** 切勿让车内循环系统运行时间过长，因为此时车外新鲜空气不能进入车内，风窗上将凝结雾汽，影响视线。若风窗雾汽很重，则可将开关 C 拧到帚挡，但此时车内循环系统不起作用。

（4）采暖至舒适程度。

① 去除车窗上的水汽，车内达到所需温度后，按下述方法将车内温度调至舒适程度；②按需要右旋开关 A，加热车内空气；③开关 B 拧至所需挡位；④将开关 C 拧至雪与帚挡之间的某个位置，关闭出风口 3；⑤设定出风口 4 的空气流向及流量。

（5）常规制冷。

①按需要调节开关 A（也可加热）；②开关 B 置于所需挡位；③开关 C 置于所需挡位；④按下开关 D，启动空调装置；⑤按需要调节出风 3 和 4。该工作模式下，系统自车外吸入空气并将其冷却。

> **注意** 若开关 C 拧至雪挡时，则必须有 1 个出风口处于打开状态，否则制冷系统可能结冰。

（6）最大制冷。

①关闭所有车窗及活动天窗；②将开关 A 左旋到头；③将开关 B 置于 4 挡；④开关 C 拧至雪挡；⑤按下开关 D，启动空调装置；⑥打开出风口 3 和 4；⑦按下开关 E，启动车内循环系统；⑧若风窗雾汽很重，则可将开关 C 置于帚挡，但此后车内循环系统将不起作用。

> **注意** 开关 C 处于该位置时，则必须至少有一个出风口处于打开状态，否则，制冷系统将结冰。

切勿让车内循环系统运行时间过长，因为此时车外新鲜空气不能进入车内，风窗上将凝结雾汽，影响视线。

（7）通风（摄取新鲜空气）。通过下列调节可使出风口 3 和 4 送出未经加热的新鲜空气。

①将开关 A 左旋到头；②将开关 B 调至所需挡位；③将开关 C 拧至 挡；④若风窗结雾，则将开关 C 置于 挡，也可按需要将开关 C 调至其他位置；⑤打开出风口 3 和 4；⑥按下开关 D，关闭空调装置。

3. 真空操纵系统

捷达轿车空调控制操纵机构中，除温度风门由拉丝直接操纵外，其余的风门都是通过真空阀操纵的。真空操纵系统的真空管路布置情况如图 2-28 所示。

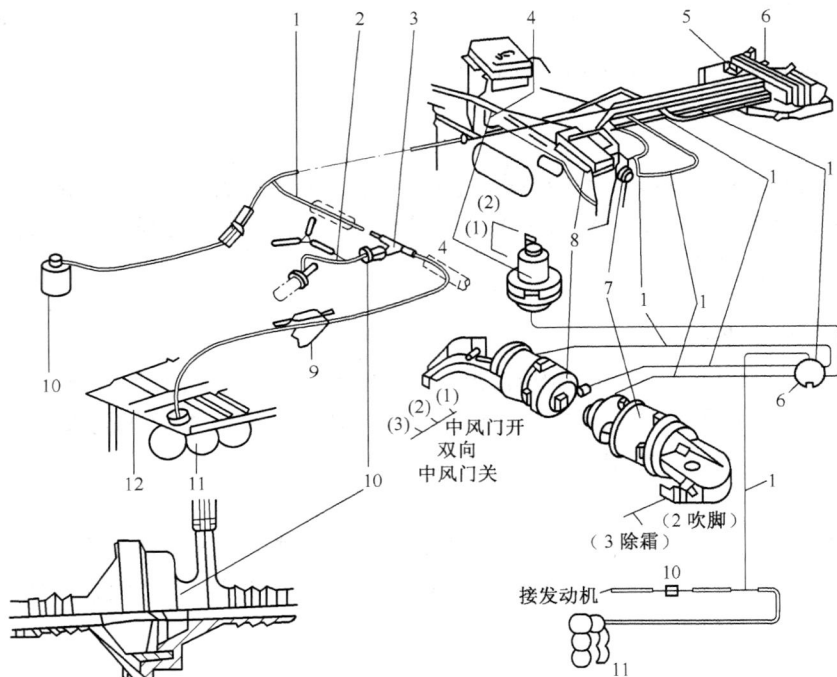

图 2-28 真空系统布置图

1—管路；2—接进气歧管；3—三通管；4—新鲜空气/循环空气真空阀；5—空调装置调节器；6—多头真空管插座；7—除霜/下出风真空阀；8—中央风门真空阀；9—轮罩；10—单向阀；11—真空罐；12—蓄电池上护板

① 真空罐。空调系统控制用真空来自于发动机进气歧管，发动机工作时，进气歧管处相当于真空源，但此处的真空度是不断变化的。为保证空调控制系统的可靠工作，在真空管路中设有真空储存器，即真空罐，罐内有 90 kPa 真空度，保证了空调系统真空控制部分有足够的真空度，而且真空度不随发动机工况的变化而大幅度变化，使真空波动小。

② 单向阀。真空管路中还设有单向阀，它是一个单方向流量的控制阀，装于真空罐与发动机之间。如果进气歧管内的绝对压力低于真空储存器的绝对压力，单向阀开启，真空储存器中的真空度增加到 92 kPa 时，阀门关闭。

③ 真空阀。空调装置调节器控制真空管路多头插座的接通与切断，以控制风门的开启与关

闭。真空源来自发动机进气歧管，由吸气管通过单向阀引入真空罐内 90 kPa 的真空度，经真空管通向真空管路多头插座，新鲜空气/循环空气风门的真空阀、除霜与下出风口真空阀以及中央风门真空阀通过真空管与多头插座相接。

空气/循环空气风门、中央风门及除霜/下出风风门均由真空阀控制，但除霜/下出风真空阀和新鲜空气/循环空气真空阀属单膜片真空阀，只有开、闭 2 种状态，而中央风门真空阀属双膜片真空阀，具有无真空、半真空和真空 3 个位置，能处于开、闭、半开 3 种状态。

4. 电气控制

（1）外部温度开关。外部温度开关的作用是在环境温度低于 5℃时切断压缩机电磁离合器。外部温度开关的位置在刮水电机附近。

（2）三挡压力开关。制冷回路高压侧压力低于 0.22 MPa 或高于 3.2 MPa 时，断开压缩机电磁离合器，实现高压保护和低压保护。只有制冷回路高压侧压力在 0.22～3.2 MPa 时，电磁离合器才处于接通状态，空调系统正常工作。

制冷回路高压侧压力高于 1.6 MPa 时，控制冷却风扇高速旋转。在环境温度较高、制冷系统负荷较大时，高压侧压力升高，冷却风扇必须高速旋转加强冷却。

（3）蒸发器温度开关。蒸发器温度开关安装在蒸发器壳体上，当温度低于 1℃时，切断压缩机电磁离合器，防止蒸发器表面结霜。

（4）双温开关。当发动机的冷却水温超过 95℃时，冷却风扇以低速运转；冷却水温超过 105℃时，冷却风扇以高速运转。

（5）空调继电器。打开空调时，空调继电器吸合，电磁离合器吸合，同时散热器风扇低速运转。

（6）风扇继电器。在冷却水温超过 105℃或制冷回路高压侧压力高于 1.6 MPa 时，风扇继电器接通，冷却风扇高速运转。

（七）自动空调系统

1. 自动空调系统的工作过程

手动控制的空调系统的鼓风机转速、出风温度和送风方式都是由驾驶员操纵和控制的，因此手动空调系统无法根据阳光照射强度、发动机热辐射和乘员热负荷等因素的变化进行精确调节。

随着汽车电子技术的发展，出现了微机控制的全自动空调。这种空调系统利用各种传感器随时检测车内外温度、阳光强度等信号，并把传感器的信号送到空调系统的电子控制单元（ECU），电子控制单元按照预先编制的程序对传感器信号进行处理，并通过执行元件不断地对风机转速、出风温度、送风方式及压缩机工作状况等进行调节，从而使车内温度、空气流动状况等始终保持在驾驶员设定的水平上，如图 2-29、图 2-30 和图 2-31 所示。

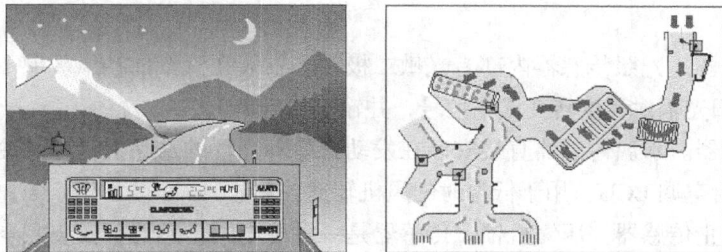

图 2-29　外部温度较低时温度风门的位置（空气全部流经加热器）

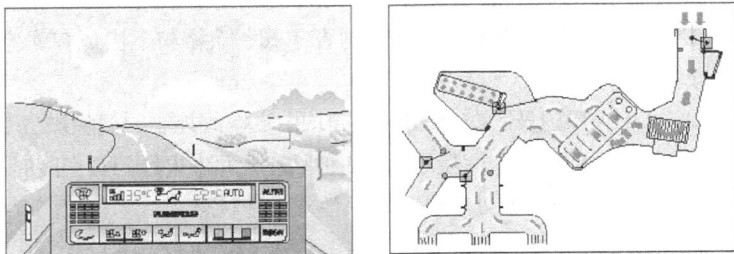

图 2-30　外部温度较高时温度风门的位置（空气不流经加热器）

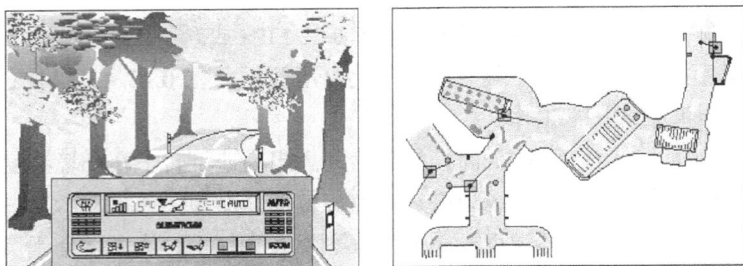

图 2-31　外部温度适中时温度风门的位置（部分空气流经加热器）

2. 花冠轿车自动空调系统

如图 2-32 所示，是丰田花冠轿车全自动空调控制电路，该电路由传感器、空调 ECU 和执行元件 3 部分组成。

（1）传感器。

① 车内温度传感器。车内温度传感器安装在仪表板的下端，是一个具有负温度系数的热敏电阻。当车内温度发生变化时，热敏电阻的阻值改变，从而向空调 ECU 输送车内温度信号。

> **注意**　有些车型的车内温度传感器带有鼓风机，使检测的温度更为精确。

② 环境温度传感器。车外环境温度传感器安装在前保险杠右下端，也是一个热敏电阻，向空调 ECU 输送车外温度信号。

③ A/C 蒸发器温度传感器。A/C 蒸发器温度传感器安装在蒸发器壳体上，用以检测制冷装置内部的温度变化。当蒸发器周围温度发生变化时，传感器电阻的阻值也随之改变，并向空调 ECU 输出电信号。

④ 光照传感器。光照传感器内部有光敏二极管，安装在汽车前挡风玻璃下面。利用光电效应，该传感器将阳光辐射程度转变成电信号，并输送给空调 ECU。

⑤ 水温传感器。水温传感器直接安装在发动机冷却循环的水路上，检测冷却液温度。产生的水温信号输送给空调 ECU，用于低温时的风机转速控制。

⑥ 压缩机锁止传感器。压缩机锁止传感器是一种磁电式传感器，安装在空调装置的压缩机内，检测压缩机转速。压缩机每转 1 圈，该传感器线圈产生 4 个脉冲信号输送给空调 ECU。

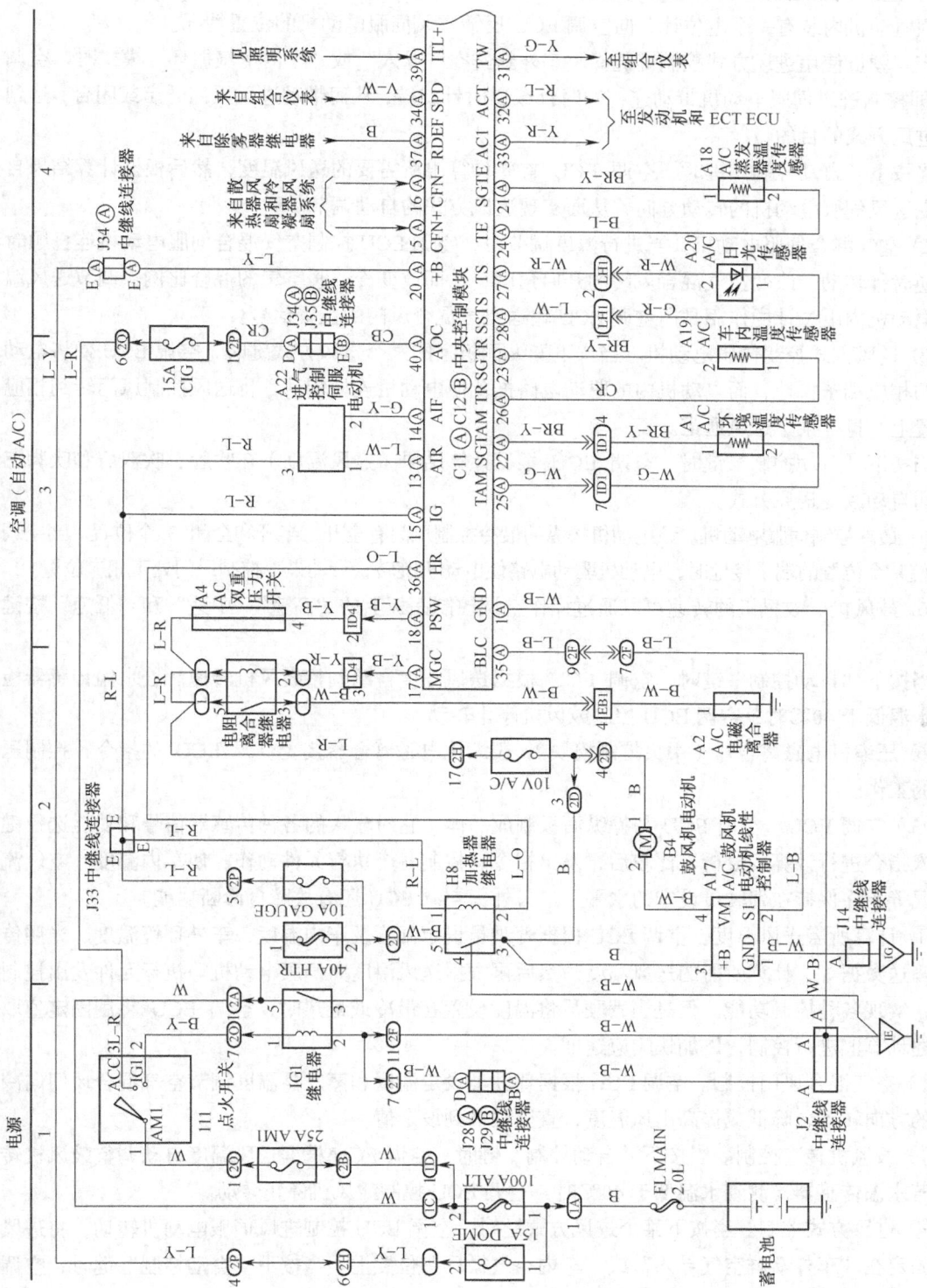

图 2-32　丰田花冠轿车微机控制全自动空调控制电路

（2）执行元件。执行元件包括风门伺服电动机、鼓风机及压缩机电磁离合器等。

① 进风伺服电动机。该电动机控制空调的进风方式，电动机的转子经连杆与进风风门相连。该伺服电动机内装有一个电位计，向空调 ECU 反馈进风伺服电动机的位置情况。

当驾驶员使用进风方式控制键选择"车外新鲜空气导入"或"车内空气循环"模式时，空调 ECU 即控制进风伺服电动机带动连杆顺时针或逆时针旋转，从而带动进风风门开启或闭合，达到改变进风方式的目的。

当按下"自动控制"键时，空调 ECU 首先计算出所需要的送风温度，然后根据计算结果自动改变进风伺服电动机的转动方向，从而实现进风方式的自动调节。

② 空气混合伺服电动机。当进行温度调节时，空调 ECU 控制空气混合伺服电动机连杆顺时针或逆时针转动，改变空气混合风门的开启角度，从而改变冷、暖空气的混合比例，调节送风温度。电动机内电位计的作用是向空调 ECU 输送空气混合风门的位置信号。

③ 送风方式控制伺服电动机。当按下操纵面板上的某个送风方式键时，空调 ECU 便将电动机上的相应端子接地，而电动机内的驱动电路据此使电动机连杆转动，将送风控制风门转到相应的位置上，打开某个送风通道。

当按下"自动控制"键时，空调 ECU 根据计算结果（送风温度）在吹脸、吹双肩和吹脚三者之间自动改变送风方式。

④ 最冷控制伺服电动机。该电动机操纵的最冷控制风门有全开、半开和全闭 3 个位置。当空调 ECU 使某个位置的端子接地时，电动机驱动电路使电动机旋转，带动最冷控制风门处于相应位置。

⑤ 鼓风机。鼓风机的转速可以通过操作空调控制面板上的"高速""中速"和"低速"按键设定。

当按下"自动控制"键时，空调 ECU 根据送风温度自动调整鼓风机转速。若水温传感器检测到水温低于 40℃时，空调 ECU 控制鼓风机停止转动。

⑥ 压缩机电磁离合器（中央控制模块）。压缩机电磁离合器接受空调 ECU 的指令，控制压缩机的工作。

（3）空调 ECU。空调 ECU 与操纵面板制成一体，它对输入的各种传感器信号和功能选择键的输入指令进行计算、分析、比较后，发出指令，控制各个执行元件动作，使车内温度、空气流动状况等始终保持在驾驶员设定的水平上。另外，空调 ECU 还有故障自诊断功能。

① 计算所需送风温度。空调 ECU 根据驾驶员设定温度及车内温度、车外环境温度、光照传感器输送数据等，计算所需的送风温度，然后再根据送风温度向伺服电动机等执行元件发出控制信号，实现各种控制功能。但是当驾驶员将温度设置在最冷或最热时，空调 ECU 将用固定值取代上述计算值进行控制，以加快响应速度。

② 空气混合风门控制。空调 ECU 根据驾驶员设定温度和蒸发器温度调节空气混合风门向冷或热的方向转动，降低或提高出风温度，直至调节到设定值。

③ 鼓风机转速控制。当按下"自动控制"键时，空调 ECU 根据送风温度自动调整鼓风机转速。若水温传感器检测到水温低于 40℃时，空调 ECU 控制鼓风机停止转动。

④ 进风方式控制。当按下某个进风方式键时，空调 ECU 控制进风伺服电动机转动，将进风挡板固定在"车外新鲜空气导入"或"车内空气循环"位置上。当按下"自动控制"键时，空调 ECU 根据送风温度在上述两种方式之间自动交替改变进风方式。

⑤ 送风方式控制。当按下某个送风方式键时，空调 ECU 控制送风方式伺服电动机动作，将

送风方式固定在相应状态上。当进行自动控制时，空调 ECU 根据求得的送风温度自动调节送风方式，当送风温度非常低时，最冷控制挡风板完全开启。

⑥ 压缩机控制。进行自动控制时，如果环境温度或蒸发温度降至一定值以下，空调 ECU 将控制压缩机间歇工作，即电磁离合器交替导通与断开，以节省能源。

空调装置工作时，空调 ECU 同时从发动机点火器及压缩机锁止传感器采集发动机转速与压缩机转速信号，并进行比较。若两种转速信号的偏差率连续 3 s 超过 80%，空调 ECU 则判定压缩机锁死，同时电磁离合器脱开，防止空调装置进一步损坏，并使操纵面板上的 A/C 指示灯闪烁，以提示驾驶员。

3. 奥迪 A6 轿车自动空调系统

奥迪 A6 轿车全自动空调控制系统也是由传感器、空调 ECU 和执行元件 3 部分组成，如图 2-33 所示。

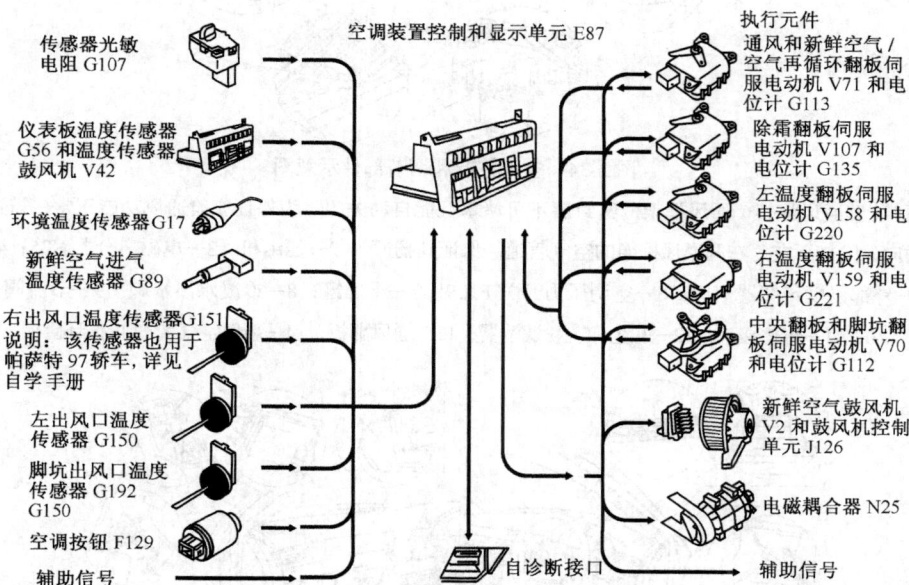

图 2-33　电气控制部分

奥迪 A6 空调装置控制和调节部件示意图以及电气系统元件在车上的布置如图 2-34 和图 2-35 所示。

（1）传感器。

① 阳光强度光敏电阻 G107。车内温度由阳光强度光敏电阻控制，该电阻测量从车前及左、右侧照射到乘员身上的阳光强度，按入射光方向提高车内阳光强的地方的制冷效率。阳光强度光敏电阻如图 2-36 所示。

阳光通过滤光器和一个光学元件照射到两个光电二极管上，滤光器可以滤去照在光学元件上的紫外线，光学元件把大部分斜射光折射到光电二极管上。

光电二极管为高灵敏度半导体元件。如果无阳光照射，光电二极管电流极小；阳光照射时，电流增大，阳光越强，电流越大。控制单元根据电流强度的大小相应地进行车内温度的调节，其电路如图 2-37 所示。

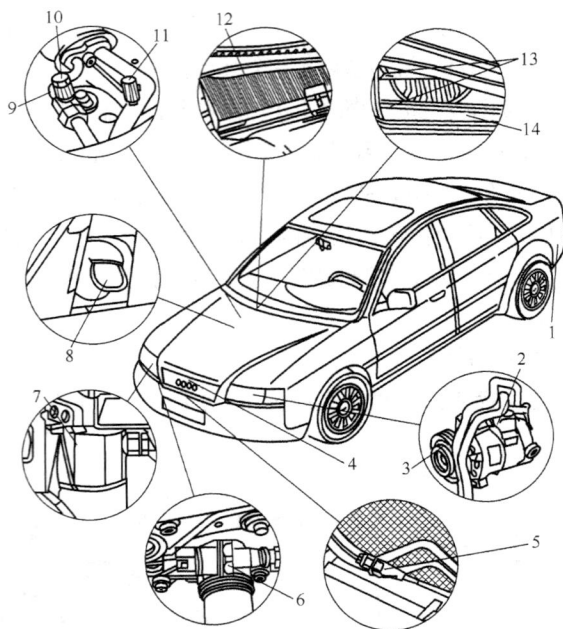

图 2-34　空调控制和调节部件示意图

1—强制通风装置通风框架（通风框架的密封唇不可堵塞且能自动关闭，为保证座舱通风功能正常，需正确安装后备箱装饰通向保险杠下左、右两通风框架的空气管道，保证其畅通）；2—压缩机；3—电磁离合器 N25；4—冷凝器；5—外部温度传感器 G17；6—空调压力开关 F129；7—干燥罐；8—冷凝水出水阀　9—节流阀；10、11—维修接头；12—灰尘和花粉滤清器；13—通风翻板；14—新鲜空气/空气再循环翻板

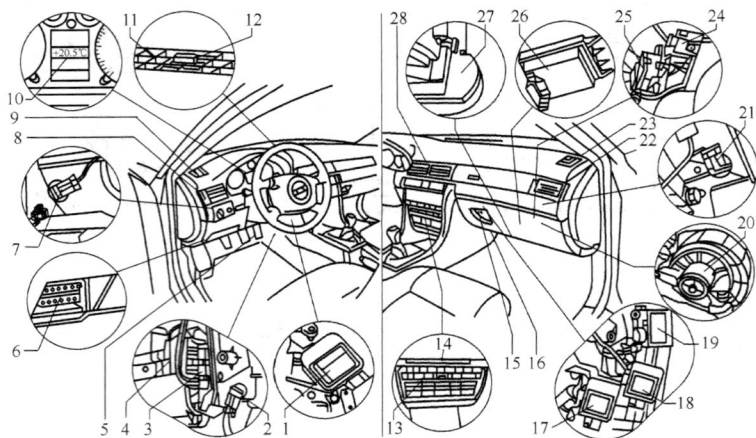

图 2-35　奥迪 A6 空调装置电气系统元件在车上的布置图

1—左侧温度风门伺服电动机 V158；2—脚坑出风口温度传感器 G192；3—辅助加热器；4—热交换器；5—强制低挡开关；6—故障阅读器 V.A.G1551 插口；7—左出风口温度传感器 G150；8—仪表板左出风口；9—左侧窗除霜喷嘴；10—外部温度指示器；11—风挡玻璃除霜喷嘴；12—阳光强度传感器；13—控制显示单元 E87；14—仪表板温度传感器 G56/传感器鼓风机 V42；15—空调总成；16—脚坑出风口；17—中央风门/脚坑风门伺服电动机 V70；18—右侧温度风门伺服电动机；19—除霜风门伺服电动机；20—鼓风机；21—右出风口温度传感器；22—仪表板右出风口；23—左侧窗除霜喷嘴；24—新鲜空气进气温度传感器 G89；25—通风翻板伺服电动机；26—鼓风机控制单元；27—冷凝水出水口；28—仪表板中央出风口

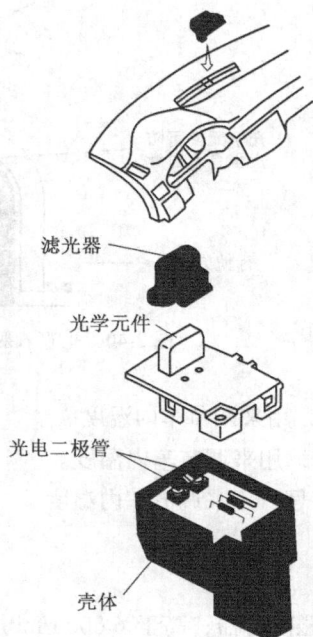

图 2-36 阳光强度光敏电阻

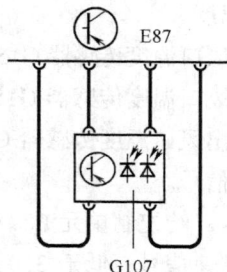

图 2-37 光敏电阻电路

E87—控制显示单元；G107—阳光强度光敏电阻

如果此信号中断，控制单元采用预置的平均值代替阳光强度。自诊断故障信息：断路/正极短路，搭铁短路。

阳光从车左、右侧进入时，驾驶员与乘客所感受到的温度不同。光学元件内部分为两部分，每部分有一个光电二极管，如座舱内左面阳光较强，那么阳光大部分被折射到左边的光电二极管上，由于光学元件中部有一个隔板，只有少部分阳光折射到右边的光电二极管。因此，座舱左侧冷气量加大。侧面来阳光如图 2-38 所示。

从前面来的阳光会使驾驶员和前座乘客感到热度增加，光学元件将大部分阳光等量折射到光电二极管上，于是驾驶员和前座乘客处的冷气量也等量加大。前面来阳光如图 2-39 所示。

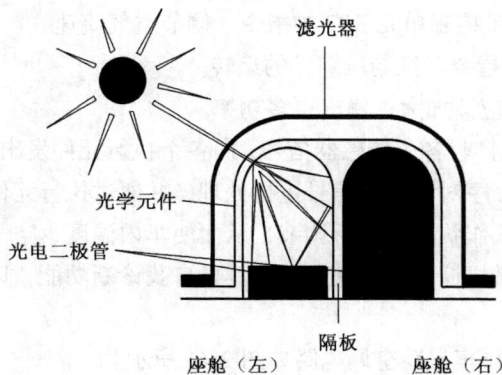

图 2-38 侧面来阳光

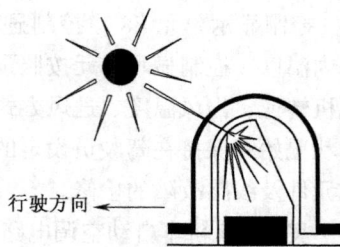

图 2-39 前面来阳光

阳光垂直入射时，由于驾驶员和前座乘客未直接暴露在阳光下，光学元件将极少光折射到光电二极管上，冷气量即减少。垂直入射光如图 2-40 所示。

② 环境温度传感器 G17。给控制单元 E87 信号，用来调节车内温度。环境温度低于 2℃时，切断压缩机电磁离合器。

③ 新鲜空气进气温度传感器 G89。给控制单元 E87 信号，用来调节车内温度。

④ 仪表板温度传感器 G56。给控制单元 E87 信号，用来调节车内温度。

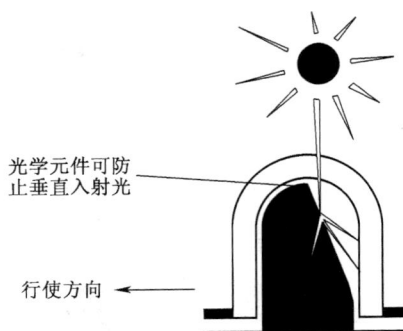

图 2-40　垂直入射光

⑤ 左出风口温度传感器 G150。给控制单元 E87 信号，用来调节车内温度。

⑥ 右出风口温度传感器 G151。给控制单元 E87 信号，用来调节车内温度。

⑦ 脚坑出风口温度传感器 G192。给控制单元 E87 信号，用来调节车内温度。

⑧ 其他信号。

车速信号：给控制单元 E87 信号，用来控制通风风门。

发动机转速信号：低于 300 r/min 时，切断压缩机电磁离合器；高于 6 000 r/min 时，压缩机接通延迟 10 s。

发动机温度信号：温度过高时，切断压缩机电磁离合器。

各个风门伺服电动机电位计的信号。

（2）执行元件。风门可把空气引到各个出风口，所有风门均由伺服电动机控制。风门位置可以编程自动调整，也可用控制和显示单元手动控制。

① 通风风门和新鲜空气/空气再循环风门伺服电动机 V71 及电位计 G113。驱动通风风门和新鲜空气/空气再循环风门。

② 左侧温度风门伺服电动机 V158 及电位计 G220。驱动左侧温度风门。

③ 右侧温度风门伺服电动机 V159 及电位计 G221。驱动右侧温度风门。

④ 除霜风门伺服电动机 V107 及电位计 G135。驱动除霜风门。

⑤ 中央风门/脚坑风门伺服电动机 V70 及电位计 G112。流向仪表板和脚坑的空气由三件式中央风门和脚坑风门控制，两风门均由伺服电动机 V70 驱动。

⑥ 鼓风机 V2 和鼓风机控制单元 J126。接受控制单元 E87 的指令，调节空气流速。

⑦ 电磁离合器 N25。接受控制单元 E87 的指令，控制压缩机的运转。

⑧ 其他。开空调时，发动机的节气门开度应该加大，输出更多功率。

（3）控制显示单元 E87。控制显示单元 E87 接收各个传感器信号，向各个执行元件发出指令，调节车内温度。控制显示单元按照预先编制的程序对传感器信号进行处理，并通过执行元件不断地对风机转速、出风温度、送风方式及压缩机工作状况等进行调节，从而使车内温度、空气湿度及流动状况始终保持在驾驶员设定的水平上。微机控制全自动空调还具备自我诊断功能，以利于对电控元件及线路故障的检修。

（4）奥迪 A6 轿车自动空调电路。奥迪 A6 轿车自动空调电路如图 2-41 所示。

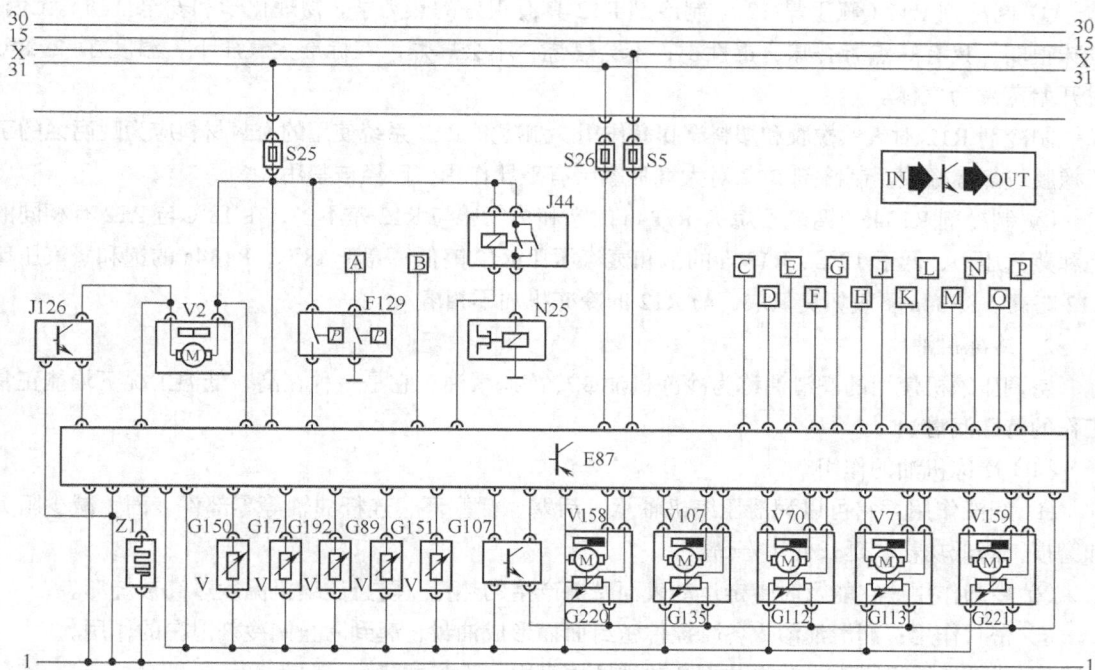

图 2-41　奥迪 A6 轿车自动空调电路

G107—阳光强度光敏电阻；G17—环境温度传感器；G89—新鲜空气进气温度传感器；G150—左出风口温度传感器；
G151—右出风口温度传感器；G192—脚坑出风口温度传感器；V71—通风风门和新鲜空气/空气再循环风门伺服电动机；
G135—驱动通风风门和新鲜空气/空气再循环风门电位计；V158—左侧温度风门伺服电动机；G220—左侧温度
风门电位计；V159—右侧温度风门伺服电动机；G221—右侧温度风门电位计；V107—除霜风门伺服电动机；
G135—除霜风门伺服电动机电位计；V70—中央风门/脚坑风门伺服电动机；G112—中央风门/脚坑
风门伺服电动机电位计；V2—鼓风机；J126—鼓风机控制单元；N25—电磁离合器；
E87—空调显示控制单元

（八）空调制冷系统中的冷媒

1．制冷剂

（1）对制冷剂的要求。

① 与冷冻机油互溶，不起化学反应，不改变润滑油的特性。

② 不易燃烧，不易爆炸；无毒、无刺激性；不腐蚀金属和橡胶件。

③ 在蒸发器内容易蒸发，蒸发温度低。蒸发压力应该稍高于大气压力，防止制冷系统产生负压而吸进空气，使制冷能力下降。

④ 冷凝压力不宜太高。如果冷凝压力太高，对制冷设备、管路的要求也会提高，并且会引起压缩机功耗增加。

⑤ 在高温下不易分解，化学性质稳定。

（2）制冷剂的种类。国际上统一规定用字母"R"和它后面的一组数字及字母作为制冷剂的代号，汽车空调系统常用制冷剂 R12 和制冷剂 R134a。

① 制冷剂 R12（氟里昂 12）。制冷剂 R12 具有很好的热力学、物理化学和安全性质，无色，气味很弱，只有一点芳香味，毒性小，不会燃烧，不会爆炸，在标准大气压下，温度在-29.8℃时开始蒸发为气体。

制冷剂 R12 对天然橡胶和塑料有膨润作用。制冷剂 R12 系统使用的密封材料应为耐腐蚀的丁氰橡胶或氯醇橡胶。制冷剂 R12 对大气臭氧层有破坏作用，已经被禁用。

② 制冷剂 R134a（四氯乙烷）。R134a 的饱和蒸气压与 R12 差不多，在 18℃与 R12 有相同的饱和蒸汽压力；低于 18℃，R134a 的饱和蒸汽压比 R12 略低；高于 18℃，R134a 的饱和蒸汽压比R12 略高。R134a 不破坏臭氧层，与 R12 的冷冻机油不相溶。

2. 冷冻机油

空调压缩机使用的润滑油称为冷冻机油或冷冻润滑油，它是一种在高、低温工况下均能正常工作的特殊润滑油。

（1）冷冻机油的作用。

① 润滑作用：它可以润滑压缩机轴承、活塞、活塞环、连杆曲轴等零部件表面，减少阻力和磨损，降低功耗，延长使用寿命。

② 冷却作用：它能及时带走运动表面摩擦产生的热量，防止压缩机温度过高被烧坏。

③ 密封作用：润滑油渗入各摩擦件密封面而形成油封，起到阻止制冷剂泄漏的作用。

④ 降低压缩机噪声：润滑油不断冲洗摩擦表面，带走磨屑。

（2）对冷冻机油的要求。冷冻机油在空调制冷系统中完全溶解于制冷剂中，并随制冷剂一起在制冷系统中循环。因此，冷冻润滑油的油温有时会超过 120℃，而制冷剂的蒸发温度范围为-30℃～+10℃，所以它是在高温与低温交替的条件下进行的。为保证其正常工作，冷冻润滑油需满足以下性能要求。

① 冷冻润滑油的凝固点要低，应在低温下具有良好的流动性。若低温流动性差，则冷冻润滑油会沉积在蒸发器内影响制冷能力，或凝结在压缩机底部失去润滑作用而损坏运动部件。

② 冷冻润滑油应具有一定黏度，且受温度的影响要小。

③ 冷冻润滑油与制冷剂的溶解性能要好。在汽车空调制冷系统中，制冷剂与润滑油是混合在一起的，当制冷剂流动时，润滑油也随之流动，这就要求制冷剂与润滑油能够互溶。若二者不互溶，润滑油就会聚集在冷凝器和蒸发器的底部，阻碍制冷剂流动，降低换热能力。由于润滑油不能随制冷剂返回压缩机，压缩机将会因缺油而加剧磨损。

④ 冷冻润滑油的闪点温度要高，应具有较高的热稳定性，即在高温下不氧化、不分解、不结胶、不积炭。

闪点温度是指在规定条件下，加热油品所逸出的蒸汽和空气组成的混合物与火焰接触发生瞬间闪火时的最低温度，以℃为单位表示。

⑤ 冷冻润滑油的化学性质要稳定，应与制冷剂和其他材料不起化学反应。

（九）故障案例

1. 捷达都市先锋轿车空调运行不良故障

（1）故障现象。一辆捷达都市先锋轿车，在空调运行时，车内送风一阵凉、一阵不凉。

（2）故障诊断与排除。像这种空调制冷效果时好时坏的故障，既可能是电路方面引起的，也可能是空调管路系统相关部件引起的。仔细观察该车故障现象，车内送风凉与不凉与压缩机离合器的工作与否并无直接关系，也可能是该车制冷系统内部有水分。

水分在管路循环系统中冻结形成冰塞，将会阻塞制冷剂在管路中的循环流动，一旦冰塞熔化，空调又恢复正常工作状态。堵塞现象往往发生在制冷系统内部通道截面较小的位置，易于堵塞的部件绝大部分处于制冷系统的高压侧，如干燥过滤器、膨胀阀滤网等。

为了进一步确认故障，将压力表分别接在管路中的高、低压侧。让发动机运行，空调运转之后，高压表显示基本正常，低压表指示接近零。压力表的指针产生不规则的剧烈摆动，无法读清具体数值。

仔细查看高压管路，发现膨胀阀附近有轻微结霜现象。当制冷系统内部存在水分或干燥剂吸湿能力达到饱和后，往往会出现空调制冷效果时好时坏的现象。

据车主反映，该车以往曾发生过撞车事故，更换过冷凝器和部分空调管路，大概在安装检修、更换制冷系统部件时，空气进入系统中。空气中含有微量水分，会对制冷系统产生腐蚀，损害制冷系统，而且水分还在膨胀阀处结冰，阻止制冷剂的流动，降低制冷效果，严重时还会导致冷凝器压力急剧上升，造成系统管路爆裂事故。如果拆检制冷系统部件时未对管路系统进行密封，往往会产生不良后果。更换干燥过滤器。用压力表反复抽真空，排出系统内水分，充注适量的制冷剂。一切就绪，空调运行正常，故障排除。

2. 捷达轿车通风不正常故障

（1）故障现象。捷达车在急加速时空调出风口由原设定的仪表板正面出风自动转变为从下出风口和除霜出风口出风。

（2）故障诊断与排除。仪表板正面出风由中央风门真空阀控制，真空吸力拉动膜片及翻板使风口保持在全开或半开状态。一旦真空不足，则翻板将在真空阀回位弹簧作用下关闭出风口，而此时除霜风口和下出风口可部分开启或全部开启。若真空管路有破裂处，急加速时，真空会瞬时大幅下降，导致真空阀误动作，改变出风方向。

经检查，此车空调系统真空管路控制漏气处多，分别发生在真空罐、真空管等处。重新更换真空管路，故障排除。

3. 捷达轿车空调系统风扇散热不良故障

（1）故障现象。一辆捷达轿车，关闭空调后散热器风扇仍高速运转，关闭点火开关风扇也不停转，只有拆下蓄电池连接线，散热器风扇才能停转。

（2）故障诊断与排除。根据该车的电路特点，散热器风扇高速运转的条件，一是风扇热敏开关 F18 中的高温触点闭合，二是空调管路上的高压开关 F23 闭合。据此，先检查散热器风扇热敏开关，起动发动机，开启空调，在散热器风扇高速运转时拔下热敏开关接线插头，散热器风扇仍高速运转，表明故障不在热敏开关。然后拔下空调管路上的高压开关 F23 接线插头，风扇立即停转，说明空调高压开关已失效。更换高压开关后，故障即排除。

由于空调管路上的高压开关 F23 损坏失效，关闭空调及点火开关后，12 V 电源的电流仍能流经 30 号线→19 号保险丝→风扇高速继电器闭合的触点→散热器风扇→风扇内部的低速降速电阻→已损坏的空调高压开关 F23→空调高速继电器线圈，使空调高速继电器继续工作，散热器风扇便不停转。只有拆下蓄电池连接线，使风扇高速继电器触点断开、切断电流后，散热器风扇才能停转。

4. 宝来轿车自动空调压缩机不吸合故障

（1）故障现象。宝来1.8T自动空调压缩机不吸合。

（2）故障诊断与排除。读取空调系统故障记忆，无故障码，读数据块发现01通道显示区为5，显示区2为OFF，由此判定车速信号不准确。读取发动机系统数据块发现车速信号为0 km/h，但车速表正常，说明车速传感器无故障。用V.A.G 1598/31连接发动机电控单元线束插头3~54间检查电压变化情况。转动左前轮，电压0.5 V无变化。查电路图，发现车速传感器到发动机电控单元及空调电控单元之间有一过渡插头T10，安装在流水槽左前部。拆下雨刷总成发现T10插头松动，紧固后压缩机工作，重新读取空调系统数据块，01通道显示区为打开空调为7，关闭空调为0，显示区2为ON。空调恢复正常。

5. 奥迪A6空调制冷效果不良故障

（1）故障现象。奥迪2.8L AT，行驶里程60000 km，空调制冷效果不良，有时甚至出热风。

（2）故障诊断与排除。试车时，将空调控制温度设定为最低，但空调出风凉度明显不够。用V.A.G1552进08-02，无故障码，又进08-08-001，一区显示为0，含义为"压缩机吸合"。又将发动机转速提升到2500 r/min，再打开空调，发动机转速降为2200 r/min，这说明压缩机确实吸合。

空调自诊断系统无故障码，压缩机又吸合。但空调为何工作不正常呢？空调制冷效果不良，最常见的故障原因为缺少制冷剂，另外还有冷凝器散热效果不好。为了判定是否缺少制冷剂，我们用手触摸空调高、低压管路，发现高压微热，低压微凉。而在正常情况下高压管路比较热，低压管路比较凉。从这一点就可判定该车缺少制冷剂。

我们将制冷剂加注机上的管路分别接在空调高、低压维修阀上，在该车怠速运转时，发现高压为850 kPa，低压为170 kPa，而正常值高压为1200~1500 kPa，低压为220~300 kPa，并根据外界环境温度不同而稍有差异。

在对该车制冷剂回收、抽真空检漏时，空调系统压力在30 min内没有升高，这说明空调管路密封良好。又询问驾驶员得知空调制冷效果不佳已很长时间，只是因为最近天气渐热，才到服务站报修，这说明空调管路没问题。在按规定充入700 gR134a制冷剂后，空调工作良好。该车在怠速时空调管路高压为1400 kPa，低压为270 kPa；在发动机高速运转时高压稳定在1500 kPa，低压稳定在220 kPa。

6. 奥迪A6空调压缩机不工作故障

（1）故障现象。奥迪A6 1.8T MT，行驶里程：120000 km。该车在市区行驶或者低速行驶时，空调制冷效果十分正常，但空调管路上经常结霜，在高速行驶时，大约30 min后空调出风口开始不出风，但是空调鼓风机运转，并发出较大的"呼呼"声。驾驶员称遇到这种情况就按下空调控制面板上的"ECON"键（即经济模式）人为关闭压缩机，十几分钟后就恢复正常。

（2）故障诊断与排除。根据驾驶员的介绍，我们先检查空调制冷管路，发现低压管路虽未结霜，但水珠比正常车要多。我们用V.A. G1552进入08-02，有一偶发故障码，为"新鲜空气鼓风机电压过低或者卡滞"。根据该车出现空调出风口不出风时鼓风机仍能运转，我们大胆地判定为该车蒸发箱出现了冰塞，推断其原因是该车可变排量空调压缩机排量不可变导致制冷量过大，产生冰塞现象。

分析如下：该车在市区行驶或低速行驶时，发动机转速较低，空调压缩机也保持在较低转速下工作，所以整个空调系统的制冷量不会因为压缩机排量不可变而变得大，蒸发箱内的温度也不会过低，制冷后的进汽析出的水能及时流出蒸发箱。此时较大的制冷量仅导致空调低压管结霜或者水珠过多。但车在高速行驶时，发动机转速很高，压缩机的制冷效果不正常，在制冷时导致析出的水直接在低温的蒸发器上凝结，最终结冰将整个蒸发器堵死，造成冰塞。由于空调进气管道被堵死，造成鼓风机吸气时声音变大。同时空调控制单元错误地认为是鼓风机不转或转动不畅而造成的空调出风口不出风。

为了进一步证实我们的推断，我们将制冷剂加注机上的管路与该车相连接，压缩机不工作时管路静态压力为 700 kPa，属于正常；发动机怠速运转时，高压为 1400 kPa，低压为 230 kPa，均属正常。但在提高发动机转速时，高压压力不正常上升，在发动机转速为 3000 r/min 时，高压已升为 1800 kPa，而正常值应为 1200～1500 kPa，并且在发动机整个转速范围内高压侧压力仅有 100～200 kPa 的波动。从故障分析以及数据来看，压缩机的变排量控制失效。在更换压缩机后，故障排除。

三、项目实施

任务一　汽车空调系统的故障诊断

（一）实施目的及要求

（1）通过该项目的实施，应能够对空调系统进行操作、保养、故障诊断与排除，并掌握空调系统的工作原理。

（2）该项目应具备完成项目的车辆和该车辆的电路图等资料。

（3）实训设备及仪器：自动冷媒加注机、V.A.G1551/V.A.G1552、VAS5051/VAS5052、X431等诊断仪。

（二）实施步骤

1. 各种仪器的使用

（1）自动冷媒加注与回收设备。空调冷媒加注设备有手动加注设备和自动加注设备。罗宾耐尔 AC375 型空调自动冷媒加注机是专用于汽车空调制冷剂 R134a（或者 R12）进行回收、充注的设备，如图 2-42 所示。操作面板如图 2-43 所示。

操作步骤如下所述。

① 回收汽车空调制冷剂。

（a）电源插入合适的、有地线的电源插座。

（b）将红、蓝色软管上的快速接头连接到汽车空调对应的接口上。

（c）打开控制面板上红、蓝色两个阀门。

（d）接通电源后，设备进入待机状态。按状态键可对工作状态进行循环选择。回收状态的显示屏显示为 RECOVER ××.××KG（××.××KG 是工作罐可用空间数）。

设备进入回收状态，按启动/停止键，设备开始回收，屏幕显示回收的制冷剂数量。

（e）当蓝色低压表压力低于 0 kPa 时，按下启动/停止键，回收停止，显示屏交替显示已回收的制冷剂数量 RECOVER ××.××KG 和排油提示 DRAIN OIL。

（a）前视图　　　　　　　　（b）侧视图

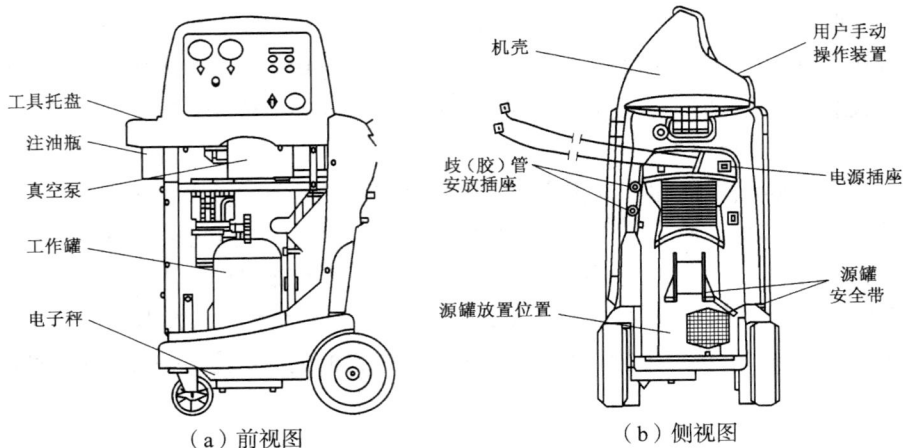

图 2-42　罗宾耐尔 AC375 型空调制冷剂处理设备

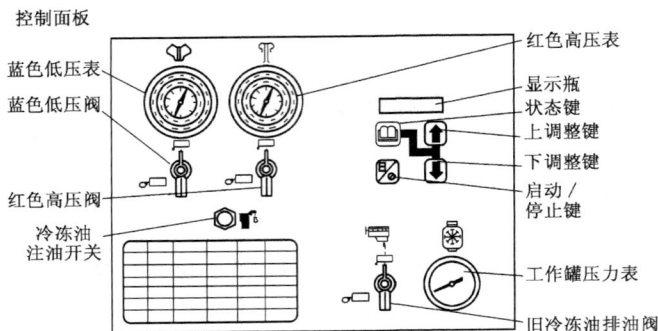

图 2-43　罗宾耐尔 AC375 型空调制冷剂处理设备操作面板

—低压侧；　—冷冻油排放；　—高压侧；　—工作罐压力；　—阀打开；

—菜单键；　—阀关闭；　—启动/停止键；　—加注机油

　　　　　　出现此提示后，需等待 1 min 后方可执行排油程序。

（f）关闭面板上的红、蓝色阀门。

（g）回收停止 2 min 后，检查蓝色低压表。如果压力值上升到 0 kPa 以上，重复上述步骤，直到压力值回到 0 kPa 以下，并保持 2 min。

（h）若汽车空调系统需要维修，将红、蓝色软管上的快速接头从汽车空调上取下。

② 排旧冷油。回收完成后，按照下面的步骤将设备中的旧冷冻油排出。

（a）确保排油瓶已腾空，此时，显示屏交替显示已回收的制冷剂数量 RECOVER ××.××KG 和排油提示 DRAIN OIL。

（b）使设备在此状态至少 1 min。

（c）打开控制面板上的排油阀，可观察到旧冷冻油流入排油瓶。排油时间大约需要 30 s 或更长时间。

（d）当没有旧冷冻油以及其他杂质流入排油瓶时，排油过程结束，关闭排油阀。

（e）根据排油瓶上的油面高度和瓶上的标尺，记录下排出的旧冷冻油总量。充注制冷剂前，空调系统将要加入相应数量的新冷冻油。

（f）取下排油瓶，排空其中的旧冷冻油和杂质，清洁排油瓶。

（g）按启动/停止键，退出。

③ 对空调系统抽真空。

（a）将设备的红、蓝色软管与汽车空调系统的高、低压接口连接。

> **注意** 将红色软管与系统高压端相连，将蓝色软管与系统低压端相连。

（b）打开控制面板上的红、蓝两个阀门。

（c）按状态键，直到显示屏上显示 VACCUM mm:ss，设备进入抽真空状态。

> **注意** 屏幕显示的数字 mm：ss，mm 代表 min，ss 代表 s。

抽真空前，必须检查压力表上的压力，只有确认其值小于 0 kPa 时，抽真空操作方可进行，以防止损坏真空泵。

（d）如果显示屏上 mm:ss 值与操作要求不符，按增加键或减少键，改变抽真空时间的设置（推荐值为 15 min）。

（e）按下启动/停止键，设备开始抽真空操作，面板上的抽真空指示灯亮，显示屏上原显示的 mm:ss 值开始倒计数。

（f）当抽真空的时间达到设定的抽真空时间，设备自动停止抽真空（这时屏幕显示 VACCUM 00:00 和冷冻油加注提示 INJECT OIL）。

（g）关闭设备控制面板上红、蓝色的高、低压两个阀门。

（h）观察蓝色低压表的压力值 5 min，检查制冷系统的漏点。如果压力没有回升，说明系统没有漏点。空调系统被抽真空后，不得摘下歧管，否则会使汽车空调系统丧失真空度，造成充注无法顺利进行。

④ 向空调系统充注制冷剂（冷媒）。

（a）补充冷冻油。

打开设备控制面板上红、蓝色的高、低压两个阀门；

参照回收过程后的排油量，向注油瓶加入足够量的新冷冻油（加入量应大于排油量 30～60 mL），数量由瓶中的油面高度和瓶上的标尺确定；

按注油按钮，观察注油瓶中的油面高度，直到油面下降到所需加油量的高度为止。

> **注意** 注油瓶中应留有一定数量的冷冻油，注油管入口不得浮出油面。

（b）充注制冷剂（冷媒）。

参考汽车空调系统制造商提供的参数，确定要充注的制冷剂量。

- 按控制面板上的状态键，直到显示屏显示 CHARGE 00.90KG。
- 按上、下调整键，修改显示屏上的数值，设定新充注量。
- 按启动/停止键，充注开始，显示屏上显示已充注制冷剂的重量。
- 观察显示屏，当已充注量达到设定量时，屏幕上交替显示 CHARGE COMPLETE 和 CHARGE ××.××KG。
- 按启动/停止键，退回待机状态，关闭所有的阀门。
- 启动发动机，打开空调制冷开关并开到最大后，按照以下步骤进行操作。
- 观察设备控制面板上高、低压表，判断压力是否正确，检查蒸发器出口温度是否正常，关闭空调开关。
- 当两个压力表相等后，关闭快速接头上的阀门，从汽车空调上拆下快速接头。
- 按以下步骤处理红、蓝色歧（胶）管中的剩余制冷剂。
- 按下控制面板上的状态键直到 RECOVER ××.××KG 。按启动/停止键，设备开始回收红、蓝色歧（胶）管中的制冷剂。
- 当低压表压低于 0 kPa 后，按启动/停止键，红、蓝色歧（胶）管中的制冷剂已被清除干净，关闭所有的阀门，按启动/停止键，退回待机状态。

（2）检漏装置。空调检漏装置包括卤素检漏灯和电子检漏计两种。

① 卤素检漏灯。制冷剂气体进入喷灯的吸入管会使喷灯的火焰颜色改变。泄漏量少时，火焰是浅绿色；泄漏量多时，火焰是浅蓝色；泄漏量很多时，火焰是紫色。

② 电子检漏计。在有制冷剂泄漏时，警铃发出声响或声响频率明显加快。

③ 真空泵。真空泵的作用是抽真空，排出制冷回路内的空气和水分，有时也可用于系统检漏。

④ 制冷剂罐注入阀。为了便于维修汽车空调和携带方便，制冷剂厂家制造了一种小罐制冷剂，把小罐中的制冷剂加到制冷回路中去要用制冷剂罐注入阀。

（3）歧管压力表。歧管压力表的结构如图 2-44 所示，它由高低压力指示表、高低压阀门开关手轮、接红色软管通高压侧的管接头 4、接黄（或绿）色软管用于抽真空和加注制冷剂的管接头 5、接蓝色软管通低压侧的管接头 6 组成。歧管压力表高低压阀门的开闭有4 种组合状态，各状态的功能见表 2-3。

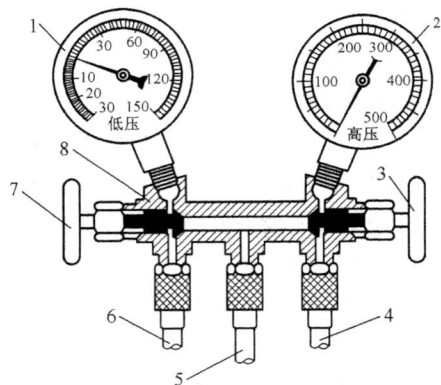

图 2-44　歧管压力表

1—低压表；2—高压表；3—高压阀门开关手轮；
4—高压表管接头；5—中间管接头；6—低压表管接头；
7—低压阀门开关手轮；8—表座

表 2-3　　　　　　　　　　高低压阀门在各位置的功能

高低压阀门位置	功　用
高低压阀门同时关闭	制冷系统故障诊断
低压阀门开，高压阀门关	制冷系统补充加注制冷剂
低压阀门关，高压阀门开	制冷系统检漏或快速加注制冷剂
高低压阀门同时开	制冷系统抽真空

注意

　　高低压阀门开是指高低压表与制冷系统及中间管接头相通，高低压阀门关是指高低压表与中间管接头不通，但分别与制冷系统相通。

　　2. 空调系统检修注意事项

　　（1）安全环保注意事项。

　　① 维修空调系统应该在通风良好的地方，制冷剂比空气重，浓度达到 28.5%～30%就会使人窒息。

　　② 维修空调系统时，为避免制冷剂弄到皮肤上、眼睛里，需戴上手套和防护眼镜。如果制冷剂溅到皮肤上或眼睛里，应该立即用大量冷水冲洗，然后在皮肤上涂上清洁的凡士林，并迅速请医生治疗。

　　③ 避免制冷剂与火源接触，否则会产生有毒气体。

　　④ 制冷剂罐应该保存在 40℃以下的环境中，储存在干燥、阴凉、通风的库房中，搬运时防止撞击、震动，避免日光暴晒，远离火源。

　　⑤ 不要将制冷剂直接排放到大气中，要进行回收处理。

　　（2）使用维护注意事项。

　　① 储液干燥过滤器带观察窗的空调系统，可通过观察窗来检查制冷剂量。如果有气泡，说明制冷剂不足，应补充制冷剂。

　　② 每月检查 1 次带的张紧度和质量，用 98 N 的力量按压带，新带的挠度为 9～11 mm，旧带的挠度为 11～16 mm。

　　③ 不使用空调的季节，应该每周开动 1 次，让空调系统工作 5～10 min。不得在使用季节结束后拆下压缩机带，但可以稍微松弛。每年夏季来临时，应对制冷系统做全面的检查，保证制冷系统正常工作。

　　④ 空调系统工作期间，保持冷凝器、蒸发器表面清洁。

　　⑤ 制冷剂 R12 和 R134a 不能混用，与制冷剂配合使用的润滑油也不能混用。

　　3. 空调系统常用诊断方法

　　（1）看。用眼睛观察空调系统各个零件是否处于正常工作状态。启动空调，让空调系统处于最大制冷状态，观察储液干燥过滤器的观察窗，看制冷剂是否适量。如果可以观察到连续不断的气泡出现，说明制冷剂严重不足；如果每隔 1～2 s 就会有气泡出现，表示制冷剂不足；如果观察窗几乎透明，发动机转速变化时可能会出现气泡，说明制冷剂适量。看各接头处是否有油污和灰尘。如果有油污和灰尘，则可能泄漏。观察冷凝器表面脏不脏，散热片是否倒伏变形。

　　（2）听。听电磁离合器有无刺耳噪声。如果有噪声则可能是电磁线圈老化吸力不足，通电后由于打滑而产生噪声，也可能是离合器片磨损造成间隙过大使离合器打滑。听压缩机是否有液击声，如果有液击声，可能是制冷剂过多或膨胀阀开度过大，应释放制冷剂或调整膨胀阀。

　　（3）摸。高压回路比较热，如果某处特别热或进出口有明显温差，说明这个地方堵了。用手感觉，压缩机的进气管和排气管之间应该有明显的温度差，前者发凉、后者发烫。用手感觉，比较冷凝器进入管和排出管的温度，正常情况下，前者热一些，因为冷凝器上部温度比下部温度要高。用手摸储液干燥过滤器，前后温度要一致。冷凝器输出管到膨胀阀输入管之间是制冷剂高压区，高温区温度应该均匀一致。低压回路比较凉，用手摸膨胀阀，前后要有明显的温差，即前热后凉。膨胀阀出口到压缩

机之间的软管应该凉而不结霜，正常情况应为结霜后即化，用肉眼看到的只是化霜后结成的水珠。如果高压回路、低压回路没有明显温差，说明制冷系统不工作或系统泄漏，制冷剂严重不足。

（4）测。

① 检漏计。用检漏计检查各接头是否有泄漏。

② 歧管压力表。用歧管压力表检查制冷系统的压力。启动发动机，将转速控制在 1 500 ~ 2 000 r/min 之间，使压缩机工作，但不要超过 30 s（保护低压表），观察高低压表的读数。

制冷循环工作正常时，低压表的读数约为 0.12 ~ 0.20 MPa，高压表的读数约为 1.0 ~ 1.50 MPa。高、低压表读数不正常时，其故障原因及排除方法见表 2-4。

表 2-4　　　　　　　　　　高低压表读数不正常的故障原因及排除方法

高压表读数	低压表读数	故 障 原 因	排 除 方 法
低	低	制冷剂不足	加注部分制冷剂
		制冷系统有泄漏	检漏修复后，加注适量制冷剂
		制冷系统内有水分	放净制冷剂，充分抽真空，排除湿气，重新加注制冷剂
		制冷剂流动不畅	检查膨胀阀、储液干燥过滤器、管路等
高	高	制冷剂过多	放出部分制冷剂
		冷凝器散热不良	检查冷凝器风扇工作情况，检查清洗冷凝器
		膨胀阀工作不良	检查膨胀阀，必要时更换
		系统中混入空气	放净制冷剂，抽真空后重新加注制冷剂
低	高	压缩机高低压串气	更换故障件

③ 万用表。用万用表检查空调电路故障。

④ 检测仪。使用专用检测仪对自动空调系统进行检测，包括故障码读取、基本设定调整、读取测量数据等内容。

4. 制冷系统泄漏检查

汽车空调的工作条件恶劣，经受较强的震动，容易造成零件、管路的损坏和接头的松动，从而使制冷剂泄漏。

常用的检漏方法有以下几种。

（1）外观检漏。泄漏部位往往会泄漏冷冻机油。如果发现某处有油污，可用干净白抹布擦净。如果仍然有油污渗出，说明此处泄漏。

（2）用检漏设备。用卤素检漏灯或电子检漏计检漏。

（3）真空检查泄漏。用真空泵把系统抽到真空度 0.1 MPa，24 h 后真空度没有明显减小，就可以认为没有泄漏。

（4）压力检漏。向制冷系统充入氮气，然后用肥皂水检漏，如果有泄漏，泄漏处会出现肥皂泡。

采用压力检漏时不能使用压缩空气，因为压缩空气里面有水分，水分滞留在制冷管路里会造成膨胀阀冰塞。工业氮气没有腐蚀性、没有水分、价格便宜，所以可以用氮气，但瓶装高压氮气一定要用减压表。

5. 制冷剂的充注

在对制冷系统充注制冷剂时，系统不能存在空气，否则会使热交换率降低。因此，在充注制冷剂前应先抽真空。

制冷剂的加注通常使用带制冷剂回收功能的自动一体机完成，有关操作可参照设备说明书进行。下面介绍一下使用歧管压力表进行制冷剂充注的方法。

请注意操作规范与安全，戴上手套和防护眼镜，防止制冷剂弄到皮肤上、眼睛里。

（1）制冷系统抽真空。制冷系统抽真空时，按如图 2-45 所示的方式连接。

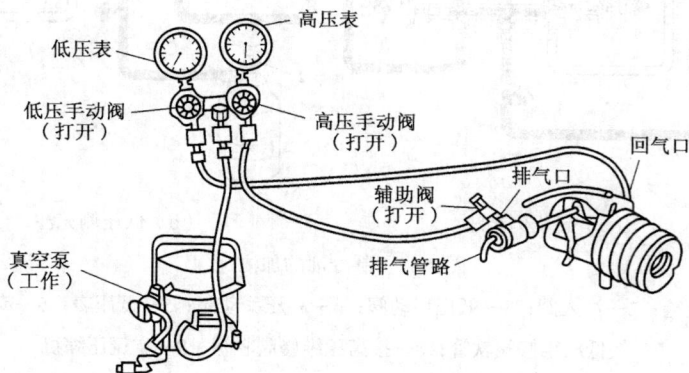

图 2-45 制冷系统抽真空

① 打开歧管压力表的高、低压阀，启动真空泵。

② 使真空泵至少工作 15 min，低压表值在 7 kPa 以下。

③ 关闭高、低压阀，其表针在 10 min 内不得有回升。

④ 如果 10 min 内表针没有明显回升，即可充入制冷剂，使低压值达 0.1 MPa。

⑤ 再次启动真空泵，打开歧管压力表的低压阀继续抽真空 15 min，然后关闭低压阀，可向系统中充注制冷剂，如图 2-45 所示。

（2）制冷剂的加注。

① 制冷剂罐充注阀的使用方法。制冷剂罐充注阀如图 2-46 所示，其使用步骤如下。

（a）将制冷剂罐注入阀手柄 1 逆时针旋转，直至阀针 5 完全缩回为止。

（b）逆时针方向旋转螺柄 3，使其旋至最高位置。

（c）使制冷剂罐注入阀 2 的螺柄与制冷剂罐螺栓结合，将注入阀 2 固定在制冷剂罐上。

（d）顺时针方向用手拧紧制冷剂罐注入阀 2 的螺柄 3。

（e）顺时针旋转注入阀手柄 1，使注入阀的阀针 5 顶穿制冷剂罐。

（f）将高、低压表的中间注入软管接入注入阀接头 4，当不充注时，不要将制冷剂注入阀手柄逆时针退出，以免制冷剂泄漏。

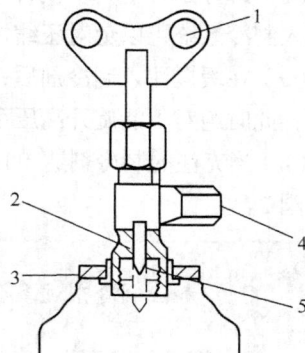

图 2-46 制冷剂罐充注阀的使用方法
1—手柄；2—制冷剂罐注入阀；3—螺柄；
4—注入阀接头；5—阀针

② 制冷剂的加注按照以下步骤操作。

（a）确认系统无渗漏后，连接制冷剂罐注入阀 2 到制冷剂罐 1 上，如图 2-47 所示。

（a）高压侧充注　　　　　　　　（b）低压侧充注

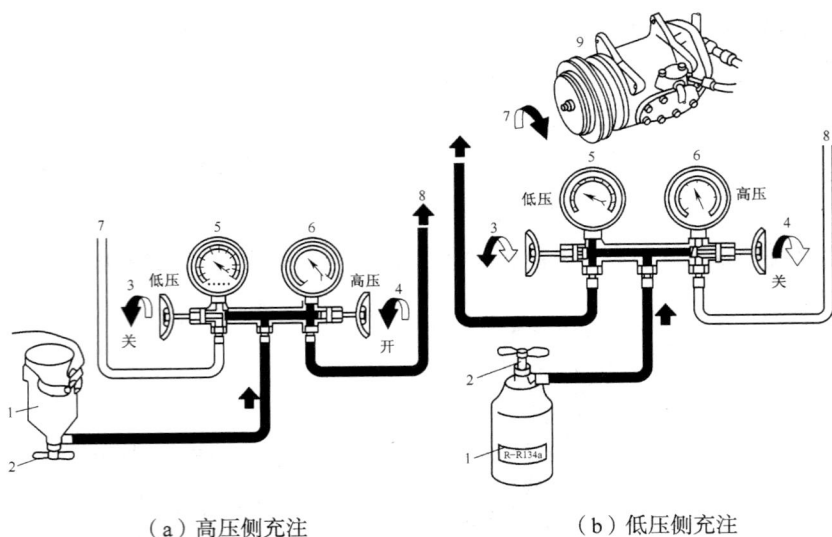

图 2-47　制冷剂的加注

1—制冷剂罐；2—注入阀；3—低压手动阀；4—高压手动阀；5—低压表；6—高压表；

7—接低压维修阀软管；8—接高压维修阀软管；9—空调压缩机

（b）将高、低压表的中间注入软管安装在注入阀 2 的接口上，顺时针旋转注入阀 2 的手柄，使制冷剂罐 1 顶开一个小孔。

（c）逆时针旋出注入阀 2 手柄，使阀针退出，使制冷剂进入中间注入软管。此时，不能打开高、低压手动阀 4 和 3。

（d）拧松高、低压组合表中间管的螺母，当看到白色制冷剂气体外逸并听到"嘶嘶"声时，排出中间管的空气后再旋紧中间管螺母。

（e）如图 2-47（a）所示，旋开高压手动阀 4，此时可将制冷剂罐 1 倒立，切忌打开空调系统。

（f）如图 2-47（b）所示，关上高压手动阀 4，打开低压手动阀 3，此时应让制冷剂以气态形式进入制冷系统，以免对压缩机造成液击现象，损坏压缩机。

（g）在缓慢注入制冷剂后，启动发动机，使压缩机在最大制冷状态下运转，以便加速加注制冷剂，此时绝对不能旋开高压手动阀，否则会引起爆炸，损坏压缩机。

（h）当充注的制冷剂达 1 100 g 时，关闭高压手动阀 4 和低压手动阀 3，关闭制冷剂罐 1 上的注入阀 2。

注意　加注制冷剂过多会使压力过高。

（i）当加注制冷剂充满以后，启动发动机，使压缩机转动 5～10 min。

6. 冷冻机油加注

按规定容量加注冷冻机油。当空调系统关闭时，冷冻机油滞留在系统各部件上。维修时，应将压缩机中的剩余油量先排出，经计量后再决定需补充加注的油量。冷冻机油加注过多，会导致黏滞；冷冻机油加注过少，则会损坏压缩机。添加冷冻机油可用以下两种方法。

（1）直接加入法。将冷冻机油按标准称量好，直接倒入压缩机内，这种方法只在更换蒸发器、冷凝器和储液干燥器时可采用。

（2）真空吸入法。添加冷冻机油可在抽真空后从低压侧加注，加注完毕后，要对制冷系统继续进行抽真空，加注制冷剂。

7. 空调系统常见故障诊断

汽车空调系统常见故障主要表现为不制冷或制冷不足、无暖风或暖风不足、各调节功能失灵等。造成调节功能失灵故障的原因与故障现象的对应性较强，诊断起来比较容易。例如手动空调系统的温度调节功能失灵，往往是由温度调节风门的拉丝脱落造成的。

注意　检查调整压缩机带张紧，带张紧度直接影响空调系统的工作，要做正确调整。

（1）不制冷故障。

① 故障现象。打开空调开关，各出风口正常出风，但不是凉风。把温度调节滑键（或开关）调到最冷，仍然不出凉风。

② 故障原因。压缩机带过松；制冷回路泄漏，制冷回路堵塞，制冷剂过多或过少；电磁离合器损坏，电磁离合器控制开关（压力保护开关、外部温度开关等）损坏；压缩机损坏；膨胀阀损坏；空调继电器损坏；线路故障。

③ 故障诊断。在压缩机皮带张紧度和制冷剂量正常的情况下，可按图 2-48 所示进行诊断。

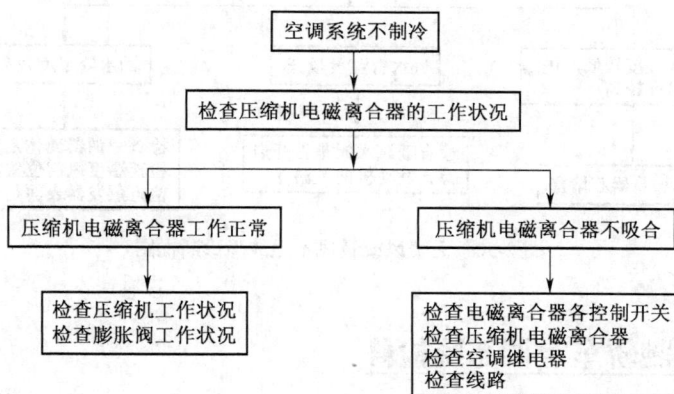

图 2-48　空调系统不制冷故障诊断框图

（2）制冷不足故障。

① 故障现象。打开空调开关，各出风口能出凉风，但凉度不够。把温度调节滑键（或开关）调到最冷，出风凉度仍不够。

② 故障原因。压缩机带松，压缩机离合器打滑；制冷剂不足或过多，系统中有空气；压缩机损坏，内部有泄漏；冷凝器脏污；冷凝器气流不畅；蒸发器表面脏污。

③ 故障诊断。在压缩机带张紧度正常的情况下，可按图 2-49 所示进行诊断。

（3）无暖风或暖风不足故障。

① 故障现象。鼓风机工作正常，发动机冷却液温度上升后无暖风。

② 故障原因。加热器芯堵塞；加热器表面空气流动受阻，如空调进气滤清器堵塞；温度风门位置不正确，工作失灵；发动机节温器损坏。

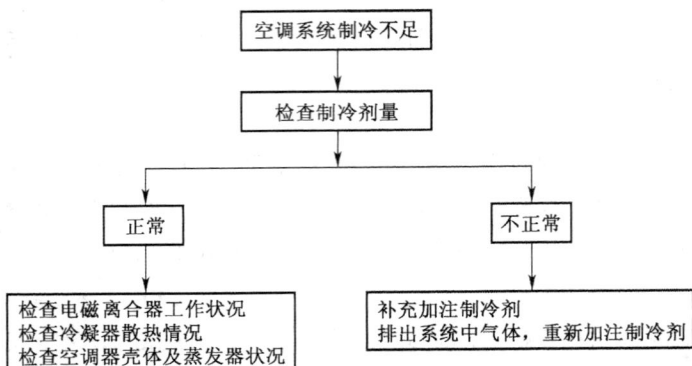

图 2-49 空调系统制冷不足故障诊断框图

③ 故障诊断。首先要检查进气滤清器是否脏污、堵塞严重，导致通风不畅。在进气滤清器良好的情况下，可按图 2-50 所示进行诊断。

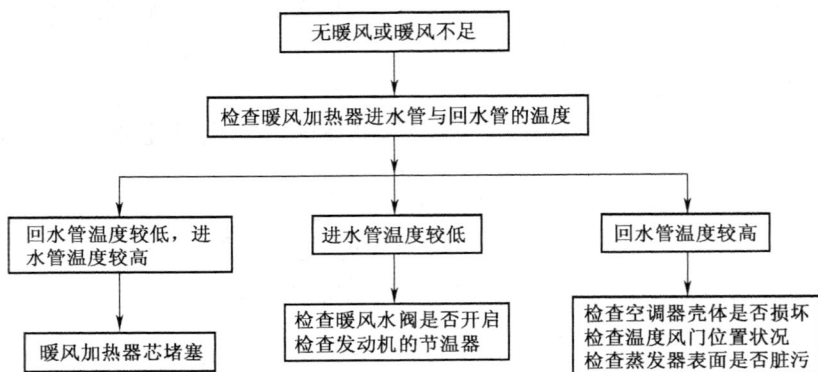

图 2-50 无暖风或暖风不足故障诊断框图

任务二 威驰轿车空调系统检修

（一）实施目的及要求

（1）通过该任务的实施，应能够对威驰轿车空调系统进行操作、保养、故障诊断与排除，并掌握其工作原理。

（2）该项目应具备完成项目的车辆和该车辆的电路图等资料。

（3）实训设备及仪器：自动冷媒加注机，VAS5051/VAS5052、X431 等诊断仪。

（二）实施步骤

1. 空调装置的特点

① 组成。空调装置的组成如图 2-51 所示。

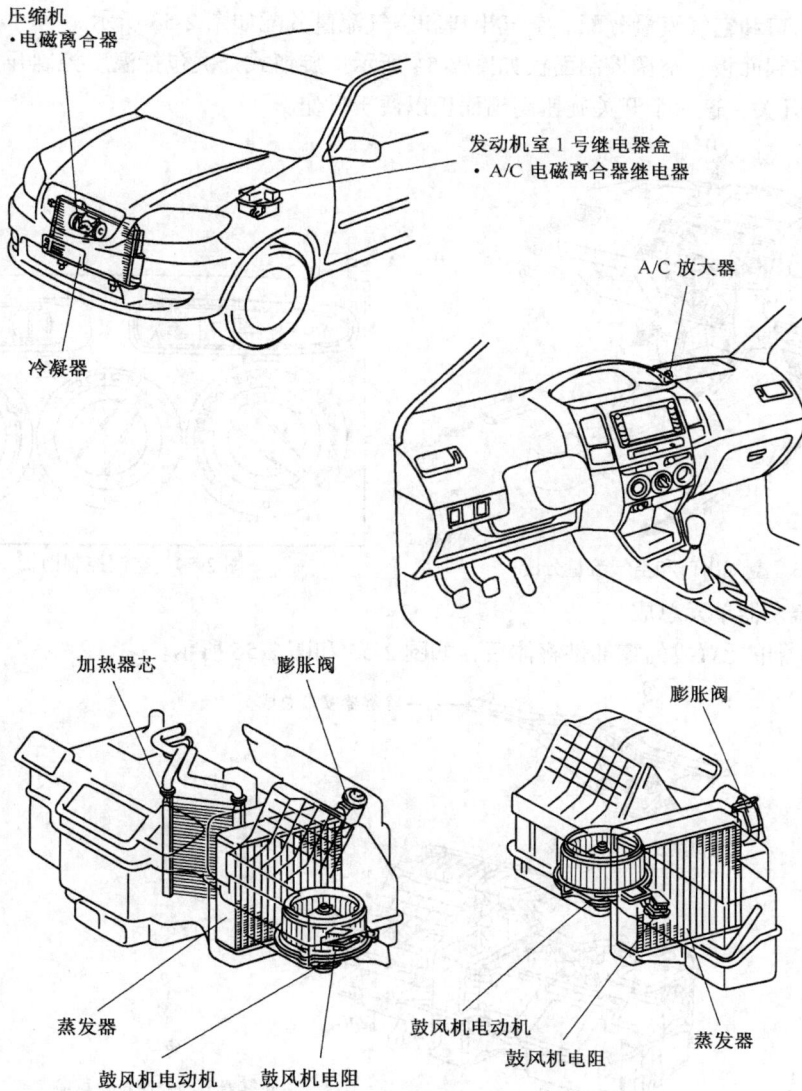

图 2-51　空调装置的组成

② 气流调节器布置。手动空调的气流调节器布置如图 2-52 所示。

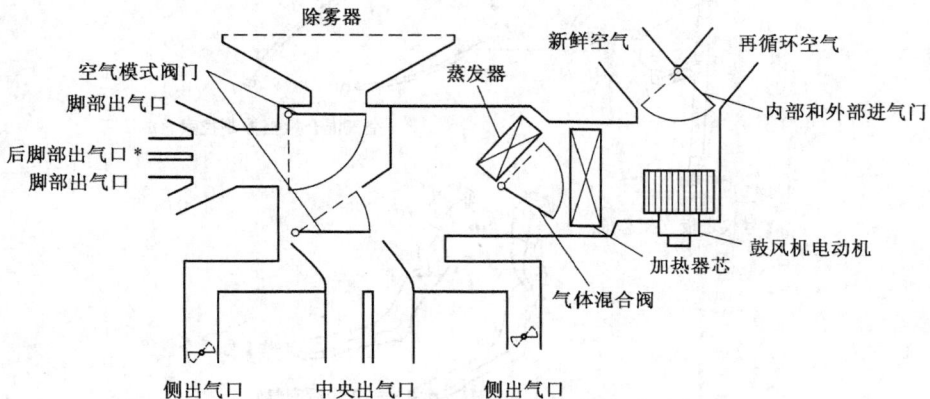

图 2-52　气流调节器布置

③ 空气出口和空气流量分配。空气出口和空气流量分配如图 2-53 所示。

④ 空调控制面板。空调控制面板如图 2-54 所示。旋钮式开关包括温度控制开关、鼓风机开关和模式选择开关，这 3 个开关旋钮高出面板以便于操作。

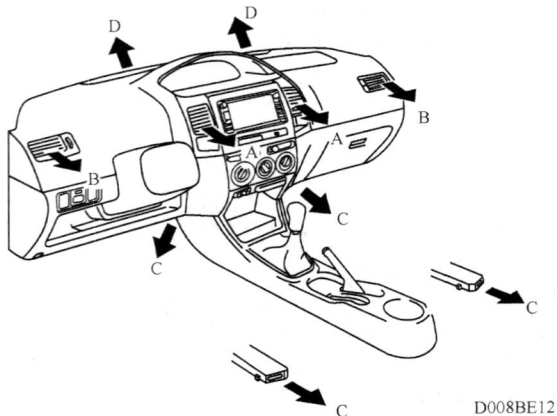

图 2-53　空气出口和空气流量分配

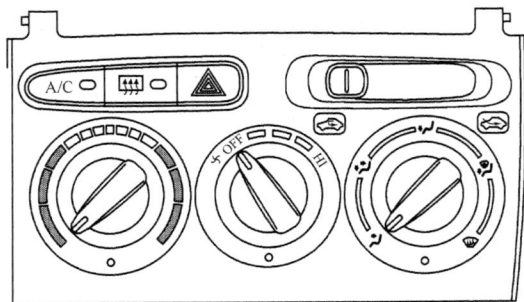

图 2-54　空调控制面板

2. 空调蒸发器单元总成

空调蒸发器单元总成的零部件解体后，如图 2-55 和图 2-56 所示。

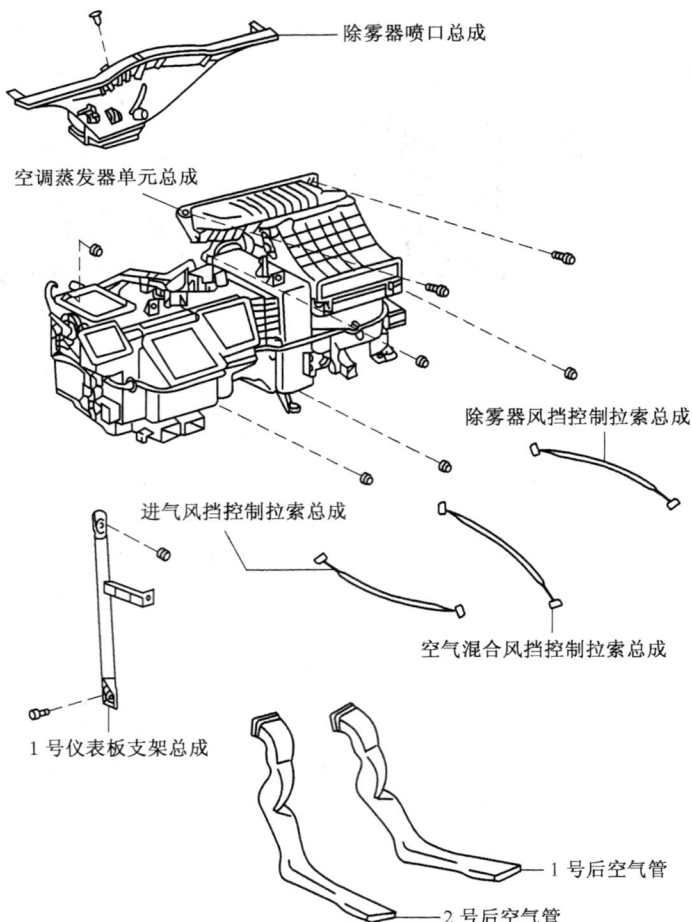

图 2-55　空调蒸发器单元总成零部件解体图（一）

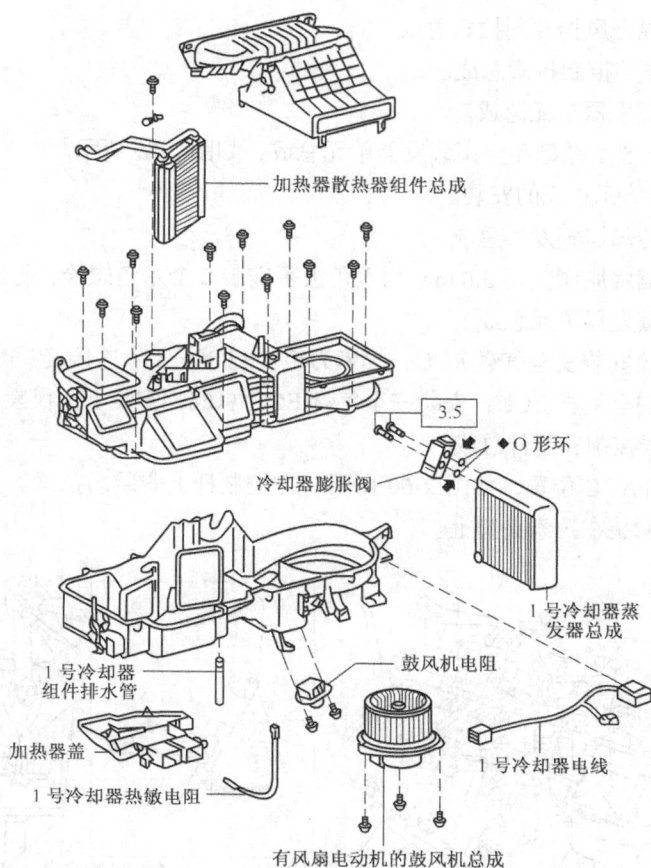

加热器散热器组件总成

3.5

◆O形环

冷却器膨胀阀

1号冷却器蒸发器总成

1号冷却器组件排水管

鼓风机电阻

加热器盖

1号冷却器热敏电阻

1号冷却器电线

有风扇电动机的鼓风机总成

图 2-56 空调蒸发器单元总成零部件解体图（二）

N·m — 规定力矩 ； ◀ — 一次性零件 ； ◆ — 压缩机机油（ND-OIL 8）或类似物

① 空调蒸发器单元总成的拆卸。

（a）从系统内排出制冷剂。

（b）拆下下侧仪表板总成，拆下除雾喷口总成，拆下仪表板支架总成，松开 2 个锁扣，拆开 2 号后空气管，如图 2-57 所示。

（c）拆下 4 个螺栓，拆下安全气囊 ECU 总成，如图 2-58 所示。

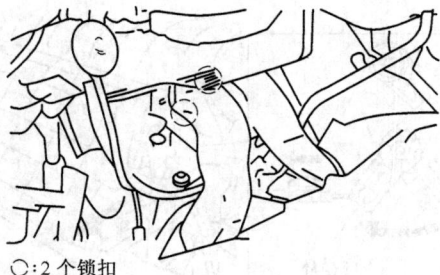

○：2 个锁扣

图 2-57 拆开 2 号后空气管

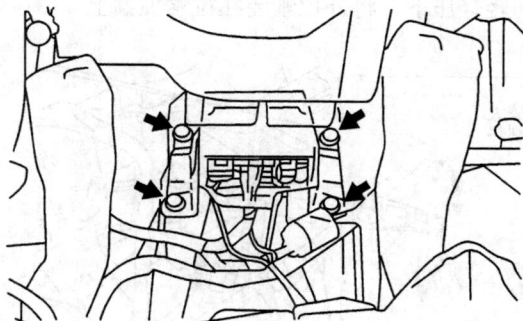

图 2-58 拆下安全气囊 ECU 总成

（d）拆下除雾器风挡控制拉索总成。

（e）拆下空气混合风挡控制拉索总成。

（f）拆下进气风挡控制拉索总成。

（g）拆下空调蒸发器单元总成。

拆下 2 个螺栓、5 个螺母和空调蒸发器单元总成，如图 2-59 所示。

② 空调蒸发器单元总成的安装。

（a）安装 1 号冷却器蒸发器总成。

（b）安装冷却器膨胀阀。用 5.0 mm 的六角扳手安装 2 个六角螺栓，拧紧力矩：3.5 N·m。

（c）安装空调蒸发器单元总成。

（d）用 2 个螺栓安装安全气囊 ECU，拧紧力矩：3.0 N·m（连接接头时，不要用力太大）。

（e）不要碰撞安全气囊 ECU，安装安全气囊 ECU 总成，安装下侧仪表板总成。

（f）安装加热器控制和附件总成。

将控制臂置于 FACE 位置，如图 2-60 所示，在控制杆上安装内拉索。按图 2-60 中箭头方向轻轻压下，将外拉索装在拉索夹箍上。

图 2-59　拆下空调蒸发器单元总成

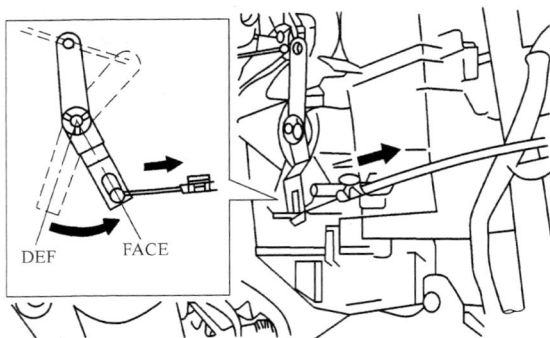

图 2-60　将控制臂置于 FACE 位置

DEF—外循环位置标记；FACE—内循环安装位置标记

切勿扭弯拉索，操纵加热器控制杆应在 FACE 和 DEF 位置都能停下且不回弹。将控制杆臂置于最大制冷位置，如图 2-61 所示。在控制杆上安装内拉索，按图 2-61 中箭头方向轻轻压下，将外拉索装在拉索夹箍上。操纵加热器控制杆时应在内循环、外循环位置都能停下且不回弹。

将控制杆臂置于内循环位置，如图 2-62 所示，在控制杆上安装内拉索头。按图 2-62 中箭头方向轻轻压下，将外拉索装在拉索夹箍上。

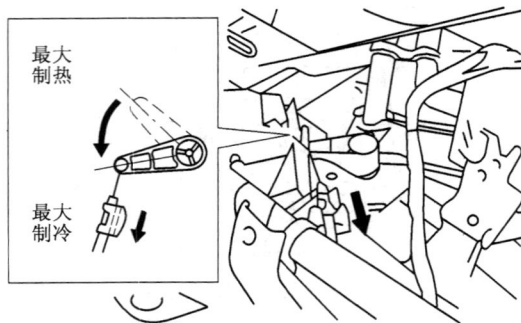

图 2-61　将控制杆臂置于最大制冷位置

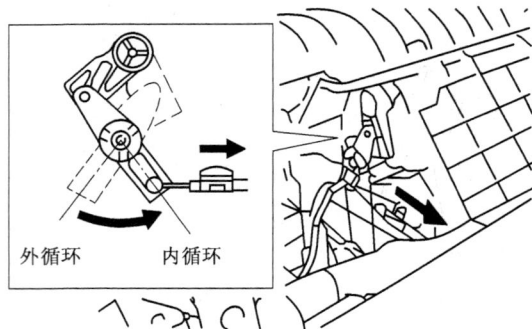

图 2-62　将控制杆臂置于内循环位置

（g）安装仪表板总成，安装空调管路总成。

（h）加注制冷剂，加注量为（420±30）g，启动发动机暖机。

（i）检查制冷剂有无泄漏。

3. 空调压缩机总成

空调压缩机总成解体后，如图2-63所示。

4. 带储液罐的冷凝器总成

带储液罐的冷凝器总成解体后，如图2-64所示。

① 带储液罐的冷凝器总成的拆卸。

（a）排出系统内的制冷剂，拆开制冷剂排出管，拆开空调管总成，拆下带储液罐的冷凝器总成，拆下冷却器干燥器，如图2-65所示。

从盖子上拆下2个O形环，用尖嘴钳取出干燥器，如图2-66所示。

（b）拆下冷凝器缓冲垫，拆下冷凝器支架套管。

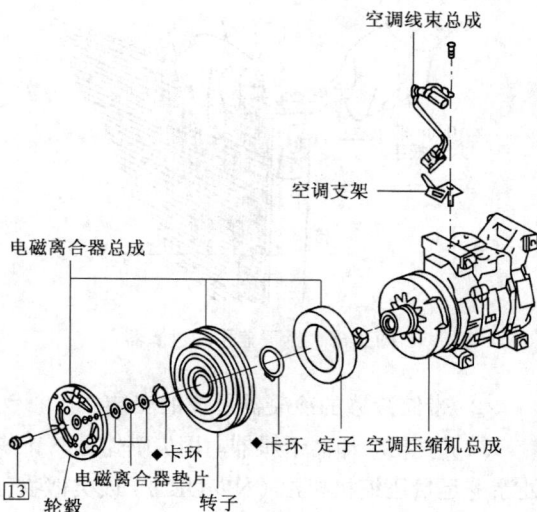

图 2-63　空调压缩机总成解体图

N·m—规定力矩；◆——一次性零件

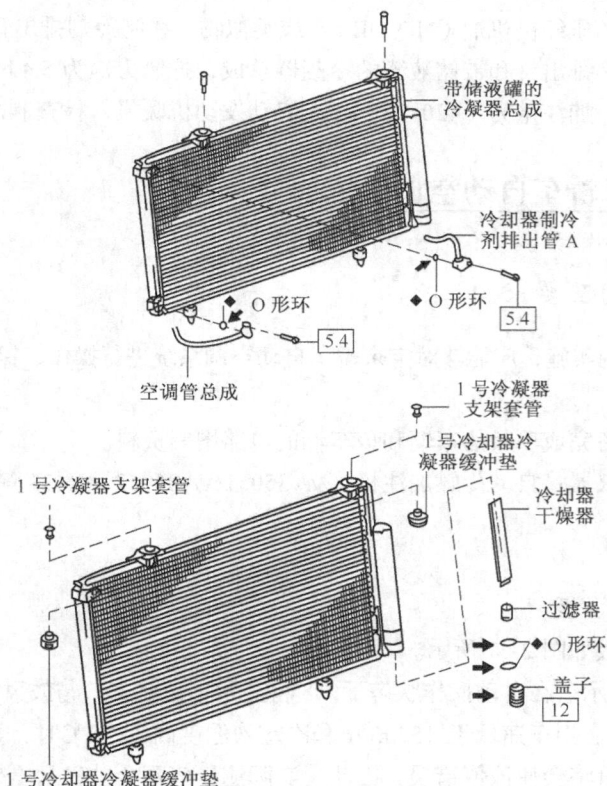

图 2-64　带储液罐的冷凝器总成解体图

N·m—规定力矩；　◆—压缩机机油(ND-OIL8)或类似物；◆—一次性零件

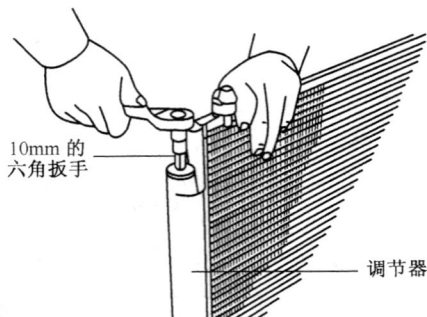

图 2-65　拆下盖子和过滤器

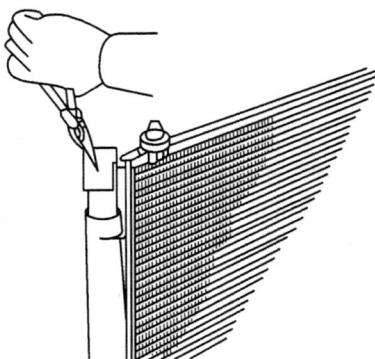

图 2-66　取出干燥器

② 带储液罐的冷凝器总成的安装。

（a）安装冷却器干燥器。用尖嘴钳装入干燥器，在盖子上安装 2 个 O 形环，在 O 形环的接口处涂上足量压缩机机油（ND-OIL8）或类似物，用 10 mm 的六角扳手在调节器上安装盖子和过滤器，拧紧力矩为 12 N·m。

（b）安装带储液罐的冷凝器、空调管总成。用螺栓连接空调管总成和带储液罐的冷凝器总成，拧紧力矩为 54 N·m。

（c）安装制冷剂排出管。撕去管口的聚氯乙烯胶带，连接冷凝器总成的相应部分，在 O 形环和管的接口涂上足够的压缩机机油（ND-OIL8）或类似物，在制冷剂排出管接头上安装 1 个 O 形环，用螺栓连接制冷剂排出管和带储液罐的冷凝器总成，拧紧力矩为 5.4 N·m。

（d）加注制冷剂，加注量为（420±30）g，启动发动机暖机，检查制冷剂有无泄漏。

任务三　宝来轿车自动空调系统检修

（一）实施目的及要求

（1）通过该项目的实施，应能够对宝来轿车自动空调系统进行操作、保养、故障诊断与排除，并掌握其工作原理。

（2）该项目应具备完成项目的车辆和该车辆的电路图等资料。

（3）实训设备及仪器：自动冷媒加注机、VAS5051/VAS5052、X431 等诊断仪。

（二）实施步骤

1. 自动空调控制面板

自动空调控制面板如图 2-67 所示。

① 鼓风机风速显示。在自动操作状态下，8 将显示中速状态，与鼓风机和实际转速无关。

② 环境温度显示。当车速低于 15 km/h 和冷却液温度高于 70℃时，显示不改变。车速很低时，发动机散发的热量将会使该值错误，因此，实际测量值不会被显示出来。

③ 气流方向显示。按下按钮 14 时，将显示或清除脚窝出风显示。按下按钮 15 时，将显示或清除车窗出风显示。

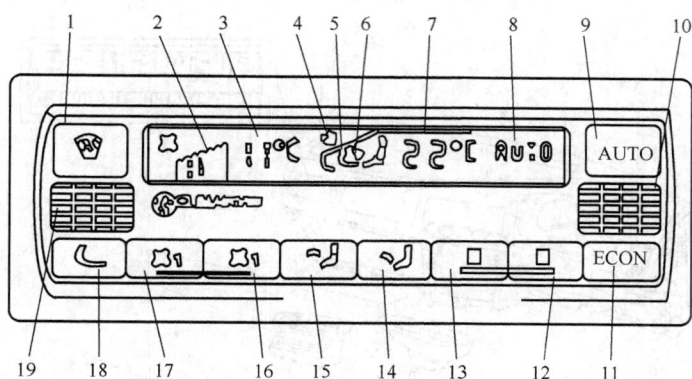

图 2-67　自动空调控制面板

1—风挡玻璃除霜按钮；2—鼓风机风速显示；3—环境温度显示；4—风挡玻璃；5—空气再循环显示；6—气流方向显示；7—显示或选择内部温度；8—操作模式显示；9—自动操作按钮；10—仪表板温度传感器 G56 和鼓风机温度传感器 V42；11—"ECON"按钮；12—"加热"按钮；13—"制冷"按钮；14—"脚窝出风"按钮；15—"上部出风"按钮；16—"鼓风机调高速"按钮；17—"鼓风机调低速"按钮；18—"新鲜空气/空气再循环"按钮；19—仪表板温度传感器和鼓风机温度传感器 V42

④ 显示或选择内部温度。按住按钮 11 的同时按下按钮 9，摄氏度（℃）与华氏度（F°）相互转换，相应的温将会显示出来。

⑤ 操作模式显示如下。

（a）"AUTO"自动模式。在自动模式下，空调系统自动保持选择的车内温度。在此设定下，通风温度、鼓风机速度和空气分配将被自动控制。

（b）"ECON"空调系统关闭。在"ECON"模式下，只有压缩机被关闭，空气分配和加热仍然被自动控制。

⑥ "鼓风机低速"按钮用于调整"鼓风机低速"控制。当翻板处于最后设定位置，按住此按钮，直到显示屏显示"OFF"字样，即可关闭空调系统（仅在特殊情况下使用）。

2. 车厢内的自动空调装置结构

车厢内的自动空调装置结构如图 2-68 所示。

① 阳光照度传感器 G107。其功能是根据阳光强度控制温度翻板和新鲜空气鼓风机。当发生故障时，将控制单元 J255 设定一个固定值。

② 温度传感器风扇 V42。

（a）控制单元 J255、控制和显示单元传感器风扇 V42 的 E87 与带温度仪表板温度传感器 G56 合成一体，不可拆分。

（b）检测：用 V.A.G1551、VAS6150、VAS5052 进行自诊断。

（c）功能：温度传感器根据温度控制温度翻板和新鲜空气鼓风机。

（d）G56 发生故障时，将该值设定为 24℃继续操作。

（e）更换和调整：用 V.A.G1551 执行"控制单元编码"功能，然后进行"基本设定"功能。

③ 控制和显示单元 E87。

（a）控制单元 J255、控制和显示单元传感器风扇 V42 的 E87 与带温度仪表板温度传感器 G56 合成一体，不可拆分。

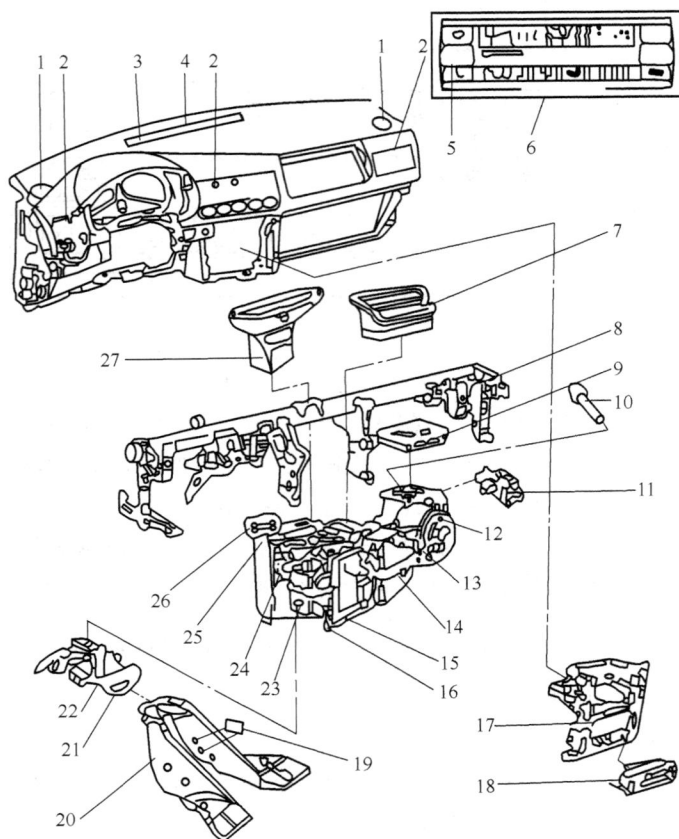

图 2-68　车厢内的自动空调装置结构

1—边窗出风口；2—出风口；3—除霜出风口；4—阳光照度传感器 G107；5—温度传感器风扇 V42；6—控制和显示
单元 E87；7—中间连接件；8—仪表板横梁；9—粉尘和花粉滤清器（带活性炭滤芯）；10—新鲜空气进气道
温度传感器 G89（带密封）；11—空气翻板位置电动机 V71；12—新鲜空气鼓风机 V42；13—新鲜空气鼓
风机控制单元 J216；14—分配器和蒸发器箱（带热交换器、蒸发器）；15—中央翻板位置电动机 V70；
16—温度翻板位置电动机 V68；17—中央装饰表；18—空调控制单元 J255；19—脚坑出风口（仅用于
乘客侧）；20—后通风道；21—密封件；22—连接件（带驾驶员侧脚坑出风口）；23—脚坑
出风口温度传感器 G192；24—脚坑/除霜翻板位置电动机 V85；25—热交换器；
26—热交换器/护板密封；27—中间连接件，除霜出风口

（b）检测：用从 V.A.G1551 进行自诊断。

（c）更换和调整：用 V.A.G1551 执行"控制单元编码"功能 07，然后进行"基本设定"功能 04。

④ 新鲜空气进气道温度传感器 G89。

（a）功能：温度传感器根据温度控制温度翻板和新鲜空气鼓风机。

（b）当该传感器发生故障时，用环境温度传感器 G17 的值代替。

（c）检测：用 V.A.G1551 进行自诊断。

（d）更换时，先拆下手套箱，然后将温度传感器旋转 90° 后拉出。

（e）安装时，用油浸泡密封件。

⑤ 空气翻板位置电动机 V71。

（a）功能：控制新鲜空气和空气再循环翻板。

（b）更换和调整：用 V.A.G1551 执行"控制单元编码"功能 07，然后进行"基本设定"功能 04。

⑥ 新鲜空气鼓风机控制单元 J216。

（a）功能：根据电压值精确控制新鲜空气鼓风机风速。

（b）检测：用 V.A.G1551 进行自诊断。

⑦ 中央翻板位置电动机 V70。

（a）检测：用 V.A.G1551 进行自诊断。

（b）更换和调整：用 V.A.G1551 执行"控制单元编码"功能 07，然后进行"基本设定"功能 04。

⑧ 温度翻板位置电动机 V68。

（a）检测：用 V.A.G1551 进行自诊断。

（b）更换和调整：用 V.A.G1551 执行"控制单元编码"功能 07，然后进行"基本设定"功能 04。

⑨ 空调控制单元 J255。

（a）控制单元 J255、控制和显示单元传感器风扇 V42 的 E87 与带温度仪表板温度传感器 G56 合成一体，不可拆分。

（b）检测：用 V.A.G1551 进行自诊断。

（c）更换和调整：用 V.A.G1551 执行"控制单元编码"功能 07，然后进行"基本设定"功能 04。

⑩ 脚坑出风口温度传感器 G192。

（a）功能：根据出风口温度控制空气分配除霜/脚坑和新鲜空气鼓风机风速。

（b）发生故障时，进入应急模式，将水温值设为 90℃继续操作。

（c）检测：用 V.A.G1551 进行自诊断。

⑪ 脚坑/除霜翻板位置电动机 V85。

（a）检测：用 V.A.G1551 进行自诊断。

（b）更换和调整：用 V.A.G1551 执行"控制单元编码"功能 07，然后进行"基本设定"功能 04。

3. 自动空调系统检修注意事项

① 按下"AUTO"键，将启动空调自动操作的全部设置项。

② 在"ECON"模式下，仅是压缩机被切断，电气元件仍然控制加热和通风。

③ 改变后的自动操作参数在关闭点火开关后仍然被存储，只有功能"空气再循环操作"在 20 min 后被消除。

④ 改变自动操作参数，可参阅相关产品手册。

⑤ 若空调控制和显示单元 E87 上的所有显示信息都闪亮，则表示系统当前有故障。在此情况下，应先查询故障存储器。

4. 自动空调系统的故障诊断

① 自诊断系统特点如下。

（a）为了能在部件发生故障或导线断路时迅速查找到故障原因，控制单元装备了一个故障存储器，可使用故障诊断仪 V.A.G1551 读出故障。

（b）如果被监测的传感器或部件发生故障，这些故障连同故障类型一同存入故障存储器中。当故障存储器存储了对空调系统操作有害的永久故障时，空调控制单元 J255 的控制和显示面板 E87 将在打开点火开关时闪烁 15 s。若故障没有引起显示面板显示闪烁，空调控制单元可允许空

调按显示面板的设定参数在应急模式下继续运行。

（c）空调控制单元 J255 位于控制和显示面板 E87 之后，两者合成一体，不能分解。

② 故障码。用故障诊断仪 V.A.G1551 查找故障，执行自诊断和查询故障存储器。显示的故障信息可对照故障码表进行维修，见表 2-5。

表 2-5　　　　　　　　　　　　　　　　　　　空调系统故障码表

故 障 码	故 障 内 容	故 障 原 因	故 障 排 除
0000	无故障	• 修理如果出现"无故障"，则自诊断结束 • 如果显示屏仍然闪烁，依次选择下面功能： 07—控制单元编码 04—基本设定	
00281	车速传感器 G68	• 发动机控制单元到空调控制单元间的信号线路短路、断路或插头故障 • 速度表传感器 G22 故障（仅当车速表 G21 也不起作用时）	• 用"读取测量数据块"检查来自 G22 的信号 • 按电路图查找控制单元的导线和插头 • 更换 G22
	当前不能检测	此显示仅在查询故障存储器之前执行，执行元件诊断时才出现。此故障在关闭点火开关后，可从控制单元的故障存储器中清除。如果 G68 故障，此故障在行车时又会出现	
00532	供电电压： 信号太强 信号太弱	• 电压调节器故障 • 空调控制单元 J255 导线或插头故障	• 用"读取测量数据块"检查供电电压（15 号线） • 检查电压调节器 • 按电路图检查控制单元导线或插头
00538	参考电压： 信号太强 信号太弱	• 导线短路或断路或插头故障，特别要注意空调控制单元 J255 插头 T166 的 8 脚到步进电动机的导线故障 • 位置电动机电位计 G92 或 G112、G114、G115 故障 • 控制单元 J255 故障	• 按电路图检查控制单元导线或插头 • 通过执行元件诊断03 检查步进电动机的调节功能，依次拔下这些部件的插头，清除故障存储器并且再次查询故障存储器。当重新连接好插头，故障再次出现时，如果"参考电压"故障不再出现，否则，必须更换相关位置电动机 • 如有必要，更换控制单元，之后依次选择下述功能： 07—控制单元编码 04—基本设定
00603	脚坑/除霜翻板位置电动机 V85	• 到脚坑/除霜翻板位置电动机 V85 的导线或插头短路或断路 • V85 锁死 • V85 损坏	• 进行执行元件诊断 • 在"读取测量数据块"中检测 V85 • 按电路图检修导线和插头 • 更换 V85，然后选择 04 进行基本设定
00779	环境温度传感器 G17 断路/对正极短路 对地短路	• 到环境温度传感器 G17 的导线或插头对正极短路或断路 • 到环境温度传感器 G17 的导线或插头对地短路或断路 • G17 损坏	• 在"读取测量数据块"中检测 G17 • 按电路图检修导线或插头 • 更换 G17

续表

故障码	故障内容	故障原因	故障排除
00787	新鲜空气进气温度传感器 G89 对正极短路/断路 对地短路/断路	• 到新鲜空气进气温度传感器 G89 的导线或插头对正极短路或断路 • 到新鲜空气进气温度传感器 G89 的导线或插头对地短路或断路 • G89 损坏	• 在"读取测量数据块"中检测 G89 • 按电路图检修导线或插头 • 在"读取测量数据块"中检测 G89 • 更换 G89
00792	空调压力开关 F129 短路或断路损坏	• 到空调压力开关 F129 的导线或插头短路或断路 • 制冷剂管路故障 • 发动机冷却不良 • F129 损坏	• 在"读取测量数据块"中检测 F129 • 按电路图检修导线或插头 • 检查发动机冷却系统 • 更换 G22 • 更换 F129
	当前不能检测	此显示仅在查询故障存储器之前执行，如果执行元件诊断时压力开关不能被检测时才会出现（如环境温度低于 12℃），该故障在关闭点火开关后可被消除	
00797	阳光照度传感器 G107 断路/对正极短路对地短路	• 到阳光照度传感器 G107 的导线断路或对正极短路 • 到阳光照度传感器 G107 的导线或插头对地短路 • G107 损坏	• 在"读取测量数据块"中检测 G107 • 按电路图检修导线或插头 • 在"读取测量数据块"中检测 G107 • 按电路图检修导线或插头 • 更换 G107
01206	临时故障信号	• 如果 ABS 警报灯 K47 或制动系统警报灯 K118 也指示该故障，则组合仪表损坏，故障同样存储于故障记忆中 • 导线或插头短路或断路 • 空调控制单元 J255 损坏	• 更换组合仪表 • 用"读取测量数据块"功能检测临时故障信号 • 按电路图检修导线或插头 • 更换 J255 之后，依次执行下述功能： 07—控制单元编码 04—基本设定
01271	温度翻板位置电动机 V68	• 到温度翻板位置电动机 V68 的导线或插头短路或断路 • V68 安装后未用功能 04 进行基本设定 • V68 卡死 • V68 损坏	• 用"读取测量数据块"功能检测 V68 • 按电路图检修导线或插头 • 安装后检查 V68 止点位置 • 执行元件诊断 03 • 更换 V68，执行功能 04 进行基本设定
01272	中央翻板位置电动机 V70	• 到中央翻板位置电动机 V70 的线路短路或断路 • V70 卡死 • V70 损坏	• 在"读取测量数据块"中检测 V70 • 执行元件诊断 03 • 更换 V70，执行 04 功能进行基本设定 • 执行元件诊断 03
01273	新鲜空气鼓风机 V2 或鼓风机控制单元 J126	• 到新鲜空气鼓风机 V2 的导线或插头短路或断路 • 鼓风机控制单元 J126 或新鲜空气鼓风机 V2 损坏	• 在"读取测量数据块"中检测 V2 • 按电路图检修导线或插头 • 执行元件诊断 03 • 更换 J126 或 V2

续表

故障码	故 障 内 容	故 障 原 因	故 障 排 除
01274	空气翻板位置电动机 V71	• 到空气翻板位置电动机 V71 的导线或插头短路或断路 • V71 卡死 • V71 损坏	• 在"读取测量数据块"中检测 V71 • 按电路图检修导线或插头 • 执行元件诊断 03 • 更换 V71，并且执行功能 04 进行基本设定
01296	中央通风温度传感器 G191 断路/对正极短路 对地短路	• 没有安装中央通风温度传感器 G191 • 空调控制单元 J255 编码错误	• 依次执行下面功能： 07—控制单元编码 04—基本设定
01297	脚坑通风温度传感器 G192 断路/对正极短路 对地短路	• 到脚坑通风温度传感器 G192 的导线或插头对正极短路或断路 • 到脚坑通风温度传感器 G192 的导线或插头对地短路 • G192 损坏	• 用"读取测量数据块"功能检测 G192 • 按电路图检修导线或插头 • 更换 G192
65535	空调控制单元 J255	• 到空调控制单元 J255 的导线或插头故障 • 空调控制单元 J255 损坏	• 按电路图检修导线或插头 • 用"读取测量数据块"功能检测 J255 • 更换 J255 之后，依次选择以下功能： 07—控制单元编码 04—基本设定

注：

① 故障码 00281 此故障件为速度表传感器 G22 而不是车速传感器 G68。此故障在驾驶时，循环 5 次，关闭点火开关，启动发动机后 4 min 内无车速信号被检测到时，才会被识别出来，该信息将会被附加显示到相关部件的显示信息中。如果环境温度低于 12℃或 G17 和 G89 不正常时，该故障不能被识别。压力开关是一个三向开关，200 kPa/3 200 kPa 开关部分可被检测，1 600 kPa 开关部分不能被检测。此故障在基本设定 04、执行元件诊断 03 和正常操作中都可被识别出来，必须到达两个止点。

② 故障码 00787 表示"临时故障信号"来自组合仪表，当停车后（关闭点火开关）2 h 内重新启动，控制单元用该信号替代环境温度传感器值和关闭点火开关时的进气温度传感器 G89 的值，否则，G89 值将会因发动机停止工作向外辐射热量而受到干扰。临时故障信号仅在启动后出现。

任务四　奥迪 A6 故障自诊断系统

（一）实施目的及要求

（1）通过该任务的实施，应能够利用奥迪 A6 故障自诊断系统对其空调系统进行操作、保养、故障诊断与排除，并理解其工作原理。

（2）该项目应具备完成项目的车辆和该车辆的电路图等资料。

（3）实训设备及仪器：VAS6150、V.A.G1551/V.A.G1552、VAS5051/VAS5052 等诊断仪。

（二）实施步骤

使用故障阅读器 V.A.G1551、V.A.G1552、VAS5051 汽车诊断仪能方便地诊断出控制系统的故障。自诊断接头位置如图 2-69 所示。

自诊断不仅能存储、查询故障及执行元件诊断，还能用于基本设定、控制单元识别及编码。在进行自诊断时应保证以下几点。

① 所有熔断丝均正常。

② 蓄电池电压正常。

③ 打开点火开关或发动机正在运转（转速低于 3 000 r/min）。

④ 进行自诊断时，空调装置应处于工作状态，不可关闭；自诊断开始后，空调控制不能中断，但选择下述功能后，空调关闭。

V.A.G 1551/3

图 2-69　自诊断接头位置

（a）执行元件诊断。

（b）基本设定。

如选择其他功能，空调装置可以工作。

仪器接通后，在"快速数据传递"模式下，输入地址码 08，选择"空调/暖风电器"控制系统，用"Q"键确认后便自动显示控制单元信息，具体信息如下。

4B0 820 043 H A6 Klimavollautomat　　DXX	
Codierung　XXXX	WSC ZZZZ

4B0 820 043 H A6 全自动空调　　　DXX	
编码 XXXX	上一次维修时的服务站代码

WSC ZZZZ 是上一次维修时的服务站代码；DXX 表示控制和显示单元 E87 软件版本号，与售后服务无关。按下"→"键后，故障阅读器进入"快速数据传递"下的功能选择模式。自诊断功能选择见表 2-6。

表 2-6　　　　　　　　　　　　自诊断功能选择

存 储 器	永久式存储器
数据输出	"运作方式 1"快速数据传递
自诊断	空调/暖风电子系统 "地址码 08"
查询控制单元版本号	功能 01
查询故障存储器	功能 02
进行执行元件诊断	功能 03
基本设定	功能 04
消除故障存储器	功能 05
结束输出	功能 06
控制单元编码	功能 07
读取测量数据块	功能 08

1. 查询故障记忆

查询故障记忆，选择 02 功能即可使显示屏显示存储的故障数量或显示"无故障"，按"→"键使存储的故障依次显示并打印出来。对于偶发故障在显示屏上显示"/SP"，故障码和闪光码（仅指个别部件）在运作方式"快速数据传递"下只出现在打印结果中。

例如，故障代码 5 位（00532），闪光码 4 位（2232）。修理后，应用 V.A.G1551 查询并清除故障。更换部件前，应检查相应的正极和搭铁连接（接线柱 15、75、30 和 31）以及所有插头（E87 与显示的故障件之间），对于偶发故障，应检查插头是否松动。故障表见表 2-7。

表 2-7 故 障 表

故障码	故障内容	故障原因	故障排除
00000	无故障	修理后出现"无故障"，则自诊断结束	
00532	供电电压 ● 信号太弱/SP	● 汽车电气系统电压低于 9.5 V ● E87 的导线有接触电阻	● 检查交流发电机和电压调节器 ● 按电路图查找并排除接触电阻
00601	中央翻板伺服电动机 V70 的电位计 G112 ● 对地短路/SP ● 断路/对正极短路/SP ● 超过自适应极限	● G112 和 E87 之间短路、断路或插头有故障 ● 中央翻板或脚坑翻板运动困难 ● V70 上电位计 G112 损坏	● 按电路图查找并排除短路、断路或插头故障 ● 检查中央翻板和脚坑翻板是否运动自如 ● 更换伺服电动机 V70
00604	通风翻板伺服电动机 V71 上电位计 G113 ● 对地短路/SP ● 断路/对正极短路/SP ● 超过自适应极限	● G113 和 E87 之间短路、断路或插头有故障 ● 通风翻板或空气再循环/新鲜空气翻板运动困难 ● V71 上电压位计 G113 损坏	● 按电路图查找并排除短路、断路或插头故障 ● 检查通风翻板或空气再循环/新鲜空气翻板是否运动自如 ● 更换伺服电动机 V71
00624	空调压缩机接通 ● 对正极短路/SP	● 发动机控制单元与 E87 之间对正极短路或插头有故障 ● 发动机控制单元有故障 ● E87 不能终止输出	● 按电路图查找并排除短路或插头故障 ● 检查发动机控制单元 ● 检查 E87 的"压缩机接通"输出
00625	车速信号 ● 不可靠信号/SP	● 车速传感器 G68、仪表板或其他与此信号相连的部件（如收录机或 GRA 控制单元）与 E87 之间导线连接松动 ● 车速表 G21 或仪表板提供了不能使用的信号，或与此信号相连的部件破坏了该信号	● 按电路图查找并排除松动处 ● 检查来自 G21 或仪表板的车速信号（与此信号线相连的所有部件）
00710	除霜翻板伺服电动机 V107 ● 卡住或无电压/SP	● V107 和 E87 之间短路、断路或插头有故障 ● 除霜翻板运动困难 ● 伺服电动机 V107 损坏	● 按电路图查找并排除短路、断路或插头故障 ● 检查除霜翻板是否运动自如 ● 检查伺服电动机 V107
00727	除霜翻板伺服电动机 V107 内电位计 G135 ● 对地短路/SP ● 断路/对正极短路/SP ● 超过自适应极限	● G135 和 E87 之间短路、断路或插头有故障 ● 除霜翻板运动困难 ● V107 上电位计 G135 损坏	● 按电路图查找并排除短路、断路或插头故障 ● 检查除霜翻板是否运动自如 ● 更换伺服电动机 V107

续表

故障码	故 障 内 容	故 障 原 因	故 障 排 除
00756	左出风口温度传感器 G150 ● 对地短路/SP ● 断路/对正极短路/SP	● G150 和 E87 之间短路或断路 ● G150 损坏	● 按电路图查找并排除短路或断路 ● 检查 G150
00757	右出风口温度传感器 G151 ● 对地短路/SP ● 断路/对正极短路/SP	● G151 和 E87 之间短路或断路 ● G151 损坏	● 按电路图查找并排除短路或断路 ● 检查 G151
00779	外部温度传感器 G17 ● 对地短路/SP ● 断路/对正极短路/SP	● G17 和 E87 之间短路或断路 ● G17 损坏	● 按电路图查找并排除短路或断路 ● 检查温度传感器 G17
00786	仪表板温度传感器 G56 ● 对地短路/SP ● 断路/对正极短路/SP	温度传感器 G56 损坏（装在 E87 内）	更换控制和显示单元 E87
00787	新鲜空气进气温度传感器 G89 对地短路/SP ● 断路/对正极短路/SP	● G89 和 E87 之间短路或断路 ● 温度传感器 G89 损坏	● 按电路图查找并排除短路或断路 ● 检查温度传感器 G89
00792	空调压力开关 F129 ● 对地短路/SP	● F129 和 E87 之间导线断路 ● 风扇 V7（1 挡）有故障 ● 冷凝器或散热器脏污 ● 通过压力开关 F129 对风扇 V7（2 挡）控制有故障 ● 空调压力开关 F129 损坏 ● 制冷管路有故障（过压或真空）	● 按电路图查找并排除断路或松动处 ● 检查风扇 V7（1 挡）的功能 ● 诊断和检测清洁冷凝器和散热器 ● 检查风扇 V7 的功能 ● 检查空调压力开关 F129
00794	仪表板内部温度传感器鼓风机 V42 ● 卡住或无电压/SP	鼓风机 V42 损坏（装在 E87）	更换控制和显示单元 E87
00797	阳光强度光敏电阻 G107 ● 对地短路/SP ● 断路/对正极短路/SP	● G107 和 E87 之间短路或断路 ● 光敏电阻 G107 损坏	● 按电路图查找并排除短路或断路 ● 更换光敏电阻 G107
01044	控制单元编码错误	未按规定给 E87 编制代码，输入了错误编码	按规定给 E87 编制代码
01087	未进行基本设定	● 基本设定过程中出现了故障或点火开关已关闭，E87 无法完成此功能 ● 更换 E87 后未进行基本设定 ● 对未编码或编码错误的 E87 进行了基本设定	● 检查控制和显示单元 E87 编码 ● 对控制和显示单元 E87 进行基本设定
01206	点火开关关闭时间间隔信号 ● 不可靠信号/SP	● 仪表板与 E87 之间短路或断路 ● 仪表板损坏	● 按电路图查找并排除短路、断路或插头故障 ● 检查仪表板信号
01272	中央翻板伺服电动机 V70 ● 卡住或无电压/SP	● V70 和 E87 之间短路、断路或插头有故障 ● 中央翻板或脚坑翻板运动困难 ● 伺服电动机 V70 损坏	● 按电路图查找并排除短路、断路或插头故障 ● 检查中央翻板或脚坑翻板是否运动自如 ● 检查伺服电动机 V70

故障码	故障内容	故障原因	故障排除
01273	新鲜空气鼓风机 V2 ● 调节差别/SP	● 鼓风机 V2、鼓风机控制单元 J126 和 E87 之间短路或断路 ● 供电或 J126 接地断路 ● 控制单元 J126 损坏 ● 新鲜空气鼓风机 V2 损坏	● 按电路图查找并排除短路或断路 ● 检查控制单元 J126 ● 更换新鲜空气鼓风机 V2
01274	通风翻板伺服电动机 V71 ● 卡住或无电压/SP	● V71 和 E87 之间短路、断路或插头有故障 ● 通风翻板或空气再循环/新鲜空气翻板运动困难 ● 伺服电动机 V71 损坏	● 按电路图查找并排除短路、断路或插头故障 ● 检查通风翻板和空气再循环/新鲜空气翻板是否运动自如 ● 检查伺服电动机 V71
01297	脚坑出风口温度传感器 G192 ● 对地短路/SP ● 断路/对正极短路/SP	● G192 和 E87 之间短路或断路 ● 温度传感器 G192 损坏	● 按电路图查找并排除短路或断路 ● 检查传感器 G192
01582	冷却液温度信号 ● 不可靠信号	● 仪表板和 E87 之间短路或断路 ● 仪表板损坏	● 按电路图查找并排除短路、断路或插头故障 ● 检查仪表板信号
01809	左侧温度翻板伺服电动机 V158 ● 卡住或无电压/SP	● V158 和 E87 之间短路、断路或插头有故障 ● 温度翻板运动困难 ● 伺服电动机 V158 损坏	● 按电路图查找并排除短路、断路或插头故障 ● 检查温度翻板是否运动自如 ● 检查伺服电动机 V158
01810	右侧温度翻板伺服电动机 V159 ● 卡住或无电压/SP	● V159 和 E87 之间短路、断路或插头有故障 ● 温度翻板运动困难 ● 伺服电动机 V159 损坏	● 按电路图查找并排除短路、断路或插头故障 ● 检查温度翻板是否运动自如 ● 检查伺服电动机 V159
01841	左侧温度翻板伺服电动机 V158 内电位计 G220 ● 对地短路/SP ● 断路/对正极短路/SP ● 超过自适应极限	● G220 和 E87 之间短路、断路或插头有故障 ● 温度翻板运动困难 ● 伺服电动机 V158 上电位计 G220 损坏	● 按电路图查找并排除短路、断路或插头故障 ● 检查温度翻板是否运动自如 ● 更换伺服电动机 V158
01842	● 右侧温度翻板伺服电动机 V159 内电位计 G221 ● 对地短路/SP ● 断路/对正极短路/SP ● 超过自适应极限	● G221 和 E87 之间短路、断路或插头有故障 ● 温度翻板运动困难 ● 伺服电动机 V159 上电位计 G221 损坏	● 按电路图查找并排除短路、断路或插头故障 ● 检查温度翻板是否运动自如 ● 更换伺服电动机 V159
6535	控制单元 E87 损坏	● E87 导线（接线柱 15 或 31）断路、有接触电阻、松动 ● 控制和显示单元 E87 损坏	● 按电路图查找并排除 E87 导线故障 ● 更换控制和显示单元 E87

2. 执行元件诊断

进行执行元件诊断时，应启动发动机，接通压缩机，打开仪表板出风口，向仪表板出风口分配空气。在执行元件的诊断过程中，不能移动车辆且发动机的转速应低于 3 000 r/min。超过该转速，自诊断将中止，在诊断时，所有部件在 E87 的显示屏上显示。

接通 V.A.G1551 故障阅读器，用地址码"08"选择空调/暖风电器系统，接着选择执行元件 03 功能，按"Q"键确认输入后便进入了执行元件的诊断。按"→"键可进行下一个执行元件的诊断，按"C"键可中止执行元件的诊断。执行元件诊断见表 2-8。

表 2-8 执行元件诊断

显示屏显示	规 定 功 能	故 障 排 除
空调电磁离合器 N25	电磁离合器以 2 s 的节拍吸合,压缩机开始工作 控制和显示单元 E87 的输入以 2 s 的节拍关闭（接地）	按电路图检查电磁离合器 N25 的供电电压 修理电磁离合器 N25 按电路图检查 E87、J44 和 N25 间的导线 更换控制和显示单元 E87
新鲜空气鼓风机 V2	新鲜空气鼓风机 V2 在 0 V、3 V、6 V、9 V、12 V、15 V、0 V 时，各被启动 2 s	检查新鲜空气鼓风机是否运动自如 按电路图检查新鲜空气鼓风机控制单元 J126 的接地状况 检查控制单元 J126 更换控制和显示单元 E87
散热器风扇 V7	风扇 V7（1 挡）以 2 s 节拍接通并关闭	按电路图检查 E87 和散热器风扇继电器之间导线是否断路或对正极短路 检查散热器风扇继电器对风扇的控制功能
左侧温度翻板伺服电动机 V158	伺服电动机 V158 从一个止点运动到另一个止点（新鲜空气鼓风机在运转且仪表板出风口出风） 左出风口空气温度在改变	按电路图检查 V158 和 E87 之间导线是否断路或连接错误 检查左侧两个温度翻板是否运动自如 检查伺服电动机 V158 更换控制和显示单元 E87
右侧温度翻板伺服电动机 V159	伺服电动机 V159 从一个止点运动到另一个止点（新鲜空气鼓风机在运转且仪表板出风口出风） 右出风口空气温度在改变	按电路图检查 V159 和 E87 之间导线是否断路或连接错误 检查右侧两个温度翻板是否运动自如 检查伺服电动机 V159 更换控制和显示单元 E87
中央翻板伺服电动机 V70	伺服电动机 V70 从一个止点运动到另一个止点（新鲜空气鼓风机在运转） 空气分配在脚坑和仪表板出风口之间转化	按电路图检查 V70 和 E87 之间导线是否断路或连接错误 检查中央翻板和脚坑是否运动自如 检查伺服电动机 V70 更换控制和显示单元 E87
除霜翻板伺服电动机 V107	伺服电动机 V107 从一个止点运动到另一个止点（新鲜空气鼓风机在运转） 来自挡风玻璃出风口的空气量在改变	按电路图检查 V107 和 E87 之间导线是否断路或连接错误 检查除霜翻板是否运动自如 检查伺服电动机 V107 更换控制和显示单元 E87
通风翻板伺服电动机 V71	伺服电动机 V71 从一个止点运动到另一个止点（新鲜空气鼓风机在运转） 从挡风玻璃出风口出来的空气量在改变（通风翻板），空调在新鲜空气和空气再循环之间转化(空气再循环和新鲜空气翻板)	按电路图检查 V71 和 E87 之间导线是否断路或连接错误 检查新鲜通风翻板和新鲜空气/空气再循环翻板是否运动自如 检查伺服电动机 V71 更换控制和显示单元 E87

续表

显示屏显示	规定功能	故障排除
显示区分区检测	控制和显示单元 E87 上所有显示区以 3 s 节拍打开和关闭	更换控制和显示单元 E87
外部温度指示 G106（在自检系统内）	外部温度显示（在自检系统内）从 45℃开始一直向上，每步约 3 s	按电路检查自检系统和 E87 是否断路或短路 按电路检查 G106 和搭铁连接是否断路 检查自检系统 更换控制和显示单元 E87
怠速调节	控制和显示单元的输出以 5 s 节拍从 0 V 变到 12 V	

3. 基本设定

连接 V.A.G1551 输入地址码 08 "空调/暖风电器"，然后进行功能选择，输入 04 键，按 "Q" 键确认。当显示屏要求输入显示组号时，输入显示组号 01 或 001（根据故障阅读器软件版本号），按 "Q" 键确认，空调系统的伺服电动机一个一个被启动。空调系统的伺服电动机有左侧温度翻板伺服电动机 V158、右侧温度翻板伺服电动机 V159、通风翻板伺服电动机 V71、中央翻板伺服电动机 V70、除霜翻板伺服电动机 V107。

4. 读取测量数据块

（1）检测方法如下所述。

① 启动发动机。

② 将控制和显示单元 E87 设置到 "AUTO" 状态（压缩机接通）。

③ 使新鲜空气鼓风机高速运转 1 min（以调整伺服电动机）。

④ 连接 V.A.G1551，输入地址码 08 "空调/暖风电器"，然后进行功能选择，输入 08 读取测量数据块，按 "Q" 键确认，显示屏要求输入显示组号，输入显示组号后，按 "Q" 键确认。选择另一显示组时，按 "C" 键。按 "3" 键可切换到下一个显示组，按 "1" 键可切换到前一个显示组。如果显示区达到规定值，按 "→" 键可回到功能选择。

⑤ 在自诊断过程（读取测量数据块）中，空调调节功能处于接通状态并显示当前测量值。在自诊断时，伺服电动机和翻板的位置可通过控制单元的按钮来改变，故障阅读器显示屏上显示实际值和规定值。

（2）显示一览表。各显示组显示区的含义见表 2-9。

表 2-9 各显示组显示区的含义

显示组号	显示区	内容
01	1	压缩机关闭条件
	2	电磁离合器 N25 的电压
	3	接线柱 15 的电压
	4	点火开关关闭时间间隔信号（停车时间）
02	1~4	左侧温度翻板伺服电动机 V158
03	1~4	右侧温度翻板伺服电动机 V159
04	1~4	中央翻板伺服电动机 V70
05	1~4	除霜翻板伺服电动机 V107

续表

显 示 组 号	显 示 区	内　　容
06	1～4	通风翻板伺服电动机 V71
07	1	计算出的外部温度（用于仪表板内部外部温度指示器 G106）
	2	新鲜空气进气管温度传感器 G89
	3	外部温度传感器 G17
	4	冷却液温度（由 E87 计算出来的值）
08	1	左出风口温度传感器 G150
	2	右出风口温度传感器 G151
	3	脚坑出风口温度传感器 G192
	4	仪表板温度传感器 G56
09	1	新鲜空气鼓风机 V2 上规定电压
	2	新鲜空气鼓风机 V2 上实际电压
	3	E87 上各显示元件的照明电压
	4	E87 的开关照明电压（接线柱 58S）
10	1	发动机转速
	2	车速
	3	停车加热
	4	辅助加热器开/关
11	1	冷却液温度（来自仪表板的信号）
	2	压缩机接合
	3	空调压力开关 F129
	4	备件号中索引号为 P、Q、R、S 的控制和显示单元未使用
		备件号中索引号为 H、J、K、L 以及 T 以上的控制和显示单元点火钥匙匹配
12	1	阳光强度光敏电阻 G107（左侧）
	2	阳光强度光敏电阻 G107（右侧）
	3	未使用
	4	未使用
13	1～4	备件号中索引号为 H、J、K、L 以及 T 以上的控制和显示单元压缩机关闭的 4 个条件，作用时间超过 20 s

显示组 01 各显示区的含义见表 2-10。

表 2-10　　　　　　　　　　　　显示组 01 各显示区的含义

显示区	显示内容的含义		
1	代码	压缩机关闭条件	
	0	压缩机接通 未识别关闭条件	
	1	压缩机关闭 压力开关 F129（触点 1 和触点 2 之间）打开（过压或导线连接松动）	
	2	未使用	

显示区		显示内容的含义
1	3	压缩机关闭 压力开关 F129（触点 1 和触点 2 之间）打开（真空或制冷剂环路空或导线断路）
	4	未使用
	5	压缩机关闭 发动机转速低于 300 r/min 未识别出发动机转速信号 仪表板、发动机控制单元和 E87 之间导线断路（插头 A，插口 2） 发动机控制单元或仪表板提供不能使用的发动机转速信号（检查转速信号）
	6	压缩机关闭 用"ECON"按钮关闭了压缩机 接通压缩机（按"AUTO"键）
	7	压缩机关闭 用 E87 的"OFF"按钮关闭了压缩机 接通压缩机（按"AUTO"键）
1	8	压缩机关闭 测得的外部温度低于 2℃（将车放到热屋内检查） 温度传感器 G17 或 G89 发送错误值
	9	未使用
	10	压缩机关闭 电磁离合器 N25 供电电压低于 9.5 V
	11	压缩机关闭 发动机温度过高 仪表板收到的发动机温度过高，已将输出接地，检查仪表板与 E87 之间导线是否对地短路
	12	压缩机关闭 空调压缩机接合 发动机控制单元已关闭了压缩机
	13	压缩机关闭 转速高于 6 000 r/min，压缩机接通延迟约 10 s
	14	压缩机关闭 压力开关 F129（触点 1 和触点 2 之间开关）在车行驶过程中接通了 30 次 F129 和 E87 之间导线连接松动 开关 F129 或制冷剂路有故障
2		电磁离合器 N25 电压 如果发动机运转且电磁离合器 N25 接通时，显示值低于 12 V，按电路图检查 E87 导线
3		接线柱 15 电压 如果发动机运转时，显示值低于 12 V，按电路图检查 E87 导线
4		点火开关关闭时间间隔 显示值在 00：00～04：00

如果满足压缩机关闭条件 1、8、11 和 12 中的任何一个，在执行元件诊断过程中，电磁离合器 N25 不工作。

如果压缩机关闭条件 5 与另一个压缩机关闭条件一同出现，则不必考虑关闭条件 5。

如果几个压缩机关闭条件同时存在（显示区 1），那么这些关闭条件或是交替显示，或由控制和显示单元 E87 决定先显示哪个。

如果压力开关 F129 打开，则先显示压缩机关闭条件 1（过压）并且压缩机关闭。如果压力开关打开超过 30 s，系统将切换到关闭条件 3（真空，制冷环路空）。

显示组 02 各显示区的含义见表 2-11（左侧温度翻板伺服电动机 V158）。

表 2-11　　　　　　　　　　　　显示组 02 各显示区的含义

显　示　区	显示内容的含义
1	电位计 G220（在伺服电动机 V158）的实际反馈值 显示值大于 5 且小于 250 与规定反馈值最大允许偏差 3 个单位（只在 50 ~ 200）
2	电位计 G220 规定反馈值（由 E87 计算出） 显示范围 5 ~ 250
3	当伺服电动机在"加热止点"位置时，在基本设定过程中确定并存储入 E87 中的 G220 值（温度翻板将空气直接引到热交换器） 显示值大于 5 且小于 50
4	当伺服电动机在"制冷止点"位置时，在基本设定过程中确定并存储入 E87 中的 G220 值（温度翻板将空气从热交换器引开） 显示值大于 200 且小于 250

显示组 03 各显示区的含义见表 2-12（右侧温度翻板伺服电动机 V159）。

表 2-12　　　　　　　　　　　　显示组 03 各显示区的含义

显　示　区	显示内容的含义
1	电位计 G221（在伺服电动机 V159）的实际反馈值 显示值大于 5 且小于 250 与规定反馈值最大允许偏差 3 个单位（只在 50 ~ 200 之间）
2	电位计 G221 规定反馈值（由 E87 计算出） 显示范围 5 ~ 250
3	当伺服电动机在"加热止点"位置时，在基本设定过程中确定并存储入 E87 中的 G221 值（温度翻板将空气直接引到热交换器） 显示值大于 5 且小于 50
4	当伺服电动机在"制冷止点"位置时，在基本设定过程中确定并存储入 E87 中的 G221 值（温度翻板将空气从热交换器引开） 显示值大于 200 且小于 250

显示组 04 各显示区的含义见表 2-13（中央翻板伺服电动机 V70）。

表 2-13　　　　　　　　　　　　显示组 04 各显示区的含义

显　示　区	显示内容的含义
1	电位计 G112（在伺服电动机 V70）的实际反馈值 显示值大于 5 且小于 250 与规定反馈值最大允许偏差 3 个单位（只在 50 ~ 200 之间）

续表

显 示 区	显示内容的含义
2	电位计 G112 规定反馈值（由 E87 计算出） 显示范围 5～250
3	当伺服电动机在"下止点"位置时，在基本设定过程中确定并存储入 E87 中的 G112 值（温度翻板将空气直接引到热交换器） 显示值大于 5 且小于 50
4	当伺服电动机在"上止点"位置时，在基本设定过程中确定并存储入 E87 中的 G112 值（温度翻板将空气从热交换器引开） 显示值大于 200 且小于 250

显示组 05 各显示区的含义见表 2-14（除霜翻板伺服电动机 Vl07）。

表 2-14　　　　　　　　　　　　　显示组 05 各显示区的含义

显 示 区	显示内容的含义
1	电位计 G135（在伺服电动机 V107）的实际反馈值 显示值大于 5 且小于 250 与规定反馈值最大允许偏差 3 个单位（只在 50～200 之间）
2	电位计 G135 规定反馈值（由 E87 计算出） 显示范围 5～250
3	当伺服电动机在"下止点"位置时，在基本设定过程中确定并存储入 E87 中的 G135 值（除霜翻板关闭） 显示值大于 5 且小于 50
4	当伺服电动机在"上止点"位置时，在基本设定过程中确定并存储入 E87 中的 G135 值（除霜翻板打开，空气从除霜喷嘴流向挡风玻璃） 显示值大于 200 且小于 250

显示组 06 各显示区的含义见表 2-15（通风翻板伺服电动机 V71）。

表 2-15　　　　　　　　　　　　　显示组 06 各显示区的含义

显 示 区	显示内容的含义
1	电位计 G113（在伺服电动机 V71）的实际反馈值 显示值大于 5 且小于 250 与规定反馈值最大允许偏差 3 个单位（只在 50～200 之间）
2	电位计 G113 规定反馈值（由 E87 计算出） 显示范围 5～250
3	当伺服电动机在"下止点"位置时，在基本设定过程中确定并存储入 E87 中的 G113 值（蒸发器进气区的通风翻板关闭，空调在空气再循环状态将空气直接引到热交换器） 显示值大于 5 且小于 50
4	当伺服电动机在"上止点"位置时，在基本设定过程中确定并存储入 E87 中的 G113 值（温度翻板将空气从热交换器引开） 显示值大于 200 且小于 250

显示组 07 各显示区的含义见表 2-16（外部温度指示器 G106 的计算值，新鲜空气进气管温度传感器 G89，外部温度传感器 G17，冷却液温度计算值）。

表 2-16　　　　　　　　　　　　　显示组 07 各显示区的含义

显 示 区	显示内容的含义
1	外部温度计算值（用于仪表板自检系统外部温度指示器 G106）
2	新鲜空气进气管温度传感器 G89 传感器测量值
3	外部温度传感器 G17 传感器测量值
4	E87 计算出的冷却液温度（控制新鲜空气鼓风机转速的辅助值）

关于显示区 1、2 和 3 的说明如下：

显示区 1 显示的是两个测得的外部温度值中较低的一个，关闭点火开关，该值最多可存储 4 h。如果计算出来的外部温度过低，原因可能是两个温度传感器（G17 和 G89）中的一个接触不良或导线连接不好。有故障的温度传感器的测量值由 E87 排除，E87 使用一个内部计算值来进一步调节。

关于显示区 4 的说明如下：

只有在仪表板不发送冷却液温度信号时，才用由 E87 计算出来的冷却液温度值来调节空调。E87 计算冷却液温度时，要用到很多输入信号（打开点火开关后持续的时间、发动机转速、发动机运行时间、外部温度值、停车时间）。

显示组 08 各显示区的含义见表 2-17（左出风口温度传感器 G150、右出风口温度传感器 G151、脚坑出风口温度传感器 G192、仪表板温度传感器 G56）。

表 2-17　　　　　　　　　　　　　显示组 08 各显示区的含义

显 示 区	显示内容的含义
1	左出风口温度传感器 G150 传感器测量值
2	右出风口温度传感器 G151 传感器测量值
3	脚坑出风口温度传感器 G192 传感器测量值
4	仪表板温度传感器 G56 传感器测量值

显示组 09 各显示区的含义见表 2-18（新鲜空气鼓风机 V2 上电压、接线柱 58 d 和 58 s 上电压）。

表 2-18　　　　　　　　　　　　　显示组 09 各显示区的含义

显 示 区	显示内容的含义
1	新鲜空气鼓风机 V2 规定电压值 0～12.5 V
2	新鲜空气鼓风机 V2 的实际电压 与规定电压偏差（在车上电源电压内）小于 0.7 V

续表

显 示 区	显示内容的含义
3	E87 上各显示元件的照明电压 在 5%～100%之间，决定于下列因素：仪表照明控制器 E20 的位置、接线柱 58 d、仪表板内光敏电阻规定的亮度 如果没有仪表板来的信号，显示 25%
4	控制和显示单元 E87 的开关照明电压（接线柱 58 s） 0～100%之间，决定于打开停车灯时，仪表照明控制器 E20 的位置 停车灯关闭时，显示 10%或小于 1.0 V

接线柱 58d 上的电压由仪表板产生，是一种矩形信号，E87 显示屏的亮度由其工作后持续的时间来决定。只有当 58 s 上有电压时，E87 的按钮才亮。E87 显示屏亮度也可在关闭停车灯，由照明控制器 E20 来调节。

显示组 10 各显示区的含义见表 2-19（发动机转速、车速、停车加热器和辅助加热器开/关）。

表 2-19 显示组 10 各显示区的含义

显 示 区	显示内容的含义
1	发动机转速（r/min）
2	车速（km/h） 0：打开点火开关后，无车速信号 1：打开点火开关后，至少识别出一次车速信号
3	停车加热 0：停车加热不工作 1：停车加热工作
4	辅助加热器开/关（仅指柴油发动机） 1：辅助加热器开（E87 输入接地） 0：辅助加热器关（E87 输入断开）

显示区 2 的车速超过 1 km/h 开始显示车速。

如果显示区 3 关闭点火开关后 E87 仍处于工作状态且显示"1"，按电路图并排除插头 D 上插孔 1 对正极短路处。关闭点火开关后，如有电压作用在该输入上，则 E87 开始工作，最大 6 V 即可启动新鲜空气鼓风机，空气被引向挡风玻璃。

显示组 11 各显示区的含义见表 2-20（由仪表板发送的冷却液温度、空调压缩机接合、压力开关 F129 和点火钥匙匹配）。

表 2-20 显示组 11 各显示区的含义

显 示 区	显示内容的含义
1	仪表板发送的冷却液温度℃（控制新鲜空气鼓风机转速的辅助值，冷却液温度过高） -9℃～117℃：冷却液温度在允许范围内，信号正常 -10℃：没有来自仪表板的信号 -65℃：没有来自仪表板的信号或插孔 A 的电压低于 5 V 118℃：冷却液温度过高（温度开关关闭，仪表板将输出接地，插孔 A 的电压低于 5 V）

显　示　区	显示内容的含义
2	压缩机接合 0：压缩机接合输出信号"断开" 1：压缩机接合输出信号"接通"
3	空调压力开关 F129 1：压力开关断开 0：压力开关接通
4	检查点火钥匙匹配 备件号中索引号在 G 以下（包括 G）及 P、Q、R 和 S 的控制和显示单元 显示区未使用（不考虑显示内容） 备件号中索引号为 H、J、K 或 L 以及 T 以上的控制和显示单元 0：用钥匙打开了点火开关，但该钥匙与组合仪表板不匹配，未收到来自仪表板的信息，最多可以匹配 4 把钥匙 1：用钥匙打开了点火开关，该钥匙置于组合仪表板上 1（2，3 或 4）号位置

关于显示区 1 的说明如下：

冷却液温度在约 50℃以下时，用 E87 计算出来的温度和仪表板发送的温度的平均值来调节；约 50℃以上时，只用仪表板发送的温度值调节。如果 E87 不能使用来自仪表板的信号，那么显示的冷却液温度是-10℃或 65℃且 E87 的计算值用于调节，如果显示 65℃，压缩机不能接通。在冷却液温度达到 118℃时，仪表输出搭铁，E87 将关闭电磁离合器 N25 并显示冷却液温度为118℃。

关于显示区 2 的说明如下：

接通电磁离合器 N25 时，输出也接通（电压高于 5 V），如果在电磁离合器接通的状态下电压降到 5 V 以下（发动机控制单元将输入搭铁），那么 E87 将关闭电磁离合器。

关于显示区 3 的说明如下：

如果空调压力开关 F129 断开，则压缩机关闭。

关于显示区 4 的说明如下：

打开点火开关时，点火钥匙的匹配连同冷却液温度及"发动机温度过高"信号一起由组合仪表送至 E87。只有备件号为 4B0820043 且索引号为 H、J、K 或 L 以及 T 以上的控制和显示单元才能处理钥匙的匹配。如果冷却液温度过高，则无法传递信息。打开点火开关时，E87 启动，启动状态是上次关闭点火开关时使用该钥匙所产生的有效状态（温度、空气分配、新鲜空气鼓风机转速）。

只有装备防盗器的车，其组合仪表才能识别并传递点火钥匙匹配信息。

显示组 12 各显示区的含义见表 2-21（阳光强度光敏电阻 G107）。

表 2-21　　　　　　　　　　　　　　显示组 12 各显示区的含义

显　示　区	显示内容的含义
1	阳光强度光敏电阻 G107，左侧 0～100%（相当于 4.5 V 和 0.5 V）按阳光强度变化
2	阳光强度光敏电阻 G107，右侧 0～100%（相当于 4.5 V 和 0.5 V）按阳光强度变化
3	未使用
4	未使用

将光敏电阻 G107 放到一个合适的灯泡前，其显示值会发生变化。无论照射光敏电阻 G107 的光源有多强，总显示最强光源约 90%，检查 G107 导线是否接错。

显示组 13 各显示区的含义见表 2-22（压缩机关闭的后 4 个条件）。

表 2-22　　　　　　　　　　　　　　　　显示组 13 各显示区的含义

显　示　区	显示内容的含义
1	倒数第 4 个压缩机关闭条件
2	倒数第 3 个压缩机关闭条件
3	倒数第 2 个压缩机关闭条件
4	最后 1 个压缩机关闭条件

小　结

1. 汽车空调的功能包括调节车内的温度、湿度、空气流动、过滤净化车内空气。
2. 汽车空调系统的组成：制冷系统、加热系统、通风系统、操纵控制系统、空气净化系统。
3. 制冷循环工作过程：压缩过程、冷凝过程、膨胀过程、蒸发过程。
4. 空调制冷系统由空调压缩机、冷凝器、膨胀阀（或 CCOT 阀）、蒸发器 4 大机件组成。

习　题

1. 如何使用 VAS5051、VAS6150 对宝来轿车自动空调系统进行检测？
2. 说出辅助加热器的工作原理。

项目三

电动车窗、天窗与电动后视镜的检修

一、项目要求

【知识要求】

能够描述电动车窗、天窗与电动后视镜的工作原理、构造及工作特性。

【能力要求】

（1）能够识别电动车窗、天窗与电动后视镜电路图。

（2）能够排除电动车窗、天窗与电动后视镜故障。

二、相关知识

（一）电动车窗的基本结构及电路

为了方便驾驶员和乘客，减轻他们的劳动强度，许多轿车采用了电动车窗（又称自动车窗），电动车窗利用电动机来驱动升降器（又称换向器）使车窗上下移动。

1. 电动车窗的结构

电动车窗系统主要由车窗、车窗升降器、电动机、继电器、开关等装置组成。奥迪轿车电动的车窗结构如图 3-1 所示。

有些汽车上的电动车窗由电动机直接作用于升降器，而有些则是通过驱动机构作用于升降器，从而把电动机的转动变成车窗的上下移动。

车窗升降器有两种形式：一种是用齿扇来实现换向作用，如图 3-2 所示。齿扇上连有螺旋弹簧，当车窗上升时，弹簧展开，放出能量，以减轻电动机负荷；当车窗下降时，弹簧压缩，吸收能量，从而使车窗无论上升还是下降，电动机的负荷基本相同；另一种换向器是使用柔性齿条和小齿轮，车窗连在齿条的一端，电动机带动轴端小齿轮转动，使齿条移动，以

带动车窗升降，其结构如图3-3所示。

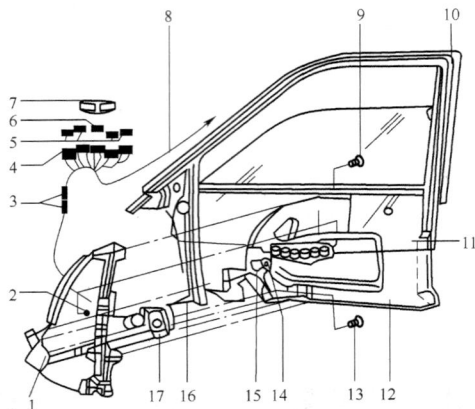

图 3-1　奥迪轿车电动车窗（驾驶员侧）

1—车窗升降器；2—垫；3—电动机插座；4—开关总成插座；5—主开关；6—主开关的断路开关；7—插座架；

8—线束；9—固定螺栓；10—车窗密封条；11—前左车窗玻璃；12—车窗附件支架；

13—固定螺栓；14—垫；15—车窗锁止夹子；16—固定螺钉；17—电动机

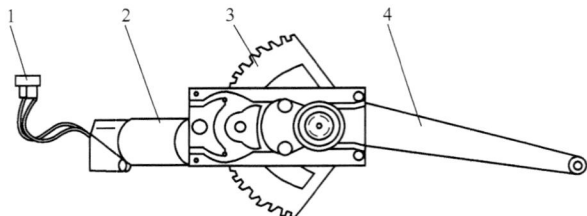

图 3-2　齿扇式电动车窗升降器

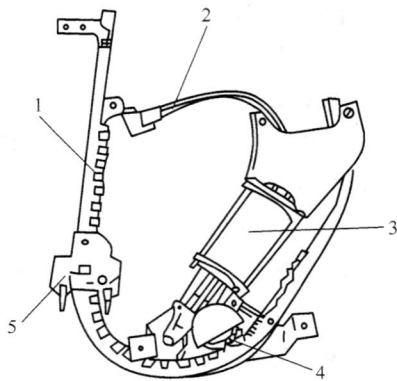

1—电缆接头；2—电动机；3—齿扇；4—推力杆

图 3-3　齿条式电动车窗升降器

1—齿条；2—电缆接头；3—电动机；4—小齿轮；5—定位架

2. 电动车窗电路识图

不同汽车所采用的电动车窗的控制电路不同，按电动机是否直接搭铁分为电动机不搭铁和电动机搭铁两种。

电动机不搭铁的控制电路是指电动机不直接搭铁，其搭铁受开关控制，通过改变电动机的电流方向来改变电动机的转向，从而实现车窗的升降。其控制电路如图3-4所示。

电动机搭铁的控制电路是指电动机一端直接搭铁，而电动机有两组磁场绕组，通过接通不同的磁场绕组，使电动机的转向不同，实现车窗的升降。其控制电路如图3-5所示。

可见，电动车窗控制电路中，一般都设有驾驶员集中控制的主控开关和每一个车窗的独立操作开关，每个车窗的独立操作开关可由乘客自己操作。但是有些汽车的主控开关备有安全开关，可以切断其他各车窗的电源，使每个车窗的操作开关都不起作用，这个开关只能由驾驶员一人操作。

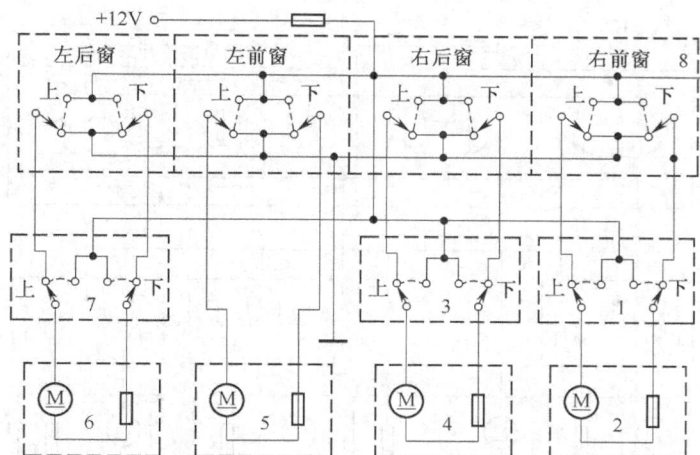

图 3-4　电动机不搭铁的电动车窗控制电路

1—右前车窗开关；2—右前车窗电动机；3—右后车窗开关；4—右后车窗电动机；5—左前车窗电动机；

6—左后车窗电动机；7—左前车窗开关；8—驾驶员主控开关组件

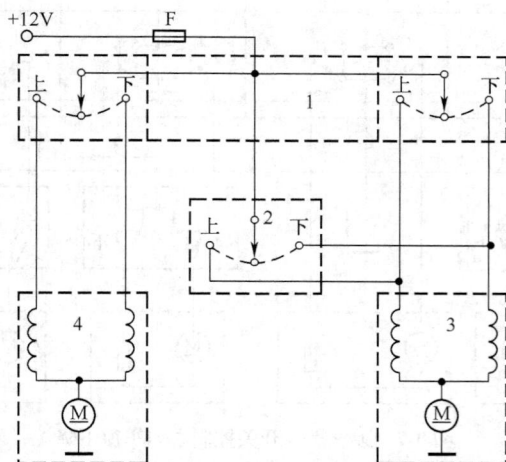

图 3-5　电动机搭铁的电动车窗控制电路

1—驾驶员主控开关组件；2—右前车窗开关；3—右前车窗电动机；4—左前车窗电动

　　电动机不搭铁的控制方式，因为开关既控制电动机的电源线，又控制电动机的搭铁线，所以开关结构和线路比较复杂。但是电动机结构简单，应用比较广泛。

　　图 3-6 和图 3-7 所示为以电动机不搭铁电动车窗系统为例，驾驶员和乘客分别操作使右前车窗下降时的电流方向。驾驶员操作的主控开关中的右前车窗开关，使其在"下"的位置时，右前车窗电动机的一端通过主控开关与搭铁断开后接电源而通电转动，使右前车窗向下运动，电流方向如图 3-6 所示箭头所指。

　　乘客操作右前车窗的独立操作开关，使其在"下"的位置时，右前车窗电动机的一端通过独立操作开关与搭铁断开后接电源而通电转动，使右前车窗向下运动，电流方向如图 3-7 所示箭头所指。

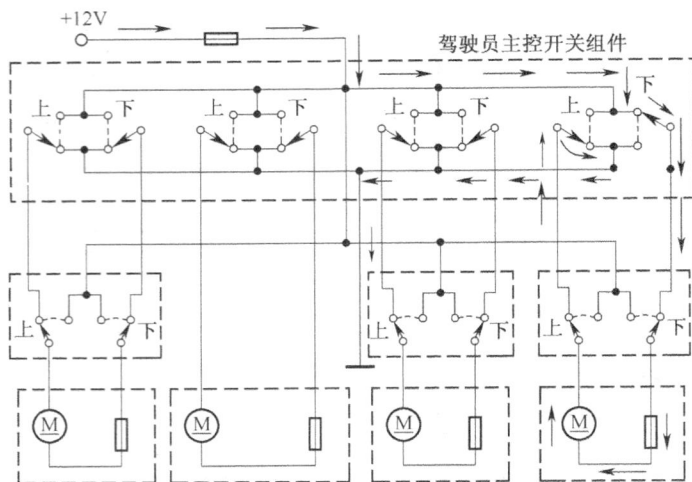

图 3-6　主控开关控制右前车窗下降

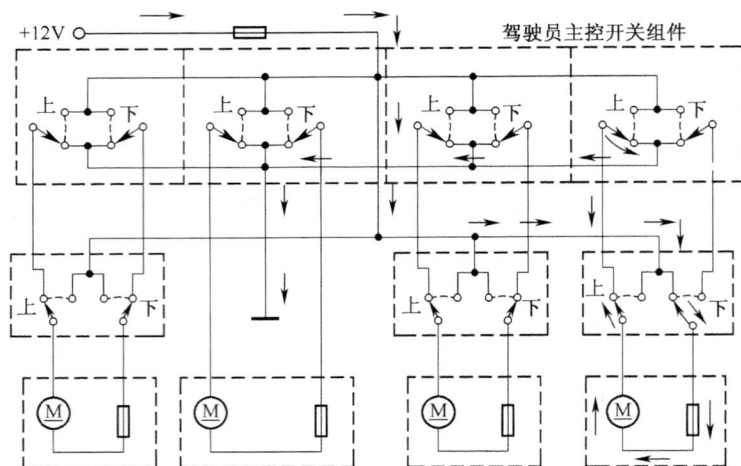

图 3-7　独立操作开关控制右前车窗下降

　　桑塔纳 2000 型轿车采用的电动车窗装置由翘板按键开关、传动机构、升降器及电动机组成，其控制电路如图 3-8 所示。按键开关 E39、E40、E41、E52 和 E53 被安置在中央通道面板上的开关盘上。其中，黄色按键开关 E39 为安全开关，可以使后车窗开关 E53 和 E55 不起作用；E40、E41、E52 和 E54 分别为左前、右前、左后和右后门玻璃升降开关；为使左后和右后门玻璃能独立的升降，在两后门上分别设置了 E53 和 E55 两个按键开关；V14、V15、V26 和 V27 分别为左前、右前和左后、右后车窗电动机，电动机为永磁直流电动机，正常工作电流为 4～15 A，电动机内带有过载断路保护器，以免电动机超载烧坏；延时继电器 J52 是保证在点火开关断开后，使车窗电路延时约 50 s 后再断开，使用方便、安全；自动继电器 J51 用于控制左前门车窗电动机，实现点动控制。

　　工作原理如下所述：

　　点火开关接通后，延时继电器 J52 与 C 路电源相通，其常开触点闭合，按键开关内的 P–通过该触点接地，而 P＋通过熔断器 S37 与 A 路电源相通，此时，按动按键开关便可使车窗电动机转动。

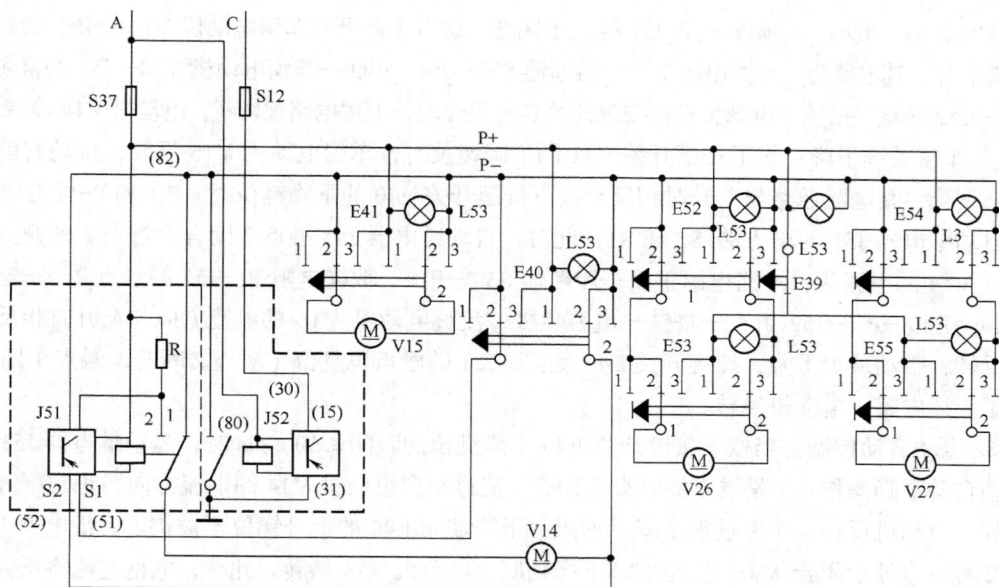

图 3-8　桑塔纳 2000 型轿车的电动车窗控制电路

（1）发动机熄火后的延时控制。关闭点火开关后，C 路电源断电，延时继电器 J52 由 A 路电源供电，延时 50 s 后，继电器触点断开，按键开关的搭铁线被切断，所有按键开关失去控制作用。

（2）后车窗电动机的控制。左后门和右后门的车窗电动机各由两个按键开关 E52、E53 和 E54、E55 控制。E52 和 E54 安装在中央通道面板上，供驾驶员控制；E53 和 E55 分别安装在两后门上，供后座乘客控制。同一后门的两个开关采用级联方式连接，当两个开关被同时按下时没有控制作用，只有当某一个开关被按下时，才有控制作用。在安全开关 E39 被按下的情况下，E39 的常闭触点断开，切断了后车门上控键开关 E53 和 E55 的电源，使其失去了对各自车窗电动机的控制。因而，可以起到保护儿童安全的作用。

① 车窗玻璃上升：在安全开关 E39 没有被按下的情况下，按下 E52（E54）的上升键位，车窗电动机 V26（V27）正转，带动左后（右后）车门玻璃上升。其电路为：A 路电源正极→熔断器 S37→P＋→E52（E54）→E53（E55）→左后（右后）门窗电动机 V26（V27）→E53（E55）→E52（E54）→P—→J52 触点→接地→电源负极；如果按下左后（右后）车门上 E53（E55）的上升键位，车窗电动机 V26（V27）同样可带动车门玻璃上升，此时其电路为：A 路电源正极→熔断器 S37→ P＋→E39→E53（E55）→左后（右后）门车窗电动机 V26（V27）→E53（E55）→E52（E54）→P—→J52 触点→搭铁→电源负极。

② 车窗玻璃下降：在安全按键开关 E39 没有被按下的情况下，按下 E52（E54）或 E53（E55）的下降位，车窗电动机 V26（V27）电枢电流的方向与车窗玻璃上升时情况相反，电动机反转，带动左后（右后）车门玻璃下降。

（3）前车窗电动机的控制。右前门车窗电动机 V15 由按键开关 E41 控制，而左前门车窗电动机 V14 由按键开关 E40 和自动继电器 J51 控制，且具有点动自动控制功能。

① 车窗玻璃上升：按下按键开关 E41 的上升键位时，车窗电动机正转，带动右前门车窗玻璃上升，其电路为：A 路电源正极→熔断器 S37→P＋→E41→车窗电机 V15→E41→P—→J52 触点→搭铁→电源负极；按下按键开关 E40 的上升键位时，P＋和 P—经 E40 分别接至自动继电器 J51 的输

入端 S2 和 S1，此时，自动继电器 J51 触点 1 闭合，触点 2 断开，车窗电动机 V14 正转，带动左前门玻璃上升，其电路为：A 路电源正极→熔断器 S37→P＋→E40→车窗电动机 V14→J51 的常闭触点 1→P—→J52 触点→搭铁→电源负极；按键开关 E40 复位时，上述电路被切断，电动机 V14 停转。

② 车窗玻璃下降：按下按键开关 E41 的下降键位时，车窗电动机 V15 反转，带动右前门车窗玻璃下降，其电流通路与上升时相反。按下按键开关 E40 的下降键位时，P＋和 P—经 E40 分别接至自动继电器 J51 的输入端 S2 和 S1，此时，自动继电器 J51 触点 2 闭合，触点 1 断开。车窗电动机 V14 的电路为：A 路电源正极→熔断器 S37→P＋→取样电阻 R→J51 的触点 2→车窗电动机 V14→E40→P—→J52 触点→搭铁→电源负极，流过电动机 V14 的电流方向与上升时相反，电动机反转，带动玻璃下降；按键开关 E40 复位，J51 的触点也复位（触点 2 断开，触点 1 闭合），切断了上述电路，电动机停转。

③ 点动自动控制：当按下按键开关 E40 下降键位的时间≤300 ms 时，自动继电器 J51 判断为点动自动下降操作，于是继电器触点 2 闭合。流过车窗电动机 V14 的电流方向与正常下降操作时相同，电动机反转，车窗玻璃下降；如果在下降期间 E40 的上升键位不被按下，继电器 J51 的触点 2 将一直处于闭合状态，直至玻璃下降到底，电动机 V14 堵转，此时，电枢电流将增大，当电流增至约 9 A 时，取样电阻 R 上的电压使继电器 J51 动作，触点 2 断开，自动切断车窗电动机的通电回路，电动机停转；如果在下降期间，按下 E40 的上升键位，继电器 J51 将判断为下降操作结束，触点 2 断开，车窗电动机 V14 停转。这样，通过对按键开关 E40 进行点动控制就可以使左前车窗玻璃停止在任意位置。

（二）电动天窗

1. 电动车窗的作用

汽车的天窗有 100 多年的历史，已成为汽车文化的一部分。近几年，我国不少汽车厂也开始生产带天窗的轿车，如上海通用的赛欧和别克、一汽-大众的宝来和奥迪、上海-大众的帕萨特、广州本田的雅阁、北京现代的索纳塔等都有了"天窗版"。

在满足功能性、安全性的基础上，人们希望汽车能带给他们心理上的满足，安装汽车天窗能够提升汽车内部环境的舒适性和个性；天窗的特别结构，能使混浊的空气迅速被排出车外，同时又能阻挡车外灰尘的进入；新鲜的空气从天窗进入车厢没有摇下侧窗换气产生的风噪；天窗辅助调节温度，减少空调使用时间，节省油耗；天窗还能使车厢内光线明亮，亲近自然。

汽车制造厂出于成本的考虑，80%的原厂车是不带天窗的，而且原厂配套天窗的车型价格较高，现在越来越多的车主选择加装天窗。

汽车天窗按驱动方式的不同可分为手动式和电动式，按开启方向的不同可分为内藏、外倾式和敞篷式等。手动天窗主要有外倾式和敞篷式，此类天窗结构比较简单，价格也较便宜，且便于安装；电动天窗主要有内藏式、外倾式，此类天窗档次较高，价格较贵，安装时由于要布线，安装难度较大。

一般来说，外倾式的手动天窗多用于经济型轿车，而内藏式的电动天窗则多用于商务车或高档车。外倾式天窗在开启后向车顶的外后方升起，分电动和手动两种形式，具有防夹功能和自动关闭功能，配有可拆式遮阳板，此类天窗主要安装在中小型轿车上。内藏式天窗在开启后可以保持不同的弧度，具有防夹功能和自动关闭功能，配有独立的内藏式太阳挡板，此类天窗多用于大中型轿车上。敞篷式天窗在开启后天窗完全打开，使用高品质的特殊材料组合而成，具有防紫外线、隔热的效果，此款天窗非常前卫，适合年轻人口味。相对于前两款天窗，敞篷式天窗的密闭、防尘效果要略差一些。

汽车天窗有如下作用。

（1）通风换气。换气是汽车加装天窗最主要的目的。没有天窗的汽车，遇到车内空气污浊，如废气、吸烟、夏季车内霉变等，通常只能打开侧窗给车内换气，这种方法不仅使乘客感到不舒服，同时效果也不理想，而且车外污浊的空气和噪声也会进入车内。但带天窗的汽车则方便多了，汽车天窗改变了用侧窗换气的方法。天窗利用负压换气的原理，依靠汽车在行驶时气流在车顶快速流动形成负压，将车内污浊的空气抽出。由于不是直接进风，而是以将污浊的空气抽出以及新鲜空气从进气口补充的方式进行通风换气，车内气流极其柔和，没有风直接刮在身上的不适感觉，也不会有尘土卷入。

（2）节能。夏日里汽车在阳光下暴晒，车内温度可高达60℃，这时打开天窗比开空调降温速度快2～3倍，亦可节约能耗30%左右。

（3）除雾。春夏两季雨水多、湿度大，前挡风玻璃常有雾气，车内空气也容易污浊，这时打开天窗至后翘通风位置，顷刻间雾气消失，空气清新，又无雨水进入车内，给开车增加了舒适与安全。

（4）开阔视野。天窗可以使我们的视野开阔，并且能够亲近自然和沐浴阳光，驱除被封在车厢内的压抑感。当独自长时间驾车在高速公路上行驶时，风噪声会使人心烦意乱，侧窗风吹在身上也不太舒服，这时可以打开天窗享受一下自然，并免受噪声的干扰。

（5）提升汽车的档次。一般来说，进口高档汽车上基本都配有天窗。装一个自己喜欢的天窗，能一下子使汽车的档次随之提升不少。另外，天窗除了作为一个很好的换气设备外，还可以使汽车变得更美观、更舒适。

2. 电动天窗的结构

电动天窗是最受车主欢迎的汽车天窗，现以电动天窗为例说明天窗的基本结构。电动天窗主要由滑动机构、驱动机构、开关和控制系统等组成，如图3-9所示。

（1）滑动机构。电动天窗滑动机构主要由导向块、导向销、连杆、托架和前、后枕座等组成。

（2）驱动机构。电动天窗驱动机构主要由电动机、传动机构和滑动螺杆等组成。

（3）电动机。电动机通过传动装置为天窗的开闭提供动力。电动机能双向转动，即通过改变电流的方向来改变电动机的旋转方向，实现天窗的开闭。

电动天窗结构图

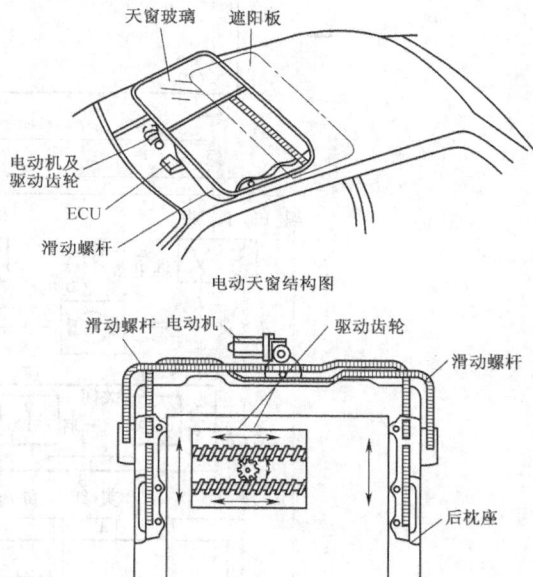

图3-9 电动天窗组成

（4）传动机构。传动机构主要由蜗轮蜗杆传动机构、中间齿轮（主动中间齿轮、过渡中间齿轮）传动机构和驱动齿轮等组成。齿轮传动机构接受电动机的动力，改变旋转方向，并在减速增矩后将动力传给滑动螺杆，使天窗实现开闭，同时又将动力传给凸轮，使凸轮顶动限位开关进行开闭。主动中间齿轮与蜗轮固装在同一轴上，并与蜗轮同步转动。过渡中间齿轮与驱动齿轮固装在同一输出轴上，被主动中间齿轮驱动，使驱动齿轮带动玻璃开闭。

（5）开关。电动天窗的开关由控制开关和限位开关组成。

① 控制开关。控制开关主要包括滑动开关和斜升开关。滑动开关有滑动打开、滑动关闭和断开（中间位置）3个挡位。斜升开关也是有斜升、斜降和断开（中间位置）3个挡位。通过操

作这些开关令天窗驱动机构的电动机实现正反转，使天窗实现不同状态。

② 限位开关。限位开关主要用来检测天窗所处的位置，犹如一个行程开关。限位开关是靠凸轮转动来实现断开和闭合的，凸轮安装在驱动机构的动力输出端。当电动机将动力输出时，通过驱动齿轮和滑动螺杆减速以后带动凸轮转动，于是凸轮周缘的突起部位顶动限位开关使其开闭，以实现对天窗的自动控制。

（6）控制系统。控制系统（ECU）是一个数字控制电路，并设有定时器、蜂鸣器和继电器等，其作用是接受开关输入的信息，通过数字电路进行逻辑运算，确定继电器的动作，以控制天窗开闭。

3．电动天窗电路识图

电动天窗玻璃具有遮挡视线（避免由外向内看）和前后倾斜功能。在没有打开任何车门的情况下，将点火开关从打开位置旋至关闭位置时，电动天窗仍能工作 10 min。本田雅阁轿车的电动天窗控制电路图如图 3-10 所示。

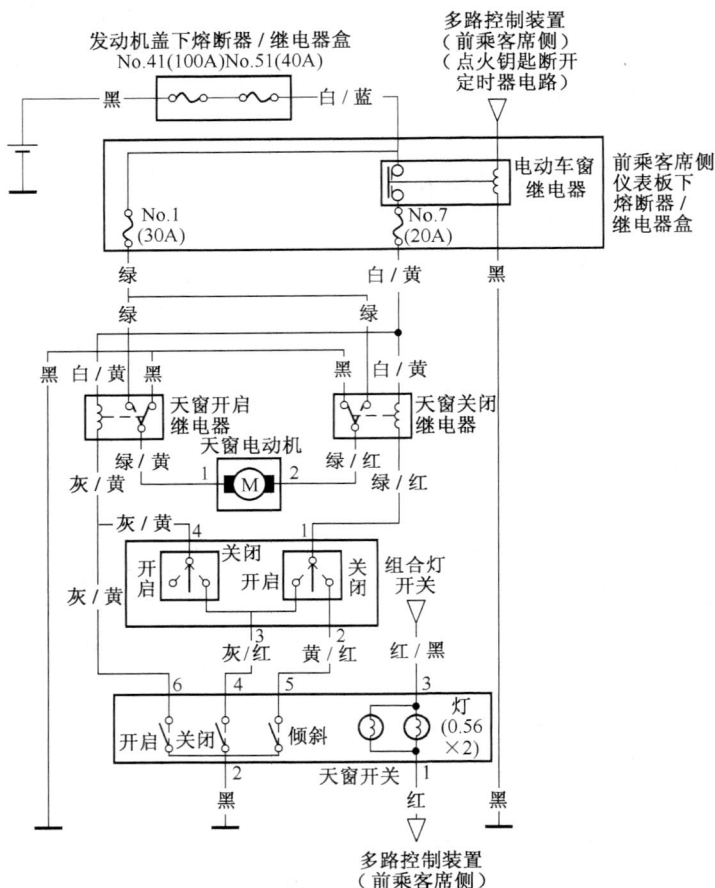

图 3-10　本田雅阁轿车电动天窗控制电路图

该天窗能开启、关闭、倾斜。以天窗开启电路为例，当打开点火开关时，电路中的电流流经蓄电池正极→多路控制装置（前乘客席侧）（点火开关断开定时器电路）→电动车窗继电器（前乘客席侧仪表板下熔断器/继电器盒）→黑线→搭铁→蓄电池负极，电动车窗继电器接通。

当电动天窗开关打到开启位置时，电路中的电流流经蓄电池正极→黑线→（发动机盖下熔断器/继电器盒）No.41（100 A）、No.51（40 A）→白/蓝线→电动车窗继电器触点→熔断丝 No.7（20 A）（前乘客席侧仪表板下熔断器/继电器盒）→白/黄线→天窗开启继电器线圈→灰/黄线→天窗开关 6 端子→天窗开关 2 端子→黑线→搭铁→蓄电池负极，天窗开启继电器接通，将触点吸到图 3-10 中的左边位置。

此时，电路中的电流流经蓄电池正极→黑线→（发动机盖下熔断器/继电器盒）No.41（100 A）、No.51（40 A）→白/蓝线→熔断丝 No.1（30 A）（前乘客席侧仪表板下熔断器/继电器盒）→绿线→天窗开启继电器触点→绿/黄线→天窗电动机 1 号端子→天窗电动机 2 号端子→绿/红线→天窗关闭继电器触点→黑线→搭铁→蓄电池负极，天窗电动机开始工作，天窗开启。

（三）电动后视镜

汽车上的后视镜位置直接关系到驾驶员能否观察到车后的情况，与行车的安全性有着密切联系。而后视镜的调整一般来说比较麻烦，采用电动后视镜，可通过开关进行调整，操作起来十分方便。

1. 电动后视镜的结构

电动后视镜的结构如图 3-11 所示。电动后视镜的背后装有两套电动机和驱动器，可操纵后视镜上下及左右转动。通常，上下方向的转动用一个电动机控制，左右方向的转动由另一个电动机控制。通过改变电动机的电流方向，即可完成后视镜的上下及左右调整。

2. 红旗轿车电动后视镜电路图

红旗轿车电动后视镜控制系统电路图如图 3-12 所示。其工作状态如图 3-13 所示。

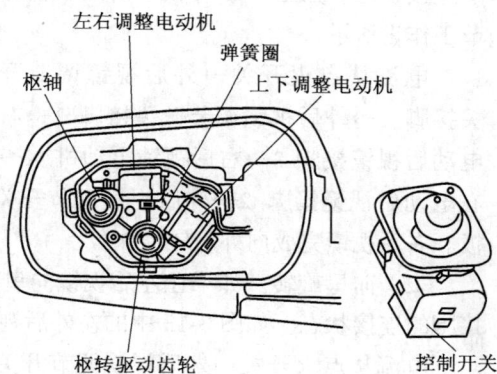

图 3-11 电动后视镜的结构

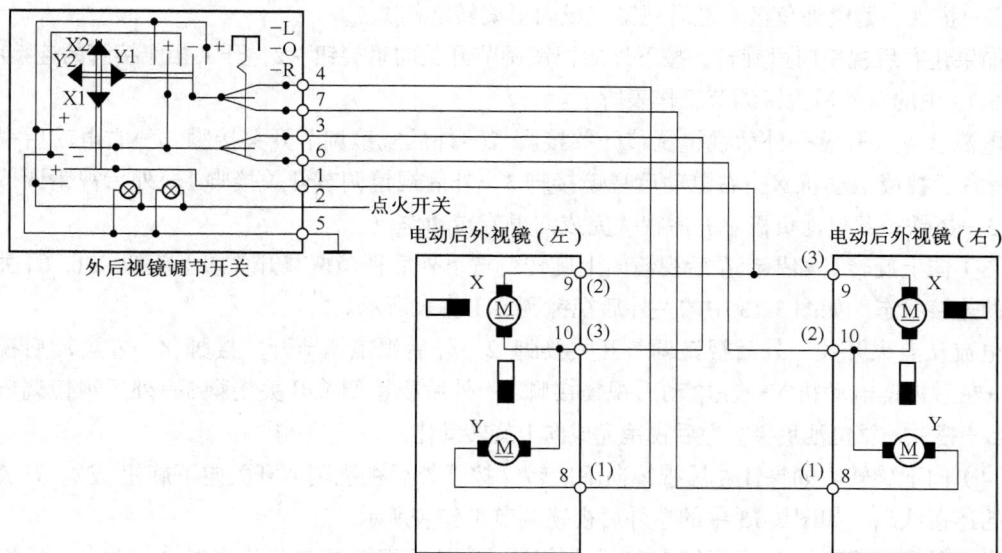

图 3-12 红旗轿车电动后视镜控制系统电路图

在进行调整时，首先通过左/右选择开关选择要调整的后视镜，如果要调整左后视镜就选择 "L"，要调整右后视镜就选择 "R"。

（1）向外旋转。如果让左后视镜向外旋转，按下外后视镜调节开关向外旋钮 X1，开关相应接脚的连接状态。如图 3-13 中的左外后视镜调节工作表所示。

电流从点火开关→外后视镜调节开关接脚 2→外后视镜调节开关接脚 1→左电动后视镜接脚 2→左后视镜电动机 X→左电动后视镜接脚 3→外后视镜调节开关接脚 3→外后视镜调节开关接脚 5→搭铁→蓄电池负极。左后视镜完成向外旋转动作。

如果让右后视镜向外旋转，按下外后视镜调节开关向外旋钮 X1，开关相应接脚的连接状态。如图 3-13 中的右外后视镜调节工作表所示。

电流从点火开关→外后视镜调节开关接脚 2→外后视镜调节开关接脚 1→右电动后视镜接脚 3→右后视镜电动机 X→右电动后视镜接脚 2→外后视镜调节开关接脚 6→外后视镜调节开关接脚 5→搭铁→蓄电池负极。右后视镜完成向外旋转动作。

左外后视镜调节工作表

电动机 X

旋转	4	3	1
外 X1	0	−	+
里 X2	0	+	−
上 Y1	+	−	0
下 Y2	−	+	0

电动机 Y

外后视镜调节开关闭合表

	左外后视镜	右外后视镜
X1	5—3 2—1	5—6 2—1
X2	2—3 5—1	2—6 5—1
Y1	5—1 3—4	5—7 6—4
Y2	2—5 3—4	2—5 6—7

右外后视镜调节工作表

电动机 X

旋转	7	6	1
外 X1	0	−	+
里 X2	0	+	−
上 Y1	+	−	0
下 Y2	−	+	0

电动机 Y

图 3-13　红旗轿车电动后视镜控制系统工作状态图

（2）向里旋转。如果让左后视镜向里旋转，按下外后视镜调节开关向里旋钮 X2，开关相应接脚的连接状态。如图 3-13 中的左外后视镜调节工作表所示。

电流从点火开关→外后视镜调节开关接脚 2→外后视镜调节开关接脚 3→左电动后视镜接脚 3→左后视镜电动机 X→左电动后视镜接脚 2→外后视镜调节开关接脚 1→外后视镜调节开关接脚 5→搭铁→蓄电池负极。左后视镜完成向里旋转动作。

如果让右后视镜向里旋转，按下外后视镜调节开关向里旋钮 X2，开关相应接脚的连接状态。如图 3-13 中的右外后视镜调节工作表所示。

电流从点火开关→外后视镜调节开关接脚 2→外后视镜调节开关接脚 6→右电动后视镜接脚 2→右后视镜电动机 X→右电动后视镜接脚 3→外后视镜调节开关接脚 1→外后视镜调节开关接脚 5→搭铁→蓄电池负极。右后视镜完成向里旋转动作。

（3）向上旋转。如果让左后视镜向上旋转，按下外后视镜调节开关向上旋钮 Y1，开关相应接脚的连接状态。如图 3-13 中的左外后视镜调节工作表所示。

电流从点火开关→外后视镜调节开关接脚 2→外后视镜调节开关接脚 4→左电动后视镜接脚 1→左后视镜电动机 Y→左电动后视镜接脚 3→外后视镜调节开关接脚 3→外后视镜调节开关接脚 5→搭铁→蓄电池负极。左后视镜完成向上旋转动作。

（4）向下旋转。如果让左后视镜向下旋转，按下外后视镜调节开关向下旋钮 Y2，开关相应接脚的连接状态。如图 3-13 中的左外后视镜调节工作表所示。

电流从点火开关→外后视镜调节开关接脚 2→外后视镜调节开关接脚 3→左电动后视镜接脚 3→左后视镜电动机 Y→左电动后视镜接脚 1→外后视镜调节开关接脚 4→外后视镜调节开关接脚 5→搭铁→蓄电池负极。左后视镜完成向下旋转动作。

3. 丰田皇冠轿车可伸缩式电动后视镜控制系统电路图

有的电动后视镜还带有伸缩功能，由伸缩开关控制电动机工作，使整个后视镜伸出或缩回。丰田皇冠轿车可伸缩式电动后视镜控制系统电路图如图 3-14 所示。

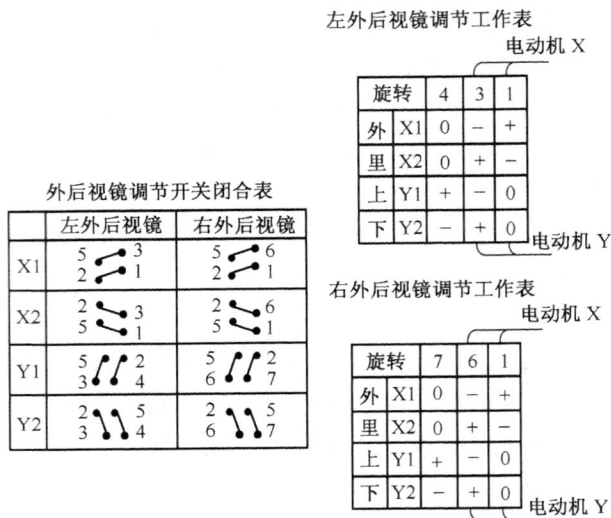

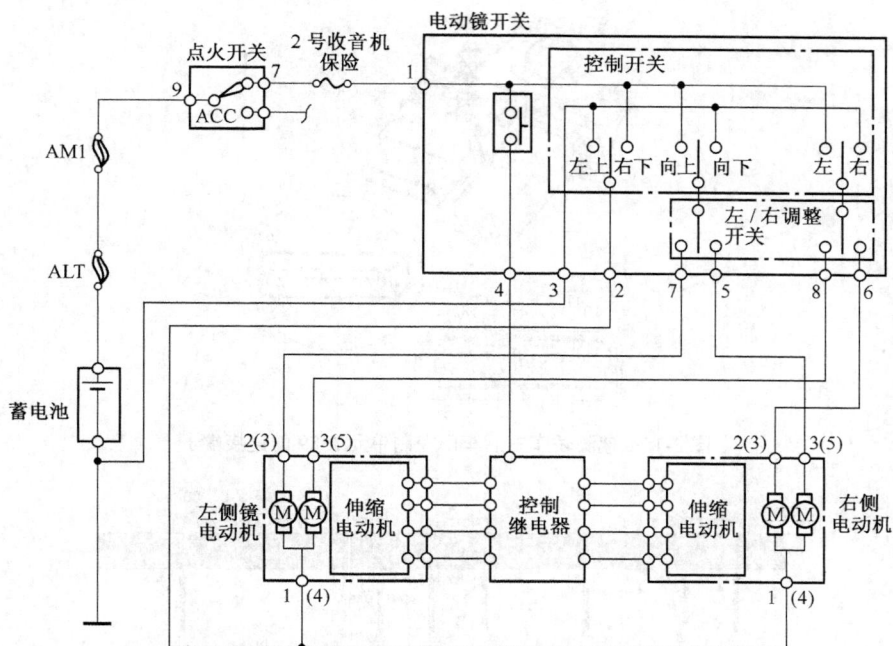

图 3-14 丰田皇冠轿车可伸缩式电动后视镜控制系统电路图

在进行调整时，首先通过左/右调整开关选择好要调的后视镜。如调整左镜时，开关打向左侧，此时开关分别与 7、8 接点接通，再通过控制开关即可进行该镜的上下或左右调整。如果要进行向上调整，可将控制开关推向上侧，此时控制开关分别与向上接点、左向上接点结合。电流流经蓄电池正极→熔断器→点火开关→控制开关向上接点→左/右调整开关→7 接点→左侧镜上下调整电动机→1 接点→电动镜开关 2 接点→控制开关左上接点→电动镜开关 3 接点→蓄电池负极，形成回路，左镜上下调整电动机运转，完成调整过程。其他调整过程与向上调整过程类似，通过接通不同的开关即可完成。

电动后视镜的伸缩是通过电动镜开关上的伸缩开关控制的，该开关控制继电器动作，使左右两镜的伸缩电动机工作，完成伸缩功能。

（四）故障案例

1. 速腾轿车经维修后，车窗不能再升降故障

（1）故障现象。更换速腾轿车门控单元错误，造成右后门车窗不能升降。

（2）故障诊断与分析。

① 对舒适系统进行诊断时，发现所有的舒适系统均与诊断仪无法通信。

② 断开蓄电池接线柱后重新接上，左前门不能控制其他车门，4 个车门门控开关仅能在几秒钟内对各自车门进行控制，之后，故障重现。

③ 断开右后门控制单元 J389 后，诊断仪与各系统（除 J389 外）能正确通信。

④ 此车是在更换右后门控单元后出现问题。此车原零件编号是 LlK5839402B，经销商仓库仅有 LlK5839402G，仓库管理员表示可以通用。安装之后，出现故障。速腾轿车车门控制单元的连接端子如图 3-15 所示。

⑤ 电路分析。此车型舒适系统 CAN、LIN 总线控制电路如图 3-16 所示。

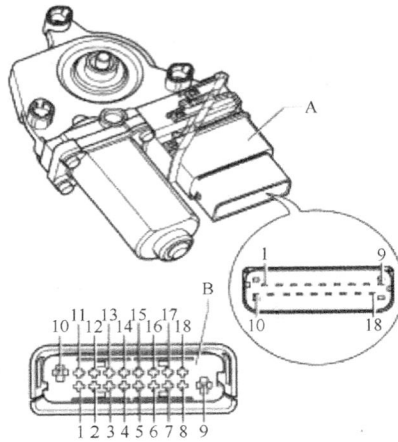

图 3-15　速腾轿车右后车门控制单元 J389 的连接端子

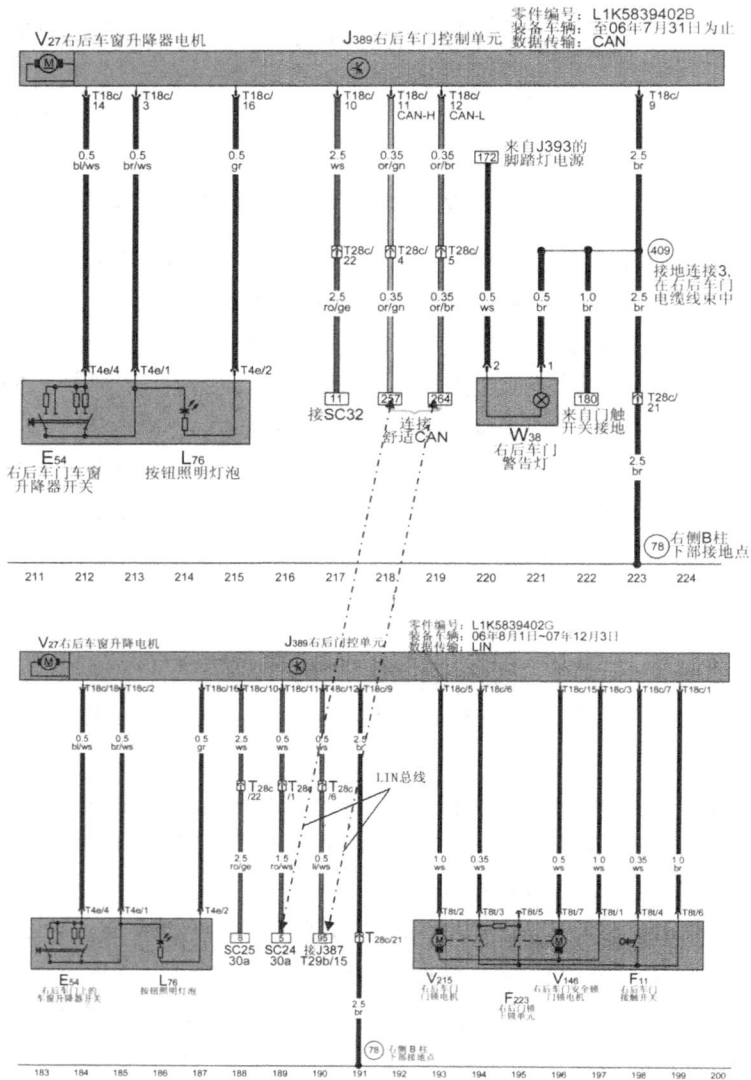

图 3-16　速腾轿车舒适系统 CAN、LIN 控制电路图

使用 VAS5051 诊断仪检测的波形图如图 3-17 所示，控制单元 J389 的信号参数见表 3-1。

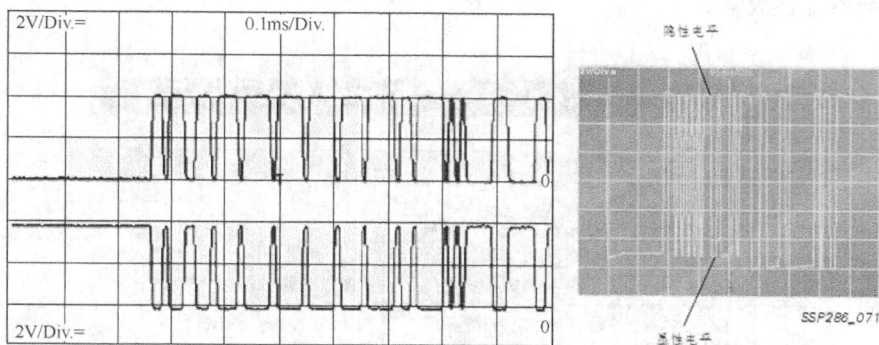

图 3-17　CAN、LIN 点线的波形图

表 3-1　　　　　　零件号 LIK5839402B、LIK5839402G 控制单元 J389 检测信号

零 件 编 号	数 据 传 输	T18c/11			T18c/12		
		功能	电压	速率	功能	电压	速率
LIK5839402B	CAN 总线	CAN-H	0 V～3.6 V	100 Kbps	CAN-L	5～1.4 V	100 Kbps
LIK5839402G	LIN 总线	30a	12 V	20　Kbps	LIN	（0-2）～（8-18）	20 Kbps

从表 3-1 所示可看出：

● 如果将 LIN 点线的控制单元装入 CAN 点线的舒适系统中。

T18c/11 的接脚 CAN-H：因为 J389 的 LIN 应得到 12 V（相当于此脚断路状态），所以 CAN-H 能正常传递信号。

T18c/12 的接脚 CAN-L：LIN 点线发出的信号与 CAN-L 信号冲突，使 CAN-L 产生错误的波形。

结果：由于 CAN-H 传递正常的波形与 CAN-L 产生异常的波形同时传输给各控制单元(包括 J533)，各控制单元无法区别哪根线是正常，哪根线异常，只能全部停止工作。

● 如果将 CAN 点线的控制单元装入 LIN 点线的舒适系统中。

T18c/11 的接脚 12V：J389 中的 CAN-H 得到 12 V 电压，不工作。

T18c/12 的接脚 LIN：J387 发出的 LIN 点线信号与 J389 发出的 CAN-L 信号冲突，不能工作。

结果：左前门门控不能控制右后门车窗，但右后门门控可控制本车窗动作。其他正常，因为右前门的 LIN 点线与右后门相连。

（3）故障排除。按实际零件编号更换右后门控单元，故障排除。

① 有故障时，使用万用表测量，CAN-H 约 1.4 V，CAN-L 约 3.8 V。
② 右后门控单元零件编码及装备车型如下所示。
　　LIKS839402B：至 06 年 7 月 31 日止，CAN 传输。
　　LIK5839402G：06 年 8 月 1 日至 07 年 12 月 3 日，LIN 传输。
　　LI K5839402L：07 年 12 月 3 日始，LIN 传输。
　　G 和 L 可以互换。

图 3-18 所示为从备件部查得的"替换零件表"，可能是 G 型号和 B 型号或者 L 型号和 B 型号互换换错导致上述故障。

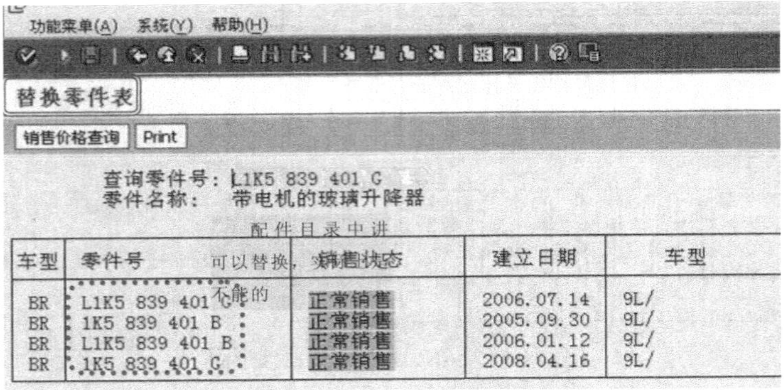

图 3-18　备件替换零件表

2. 宝来轿车电动玻璃升降及电动后视镜全部失灵

（1）故障车型。2002 款宝来 1.6 L，手动变速器，里程 1000 km。

（2）故障现象。电动玻璃升降及电动后视镜全部失灵。

（3）故障诊断与排除。接到车后，检查到 4 个车门升降器都失灵，且打开小灯按键时指示灯也不亮。首先，怀疑升降玻璃控制器的熔断器烧断，经检测，14 号熔丝正常。

拆下左前门内饰，测左前玻璃升降控制器有电源、有搭铁。更换该控制器及升降器开关后故障依旧，但发现这样一个奇怪的现象：当断开其他车门玻璃升降控制器插头及开关插头后再接上时，该车门玻璃升降开关能独立控制该升降器，但主控制开关（左前门）控制不了，且指示灯都不亮，待静止 2 min 后，故障依然存在。

既然 4 个车门可以短时间控制玻璃升降，说明 4 个车门的升降电源线路应该是正常的，那么故障是否出在各控制单元相连的记忆部分及数据线路上。利用 V.A.Gl552 进入"46"舒适系统检测，但无法进入该系统。于是更换舒适系统控制单元，该控制单元位于仪表下部，检测仍然无法进入系统。由电路图可知，各控制单元都有点线与防盗控制单元（即仪表总成）相连，于是从地址码 17 查得故障为"数据线点线对地短路"。

用万用表测左前升降器控制器插头的两根点线均搭铁，阻值均为 0.01 Ω，再测量其他 3 个车门的点线同样搭铁。于是将仪表台拆下，在副气囊前横梁上的线束中找到 4 个车门的点线接头，维修手册中是严禁断开点线的，但如果不断开各门的点线就无法测出是哪一门搭铁。仔细看点线接头，它是用压力钳压紧的，用小刀将该接点撬开，点线在此分为 5 组，每组 2 根，1 组到仪表，另 4 组分别到 4 个门控制器，每组分别检测，结果发现左后门点线搭铁。拆检左后门这条点线得知，原来在新车加装后门喇叭时（该车型两后车门喇叭是空的），点线被紧固喇叭的螺栓紧固在车门板上，造成搭铁。

将点线剥离，重新用防水胶布包扎好，把点线总接头用砂纸打磨后，再用电烙铁焊好、包扎，全部工作完毕。用 VA.Gl552 可进入"46"舒适系统，无故障码，电动玻璃及后视镜完全正常，打开开关，各指示灯都亮。至此，该故障才完全排除。

对于新车维修，一般考虑控制器或执行元件线路该不会有大问题。但对于做过装饰和加装设备的车就不同了，由于加装水平参差不齐，往往会造成一些线路故障，给维修时带来种种不便。

三、项目实施

任务一　电动车窗的故障诊断

（一）实施目的及要求

（1）通过该任务的实施，应能够对电动车窗进行操作、保养、故障诊断与排除，并理解其工作原理。

（2）该项目应具备完成项目的车辆和该车辆的电路图等资料。

（3）实训设备及仪器：带有电动车窗、天窗及电动后视镜的电器台或车辆，配备万用表。

（二）实施步骤

1. 电动车窗检修的注意事项

电动车窗是非常方便的设计，它的机械装置并不复杂，但是由于机械装置位于车门内部，所以检修时需要把内盖取下。固定内盖的隐蔽螺丝在车门把手的凹部内侧可以找到。使用齿轮、钢索的装置以臂支点和滑块部分为加油中心。内盖下面盖有防水用塑料，将其恢复原状非常重要。

车窗玻璃的污损不仅会影响外观，还会影响视野，过分脏污更影响到电动开关车窗的动作。为防止雨水流入车内，窗框上端附有橡胶带，这也是与玻璃经常接触的地方。玻璃污损后与橡胶带的摩擦增大，开关也会受到影响，因此玻璃需保持干净。

电动开关车窗的耗电量很大，慢车状态时激活的一刹那甚至会使发动机声音发生变化，所以对于电池较弱的汽车，注意不要将车窗同时开或关。

电动车窗检修和保养的注意事项如下所述。

① 电动开关车窗动作不顺畅的原因多为车门内部升降机里的油量耗尽，应取下内盖加油。

② 若是玻璃完全不能动作，则有可能是开关故障。如果是开关的故障，只能更换。

③ 如果电子装置不动作，一般检查保险丝。仔细检查哪一条保险丝是用于电动车窗的。

④ 开关的动作情况变差、车窗也不能顺利开启的时候，开关发生故障的可能性很高。

⑤ 为内部机械装置加油之前，首先取下内盖。取下隐蔽螺丝钉、拆下快动开关即可。

⑥ 取下内盖，剥开下面防水用的塑料纸，露出车窗的升降机关。

⑦ 在臂支点、齿轮的内部喷上油脂。一边上下移动，一边喷涂就可以使很细小的部分也能涂上。

⑧ 支撑玻璃两端的滑块部分也需要检查。玻璃与导热的滑动状况差时可涂上增亮剂。

⑨ 为使玻璃顺利滑动，重要的是尽量减少阻力。玻璃的污损也会成为阻力，应经常保持车窗的洁净。

2. LS400 轿车的电动车窗故障诊断

（1）所有车窗均不能升降。

① 主要故障原因：熔断器断路；连接导线断路；有关继电器、开关损坏；电动机损坏；搭铁点锈蚀、松动。

② 诊断步骤：首先检查熔断器是否断路；若熔断器良好，则应将点火开关接通，检查有关继电器和开关火线接线柱上的电位是否正常，电位为零，应检查电源线路，电位正常，则应检查搭铁线是否良好；搭铁不良时，应清洁、紧固搭铁线；若搭铁良好，应对继电器、开关和电动机进行检测。

（2）某车窗不能升降或只能向一个方向运动。

① 主要故障原因：该车窗按键开关损坏；该车窗电动机损坏；连接导线断路；安全开关故障。

② 诊断步骤：如果车窗不能升降，首先检查按键开关是否工作，该车窗的按键开关工作是否正常，再通电检查该车窗的电动机正反转是否运转稳定。若有故障，应检修或更换新件；若正常，则应检修连接导线。如果车窗只能向一个方向运动，一般是按键开关故障或部分线路断路或接错所致，可以先检查线路连接是否正常，再检修开关。

日本凌志 LS400 轿车的电动车窗控制系统线路图如图 3-19 所示。

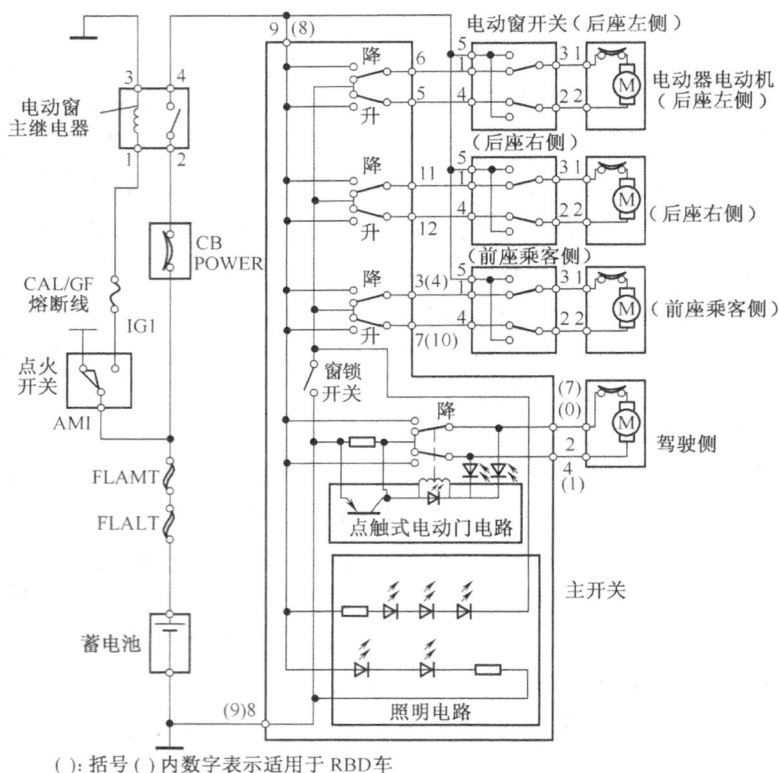

图 3-19　日本凌志 LS400 轿车电动车窗控制系统线路图

当点火开关打至点火挡时，电动车窗主继电器工作，触点闭合，给电动车窗提供了电源。如果将主开关上的窗锁开关闭合，那么所有车窗都可随时进入工作状态；若主开关上的车窗锁开关断开，则只有驾驶员侧车窗可进行工作。另外，驾驶员侧的车窗开关由点触式电路控制，驾驶员要使车窗玻璃下降时，只要点触一下下降开关，车窗玻璃就会自动下降到最低点，在下降过程中，如果要使玻璃停止在某一位置时，只要再点触一下开关即可。

任务二 捷达轿车电动车窗玻璃升降器的拆卸与更换

（一）实施目的及要求

（1）通过该任务的实施，应能够自主完成捷达轿车电动车窗玻璃升降器的拆卸与更换操作，并理解其工作原理。

（2）该项目应具备完成项目的车辆和该车辆的维修手册等资料。

（3）实训设备及仪器：带有电动车窗及电动后视镜的电器台或车辆，配备万用表。

（二）实施步骤

1. 捷达轿车电动车窗玻璃升降器的拆卸

电动玻璃升降器的构造如图 3-20 所示。

（1）电动玻璃升降器接线插头的分离与连接如图 3-21 所示。分离时抓住插头（2 孔）的两侧向后拉，将其从插头外壳中拉出。连接时只要将插头从后向里推至定位处即可。

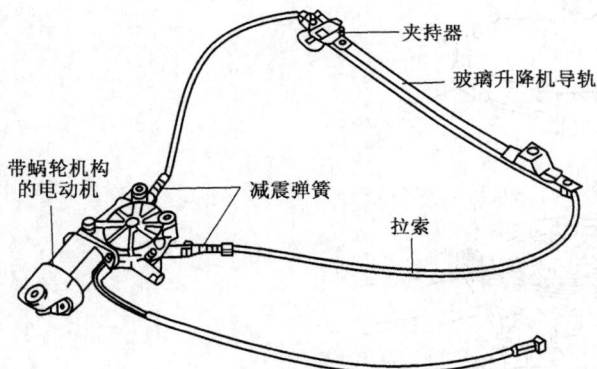

图 3-20 电动玻璃升降器的构造

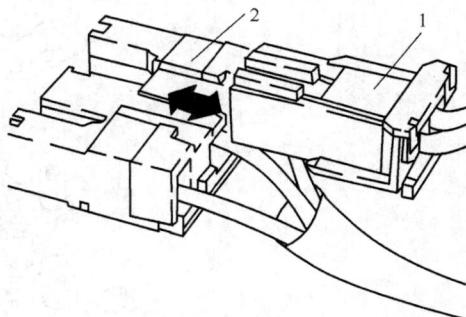

图 3-21 电动玻璃升降器接线插头的分离与连接
1—插头（2 孔）；2—插头外壳（3 孔）

（2）用扎带将驱动器盖和塑料轴承盖在两个钢绳出口处（箭头所指）连接固定（保险装置朝向凸起处），将驱动器盖固定，拧出螺钉（箭头处）。整个修理过程中，均不允许去掉扎带，否则不可能修复，如图 3-22 所示。

（3）拆下驱动器盖时，让驱动器盖与驱动器壳相互间稍微倾斜，用手将盘绳滚筒（在驱动盖内）沿箭头方向从驱动器壳中拉出，不要损伤密封面，如图 3-23 所示。

2. 捷达轿车电动车窗升降器（电机）的更换及玻璃升降器装复

（1）更换新的驱动器时，沿箭头方向从新驱动器上将防尘和防止运输损伤防护盖拉下，注意保证法兰密封垫和扇支架成形件在驱动器壳上（保持表面清洁，使用专用油脂，不允许粘上灰尘和污物），将扇支架成形件沿箭头方向从驱动轴上拉出。橡胶成形垫必须留在驱动器壳体中，如图 3-24 所示。

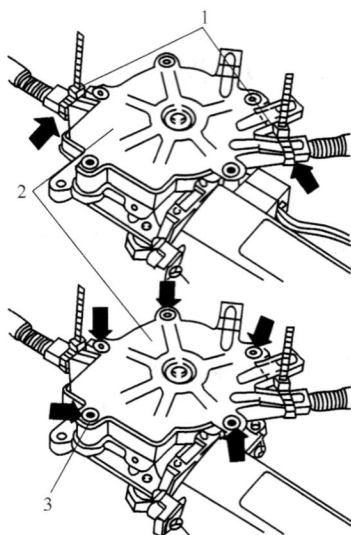

图 3-22 电动玻璃升降器的分解（一）
1—扎带；2—驱动器盖；3—螺钉

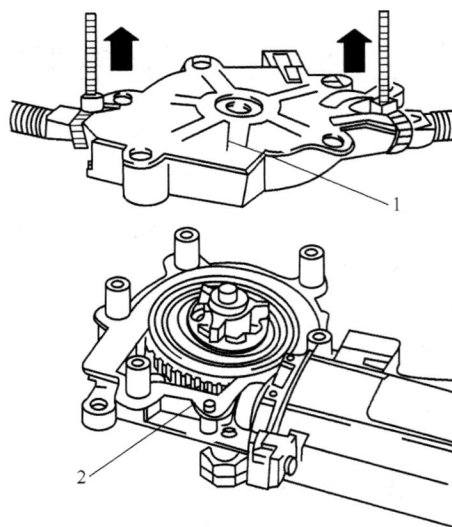

图 3-23 电动玻璃升降器的分解（二）
1—驱动器盖；2—驱动器壳

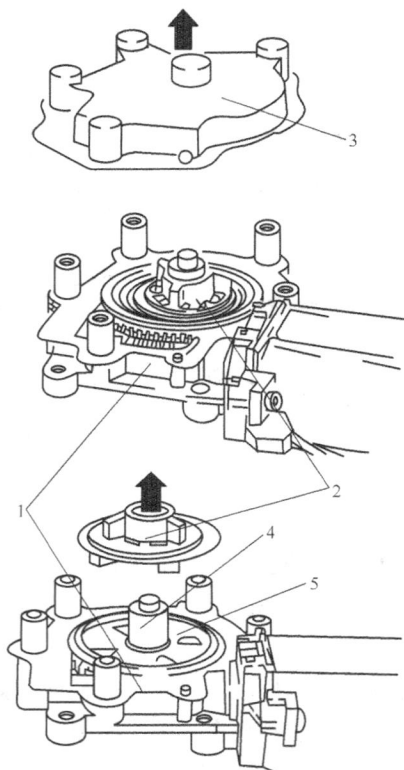

图 3-24 电动玻璃升降器的组装（一）
1—驱动器壳体；2、3—扇支架成形件；4—防护盖；5—驱动轴

（2）将扇支架成形件放入在驱动器盖内的盘绳滚筒内，3 个缓冲件必须小心放入盘绳滚筒的空缺处，电动玻璃升降器驱动器壳沿箭头方向与盘绳滚筒相结合。扇支架成形件的 4 个卡鼻与驱

动器壳中的橡胶成形垫上的空缺必须对齐。安装时，法兰密封垫和驱动器壳中的齿轮上必要时可涂一层油脂，防止其掉出来，驱动器壳与盘绳滚筒相接合，但不能相互接触，可稍微移动夹子改变橡胶成形垫的位置，以达到相互配合（螺钉达到力矩要求），如图 3-25 所示。

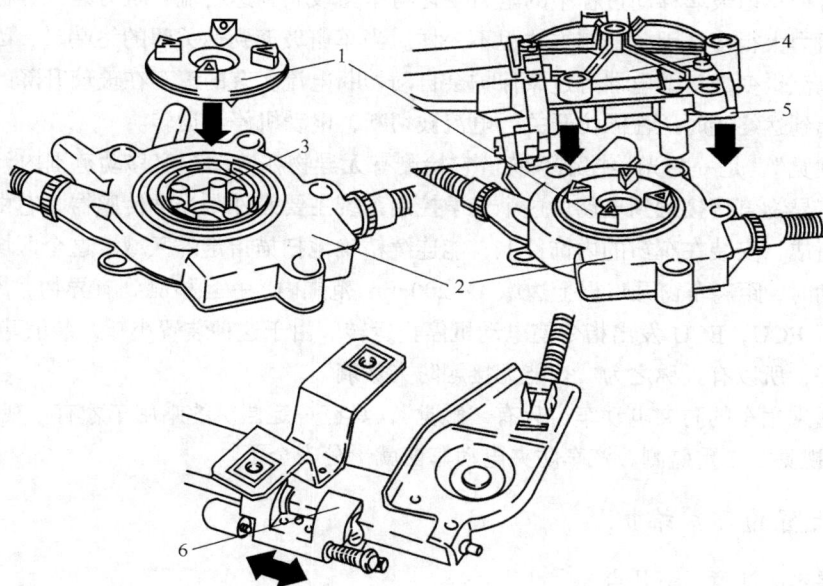

图 3-25　电动玻璃升降器的组装（二）

1、3—扇支架成形件；2—驱动器盖；3—盘绳滚筒；4—驱动器壳；5—密封垫；6—夹子

（3）按规定顺序拧紧螺钉（力矩 3 N·m），将车门玻璃升降器安装到定位支架上前需进行功能检测，并割掉多余扎带（防止产生刮磨噪声）。

（4）将装复好的电动玻璃升降器装到电动车窗上，并进行调整。

四、拓展知识

（一）具有防夹功能的电动车窗

汽车有了电动车窗，司机按下按钮就可以控制门窗玻璃的升降，十分方便。但是电动车窗没有感觉，如果司机没有注意乘员的手或物件伸出窗口，就容易被上升的玻璃夹住。为安全起见，现在许多乘用车的电动窗都增加了防夹功能。

目前，汽车的防夹电动车窗（包括防夹电动天窗）的防夹功能的实现需要"触觉""视觉"的配合。

所谓"触觉"，就是当电动车窗机构感触到有异物在玻璃上，会自动停止玻璃上升工作。如图 3-26 所示，防夹电动车窗在关闭的过程中，有电子控制

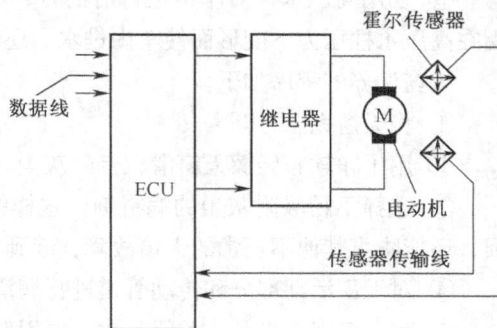

图 3-26　防夹功能原理图

123

单元（ECU）及霍尔传感器时刻检测着电动机的转速，当霍尔传感器检测到转速有变化时就会向ECU报告信息，ECU向继电器发出指令，使电动机停转或反转（下降），防夹电动车窗也就停止移动或下降。

当然，这种车窗玻璃移动过程中的阻力变化与车窗玻璃到达终端的阻力是不一样的，后者阻力远较前者阻力大得多，因此控制方式也不一样。当车窗玻璃到达关闭的终端时，因阻力变大，电动机过载电流也变大，继电器有过载保护会自动切断电流。有的汽车在玻璃升降的终点装置限位开关，玻璃到达终端时压住限位开关，电流被切断，电动机停止运转。

所谓"视觉"，是一套光学控制系统。它检测有无异物在电动车窗移动范围内，从而控制玻璃移动，无需异物直接接触到玻璃。这个光学控制系统主要元件是光学传感器，它由红外线发射器和接收器组成，安装在车窗的内饰件上，能连续精确地扫描指定的区域。这个区域一般指车窗玻璃向上移动时，距离车窗开口框上边缘 4～200 mm 范围内。一旦检测到有异物，传感器会迅速把信息反馈至 ECU，ECU 发出指令使电动机停止运转。由于这种装置小巧，装嵌隐蔽，由 ECU 控制技术先进，所以有人称之为"智能无接触防夹玻璃"。

一般普通乘用车的防夹电动车窗只有"触觉"，具有一定档次的乘用车才有"视觉"。如果有"触觉"和"视觉"二重监测，汽车防夹电动车窗就十分安全了。

（二）天窗的日常维护

天窗的保养应注意以下几点。

① 对于手动天窗，有许多故障是使用者人为因素造成的，如锁扣或摇柄不慎拧反方向而对天窗造成的损害。

② 对于电动天窗，在颠簸的道路上最好不要完全滑开，否则可能因天窗和滑轨间的震动太大而引起相关部件变形，甚至损坏电动机。

③ 对于后加装的天窗，若想使其正常运行且尽量降低其故障率，就要保证以下 4 点：合格的产品、专业的安装、正确的使用和定期的保养。

④ 为了确保天窗完全防水，它由橡胶密封圈密封，日常使用时要注意密封圈的防尘。尤其在冬季，要经常用除尘掸进行清洁，但要注意的是，不能在有冰冻的情况下开启天窗。在风沙较大的春秋两季，要每两个月用湿海绵清洁 1 次密封圈。另外，带天窗的车辆在长久停放前，要用滑石粉（用滑石粉保养可延长密封圈的使用寿命）彻底清洁 1 次，以免因时间过长造成密封圈在空气中发生化学反应而自然老化。

⑤ 在用高压水枪对车辆进行清洁时，不要将水柱直接对准密封圈。否则，不仅容易使密封圈在高压水柱压力下变形而使车内进水，还有可能损坏密封圈。

天窗保养的程序如下。

① 将天窗完全打开。

② 用干净软布轻擦天窗滑轨上的灰尘。

③ 选择不易吸附灰尘的润滑剂。这样的润滑剂能防止滑动部分和管道在运动过程中过早磨损，还能防止其他不正常的天窗故障，起到延长天窗使用寿命的作用。

④ 对天窗活动部分和传动管道进行润滑。

⑤ 将天窗完全打开、关闭几次，再用软布擦掉多余的润滑剂，以免污染车内饰品。

（三）天窗常见故障检修要点

天窗出现最多的故障是机械故障，特别是漏水故障。当天窗出现电气故障而无法电控关窗时，大多数厂家均有应急关闭天窗的方式。例如，大众公司的车辆在天窗开关面板附近的顶棚内放置有内六角摇把，可以用于手动强制关闭天窗。

① 当天窗出现漏水故障时，应检查天窗排水孔和滑轨附近是否有杂物。天窗在设计时已经考虑到了防水要求，在天窗的四周布置有导水槽，四角设计了出水口，排水管隐藏在车身 A 柱内，A 柱底端安装有排水口。如果天窗周围的排水管被沙土或树叶堵塞了，水无法顺利排出，必然会向车内泄漏。

② 当天窗运动缓慢或无法向某方向运动时，首先应排查机械方面的原因。例如，是否因为滑轨积尘过多导致电动机工作阻力过大，必要时应对电动机进行初始化操作，应避免长时间按压操纵开关而导致电动机过热。

小　结

1. 电动车窗系统主要由车窗、车窗升降器、电动机、继电器、开关等装置组成。

2. 不同汽车所采用的电动车窗的控制电路不同，按电动机是否直接搭铁分为电动机不搭铁和电动机搭铁两种。电动机不搭铁的控制电路是指电动机不直接搭铁，其搭铁受开关控制，通过改变电动机的电流方向来改变电动机的转向，从而实现车窗的升降。电动机搭铁的控制电路是指电动机一端直接搭铁，而电动机有两组磁场绕组，通过接通不同的磁场绕组，使电动机的转向不同，实现车窗的升降。

3. 电动车窗的作用：通风换气、节能、除雾、开阔视野、提升汽车档次。

4. 电动天窗主要由滑动机构、驱动机构、开关和控制系统等组成。

习　题

1. 电动车窗、天窗及电动后视镜在原理上具有哪些相似之处？

2. 电动车窗、天窗及电动后视镜的开关特点是什么？

3. 电动车窗、天窗及电动后视镜的控制线路有何特点？

项目四

电动座椅检修

一、项目要求

【知识要求】

（1）掌握汽车电动座椅的功能组成与特点。

（2）掌握汽车电动座椅的工作原理。

【能力要求】

（1）能够自主调节电动座椅。

（2）了解电动座椅的结构及工作原理。

（3）能够自主拆装电动座椅。

二、相关知识

电动座椅以电动机为动力，通过传动装置和执行机构对座椅进行调节，为驾驶员提供便于操作、舒适而又安全的驾驶位置，为乘客提供不易疲劳、舒适而又安全的乘坐位置。

（一）电动座椅应满足的要求

1. 电动坐椅应满足以下要求

① 座椅在车厢内的位置要合适，尤其是驾驶员的座椅必须处于最佳的驾驶位置。

② 按人体工程学的要求，座椅必须具有良好的静态与动态舒适性。其外形必须符合人体生理功能，在不影响舒适性的前提下力求美观大方。

③ 座椅应采用最经济的结构，尽可能减少质量。

④ 座椅是支撑和保护人体的构件，必须十分安全可靠，应具有充分的强度、刚度与耐久性。对可调的座椅，要有可靠的锁止机构，以保证安全。

⑤ 座椅应有良好的防震特性，能吸收从车厢地板传来的震动。

⑥ 座椅应具有各种调节机构，以便使不同驾驶员、乘客在不同条件下获得最佳驾驶位置与提高乘坐舒适性。

2. 座椅的调节

座椅有 8 种调节功能，全程移动所需时间为 8~10 s。分别如下所述。

① 座椅的前后调节量为 100~160 mm。

② 座椅的上下调节量为 30~50 mm。

③ 座位前部的上下调节。

④ 靠背的倾斜调节。

⑤ 侧背支撑调节。

⑥ 腰椎支撑调节。

⑦ 靠枕上下调节。

⑧ 靠枕前后调节。

（二）电动座椅的结构

电动座椅一般由双向电动机、传动机构和座椅调节器等组成，如图 4-1 所示。

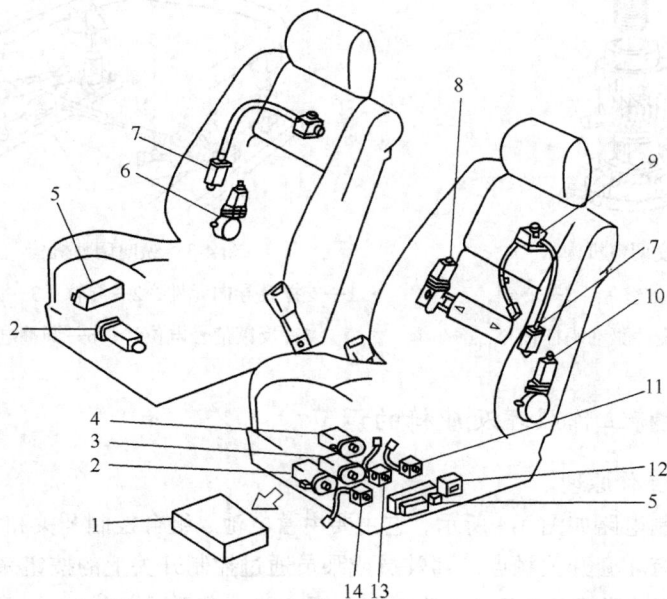

图 4-1　电动座椅的结构

1—电动座椅 ECU；2—滑动电动机；3—前垂直电动机；4—后垂直电动机；5—电动座椅
开关；6—倾斜电动机；7—头枕电动机；8—腰垫电动机；9—位置传感器（头枕）；
10—倾斜电动机和位置传感器；11—位置传感器（后垂直）；12—腰垫开关；
13—位置传感器（前垂直）；14—位置传感器（滑动）

1. 电动机

大多数电动座椅采用永磁式电动机（内装有短路器）为电动座椅的调节机构提供动力，通过开关来操纵电动机按不同方向旋转。此类电动机多采用双向电动机，即电枢的旋转方向随电流方向的改变而改变，以达到座椅调节的目的。电动机的数量取决于电动座椅的类型，通常双向移动座椅装有 2 个电动机，四向移动的座椅装有 4 个电动机，最多可达 6 个电动机。为防止电动机过载，电动机内装有熔断丝，以确保电气设备的安全。

2. 传动机构

电动机的旋转运动通过传动机构实现座椅的空间位置移动。

（1）高度调整机构。高度调整机构由蜗杆轴、蜗轮、心轴等组成，如图 4-2 所示。调整时，蜗杆轴在电动机的驱动下带动蜗轮转动，从而保证心轴旋进或旋出，实现座椅的上升与下降。

（2）纵向调整机构。纵向调整机构由蜗杆、蜗轮、齿条、导轨等组成，如图 4-3 所示。齿条装在导轨上，调整时，电动机转矩经蜗杆传至两侧的蜗轮上，经导轨上的齿条带动座椅前后移动。

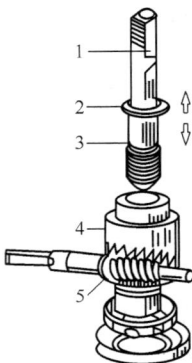

图 4-2　高度调整机构

1—铣平面；2—止推垫片；3—心轴；

4—蜗轮；5—挠性驱动蜗杆轴

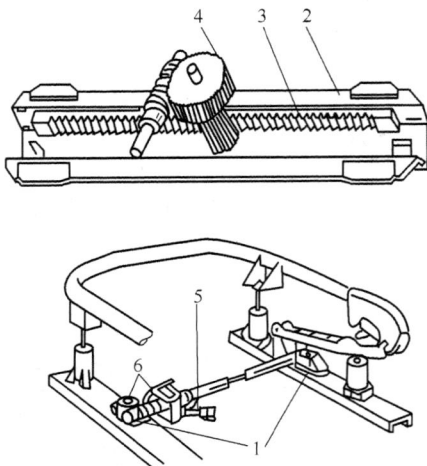

图 4-3　纵向调整机构

1—支撑及导向元件；2—导轨；3—齿条；4—蜗轮；

5—反馈信号电位计；6—调整电动机

（三）电动座椅工作原理及座椅的调节

1. 电动座椅的工作原理

电动座椅的控制电路如图 4-4 所示，它主要由蓄电池、组合控制开关和 3 个电动机等组成。组合控制开关内部有 4 套开关触点，驾驶员或乘员通过控制开关上的按钮来调节座椅的位置。

电动座椅最常用的形式是使用 3 个电动机实现座椅 6 个不同方向（上、下、前、后、前倾、后倾）的位置调整。3 个电动机分别称为前高度调整电动机、后高度调整电动机与前后移动电动机。用这 3 个电动机控制座椅的前部高度、后部高度以及座椅的前后移动，实现座椅位置调整，基本控制电路如图 4-4 所示。组合控制开关通过控制电动机的搭铁与电源的连接，使 3 个电动机按所需的方向旋转。

当组合控制开关置于上或下位置时，前、后高度调整电动机同时旋转；当组合控制开关置于前倾或后倾位置时，只有一个高度电动机旋转；当组合控制开关置于前移或后退位置时，前进后退电动机旋转。

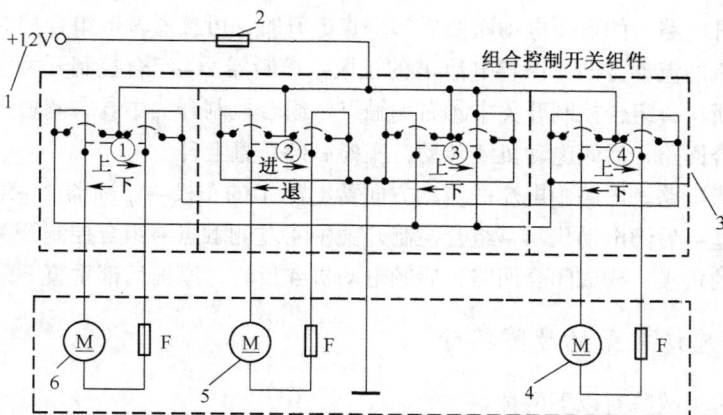

图 4-4 电动座椅的控制电路

1—蓄电池；2—熔断器；3—控制开关；4—后高度电动机；5—前后移动电动机；6—前高度电动机

2. 座椅前倾的调节

座椅前倾的调节，实际上就是座椅前部垂直的上下调节。

（1）前部上升电路。前部上升电路如图 4-5 所示。如需要电动座椅前部垂直上升时，可接通调节组合控制开关 3 中的前倾开关。电路中电流的流动方向：由蓄电池 1 的正极→熔断器 2→组合控制开关中①左侧触点→前倾电动机 6→熔断丝→组合控制开关中①右侧触点→组合控制开关中③右侧触点→搭铁→蓄电池 1 的负极，构成闭合回路。前倾电动机 6 转动，座椅前部垂直上升。

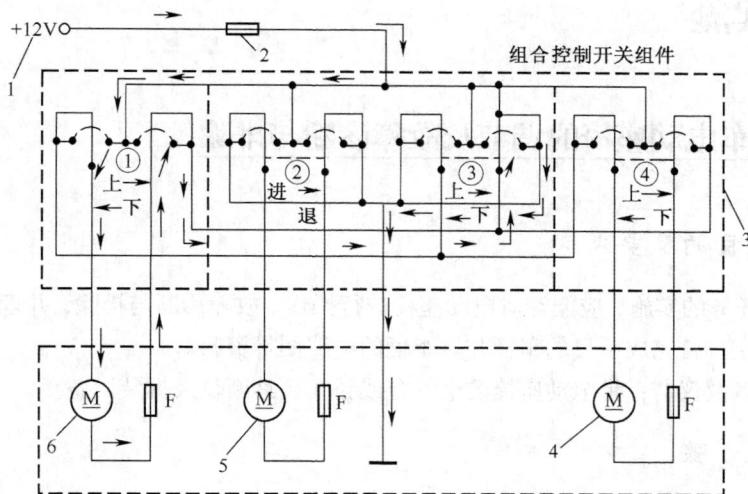

图 4-5 电动座椅前部上升电路

1—蓄电池；2—熔断器；3—组合控制开关；4—后倾电动机；5—前进后退电动机；6—前倾电动机

（2）前部下降电路。电路中电流的流动方向：由蓄电池 1 的正极→熔断器 2→组合控制开关中①右侧触点→熔断丝→前倾电动机 6→组合控制开关中①左侧触点→组合控制开关中③左侧触点→搭铁→蓄电池 1 的负极，构成闭合回路。前倾电动机 6 反转，座椅前部垂直下降。

3. 座椅后倾的调节

电动座椅后倾的调节，实际上就是座椅后部垂直的上下调节。

（1）后部上升电路。如需要电动座椅后部垂直上升时，可接通调节组合控制开关 3 中的后倾开关。电路中电流的流动方向：由蓄电池 1 的正极→熔断器 2→组合控制开关中④左侧触点→后倾电动机 4→熔断丝→组合控制开关中④右侧触点→组合控制开关中③右侧触点→搭铁→蓄电池的负极，构成闭合回路，后倾电动机 4 转动，座椅后部垂直上升。

（2）后部下降电路。电路中电流的流动方向蓄电池 1 的正极→熔断器 2→组合控制开关中④右侧触点→熔断丝→后倾电动机 4→组合控制开关中④左侧触点→组合控制开关中③左侧触点→搭铁→蓄电池 1 的负极，构成闭合回路，后倾电动机 4 反转，座椅后部垂直下降。

（四）电动座椅常见的故障排除

电动座椅的常见故障有以下两种。

1. 座椅完全不能调节

（1）原因。熔断器断路、线路断路、座椅开关有故障等。

（2）排除。可以首先检查熔断器是否断路，若熔断器良好，则应检查线路连接是否正常，最后检查开关。对于有存储功能的电动座椅系统，还应检查控制单元（ECU）的电源电路和搭铁线是否正常，若开关、线路等都正常，应检查控制单元。

2. 座椅某个方向不能调节

（1）原因。该方向对应的电动机损坏，开关、连接导线断路。

（2）排除。先检查线路是否正常，再检查开关和电动机。

三、项目实施

任务　汽车电动座椅的调节及故障诊断与排除

（一）实施目的及要求

（1）通过该任务的实施，应能够对电动座椅进行操作、故障诊断与排除，并理解其工作原理。

（2）该项目应具备完成项目的车辆和该车辆的电路图等资料。

（3）实训设备及仪器：带电动座椅的电气台或轿车、诊断仪及拆装设备。

（二）实施步骤

1. 座椅记忆功能的设定步骤

（1）记忆控制单元通过记忆按钮或遥控单元将驾驶员座椅和外后视镜设定到 3 个不同位置。

（2）在换司机时，按下相应的按钮，座椅和后视镜将自动移动到所需位置。座椅方向的调整及记忆的设定如图 4-6 所示。

① 座椅前后调整（方向 1）。

② 座椅靠背调整（方向 2）。

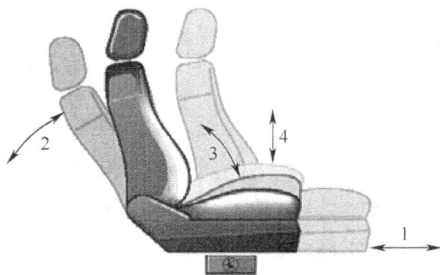

图 4-6　座椅调整示意图

③ 座椅倾斜调整（方向 3）。

④ 座椅高度调整（方向 4）。

⑤ 储存座椅位置。

⑥ 储存后视镜位置。

⑦ 通过控制面板记忆按钮恢复座椅和后视镜位置。

⑧ 通过遥控单元恢复座椅和后视镜位置。

2. 宝来轿车电动座椅控制电路

宝来轿车电动座椅的控制电路如图 4-7 所示。

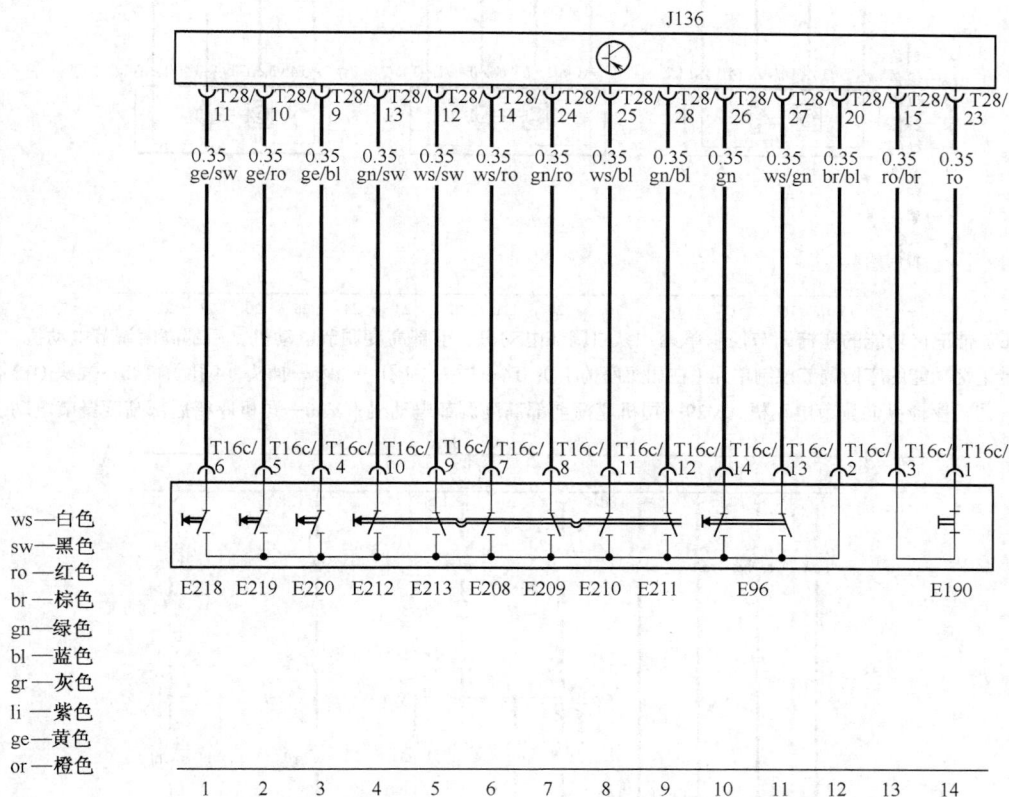

（a）带记忆功能的座椅调节控制单元、高度调节按钮、纵向调节按钮、司机靠背调节按钮

E96—司机座椅靠背调节按钮；E190—记忆功能断开开关；E208—前部高度调节按钮
（向上，司机座椅）；E209—前部高度调节按钮（向下，司机座椅）；E—210 后部
高度调节按钮（向上，司机座椅）；E—211 后部高度调节按钮（向下，司机座椅）；
E—212 纵向调节按钮（向前，司机座椅）；E—213 纵向调节按钮（向后，
司机座椅）；E—218 司机按钮 1（座椅位置记忆）；E—219 司机按钮 2
（座椅位置记忆）；E—220 司机按钮 3（座椅位置记忆）；
J136—带记忆功能的座椅调节控制单元（在司机座椅下）；
T16c—插头（16 孔）；T28—插头（28 孔）

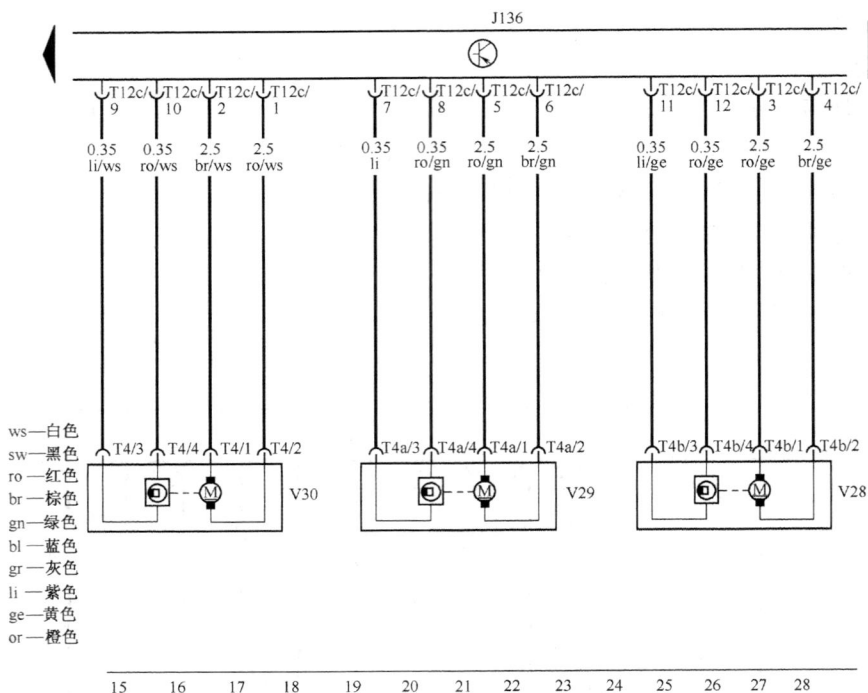

（b）带记忆功能的座椅调节控制单元、纵向调节电动机、前部高度调节电动机、后部高度调节电动机

J136—带记忆功能的座椅调节控制单元（在司机座椅下）；T4—插头（4孔）；T4a—插头（4孔）；T4b—插头（12孔）；

V28—司机座椅纵向调节电动机；V29—司机座椅前部高度调节电动机；V30—司机座椅后部高度调节电动机

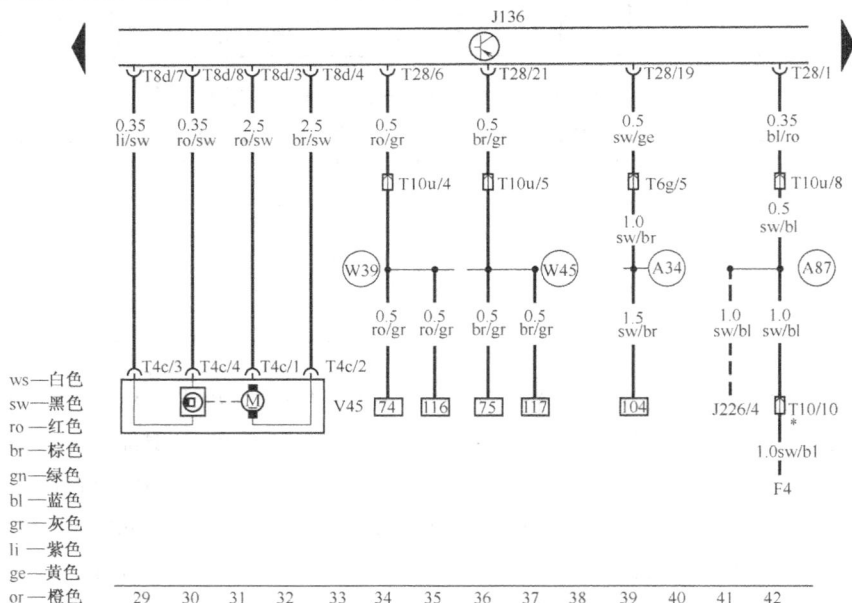

（c）带记忆功能的座椅调节控制单元、靠背调节电动机

F4—倒车灯开关；J136—带记忆功能的座椅调节控制单元（在司机座椅下）；J226—启动锁止及倒车继电器；

T4c—插头（4孔）；T6g—插头（6孔，红色，在司机座椅下）；T8d—插头（8孔）；T10—插头（10孔，

橙色，在插头保护客体内，流水槽左侧）；T10u—插头（10孔，棕色，左侧A柱分线器）；T28—插头（28孔）；

V45—司机座椅靠背调节电动机；A34—连接（75X），在仪表板线束内；A87—连接（RF），在仪表板线束内；

W39—连接-1-（后视镜位置记忆），在地板线束；W45—连接-2-（后视镜位置记忆），在地板线束内

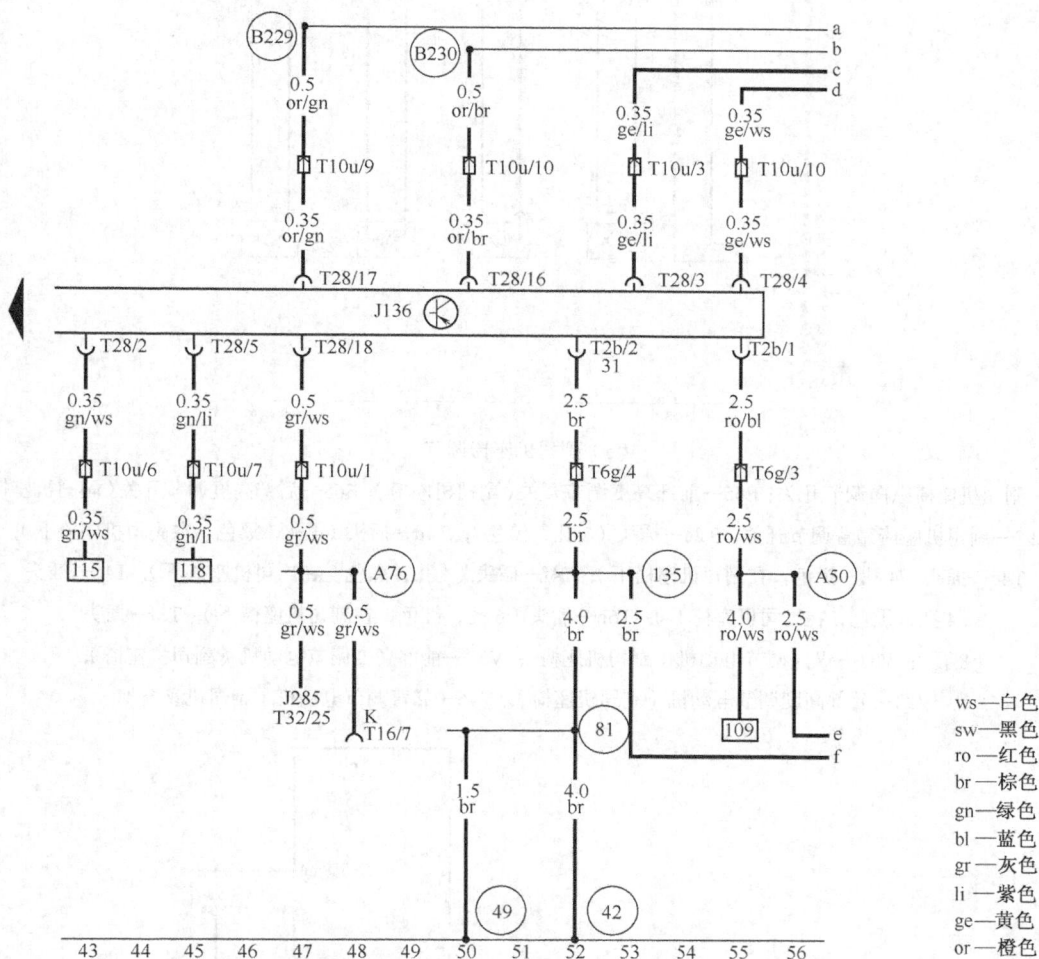

（d）带记忆功能的座椅调节控制单元、自诊断接口

J136—带记忆功能的座椅调节控制单元（在司机座椅下）；J285—带显示器的控制单元（在组合仪表内）；

T2b—插头（2孔）；T6g—插头（6孔，在司机座椅下）；T10u—插头（10孔，左侧A柱分线器）；

T16—插头（16孔，在仪表板中部，自诊断接口）；T28—插头（28孔）；T32—插头（32孔，

蓝色）；㊷—接地点，在转向柱旁；㊽—接地点，在转向柱上；㊶—接地连接-1-，在

仪表板线束内；⑬—接地连接-2-，在仪表板线束内；⑮—正极连接（30a），在

仪表板线束内；⑯—连接（自诊断K线），在仪表板线束内；⑳—连接

（High-Bus），在车内线束内；⑳—连接（Low-Bus），在车内线束内

133

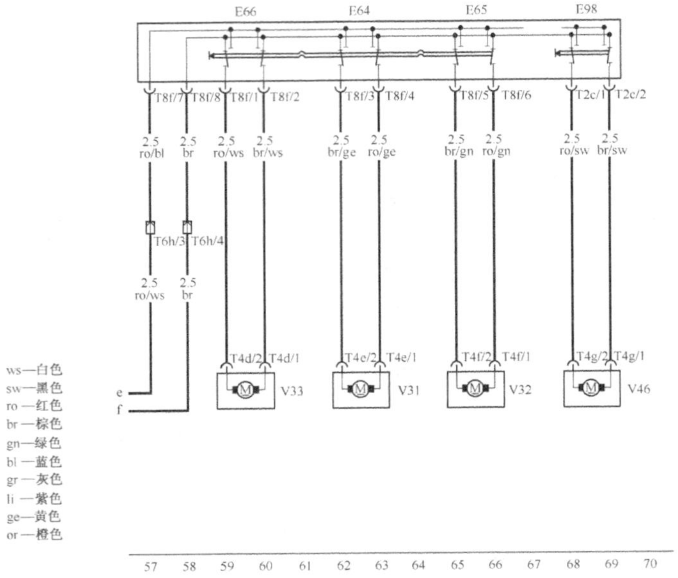

（e）副司机座椅调节

E64—副司机座椅纵向调节开关；E65—前部高度调节开关（副司机座椅）；E68—后部高度调节开关（副司机座椅）；E98—副司机座椅靠背调节开关；T2c—插头（2孔，黑色）；T4d—插头（4孔，黑色，在副司机座椅下）；T4e—插头（4孔，黑色，在副司机座椅下）；T4f—插头（4孔，黑色，在副司机座椅下）；T4g—插头（4孔，黑色，在副司机座椅下）；T6h—插头（6孔，红色，在副司机座椅下）；T8f—插头（8孔）；V31—纵向调节电动机（副司机座椅）；V32—前部高度调节电动机（副司机座椅）；V33—后部高度调节电动机（副司机座椅）；V46—靠背调节电动机（副司机座椅）

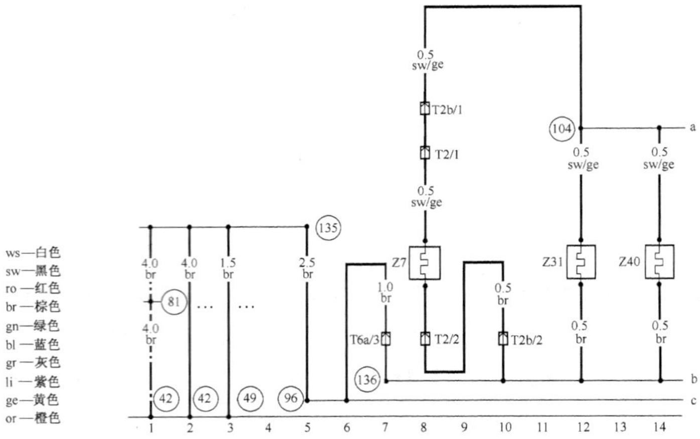

（f）司机座椅侧面加热、司机座机靠背加热

T2—插头（2孔，在司机座椅下）；T2b—插头（2孔，在司机座椅下）；T6a—插头（6孔，绿色，在司机座椅下）；Z7—司机座椅靠背加热；Z31—司机座椅侧面加热；Z40—司机座椅侧面加热2；㊷—接地点，在转向柱旁；㊾—接地点，在转向柱上；(81)—接地点-1-，在仪表板线束内；(96)—接地连接-1-，在座椅加热线束内；(135)—接地连接-2-，在仪表板线束内；(136)—接地连接-2-，在座椅线束内；(104)—正极连接（30a），在座椅加热线束内

图4-7　宝来轿车电动座椅控制电路图

小　结

1. 电动座椅一般由双向电动机、传动装置和座椅调节器等组成。

2. 电动座椅的控制电路主要由蓄电池、组合控制开关和 3 个电动机等组成，组合控制开关内部有 4 套开关触点，驾驶员或乘员通过控制开关上的按钮来调节座椅的位置。

3. 带存储功能的电动座椅采用微机控制，它能将选定的座椅调节位置进行存储，使用时只要按指定的按键开关，座椅就会自动地调节到预先选定的座椅位置上。

习　题

1. 电动座椅有哪些调节功能？
2. 简述电动座椅的工作原理。

一、项目要求

【知识要求】

（1）掌握汽车巡航控制系统的组成与特点。

（2）掌握汽车巡航控制系统的工作原理。

【能力要求】

（1）能够对巡航控制系统进行设定。

（2）能够使用专用仪器对巡航控制系统进行故障诊断。

二、相关知识

（一）巡航控制系统概述

1. 汽车巡航控制系统的应用和发展

汽车巡航控制系统（CCS）一般又称为巡航行驶装置、速度控制系统、自动驾驶系统、恒速行驶系统等。汽车巡航控制系统就是为减轻驾驶员的劳动强度，提高行驶的舒适性，使汽车工作在发动机有利转速范围内的自动行驶装置。

汽车在长距离的高速公路行驶时，打开巡航控制系统的自动操纵开关后，巡航控制系统将根据行驶阻力自动增减节气门开度，将汽车固定在特定的速度上，免除驾车者长时间脚踏油门之苦，减轻驾驶员的劳动强度。另外，还可以节省燃料和减少排放。

汽车巡航控制系统首先在飞机上应用，显示出了无比的优越性。汽车上应用巡航系统控制技术始于 1961 年，首先在美国使用，现已广泛普及。目前美国大多数轿车上都装有巡航控制系统，日本和欧洲生产的轿车上装有汽车巡航控制系统的比例也越来越高。国产轿车上海帕萨特、上海别克、一汽奥迪 A6 等也都安装有汽车巡航控制系统。

2. 汽车巡航控制系统的功能

（1）车速设定功能。当在高速公路上、适宜较长时间的稳定驾驶时，可按下"设定"开关，设定一个稳定行驶的速度，使驾驶员不用再踩油门踏板和换挡，汽车可以这一车速稳定行进。

（2）消除功能。当驾驶员根据运行情况需要踩下制动踏板时，上述的车速设定功能立即消失，驾驶员要用常规方法操作驾驶，直到按另外的功能开关为止。但其行驶速度大于 40 km/h 时，所设定的车速值仍然存储在系统中，供随时通过开关调用。

（3）恢复功能。当驾驶员处理好情况，又可稳定驾驶时，可按"恢复"功能开关，这样汽车又自动按刚才设定的车速稳定运行。若不按"恢复"，也可在驾驶员认为的最有利车速时按"设定"开关，汽车就又自动按新选择的设定车速稳定运行。

（4）低速自动消除功能。当车速低于已输入的低速极限（40 km/h）时，巡航控制系统不起作用，也不存储低于这一速度的信息。

（5）制动踏板消除功能。在制动踏板上装有两种开关：一种用于给巡航控制系统 ECU 发送消除信号，另一种直接使执行元件工作停止。

（6）有关开关消除功能。除了踩制动踏板有低速的消除功能外，当驾驶员拉驻车制动器、踩离合器踏板或变速杆位于空挡时，汽车都有消除巡航控制的功能。

（7）减速功能。当按下"−"开关时，则汽车在原设定车速基础上减速行驶，开关一直按下不放，则车速一直在降低。一旦放松"−"开关，汽车就自动以放松减速开关瞬间的车速稳定行驶。

（8）加速功能。

当按下"+"开关时，则汽车在原设定车速上加速行驶，开关一直按下不放，则其车速一直增加。一旦放松"+"开关，汽车就自动以放松加速开关瞬间的车速稳定行驶。

3. 汽车巡航控制系统的优点

（1）提高汽车行驶的舒适性。巡航控制系统保证了汽车在有利车速下等速行驶，特别是在高速公路上行驶时，这种优越性更为显著，同时也减轻了驾驶员的负担。

（2）节省燃料，降低油耗和排气污染。巡航控制系统选择在最有利的车速和发动机转速下运行，使发动机功率与燃料供应之间处于最佳配合状态。燃烧完全，热效率高，排气中的一氧化碳、氮氢化物等大量减少，有利于节能环保。

（3）保持车速的稳定和行驶的安全性，延长使用寿命。巡航控制系统使汽车无论上坡、下坡，还是在平路上行驶，只要在发动机功率允许的范围内，均可保持匀速行驶，可以使驾驶员集中精力于路况，确保行车安全。匀速行驶惯性减小，机件磨损少，延长了整车使用寿命。

（二）巡航控制系统的结构和工作原理

1. 汽车巡航控制系统的基本原理

汽车巡航控制系统的基本控制原理方框图如图 5-1 所示。

当巡航系统开始工作时，电子控制单元（ECU）接收到两个输入信号，一个是驾驶员设定的指令速度信号，另一个是实际车速的反馈信号。电子控制器检测这两个输入信号自检的误差后，经放大处理产生一个送至节气门执行器的节气门控制信号，节气门执行器根据所接收的控制信号调节节气门开度，以修正控制器所检测到的误差，从而使车速保持恒定。

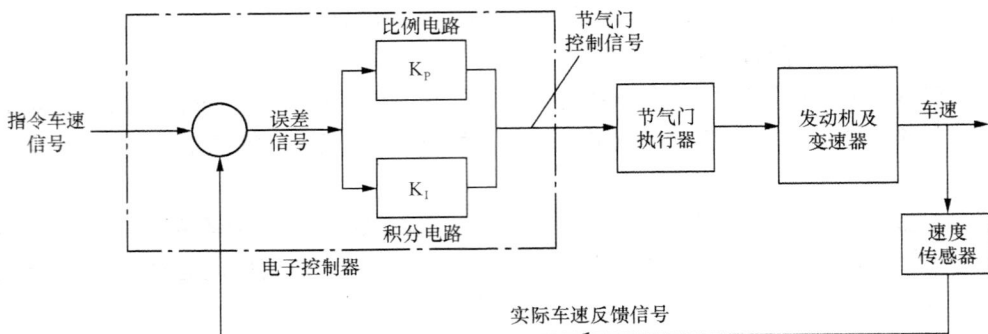

图 5-1　控制巡航系统原理方框图

电子控制器作为巡航控制系统的核心部件，一般采用"比例—积分"控制的控制系统。线性放大部件 K_p 成比例地反应系统的偏差信号，偏差一旦产生，线性放大部件 K_p 即产生控制作用以减少偏差，而积分放大器 K_1 则设置为一条斜率可调整的输出控制线，用以在短时间内将车速误差降至趋近于零的很小范围。节气门控制信号则是比例电路和积分电路两部分输出信号的叠加。另一种办法是将车速信号输入微机处理，采用这种控制方法可以使用更先进的程序。车速与节气门开度之间的关系如图 5-2 所示。

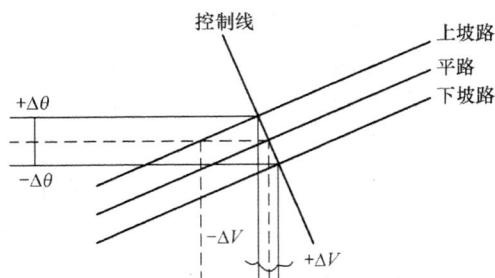

图 5-2　车速与节气门开度之间的关系

汽车在平坦路面上行驶时的车速与节气门开度之间的关系曲线被存储在计算机中。因此，当车速达到 V_0 时，按下拟定开关，节气门开度先被定为 θ_0。同时，计算机还拟定了控制线，当汽车在平坦路面上以速度 V_0 行驶时，按下拟定开关，便进入自动行驶状态。当遇到爬坡时，行车阻力增加，车速与节气门开度的关系就变成上坡路行驶曲线。此时，若没有车速自动控制装置进行节气门开度调节，车速会下降。但由于装有速度制动控制装置，当汽车阻力增加、车速下降时，传感器就把该信号反馈给计算机，经过处理后发出指令，沿着控制线调节节气门开度，节气门开度从 θ_0 变为 $+\Delta\theta$，使车速保持稳定，重新取得平衡，汽车便以这一速度行驶。当遇到下坡时，行驶阻力减小，车速与节气门开度的关系就变成下坡路行驶曲线。此时，车速自动控制装置也沿着控制线调节节气门开度，使节气门开度从 θ_0 变为 $-\Delta\theta$，车速重新取得平衡。由此可见，即使行驶阻力发生变化，车速也只能在特定的范围内变化，使车速基本保持稳定。

从图 5-2 可以看出，计算机中拟定的控制线的斜率越小，车速的波动量（控制误差）也就越小。若控制线呈垂直状态，车速的波动减小到 0，这样，行驶阻力有微小的变化都会引起节气门开度的变化，因此由于反应过度灵敏，会造成游车现象。

2. 巡航控制系统的结构和工作原理

汽车巡航控制系统的结构组成如图 5-3 所示，主要由输入装置、巡航控制 ECU 和执行器等组成。

车速传感器产生脉冲信号，ECU 利用这一脉冲信号的频率检测车速。巡航控制 ECU 接受来自车速传感器和开关的信号，ECU 根据这些信号计算节气门应有的开度，并给执行器发出信号。执行器根据来自巡航控制 ECU 的信号，增减节气门的开度。

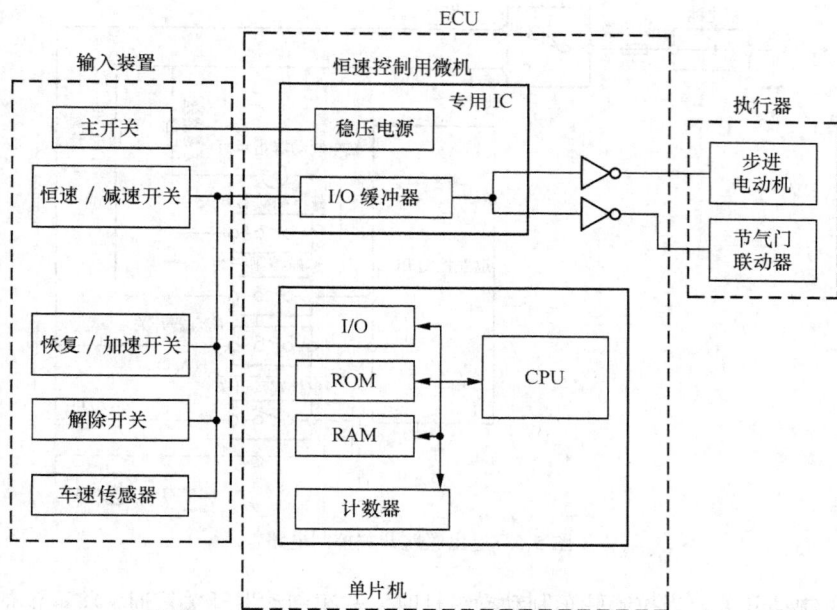

图 5-3　巡航控制系统结构框图

（1）操作开关。操作开关主要用于设置巡航车速或将其重新设置为另一车速，以及取消巡航控制等。主要包括主开关、控制开关和退出巡航开关。

① 主开关。主开关（MAIN）是巡航控制系统的主电源开关，如图 5-4 所示，多数采用按键方式，每次将其推入，该系统的电源就接通或关闭。在主开关接通时如将点火开关关闭，主开关也关闭，即使点火开关再次接通，主开关仍保持关闭。

② 控制开关。控制开关如图 5-5 所示，当汽车以巡航控制模式行驶时，手柄式控制开关有 5 种控制功能：SET（设置）、COAST（减速）、RES（恢复）、ACC（加速）、CANCEL（取消）。当沿箭头方向操作开关时，开关接通；而松开时，开关断开。控制开关是一个自动回位型开关。

图 5-4　巡航控制系统主开关

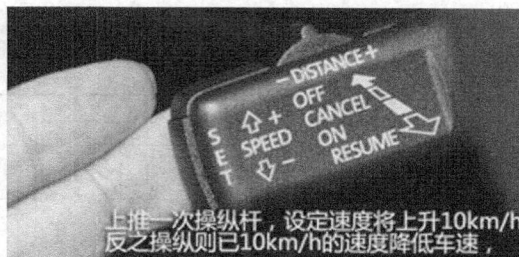

图 5-5　巡航控制系统控制开关

③ 退出巡航控制开关。退出巡航控制开关包括取消开关、驻车制动开关、空挡起动开关、离合器开关和停车开关，其电路如图 5-6 所示。当其中任一开关接通时，巡航控制将被自动取消。但当巡航控制取消瞬间的车速不低于 40km/h 时，此车速存储于巡航控制 ECU 中，再接通 RES 开关时，最后存储的车速就会自动恢复。

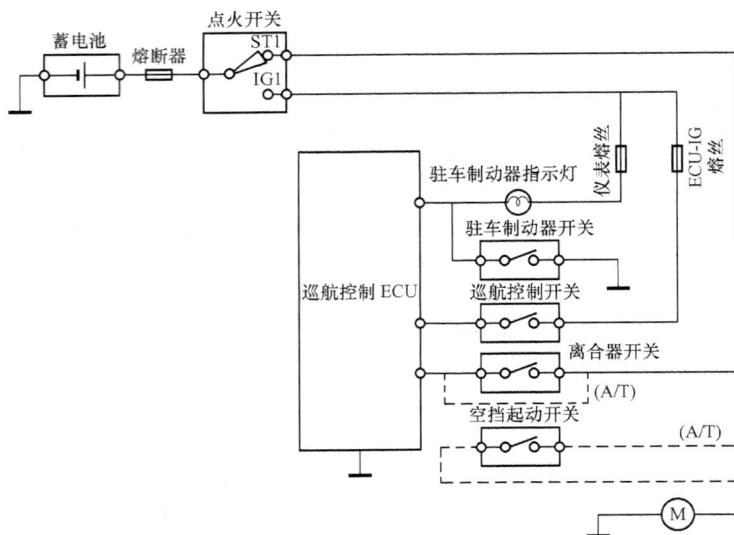

图 5-6　退出巡航开关控制电路

（a）驻车制动开关。当拉起驻车制动操纵杆时，驻车制动器开关接通，将取消信号传至巡航控制 ECU，同时，驻车制动指示灯亮，巡航控制被自动取消。

（b）空挡起动开关（A/T 车型）。当变速杆设置在自动变速器的 P/N 挡位时，空挡起动开关即接通，将取消信号传至巡航控制 ECU，巡航控制将被自动取消。

（c）离合器开关（M/T 车型）。当踏下变速器的离合器踏板时，离合器踏板开关即接通，将取消信号传至巡航控制 ECU，巡航控制自动取消。

（d）停车灯开关。停车灯开关实际上由两个开关组成，如图 5-7 所示。当踏下制动踏板时，两个开关同时工作。开关 1 号、2 号触点闭合，电流流经停车灯开关，使停车灯亮，同时，蓄电池电压经过开关 1、2 号触点施加在巡航控制 ECU 上，使其知道制动器处于工作状态，于是，巡航控制自动取消。另外，开关 3、4 号触点断开，控制信号不能到达执行器，从而使巡航系统停止工作。

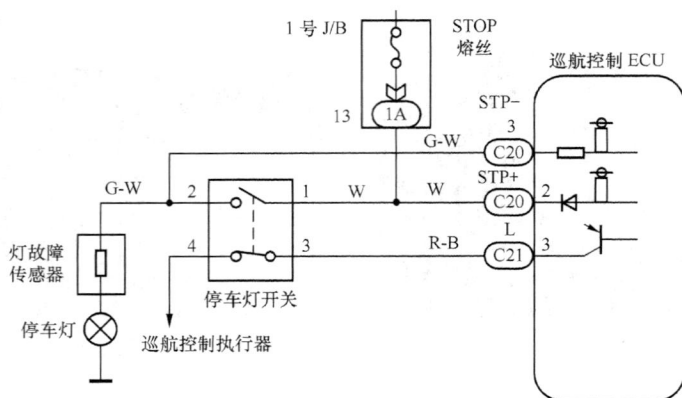

图 5-7　停车灯开关与 ECU 连接电路图

（2）传感器。

① 车速传感器。车速传感器用于提供一个与汽车实际车速成比例的交变振荡脉冲信号，并将此信

号送入巡航控制单元。巡航控制 ECU 将此信号进行处理，以便控制汽车恒速行驶功能。车速传感器的主要类型有片簧开关式、光电式和可变磁阻式等。目前应用广泛的是电磁感应式。

② 电磁感应式车速传感器。电磁感应式车速传感器主要由感应线圈、永磁铁及信号盘组成。如图 5-8 所示，在变速器输出轴的驱动下，信号盘间歇地在绕有感应线圈的铁心间隙处经过，通过感应线圈的磁通量发生变化，从而在感应线圈中产生信号电压。车速越高，感应电压的脉冲频率也越高，此信号电压经放大及 A/D 转换被送入 ECU，作为实际车速的反馈信号。车速传感器安装在变速器内，与发动机电控系统共用。

③ 节气门位置传感器。节气门位置传感器提供一个与节气门位置成比例的电信号，将此信号输入给巡航控制 ECU，该传感器与发动机系统共用。

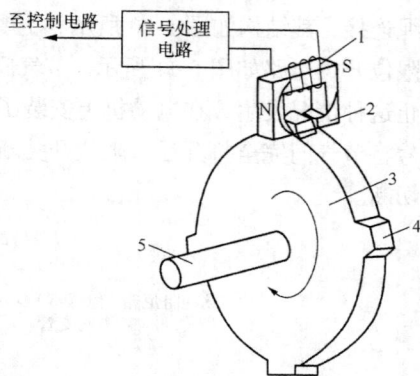

图 5-8 电磁感应式车速传感器结构示意图
1—传感器线圈；2—磁铁；3—信号盘；
4—凸齿；5—变速器输出轴

（3）巡航控制 ECU。巡航控制 ECU 是巡航系统的核心，其结构如图 5-9 所示，它接受来自车速传感器和各种开关的信号，按存储的程序进行处理。当车速偏离设定巡航速度时，巡航控制 ECU 通过控制执行器的动作使实际车速与设定车速相一致。巡航控制系统有模拟式电子控制器和数字式电子控制器两种，后一种应用较广泛。

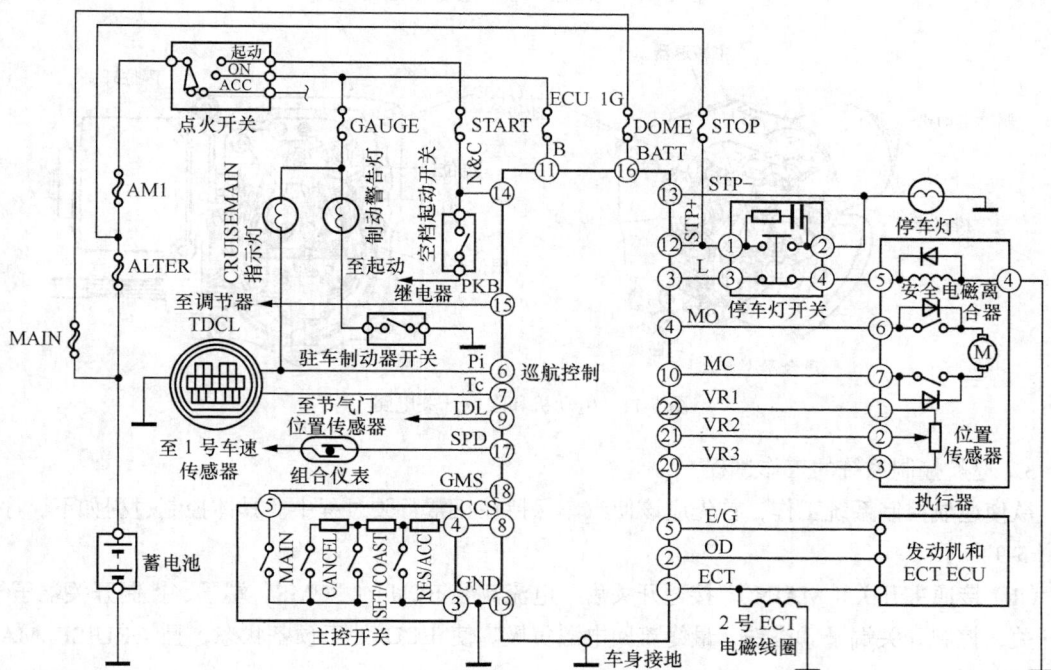

图 5-9 凌志 LS400 型轿车巡航控制系统电路

（4）执行器。执行器在巡航控制系统中起重要作用，它们按照来自巡航控制 ECU 的指令调节节气门的开度。目前使用的执行器有两种类型：一种是真空驱动型，利用真空负压操纵节气门；另一种是电机驱动型，采用步进电机操纵节气门。

电机驱动型执行器装于发动机室的右侧，安装高度与节气门体接近，它与节气门阀之间由钢

141

绳连接，其结构如图 5-10 所示，主要由电动机、限位开关、电磁离合器和电位计组成。电动机和限位开关电路如图 5-11 所示。节气门完全打开或关闭时，电动机如果继续运转就会损坏。为了防止这种情况发生，在电动机上安装了两个限位开关。当节气门收到来自巡航控制 ECU 的加速信号将节气门完全打开后，限位开关断路，将电机切断；当节气门全闭时，限位开关断路，将电机切断。

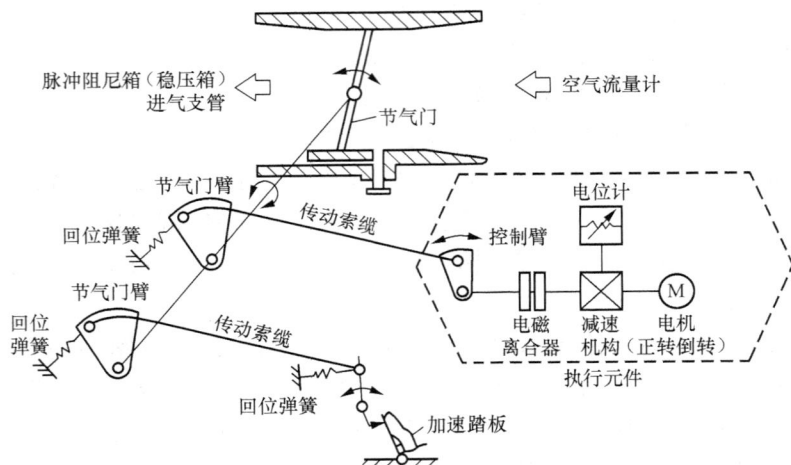

图 5-10　电机驱动型执行器示意图

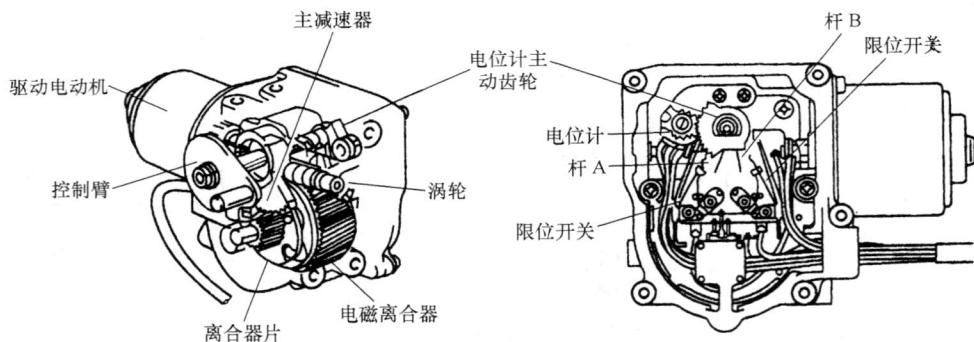

图 5-11　电动机和限位开关电路

3. 巡航控制系统的工作过程

欲使巡航控制系统工作，首先应该使汽车保持在正常行驶过程中。具体控制过程如下，序号如图 5-9 所示。

（1）接通主开关（MAIN）。接通开关后，电流流经 ECU 的"CMS"端子、控制开关端子⑤、主开关、控制开关端子③搭铁，最终流回电源负极。使 ECU 处于预备状态，且 CRUISE MAIN 指示灯点亮。

（2）接通控制开关。控制开关具有设置、减速、恢复、加速以及取消功能。当开关转置不同挡位时，电流流经 ECU 的"CCS"端子、控制开关④、控制开关（SET/COAST 或 RES/ACC 或 CANCEL）、控制开关③搭铁，最终流回电源负极。此时，ECU 感知控制开关设置的挡位，开始控制操作。

（3）车速控制过程。控制开关设定车速后，安全电磁离合器电路接通，电流流经 ECU 端子经 L 至停车开关③、停车开关④、执行器端子⑤、安全电磁离合器、执行器端子④搭铁。同时执行器位置传感器电路接通，电流流经 ECU 端子"VR1"、执行端子①、位置传感器、执行器端子③、ECU 端子"VR3"。位置传感器会将执行器端控制臂位置以一个电压信号经执行器端子②送到 ECU 端子"VR2"。

当实际车速下降到低于设置车速时，执行器电动机接通，电流流经 ECM 端子"MO"、执行器端子⑥、电动机、执行器端子⑦，经 ECU 端子"MC"流入。此时电动机转动，使控制臂沿节气门打开方向转动，以提高车速，当控制臂转过某一角度后，ECU 从端子"VR2"接收到信号后，切断从端子"MO"输出的信号。

当实际车速高于设置车速时，电流由 ECU 端子"MC"流出，使电动机沿相反方向转动，以降低车速。

（4）人工取消巡航功能。

① 控制开关置于取消（CANCEL）挡位。

② 驻车制动开关。驻车制动开关接通，并向 ECU 端子⑮发送一个取消信号。

③ 空挡启动开关。当换挡杆位于"N"或"P"挡时，空挡启动开关打开并向 ECU 端子⑭发送一个取消信号。

④ 制动灯开关。踩下制动踏板，制动灯开关闭合，安全电磁离合器被释放，经制动灯开关向 ECU 端子⑭发送一个取消信号。

当 ECU 检测到上述任何一种信号时，便切断向执行器发出的信号，取消巡航控制功能。

（三）巡航控制系统的故障检测

汽车在行驶期间，巡航系统发生故障，ECU 会执行巡航控制系统自动解除（AUTOCANCEL）功能，立刻闪亮（CRUISEMAIN）指示灯 5 次，以告知驾驶员巡航系统出了故障，同时将故障码存入 ECU 中。下面以丰田轿车为例，介绍故障诊断的方法。

1. 巡航控制系统常见故障

巡航控制系统常见故障见表 5-1。

表 5-1　　　　　　　　　　巡航控制系统的常见故障以及检修方法

故 障 类 型	故 障 现 象	检 修 方 法
巡航控制操作不能调整	巡航控制速度超出设置要求	检查伺服机构是否有问题
		检查制动器是否失效
		检查车速传感器是否失效
整个系统不工作	巡航控制开关故障	检查巡航控制开关的状态及其线路是否断路
	节气门位置传感器没有信号	检查节气门传感器及其线束
	速度传感器没有信号	检查车速传感器及其线束
	执行机构不工作	检查执行机构供电情况及其步进电机工作情况
	控制臂和节气门拉线卡死	检查控制臂和节气门拉线状态
	ECU 工作不正常	更换 ECU
系统间歇性工作	巡航系统在某些时候无法设置	检查开关、伺服机构及控制器是否失效
		检查搭铁及控制电路连接情况
		检查继电器、车速传感器

续表

故障类型	故障现象	检修方法
安全系统故障	高速限制电路故障	检查高速限制开关或线束
	低速限制电路故障	检查低速限制开关或线束
	安全磁性离合器故障	检查安全磁性离合器及其电路
	没有制动信号	检查制动电路及熔丝
	没有空挡起动信号	检查空挡电路及熔丝

2. 主要控制装置的故障诊断与排除

巡航控制系统的主要控制装置包括：安全电磁离合器、伺服电动机、位置传感器、控制开关和停车开关等。

（1）安全电磁离合器。

① 电阻的检测。如图 5-12（a）所示，用万用表欧姆档检测电磁离合器电路的端子 4 和 5 之间的电阻，其正常值应为 $30 \sim 40\Omega$，否则，应做进一步检查。

② 工作状态的检查。如图 5-12（b）所示，其正常情况是没有通电前，扳动离合器杆应能转动；当端子 5 接电源"+"极，端子 4 搭铁时，离合器杆应能锁住，不能任意扳动。

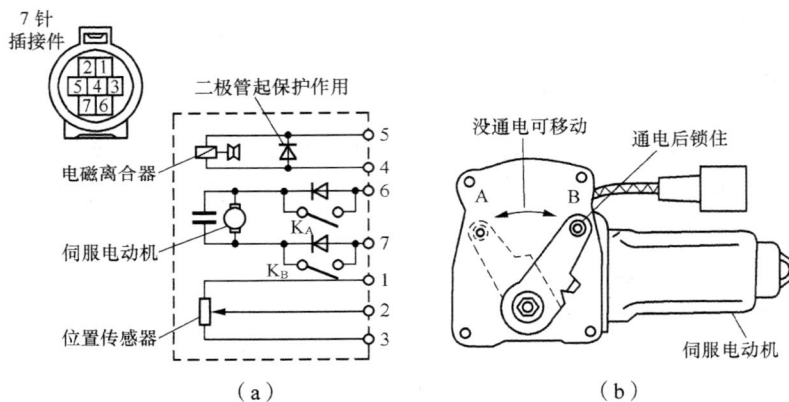

图 5-12　安全电磁离合器

③ 故障诊断。安全电磁离合器与巡航控制 ECU 的连接电路如图 5-13 所示，其故障诊断流程如下。

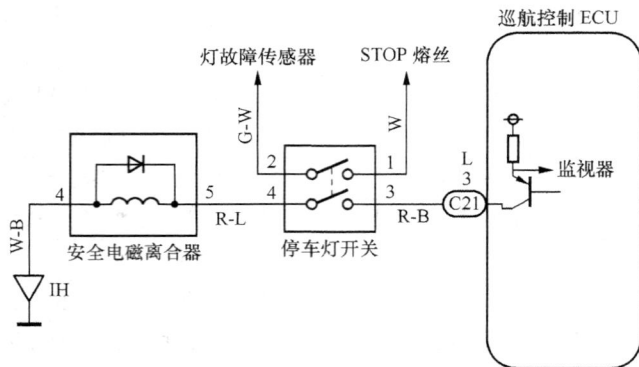

图 5-13　安全电磁离合器与巡航控制 ECU 的连接电路

检查巡航控制 ECU 连接器端子 3 与车身搭铁良好，进到下一电路检查；如果不正常，检查电磁离合器，电磁离合器不正常则需更换；如果正常，检查停车灯开关，如不正常则更换停车灯开关；如果正常，检查巡航控制 ECU 与停车灯开关、停车开关与电磁离合器、电磁离合器与车身搭铁情况。

（2）伺服电动机。

① 通电检查。在电磁离合器杆处于两极限位置 A 与 B 范围内运动时，参见图 5-12（b），保持电磁离合器完全处于通电状态。

② 故障检查。伺服电机与巡航控制 ECU 的连接如图 5-14 所示，其流程是：如果伺服电动机不正常，需更换伺服电动机；如正常，检查巡航控制 ECU 与伺服电动机之间的连接线和连接器。

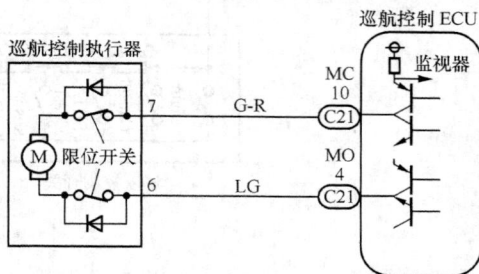

图 5-14　伺服电动机与巡航控制 ECU 的电路

表 5-2　伺服电动机线路连接图表

移动方向	电　源		接　线　端	
	+	−	6	7
加速方向	●	●		●
减速方向		●	●	●

（3）位置传感器。位置传感器与巡航控制 ECU 的电路连接如图 5-15 所示。

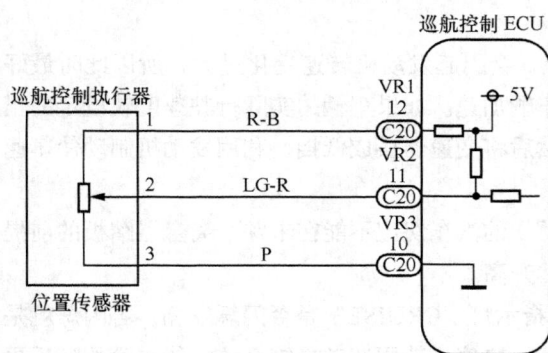

图 5-15　位置传感器与巡航控制 ECU 的电路连接图

① 电阻的检测。如图 5-15 所示，不通电时，端子 1 与 3 之间的电阻值应为 $2k\Omega$。

当用手缓慢移动离合器杆从 B 向 A 移动时，端子 2 与 3 之间的电阻应平缓地在 $0.5 \sim 1.8k\Omega$ 变化。

② 故障诊断。位置传感器的故障通常可能发生在位置传感器本身、搭铁、巡航控制 ECU 等。其故障流程是：检查巡航控制 ECU 的端子 VR2 与 VR3 之间的电压，如果正常，进到下一电路检查；如果不正常，检查执行器位置传感器；位置传感器不正常则需要更换，正常则进一步检查巡航控制 ECU 与执行器之间的配线和连接器；如正常，检查和更换控制器。

（4）巡航控制开关。巡航控制开关与 ECU 的连接如图 5-16 所示。

① 电阻值的检测。脱开控制开关连接器，测量控制开关连接器的端子 3 与 4 之间的电阻，空挡时不导通；开关在 SET/COAST 时，电阻约为 200Ω；开关在 RES/ACC 时，电阻约为 40Ω；开关在 CANECL 时，电阻约为 400Ω。

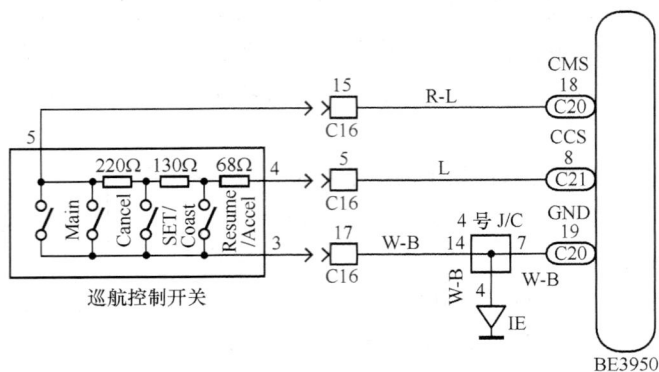

图 5-16　巡航控制开关与 ECU 连接电路图

② 故障诊断。开关工作正常，每按一个开关接通时，指示灯闪烁；开关断开时，指示灯不闪。即 CANCEL 接通，指示灯亮灭一次；SET/COAST 接通，指示灯亮灭两次；RESUME/ACCEL 接通，指示灯亮灭三次。

（5）停车灯开关。停车灯开关与 ECU 连接电路如图 5-7 所示。当制动踏板踩下时，停车灯开关向 ECU 输出信号，ECU 接到该信号后即解除巡航控制。由于设置了失效保护功能，即使停车灯电路发生故障，解除功能仍然正常，解除条件为：①在端子 STP-处为蓄电池电压；②在端子 STP+处为 0V。

3. 巡航控制系统的使用注意事项

巡航控制系统在使用中还应注意以下几个问题。

① 为了让汽车获得最佳控制，遇交通拥堵的场合，或在雨、冰、雪等湿滑路面上行驶及遇上大风天气时，不要使用巡航控制系统。

② 为了避免巡航控制系统误工作，在不使用巡航控制系统时，务必使巡航控制系统的控制开关处于关闭状态。

③ 汽车行驶在陡坡上时若使用巡航控制系统，会引起发动机转速变化过大，所以此时最好不要使用巡航控制系统。下坡驾驶中，须避免将车辆加速。如果车辆的实际行驶速度较设定的正常行车速度高出太多，则可省略巡航控制装置，然后将变速器换成低挡，利用发动机制动使车速得到控制。

④ 汽车巡航行驶时，对装备 MT（手动变速器）的汽车切记不能在未踩下离合器踏板的前提下就将变速杆移置空挡，这会造成发动机转速骤然升高。

⑤ 使用巡航控制系统要注意观察仪表板上的指示灯"CRUISE"是否闪烁发亮，若闪烁就是表明巡航控制系统是在故障状态。发现故障状态时，应停止使用巡航控制系统，待排除故障后再使用巡航控制。

（四）自适应巡航控制系统

自适应巡航控制系统（Adaptive Cruise Control，ACC），又称为主动巡航系统。它将汽车自动巡航系统 CCS 和车辆前向撞击报警系统 FCWS（Forward Collision Warning System）有机地结合起来，既有自动巡航功能，又有防止前向撞击功能。随着各项技术的进步和对汽车行驶安全性要求的提高，特别是对有效地防止追尾碰撞要求的不断提高，使得 ACC 迅速发展起来。

1．ACC 系统基本组成

自适应巡航控制系统是在自动巡航系统的基础上发展而来的全新巡航系统，它能够自动保持车辆的巡航速度和本车与前方车辆的设定安全距离。

ACC 系统和 CCS 系统的区别如图 5-17 所示。

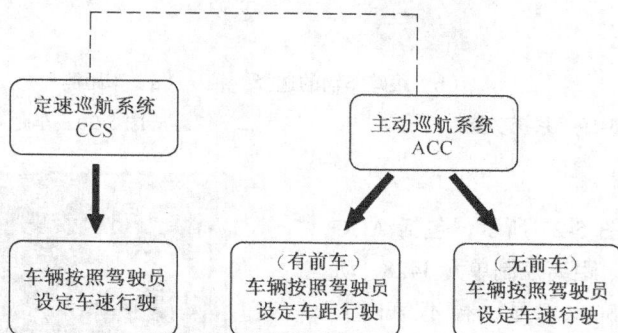

图 5-17　ACC 系统和 CCS 系统的区别

ACC 系统在工作时，有前车时定距巡航，无前车时定速巡航。

2．系统功能

ACC 系统的功能包括车距测量、前车车速测定、前车位置测定、跟踪车辆的选择，雷达工作的基本原理如图 5-18 所示。

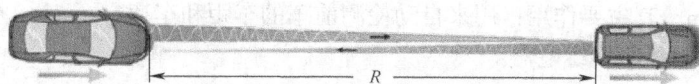

（a）相对速度的确定

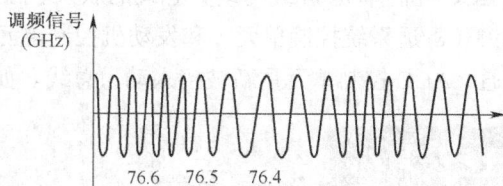

（b）雷达工作原理

图 5-18　雷达工作的基本原理

（1）前车位置测定。雷达探测信号采用 3 束雷达波形式，以波瓣状向外发射，信号强度随发射器距离的增大而逐渐减弱，如图 5-19（a）所示。

跟踪车辆的选择。由带有自适应巡航控制系统的车辆正行驶的弯道半径和已确定的车道平均宽度得出此虚拟车道，雷达探测器能够测量出此车道和旁边车道的物体，作为车距调控系统的参考，如图 5-19（b）所示。

（2）车距测量。雷达发射信号到接收部分反射信号所用的频率差取决于目标物之间的距离，如图 5-20（a）所示。

（3）车速测量。为获取前方车辆的车速，这里要运用一个物理作用，即"多普勒效应"。当发射器与被探测目标的距离缩短时，反射信号的频率升高，相反情况时则频率下降，如图 5-20（b）所示。

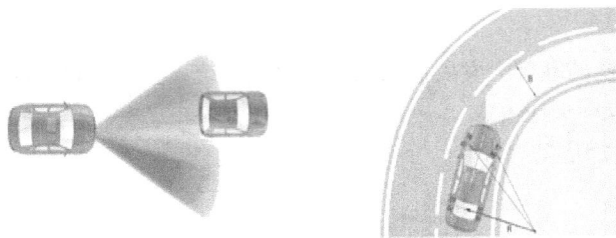

（a）前车位置测定　　　　　（b）跟踪车辆的选择　　　　（a）车距测量　　　　（b）车速测量

图 5-19　系统功能

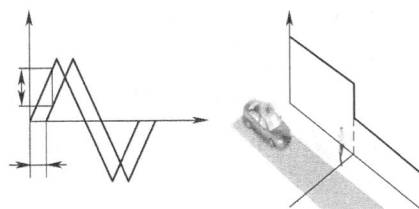

图 5-20　车距和车速的测量原理

3. ACC 系统构成

ACC 系统构成如图 5-21 所示，包括 ACC 自动控制传感器 G550、距离控制单元 J428，动力总线断路继电器 J788、ACC 显示器（仪表内）、仪表控制单元 J285 及控制杆。

（1）ACC 系统自动控制传感器和距离控制单元。ACC 自动控制传感器 G550 和距离控制单元 J428 安装在水箱支架上，传感器频率：76.5 GHz；距离范围：150 m；水平角度：12°，垂直角度：±4°；速度范围：30～210 km/h；转弯半径：>500 m。其主要作用：用来自动检测前车的车距和车速。

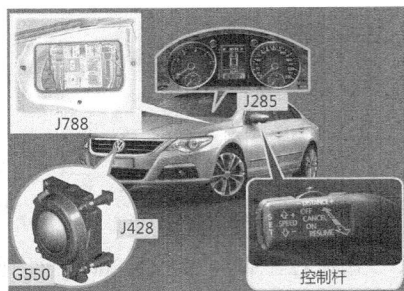

图 5-21　ACC 系统的构成

G550—ACC 自动控制传感器；J428—距离控制单元；
J788—动力总线断路继电器；J285—仪表控制单元、控制杆

（2）J788 动力总线断路继电器。

① 在传递防盗信号时，切断 ACC 系统控制单元。在打开点火开关时，网关 J533 切断动力总线继电器 J788，从而切断 ACC 控制单元 J428 与动力总线的联系。在 ACC 控制单元 J428 被切断后，防盗系统控制单元 J393（舒适系统控制单元）和发动机控制单元 J623 进行防盗信息验证，验证完成后，J788 重新接通，ACC 控制单元重新被接入动力总线。如图 5-22 所示。

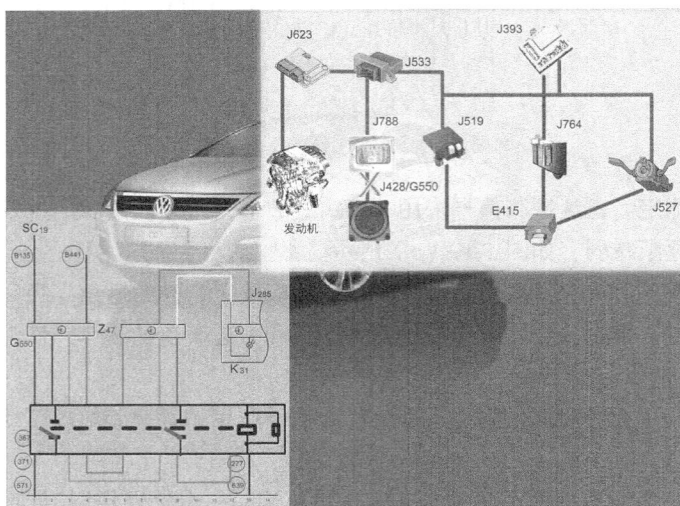

图 5-22　J788 动力总线断路继电器的功能

J533—网关；J393—舒适系统控制单元（防盗系统控制单元集成 J393 内部）；J623—发动机控制单元

② 防止车辆前部碰撞时，ACC 系统传感器处动力总线短路或断路导致车辆无法起动。

（3）控制杆。用来激活或关闭自适应巡航系统，并对自适应巡航系统的车距或车速进行设定。

（4）ACC 系统显示。ACC 系统信息可在显示器上显示出来，如图 5-23 所示。显示内容如图 5-23 所示。

图 5-24（a）所示表示前方未检测到车辆，未设定期望车速。

图 5-24（b）所示表示前方检测到车辆，设定期望车速 100 km/h，显示测量的与前车距离。

图 5-24（c）所示表示前方检测到车辆，设定期望车速 100 km/h，显示测量的与前车距离，接受驾驶员的刹车指令。

图 5-24（d）所示表示前方检测到车辆，设定期望车速 100 km/h，显示测量的与前车距离，改变到设定距离。

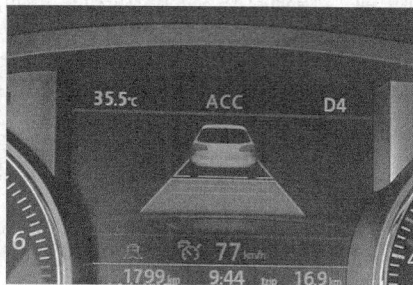

图 5-23　ACC 系统信息显示器

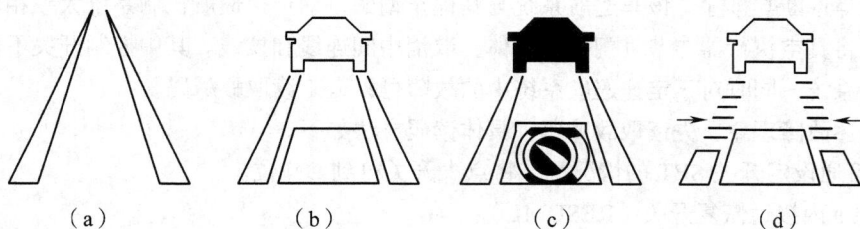

（a）　　　　　（b）　　　　　（c）　　　　　（d）

图 5-24　被动 ACC 显示情况

主动 ACC 系统显示如图 5-25 所示。

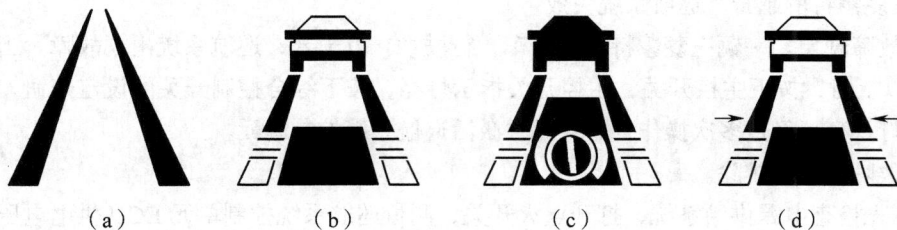

（a）　　　　　（b）　　　　　（c）　　　　　（d）

图 5-25　主动 ACC 系统显示情况

图 5-25（a）所示表示前方未检测到车辆，设定期望车速 100 km/h。

图 5-25（b）所示表示前方检测到车辆，设定期望车速 100 km/h，显示测量的与前车距离。

图 5-25（c）所示表示前方检测到车辆，设定期望车速 100 km/h，显示设定与测量距离，接受驾驶员的刹车指令。

图 5-25（d）所示表示前方检测到车辆，设定期望车速 100 km/h，显示设定与测量的车距，改变到设定距离。

4. ACC 系统的功能限制

① 在驶入弯道和驶出较长的弯道时，雷达测距传感器可能会对相邻车道上的汽车做出反应。

② 不在同一条直线上行驶的车辆，只有在传感器的识别范围之内才能被雷达测距传感器识别出来。特别是狭窄型的机动车（如摩托车）更是如此，雷达测距传感器无法识别到不在识别范围之内的狭窄型机动车。

③ ACC 系统是驾驶辅助系统，而不是自动驾驶系统，因此驾驶员要注意路面情况，必要时还要施加制动。

④ 雨水和污物对雷达测距传感器的影响。如果雷达测距传感器的功能因大雨、水花、雪和泥而受影响，自动车距控制会暂时自动关闭，组合仪表显示屏上出现"Clean ACC"。在这种情况下，自动车距控制的工作方式就像普通自动巡航装置一样，保持设置的车速，但是不控制与前车的车距。

（五）故障案例

1. 三菱帕杰罗速跑轿车自动定速巡航系统失效

（1）故障现象。2003 款北京帕杰罗速跑 3.0L 汽车自动定速巡航失效。

（2）故障诊断与排除。该车巡航系统与其他车型的自动定速巡航控制系统大致相同。在结构上，该系统将真空执行器与节气门融合一体，取消中间连线和拉线。其中控制开关不仅能操作自动定速巡航系统，同时对于定速巡航系统中的故障可以人工读取故障码。

根据上述故障现象，先读取故障码，具体读码方法如下。

① 在接通设定开关 SET 的情况下，将点火开关打到 ON 位。

② 在 1 s 内接通恢复开关（RESUME）。

③ 再次接通设定开关 SET，踩制动踏板 5 s 或更长时间，通过 CRUISE 灯闪亮读取故障码。

读得故障码 12，其含义是车速传感器信号异常。于是仔细检查车速传感器及其线路，发现其插线脱落。将插线插好后，试车，自动定速巡航系统功能恢复，故障排除。

2. 三菱蒙特罗越野车巡航系统失效

（1）故障现象。一辆三菱蒙特罗越野车，行驶 21 万千米，巡航系统出现故障。当车速超过 40 km/h 以上时，按下主控开关，主控开关指示灯亮，按下综合控制开关的设定按钮，巡航系统工作指示灯不亮，经过多次操作，始终无法激活巡航系统控制单元。

（2）故障诊断与排除。

① 首先检查电源供给系统，打开点火开关，测量巡航系统控制单元 ECU 供电电压，电源供电正常。

② 检查巡航系统至各部件的线束是否存在短路、断路故障，没有发现异常现象。

③ 影响 ECU 激活的部件较多，如主控开关、综合控制开关、停车灯开关、节气门怠速触点开关、O/D 开关、车速信号以及里程表内部电路等。将上述的几个开关分别进行检测，若没有发现常开的变成常闭、常闭的变成了常开或开关触点接触不良等现象，则几个开关功能正常。

④ 检测车速信号，如果车辆处于静止状态，必然没有车速信号，也无法对巡航系统执行机构进行全面检查。于是，接上发动机控制单元检测仪，从 ECU 第 26 脚的车速信号输入端接出 1 条引线，用万用表交流 2V 挡进行车速信号的测量，对该车再次进行路试。在路试过程中，从检测仪上看不到车速信号。据此判断由于没有车速信号输入到巡航系统控制单元，所以无法激活 ECU，从而导致巡航系统无法工作。

⑤ 拆下仪表盘，将里程表拆下，经认真检查，发现输出端口处的一个贴片晶体管表面有凸起痕迹，取下测量，3个电极已击穿。更换晶体管，装复仪表，进行路试测量，车速信号正常。操纵巡航系统，仪表上的巡航系统工作指示灯亮，同时操纵加、减速功能一切正常，故障排除。

3. 迈腾轿车 1.8T 手动挡车辆定速巡航系统无法设定

（1）故障现象。车辆达到巡航设定车速后，打开巡航开关，按压"SET"按钮，定速巡航无法设定。迈腾车辆巡航系统可在 20 km/h～210 km/h 车速范围内使汽车以设定的车速恒速行驶。正确操作方法为：沿图 5-26 所示箭头①的方向拉操纵杆，直至其啮合，即可打开车速巡航控制系统。当车辆行驶速度达到 20 km/h 以上需要进行定速巡航时，立即按下图 5-26 中的Ⓐ按钮，即可将该车速储存和保存在系统里，此时如果设定成功则组合仪表内的指示灯随即点亮。

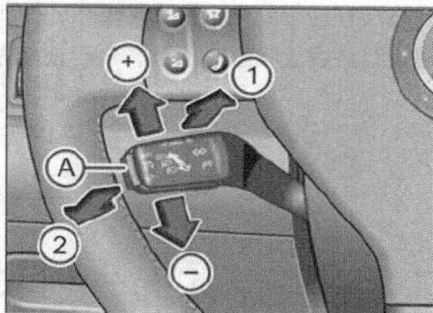

图 5-26　迈腾轿车 1.8T 手动挡车辆定速
巡航系统的设定开关

（2）故障原因。

① 巡航未被激活或控制单元故障。

② 控制单元（J623 或 J527）编码错误。

③ 刹车或离合器开关故障。

④ 巡航开关故障。

⑤ 节气门体故障。

⑥ 加速踏板故障。

⑦ 转向柱控制单元 J527 故障。

⑧ 线路故障。

（3）故障诊断过程。

① 用 VAS5051 进入网关列表检查所有系统，无故障码。

② 检查发动机控制单元 J623 编码、J527 编码，均正常。

③ 检查 J527 数据流，16-08-004 的 2 区和 3 区，操纵巡航开关分别有开关、激活、加速、恢复、减速各个信号，说明 J527 能够收到巡航开关的信号，证明巡航开关及到 J527 的线路无故障。

④ 检查发动机控制单元 J623 的离合器开关信号、制动开关信号、巡航开关信号。01-08-066 的巡航开关打开时，第 4 区是 10000001，第 2 区是 00001000，关闭时 2 区和 4 区均为 00000000。第 2 区踩下离合器踏板和制动踏板是 00001111，松开是 00001000，对比正常车辆数据流变化情况，结果相同。判断制动开关、离合器开关、巡航开关，均正常。

⑤ 在 J540 中读取离合器开关数值（53-08-008-01），与正常车辆对比无异常。在 J519 中读取离合器开关数值（09-08-15-03），能够正常显示开/关，与正常车辆对比无异常。

⑥ 检查节气门和油门踏板数据块变化均正常，清洗并匹配了节气门试车，故障依旧。所有数据均正常巡航不工作，按经验更换巡航开关试车，无效。经检查，巡航所需要的全部开关信号均正常。各个控制模块之间通过总线传递信号，而在 J623 中可以读取到经过 J527 传递过来的巡航开关信号，说明总线系统无异常。

此时做如下推断：各个控制单元收到开关的正常信号，执行器也可以正常执行信号。证明有某一条件不满足导致控制单元禁止车辆进入巡航状态。检查全车保险丝正常，而后清理了所有搭铁线试车还是无效。此时怀疑是某一控制模块干扰，分别更换了 J533、J527、J519 等控制模块试车，故障依旧。

维修思路陷入僵局，重新对系统及可能故障点进行分析，发现主要传感器和执行器到模块的线路没有进行测量，重新对线路进行测量。检查发现离合器开关 T5j/2 到 J623 的 T94/43 断路，修理该线路后故障解决。迈腾轿车巡航系统电路图如图 5-27 所示。

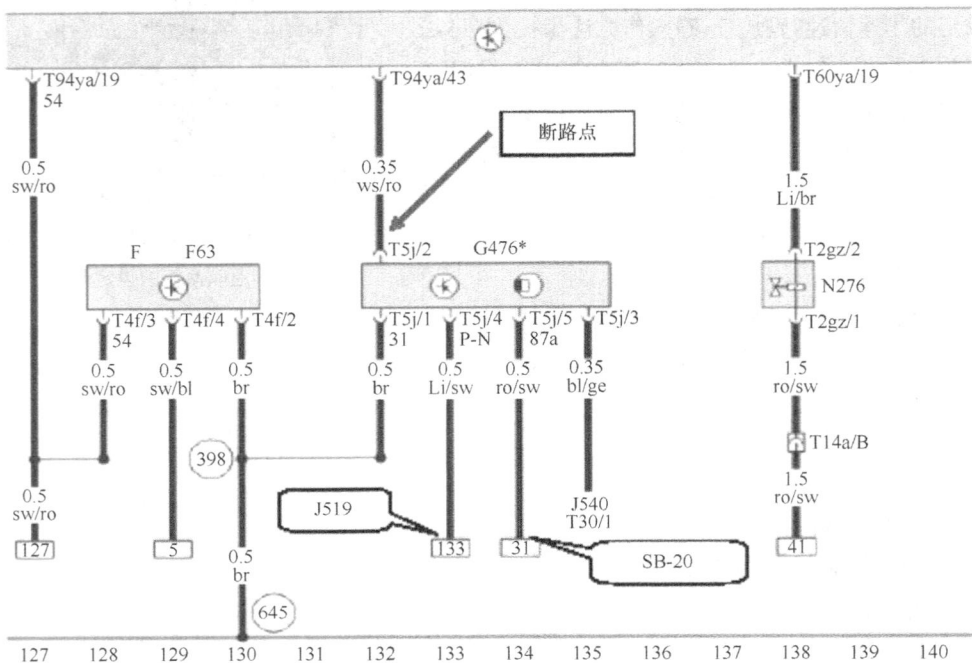

图 5-27　迈腾轿车巡航系统电路图

三、项目实施

任务一　宝来轿车巡航控制系统的设定与自诊断

（一）实施目的及要求

（1）通过该任务的实施，应能够对宝来轿车巡航控制系统进行设定和操作、故障诊断与排除，并掌握巡航控制系统的工作原理。

（2）该项目应具备完成项目的车辆和该车辆的电路图等资料。

（3）实训设备及仪器：VAS5051/VAS5052 等诊断仪及拆装设备。

（二）实施步骤

1. 宝来轿车巡航控制系统的设定

（1）把按钮 A 上的开关置于 ON，如图 5-28 所示。当巡航装置打开后会在仪表上显示一个警报灯，如图 5-29 所示。

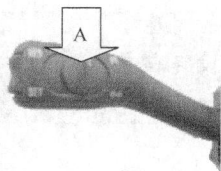

图 5-28　巡航系统控制开关

图 5-29　巡航系统指报灯

> **注意**
>
> 该警报灯不是在所有装备 CCS 系统的车上都有。

（2）设定车速。当达到理想的车速后，短暂地按一下"SET"键，如图 5-30 所示。松开加速踏板，此时按设定的车速行驶。

在巡航状态下，通过踩加速踏板也可提高车速，但当脚离开加速踏板后，车速又会回到以前的设定值。但有一个例外，即如果超过 5 min 以大于设定车速 10 km/h 的速度行驶后，就必须重新存储速度值。

如果进行系统临时关闭操作时没有速度值被存储或已存储的速度值被清除了，可以通过以下方法重新存储：开关置于 ON，紧接着按住按钮"+"，直到达到理想的速度值，松开按钮后当前的速度值就被存储下来了。

（3）减速/存储。已存储的车速可以通过按"-"按钮有级（1、2 或 3 km/h）降低。如果按住该按钮不动，车速会自动降低，直到达到目标车速时松开按钮，当前的车速就被存储下来了，如图 5-31 所示。当"-"按钮在车速低于 30 km/h 时松开，存储的车速值被清除，此时只能加速到 30 km/h 以上后再重新存储。

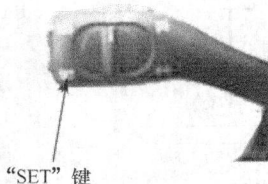

"SET"键

图 5-30　巡航系统的"SET"键

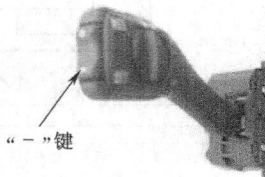

"-"键

图 5-31　巡航系统"-"键

（4）临时关闭系统。

① 手动变速器。临时关闭时，踩制动踏板或离合器踏板，当前存储着的速度值仍被保留着。如果想重新获取已存储的速度，则必须在松开制动踏板或离合器踏板之后，紧接着按一下"RES"

键，如图 5-32 所示。

② 自动变速器。临时关闭时，踩制动踏板或将换挡杆置于 P、R、N、1 位置，当前存储着的速度值仍被保留着。如果想重新调用已存储的速度，当车速高于 30 km/h 时，松开制动踏板或将换挡杆移到 D、3、2 挡之后，紧接着按一下"RES"键，如图 5-30 所示。

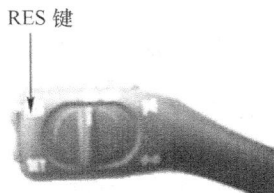

图 5-32　巡航系统"RES"键

只有当前的交通状况允许时，才建议恢复到较高的设定车速。

（5）巡航系统。

① 巡航系统在以下情况不应该开启：交通密集或不适宜的路面，如水滑路面、碎石路面等。

② 当系统启动后不允许不踩离合器就换入空挡，否则发动机会因转速过高而损坏。

③ 行驶中在下坡时巡航装置不能保持速度的恒定，因为重力会使车速不断增加，这时需要人为制动。

自动变速器车上的巡航装置只有当换挡杆处于 D、3、2 挡时才能被激活。当将换挡杆移到 P、N、R、1 挡时，系统停止工作。

2. 宝来轿车巡航控制系统自诊断

宝来轿车巡航控制系统电路如图 5-33 所示。

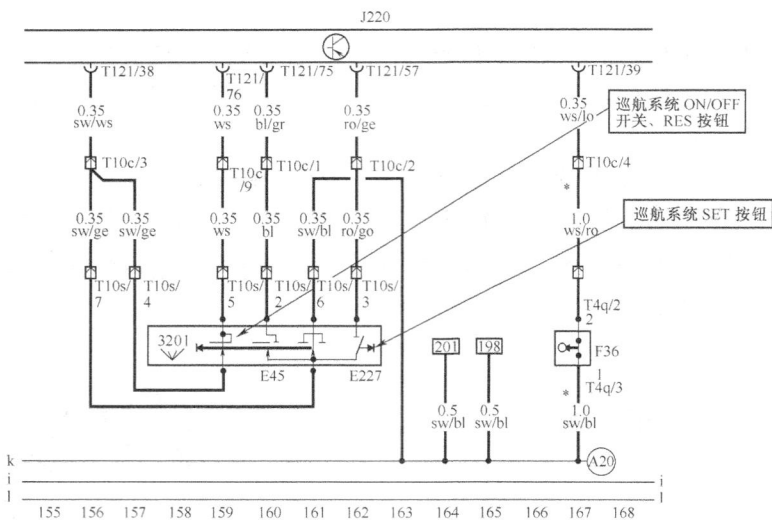

图 5-33　宝来轿车巡航控制系统电路图

（1）宝来轿车巡航控制系统的设定方法。由于 CCS 系统是集成在发动机电控系统中的一个子系统，所以其自诊断的各项功能均在发动机电控系统（地址 01）中完成。可使用 V.A.G1551/1552、VAS5051/5052 等诊断仪器，如图 5-34 所示。将 VAS5051/5052 连接到宝来轿车的诊断插头上，打开 VAS5051 或 VAS5052，进入 01 地址。

图 5-34 大众车系自诊断设备

01 为控制单元版本信息，装备 CCS 系统的发动机控制单元版本信息，以 1.8 L 发动机为例，它在 VAS5051 上的显示信息如图 5-35 所示。

（2）读取数据流。数据组 066 的显示状态如图 5-36 所示。

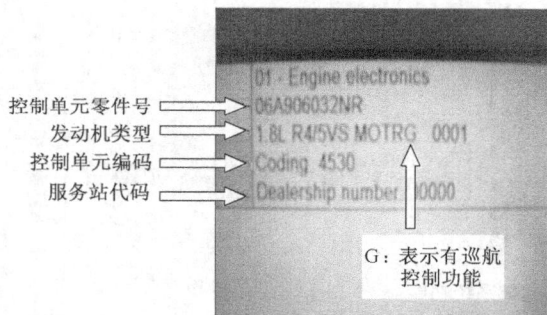

图 5-35 VAS5051 显示装备 CCS 系统的发动机控制单元版本信息

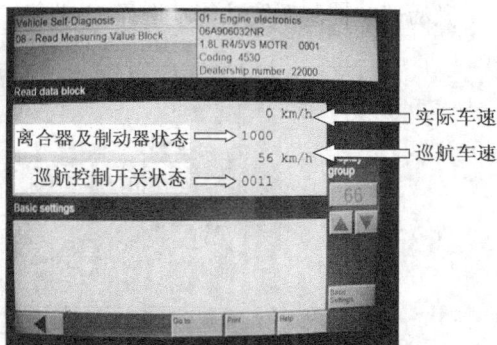

图 5-36 数据组 066 实际显示状态

数据组 066，显示区 2 的显示内容如图 5-37 所示。

显示区 2：1　0　0　0 各数值依次表示：巡航控制系统是否接通；离合器是否踏下；制动器是否踏下；制动器状态。其中，1 表示肯定，0 表示否定。

数据组 066，显示区 4 的显示内容如图 5-38 所示。

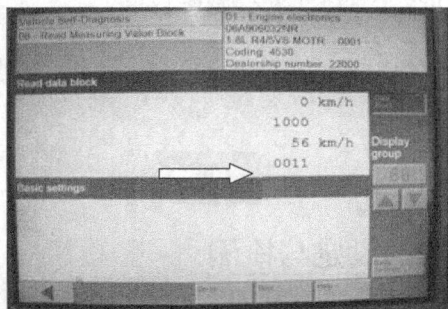

图 5-37 显示区 2 显示状态

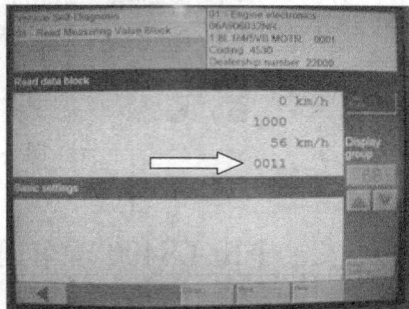

图 5-38 显示区 4 显示状态

显示区 4：0　0　0　0 各数值依次表示：RES 按钮状态；SET 按钮状态；巡航控制开关位置；

巡航控制开关位（ON 或 OFF）。其中，1 表示肯定；0 表示否定。

（3）巡航控制系统激活或取消。采用 11 功能，可取消或激活巡航功能，进入 VAS5051 界面，如图 5-39 所示。

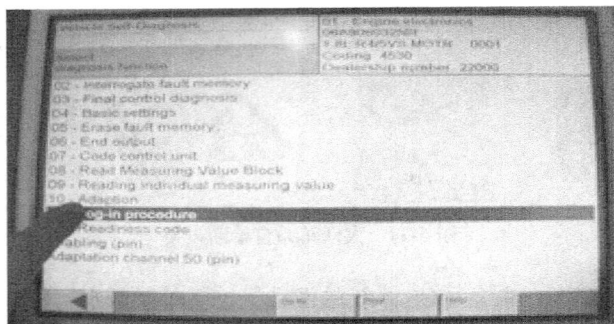

图 5-39　取消或激活巡航功能 VAS5051 界面

激活巡航控制系统功能：选择 11 功能，输入 11463，如图 5-40 所示。

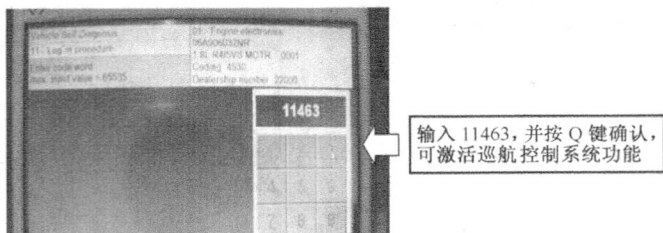

图 5-40　激活巡航系统功能

取消巡航控制系统功能：选择 11 功能，输入 16167，如图 5-41 所示。

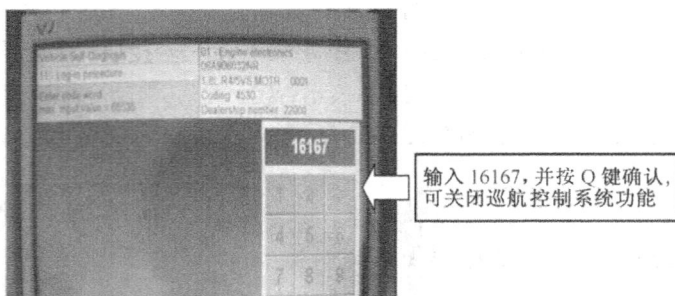

图 5-41　取消巡航系统功能

任务二　丰田 LS400 轿车巡航控制系统的设定与检测

（一）实施目的及要求

（1）通过该任务的实施，应能够对丰田轿车巡航控制系统进行设定和操作、故障诊断与排除，并掌握巡航控制系统的工作原理。

（2）该项目应具备完成项目的车辆和该车辆的电路图等资料。

（3）实训设备及仪器：X431、KT600等诊断仪。

（二）实施步骤

1. 丰田LS400轿车巡航控制系统的设定

丰田车系巡航控制开关一般采用手柄式开关，安装于转向盘下方，如图5-42所示。也有的采用按键式开关，装在转向盘上方。以丰田车系为例，巡航控制开关包括主开关（MAIN）、设定/减速开关（SET/COAST）、恢复/加速开关（RES/ACC）和取消开关（CANCEL）。

（1）主开关。主开关是巡航控制系统的主电源开关，位于巡航控制开关的端部，为按键式开关，如图5-42所示。按下主开关，电源接通；再按一次主开关，电源断开。当主开关接通时，如果将点火开关关闭，主开关也关闭。当再次接通点火开关时，巡航主开关仍保持关闭。

（2）控制开关。手柄式巡航控制开关一般由设定/减速开关、恢复/加速开关和取消开关组成。该开关为自动回位型，当向下推控制开关时（见图5-42（a）中的方向C），设定/减速开关接通，放松控制开关时，开关自动回到原始位置。当向上推控制开关时（见图5-42（a）中的方向B），恢复/加速开关接通。当向后拉控制开关时，取消开关接通（见图5-42（a）中的方向D）。

2. 凌志轿车LS400轿车巡航控制系统的检测

凌志LS400轿车巡航控制系统为数字微型计算机控制型，巡航控制开关为手柄型，执行器为电动机驱动型。凌志LS400轿车巡航控制系统部件位置如图5-43所示。其电路图如图5-44所示。

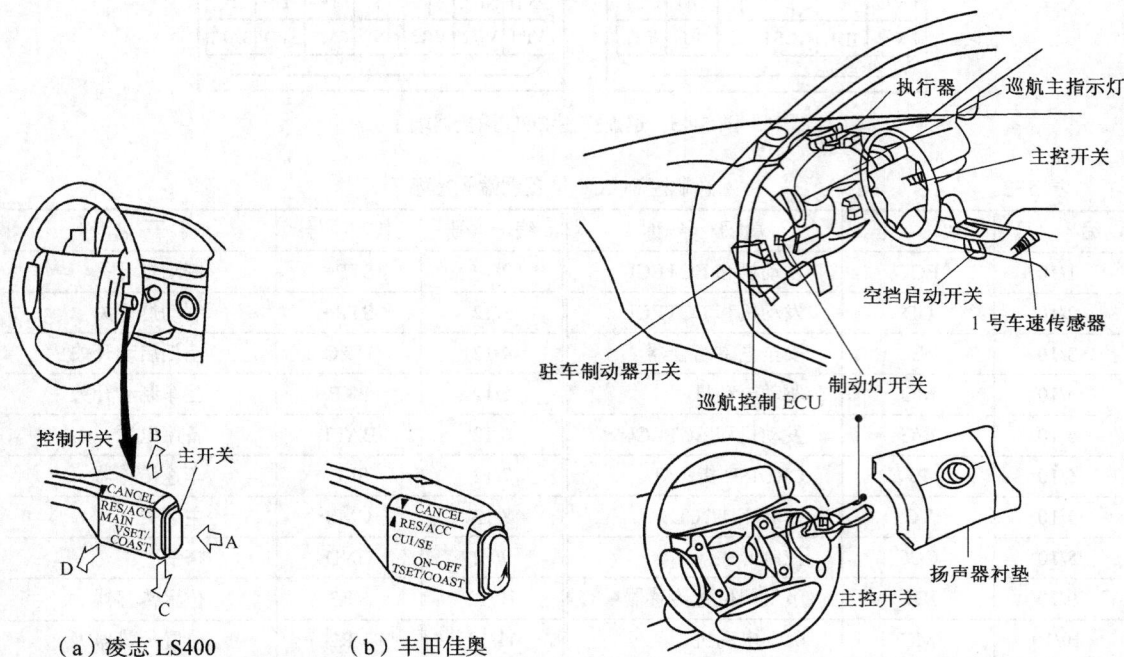

（a）凌志LS400　　（b）丰田佳奥

图5-42　巡航控制开关

图5-43　凌志LS400汽车巡航控制系统部件位置

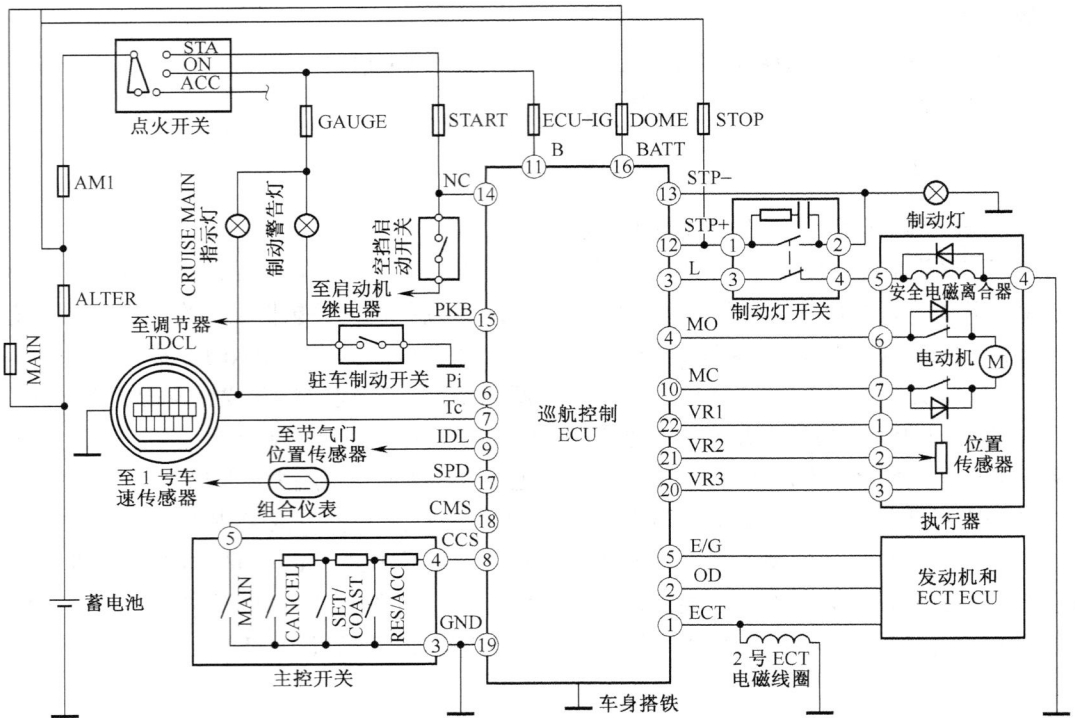

图 5-44　凌志 LS400 轿车巡航控制系统电路

巡航控制 ECU 插接器端子如图 5-45 所示。插接器端子名称见表 5-3。

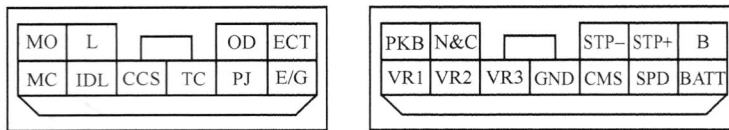

图 5-45　巡航控制 ECU 插接器端子

表 5-3　　　　　　　　　　　　　　巡航控制 ECU 插接器端子名称

编　号	代　号	端 子 名 称	编　号	代　号	端 子 名 称
1/10	ECT	发动机和 ECTECU	2/12	STP+	制动灯开关
2/10	OD	发动机和 ECTECU	3/12	STP−	制动灯开关
3/10	L	安全电磁离合器	4/12	N&C	空挡启动开关
4/10	MO	驱动电动机	5/12	PKB	驻车制动开关
5/10	E/G	发动机和 ECTECU	6/12	BATT	备用电源
6/10	PJ	CRUISE 指示灯	7/12	SPD	车速传感器
7/10	TC	诊断座 TDCL	8/12	CMS	主开关
8/10	CCS	控制开关	9/12	GND	搭铁
9/10	IDL	节气门位置传感器	10/12	VR3	位置传感器
10/10	MC	驱动电动机	11/12	VR2	位置传感器
1/12	B	电源	12/12	VR1	位置传感器

凌志轿车巡航控制系统的故障诊断与排除的方法如下。

（1）巡航控制系统状态指示的检查。仪表板上的 CRUISE 指示灯的闪烁情况可以指示巡航控制系统的状态，巡航控制系统状态指示的检查步骤如下。

① 接通点火开关。

② 接通巡航控制主开关，巡航指示灯应点亮；关闭巡航控制主开关，巡航控制指示灯应熄灭。若指示灯不亮，应检查指示灯和指示灯电路。

③ 如果巡航控制 ECU 诊断出系统有故障时，巡航指示灯将闪烁 5 次，每次闪烁指示灯亮 0.5 s，灭 1.5 s，并且 ECU 将故障码存储在存储器。

（2）读取故障码。

① 接通点火开关。

② 用跨接线将诊断座 TDCL 的端子 TC 与端子 E1 短接，如图 5-45 所示。

③ 根据仪表板上的 CRUISE 指示灯的闪烁情况，读取故障码。

故障码为两位数，指示灯首先闪烁故障码的十位数，指示灯点亮、熄灭的间隔为 0.5 s。显示完十位数后，间隔 1.5 s 后闪烁个位数，个位数的显示方式与十位数相同。如果有多个故障码，故障码将按从小到大的顺序依次显示。故障灯的电压波形如图 5-46 所示。

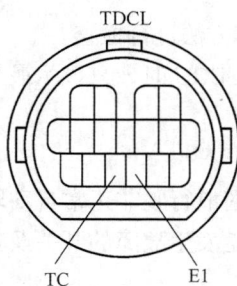

图 5-46　诊断座 TDCL　　　　图 5-47　故障灯的电压波形

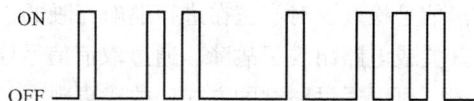

④ 如果系统没有存储故障码，则巡航指示灯将以点亮 0.25 s、熄灭 0.25 s 的方式持续闪烁，故障码的含义见表 5-4。

表 5-4　　　　　　　　　　凌志 LS400 巡航控制系统故障码的含义

故　障　码	故障码的含义	故　障　码	故障码的含义
11	驱动电动机或安全离合器电路不正常	23	实际车速低于设定车速 16 km/h 以下
12	安全离合器电路不正常	31	控制开关电路不正常
13	驱动电动机或安全离合器电路不正常	32	控制开关电路不正常
21	车速传感器不正常	34	控制开关电路不正常

⑤ 完成检查后，拆下 TC 与 E1 端子之间的跨接线，关闭点火开关。

（3）清除故障码。排除故障后，关闭点火开关，拆下位于发动机室的熔断器/继电器盒内的"DOME"熔断器 10 s 以上，即可清除故障码。装上熔断器，重新读取故障码，应显示正常代码。

（4）输入信号检查。输入信号包括巡航控制开关信号、制动灯信号、驻车制动信号和空挡启动开关信号等。输入信号检查的目的是确认各输入信号是否正常地输入巡航控制 ECU。其方法是在巡航控制系统进入输入信号检查模式后，通过操作输入信号开关或在汽车行驶时使相应的输入

信号进入巡航控制 ECU，如果 ECU 收到相应的信号，将通过巡航指示灯闪烁输出相应的代码，确认接收到该输入信号。如果巡航指示灯没有输出相应的代码，表明 ECU 没有接收到相应的输入信号，说明信号输入装置或其电路有故障。进入输入信号检查模式的步骤如下。

① 接通点火开关，将巡航控制开关置于设定/减速位置保持不动，接通巡航控制主开关，巡航指示灯应反复闪烁，见表 5-5。

表 5-5　　　　　　　　　　　　巡航控制系统输入信号的检查

序　号	操 作 方 法	闪烁代码	诊　　断
1	接通点火开关，接通取消开关	1	取消开关电路正常
2	接通点火开关，接通设定/减速开关	2	设定/减速开关电路正常
3	接通点火开关，接通恢复/加速开关	3	恢复/加速开关电路正常
4	接通点火开关，踏下制动踏板	6	制动灯开关电路正常
5	启动发动机，拉紧驻车制动	7	驻车制动开关电路正常
6	汽车行驶，然后将变速杆置于空挡位置	8	空挡启动开关电路正常
7	汽车以高于 40 km/h 的车速行驶	持续闪烁	车速传感器正常
8	汽车以低于 40 km/h 的车速行驶	常亮	

② 放松巡航控制开关使设定/减速开关关闭，按表 5-5 的操作方法进行检查。

③ 根据巡航指示灯的闪烁读取代码，当两个以上的信号输入 ECU 时，只显示最小的代码，见表 5-5。

④ 要退出输入信号检查模式，关闭巡航控制主开关即可。

（5）取消信号检查。对于正在进行巡航行驶的汽车，如果其巡航行驶非正常自动取消，可能是某个取消开关或电路出现了故障。通过取消信号检查，可以确定发生故障的开关及其电路。对于间歇性故障，可以通过路试的方式使故障再现。

巡航控制系统 ECU 进入取消信号检查模式的方法如下。接通点火开关，将巡航控制开关置于取消位置保持不动，接通巡航控制主开关，巡航控制 ECU 即进入取消信号检查模式。读取仪表板上的巡航指示灯闪烁的诊断码，见表 5-6。指示灯显示的代码为取消巡航控制系统工作的取消信号代码，即发生故障的取消开关的代码。要退出取消信号检查诊断模式，关闭巡航主开关即可。

表 5-6　　　　　　　　　　　　巡航控制系统取消信号检查

代　码	诊　　断	代　码	诊　　断
1	除故障码 23 以外的故障	5	接收到空挡启动开关信号
2	故障码为 23 的故障	6	接收到驻车启动开关信号
3	接收到 CANCEL 的开关信号	7	车速传感器的输出信号降到 40 km/h 以下
4	接收到制动灯开关信号	常亮	除上述以外的故障（如电源中断）

　　　　当驾驶员通过操纵某一取消开关停止巡航控制系统的工作时，代表相应取消信号的代码同样会存储在巡航控制 ECU 内。因此，表 5-6 中的代码不能理解为故障码。

（6）巡航控制系统故障诊断与排除顺序。当对巡航控制系统进行自诊断测试后，如果读取到故障码，还要进一步进行故障码诊断，以确定故障的具体部位。由于同一个故障码的产生可能有几个原因，因此在进行故障码诊断时，应按一定的顺序进行检查，数字小的项目优先检查，见表5-7。

表5-7　　　　　　　　　　　巡航控制系统故障诊断与排除顺序表

故障部位 故障码	驱动 电动机	安全电磁 离合器	位置传感 器电路	车速 传感器	控制开关 电路	执行器 控制拉索	巡航控制 ECU
11	1	2					3
12		1					2
13			1				3
21				1			2
23	3			2		1	1
31					1		2
32					1		2
34					1		2

2. 故障码的诊断方法

在故障自诊断测试中，如果读取到故障码，应根据读取到的故障码进行故障码诊断，以进一步确定故障的具体部位。

（1）故障码11或23执行器电动机电路故障。巡航控制执行器的电动机由巡航控制ECU通过占空比信号控制工作，ECU通过改变输出信号占空比实现节气门的开大或关小。如果输出到执行器电动机的占空比信号为100%，则故障码11将出现。故障码11还表示执行器电动机电路短路。

当执行器电动机工作时，如果位置传感器信号不变化，则故障码23将出现。

故障码11或23的诊断步骤如下。端子序号如图5-48所示。

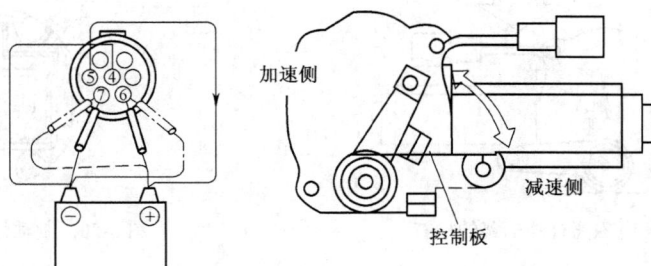

图5-48　执行器电动机电路的检查

① 拔下巡航控制执行器电动机插接器，将蓄电池正极与执行器端子5连接，将蓄电池负极与执行器端子4连接，确认电磁离合器接合。

② 将蓄电池的正极与执行器端子6连接，负极与执行器端子7连接，控制臂应平滑地转向节气门打开方向。

③ 将蓄电池的正极与执行器端子7连接，负极与执行器端子6连接，控制臂应平滑地转向

节气门关闭方向。

④ 当控制臂转到节气门全开或全关的极限位置时，限位开关应使控制臂停止转动。

如检查结果不是如上所述，则应更换巡航控制执行器。

⑤ 检查巡航控制 ECU 与执行器之间的导线，如果导线有故障，应进行修理。

（2）故障码 11 或 12 电磁离合器电路故障。当巡航控制系统工作时，巡航控制 ECU 使巡航执行器内的电磁离合器通电接合。如果巡航控制系统有故障，则电磁离合器不工作，执行器电动机与控制臂之间的联系将被切断。故障码 11 表示电磁离合器电路短路，故障码 12 表示电磁离合器电路断路。

故障码 11 或 12 的诊断步骤如下。

① 拔下巡航执行器电动机插接器（电磁离合器分离），用手转动执行器控制臂，应能自由转动。

② 如图 5-49 所示，将蓄电池正极与执行器端子⑤连接，将蓄电池负极与执行器端子④连接（电磁离合器接合）。用手转动执行器控制臂，应转不动，否则更换执行器。

③ 拔下制动灯开关插接器，检测开关端子之间的导通性，如图 5-50 所示。放松制动踏板时，端子 1 与 3 之间应导通；踏下制动踏板时，端子 2 与 4 之间应导通。

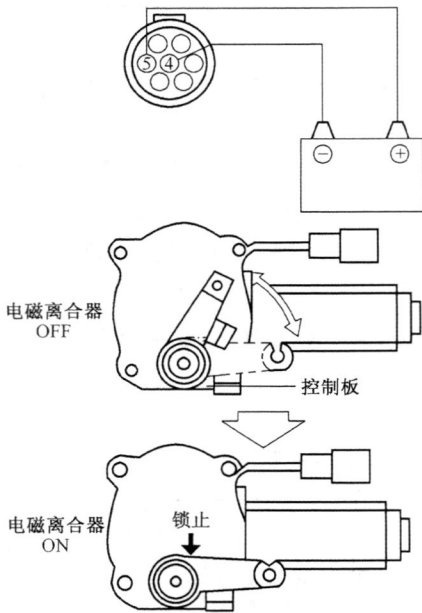

图 5-49　电磁离合器电路的检查

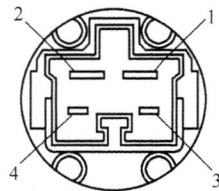

图 5-50　制动灯开关插接器端子

④ 检查制动灯开关与巡航控制 ECU 之间的导线、制动灯开关与执行器之间的导线、执行器与搭铁之间的导线的通断，如果导线有故障，则进行修理。

（3）故障码 13 位置传感器电路故障。位置传感器的作用是检测执行器控制臂的位置，并将位置信号送至巡航控制 ECU。当 ECU 检测到不正常的位置传感器电压信号或当电动机工作而位置传感器信号不变化时，故障码 13 出现。

故障码 13 的诊断步骤如下。

① 拆下巡航控制 ECU，保持线束插接器连接，接通点火开关。

用手慢慢将控制臂从加速侧转向减速侧时，检测巡航控制ECU线束侧插接器端子VR2与端子VR3之间的电压，如图5-51所示。

② 控制臂在节气门全关位置，电压应为1.1 V；在节气门全开位置，电压应为4.2 V。

③ 拔下执行器插接器，测量执行器端子1与3之间的电阻，电阻值应为2 000 Ω。

④ 用手慢慢将控制臂从加速侧转向减速侧时，检测执行器端子2与3之间的电阻，电阻值应连续平稳地增大。

控制臂在节气门全关位置时，电阻值应为530 Ω，在节气门全开位置时，电阻值应为1 800 Ω，否则更换执行器总成。

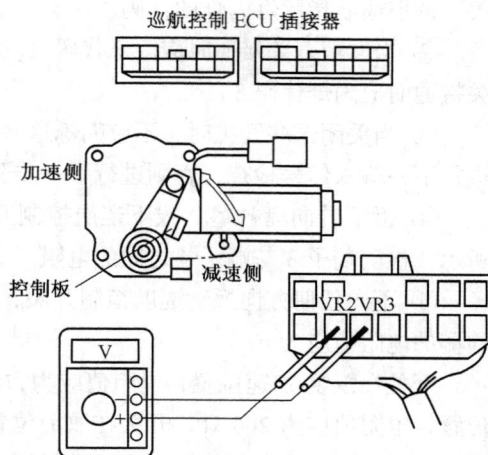

图5-51　位置传感器电压的检查

⑤ 检查巡航控制ECU与执行器之间的导线和插接器，如果导线和插接器有故障，进行修理。如果导线和插接器良好，更换巡航控制ECU。

（4）故障码21 车速传感器电路故障。车速传感器是通过转子轴变速器输出轴驱动旋转，当这个转子每转1圈，车速传感器发出20个信号脉冲给组合仪表，组合仪表将该信号转换成4个脉冲信号送给巡航控制ECU，巡航控制ECU依据此信号计算出车速。

当巡航控制ECU没有从组合仪表接收到该信号时，故障码21出现。

故障码21的诊断步骤如下。

① 进行输入信号检查，驾驶车辆行驶，检查车速在低于和高于40 km/h时巡航控制指示灯的工作情况。

② 当车速低于40 km/h时，巡航指示灯应常亮；当车速高于40 km/h时，巡航指示灯应闪烁。

③ 驾驶车辆行驶，检查车速表的工作情况。如果车速表不工作，排除车速表故障。如果车速表工作良好，拆下组合仪表，保持组合仪表线束的连接。

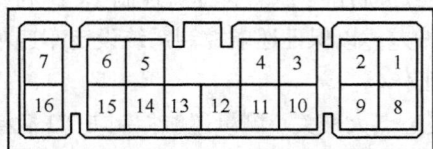

图5-52　组合仪表A插接器

④ 接通点火开关，顶起汽车驱动轮，用手转动传动轴，检测组合仪表A插接器的端子10与搭铁之间的电压，如图5-52所示。

⑤ 传动轴每转1圈电压应在0 V～5 V变化1次，如果没有电压或电压没有按上述变化，检查组合仪表电源。如果电压如上所述，检查组合仪表与巡航控制ECU之间的导线。

⑥ 如果车速信号及导线良好，检查并更换巡航控制ECU。否则，修理组合仪表和导线。

（5）故障码31、32或34 巡航控制开关电路故障。巡航控制开关电路的作用是将控制开关信号传送至ECU，当恢复/加速信号一直输入ECU（巡航主开关接通）时，故障码31出现。

故障码32代表控制开关电路短路。

当巡航控制ECU同时收到设定/减速和恢复/加速信号时，故障码34出现。

故障码31、32或34的诊断步骤如下。

① 按前面所述的步骤进行"输入信号检查"，接通设定/减速开关、恢复/加速开关和取消开

关，读取巡航指示灯闪烁的代码。

② 当取消开关接通时应闪烁代码 1，当设定/减速开关接通时应闪烁代码 2，当恢复/加速开关接通时应闪烁代码 3。

③ 当关闭这些开关时，不应闪烁这些相应的代码。若指示灯工作情况如上所述，应按表 5-3进行下一输入信号检查，否则进行下一步骤。

④ 拆下转向盘衬垫，拔下巡航控制开关插接器，如图 5-53所示，检测端子 3 与端子 4 之间的电阻。

⑤ 不向任何方向振动巡航控制开关，使开关位于原始位置，检测的电阻值应为∞。

图 5-53　巡航控制开关插接器

开关在恢复/加速位置，电阻值应为 70 Ω；开关在设定/减速位置，电阻值应为 200 Ω；开关在取消位置，电阻值应为 420 Ω。如果电阻值正确，检查巡航控制开关线束。如果电阻值不正确，进行下一步骤。

⑥ 检查巡航控制 ECU 与巡航控制开关之间的线束。

如果线束有故障，修理或更换线束或插接器。如果线束良好，更换巡航控制 ECU。

3. 故障自诊断

当对巡航系统进行故障自诊断测试时，如果没有读取到故障码，但巡航系统有故障征兆存在，应根据故障征兆进行故障诊断。

（1）制动灯开关电路检查。

① 检查制动灯电路。踏下制动踏板，确认制动灯点亮；放松制动踏板，确认制动灯熄灭。否则，检查制动灯电路。

② 检查输入信号。接通点火开关，将巡航控制开关置于设定/减速位置保持不动，接通巡航控制主开关，巡航指示灯应反复闪烁；放松巡航控制开关使设定/减速开关关闭，踏下制动踏板，巡航控制指示灯应闪烁 6 次。否则，说明制动输入信号有故障。

③ 检查线束。检查巡航控制 ECU 与制动灯开关之间的线束，如果线束有故障，进行修理或更换，否则检查并更换巡航控制 ECU。

（2）怠速开关电路检查。当怠速开关接通时，信号送至巡航控制 ECU，巡航控制 ECU 利用该信号校正节气门位置传感器与执行器位置传感器信号的偏差，以保证巡航控制系统设定车速精确。如果怠速开关有故障，则会影响到发动机控制系统的工作。

① 检查电压。拆下巡航控制 ECU，保持线束连接，接通点火开关。测量巡航控制 ECU 插接器端子 IDL 与搭铁之间的电压，如图 5-46 所示。节气门全关时电压值应为 5 V，节气门全开时电压值应为 0 V。

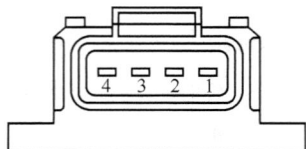

图 5-54　节气门位置传感器插接器

② 检查节气门位置传感器。拆下进气导管，拔下节气门位置传感器插接器，测量节气门位置传感器端子 1 与 2 之间的电阻，如图 5-54 所示。节气门全开时，电阻值应为∞；节气门全关时，电阻值应为 0 Ω，否则更换节气门位置传感器。

③ 检查线束。检查巡航控制 ECU 与节气门位置传感器之间的线束及节气门位置传感器与搭铁之间的线束。如果线束有故障，进行修理或更换，否则检查并更换巡航控制 ECU。

（3）电控变速器的通信电路的检查。为了减少变速器挡位在超速挡和 3 挡之间的频繁变换，

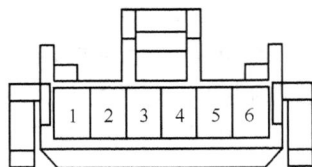

使汽车行驶平稳，当电控变速器降挡时，巡航控制 ECU 发送一个信号至发动机/变速器 ECU。当汽车以巡航模式上坡行驶时，发动机/变速器 ECU 将阻止变速器升挡。

用巡航控制 ECU 的 ECT 端子检测来自发动机/变速器的换挡信号，如图 5-44 所示。当巡航控制 ECU 接收到该信号后，如果汽车在上坡行驶，巡航控制 ECU 发出一个信号至发动机/变速器 ECU，切断超速挡和液力变矩器锁止离合器，使变速器的换挡次数减少，换挡点改变。

① 检查超速挡的工作。启动发动机使其达到正常工作温度，驾驶汽车行驶。当接通超速挡开关时，确认汽车能进入超速挡；当关闭超速挡开关时，确认汽车不能进入超速挡。否则检修电控变速器。

② 检查超速挡信号电压。如图 5-44 所示，拆下巡航控制 ECU，保持⑫端子插接器的连接，拔下⑩端子插接器，接通点火开关，检测线束侧⑩端子插接器端子 OD 与搭铁之间的电压，电压值应为 4 V。

③ 检查电控变速器电压。关闭点火开关，重新连接巡航控制 ECU 插接器，启动发动机使其达到正常工作温度，驾驶汽车行驶。接通和关闭超速挡开关，测量巡航控制 ECU 插接器端子 ECT 与搭铁之间的电压，如图 5-45 所示。接通超速挡开关，电压值应为 0 V；关闭超速挡开关，电压应为蓄电池电压。

④ 检查 ECT 线束。检查巡航控制 ECU 插接器端子 ECT 与电控变速器电磁阀之间的线束。如果线束有故障，进行修理或更换，否则更换巡航控制 ECU。

⑤ 检查 OD 线束。如图 5-43 所示，检查巡航控制 ECU 插接器端子 OD 与发动机/变速器 ECU 线束插接器端子 O/D1 端子之间的线束。如果线束有故障，进行修理或更换，否则检查并更换巡航控制 ECU。

（4）电控燃油喷射通信电路检查。当汽车在巡航控制模式下坡行驶时，巡航控制 ECU 发出信号到发动机/变速器 ECU，以提供平稳的巡航控制行驶，同时减少由于电控燃油喷射（EFI）燃油减少（稀空燃比）引起的发动机转矩变化。

① 检查电压。拆下巡航控制 ECU，保持线束插接器连接。启动发动机使其达到正常工作温度，驾驶汽车在坡道上行驶。检测巡航控制 ECU 端子 E/G 与搭铁之间的电压，如图 5-45 所示。下坡行驶时，电压值应为 0 V；上坡行驶时，电压值应为 5 V。

② 检查线束。检查巡航控制 ECU 端子 E/G 与发动机/变速器之间的线束。如果线束有故障，进行修理。否则，更换巡航控制 ECU。

（5）驻车制动开关电路检查。放松驻车制动踏板时，驻车制动开关发出一个信号给巡航控制 ECU。如果汽车在巡航模式下行驶，巡航控制 ECU 收到该信号时将使巡航系统停止工作。

① 检查驻车制动警告灯。当发动机运转时，如果使用驻车制动，驻车制动警告灯应点亮。当解除驻车制动时，驻车制动警告灯应熄灭。否则，检查驻车制动警告灯电路。

② 检查输入信号。按前述进行"输入信号检查"，当使用驻车制动时，巡航控制警告灯应闪烁代码"7"。否则，进行下一检查步骤。

③ 检查线束。检查巡航控制 ECU 与驻车制动警告灯之间的线束的断路故障。如果线束有故障，进行修理。否则，更换巡航控制 ECU。

（6）空挡启动开关电路检查。当变速杆在驻车（P）或空挡（N）位置时，空挡启动开关将信号送至巡航控制 ECU。在巡航控制模式下行驶时，如果该信号输入巡航控制 ECU，ECU 将关闭巡航系统。

① 检查空挡启动开关和启动机的工作。确认启动机工作正常，发动机能够启动。如果发动机能够启动，进行下一步骤，否则检查启动电路（ST）。

② 输入信号检查。按前述进行"输入信号检查"，当变速杆置于驻车或空挡位置时，巡航控制指示灯应显示代码"8"，否则进行下一步骤。

③ 检查线束。检查巡航控制 ECU 与启动电路之间的熔断器。如果线束有故障，则进行修理。否则，更换巡航控制 ECU。

（7）ECU 电源电路检查。ECU 电源电路为执行器和传感器提供电源。巡航控制 ECU 的搭铁端子和巡航控制 ECU 壳体与搭铁点连接。

① 检查电压。拆下巡航控制 ECU，保持线束的连接。检测巡航控制 ECU 插接器端子 B 与搭铁之间的电压，如图 5-44 所示，应为蓄电池电压。

② 检查搭铁电路。检查巡航控制 ECU 线束插接器端子 GND 与搭铁之间的电阻，如图 5-45 所示，电阻值应为 0 Ω。否则，修理或更换线束或插接器。

③ 检查 ECU-IG 熔断器。从驾驶员侧踢脚板处的熔断器/继电器盒内拆下 ECU-IG 熔断器，检查熔断器是否完好。如果熔断器正常，修理或更换蓄电池与巡航控制 ECU 之间的线束或插接器。如果熔断器烧断，检查与 ECU-IG 熔断器连接的所有线束或部件。

（8）备用电源电路检查。巡航控制 ECU 的备用电源电路即使在点火开关关闭的情况下也能提供电源，保证 ECU 随机存储器记忆故障码。发动机室的熔断器/继电器盒内的 DOME 熔断器为备用电源电路提供电源。

① 检查电压。拆下巡航控制 ECU，保持线束的连接。检测巡航控制 ECU 插接器端子 BATT 与搭铁之间的电压，如图 5-45 所示，应为蓄电池电压。

② 检查搭铁电路。检查巡航控制 ECU 线束插接器端子 GND 与搭铁之间的电阻，如图 5-45 所示，电阻值应为 0 Ω。否则，修理或更换线束或插接器。

③ 检查 ECU-IG 熔断器。从驾驶员侧踢脚板处的熔断器/继电器盒内拆下 ECU-IG 熔断器，检查熔断器是否完好。如果熔断器正常，修理或更换蓄电池与巡航控制 ECU 之间的线束或插接器。如果熔断器烧断，检查与 ECU-IG 熔断器连接的所有线束和部件。

④ 检查 DOME 熔断器。从发动机室熔断器/继电器盒内拆下 DOME 熔断器，检查熔断器是否完好。如果熔断器正常，修理或更换蓄电池与巡航控制 ECU 之间的线束或插接器。如果熔断器烧断，检查与 DOME 熔断器连接的所有线束和部件。

（9）巡航控制开关电路检查。当巡航控制主开关关闭时，巡航控制系统停止工作。

① 检查电压。拆下巡航控制 ECU，保持线束的连接。接通点火开关，接通和关闭巡航控制主开关，检测巡航控制 ECU 插接器端子 CMS 与搭铁之间的电压，如图 5-45 所示。接通巡航控制主开关时，电压值应为 0 V；关闭主开关时，应为蓄电池电压。

② 检查巡航控制主开关。解除安全气囊的作用，拆下转向盘衬垫，拔下巡航控制开关插接器，检测插接器端子 3 与 5 之间的导通性，如图 5-44 所示。关闭主开关时不应导通，接通主开关时应导通。否则，更换巡航控制开关。

③ 检查线束。检查巡航控制 ECU 与巡航控制开关之间的线束。如果线束有故障，进行修理。否则，更换巡航控制 ECU。

（10）诊断电路的检查。

① 检查电压。接通点火开关，测量位于仪表板左侧下方的诊断座的 TC 与 E1 端子之间的电

压，应为蓄电池电压。否则，进行下一步骤。

② 检查线束。检查巡航控制 ECU 与诊断座之间及诊断座与搭铁之间的线束，如果线束有故障，进行修理。否则，更换巡航控制 ECU。

小 结

1. 巡航控制系统是一种利用电子控制技术保持汽车自动定速行驶的系统。
2. 巡航控制系统由巡航控制开关、传感器、巡航控制 ECU、执行器等组成。
3. 巡航控制系统的使用包括设定或降低巡航车速、恢复或增加巡航车速以及取消巡航控制。
4. 自适应巡航控制系统能够自动保持车辆的巡航速度以及本车与前方车辆的设定安全距离。

习 题

1. 若巡航系统不工作，请分析可能的原因。
2. 如何用自诊断仪器激活或取消巡航系统功能？
3. 在什么情况下不宜使用巡航系统？

项目六

中控门锁与防盗系统检修

一、项目要求

【知识要求】

（1）掌握中控门锁的功能与组成。

（2）掌握中控门锁的结构。

（3）掌握中控门锁控制器原理。

（4）掌握防盗系统的组成、结构及作用。

（5）掌握使用专用仪器排除中控门锁与防盗系统故障的方法。

【能力要求】

（1）能够拆装电控中控门锁。

（2）能够使用仪器对防盗系统进行故障诊断。

二、相关知识

（一）中控门锁的功能和组成

1. 中控门锁的功能

为了使汽车的使用更加舒适和安全，现代轿车多数都安装了中控门锁控制系统。装置中控门锁后可实现下列功能。

（1）将驾驶员车门锁扣按下时，其他几个车门及行李舱门都能自动锁定；如用钥匙锁门，也可同时锁好其他车门和行李舱门。

（2）将驾驶员车门锁扣拉起时，其他几个车门及行李舱门锁扣都能同时打开；用钥匙开门，也可实现该动作。

（3）在车室内个别车门需打开时，可分别拉开各自的锁扣。

2. 中控门锁的组成

中控门锁系统一般由门锁开关、门锁控制器和门锁执行机构组成，系统零部件位置如图 6-1 所示。

中控门锁按驱动方式不同可分为直流电动机式、双向压力泵式、电磁线圈式。在很多车辆上，中控门锁还与防盗系统一同工作。

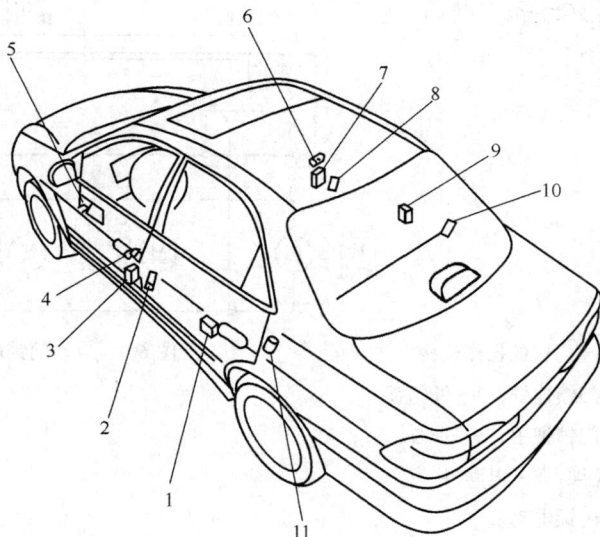

图 6-1　中控门锁系统零部件位置图

1—左后车门锁动作器；2—驾驶席侧车门开关；3—驾驶席侧车门锁动作器/按钮开关；4—驾驶席侧钥匙芯开关；
5—驾驶席侧车门锁开关；6—前排乘客席钥匙芯开；7—前排乘客席侧车门锁动作；8—前排乘客席侧车门开关；
9—右后车门锁动作；10—右后车门开关；11—左后车门开关

（二）中控门锁的结构

1. 直流电动机式中控门锁

利用控制直流电动机的正反转来实现门锁的开、关动作。直流电动机式中控门锁主要由双向电动机、导线、继电器、门锁开关及连杆操纵机构组成，直流电动机式中控门锁的操纵机构如图 6-2 所示。

当门锁电动机运转时，通过门锁操纵连杆操纵门锁动作，电动机的旋转方向由经过电动机电枢的电流方向决定。锁门时，电动机电枢流通的是正向电流电动机正向旋转；开锁时，电动机电枢流通的则为反向电流，电动机反向旋转。这样利用电动机的正转或反转，就可完成车门的闭锁和开锁动作。

图 6-3 所示为自动门锁电路图。驾驶人员或乘客利用门锁开关可以接通或断开门锁继电器，门锁继电器包括锁定和开锁两个继电器。它有两个功能，一个是将电源电压施加于电动机；另一个是使电动机另一端搭铁，形成通路。门锁电动机的转向是可逆的，其转动方向是由流经电枢电流的方向决定的。

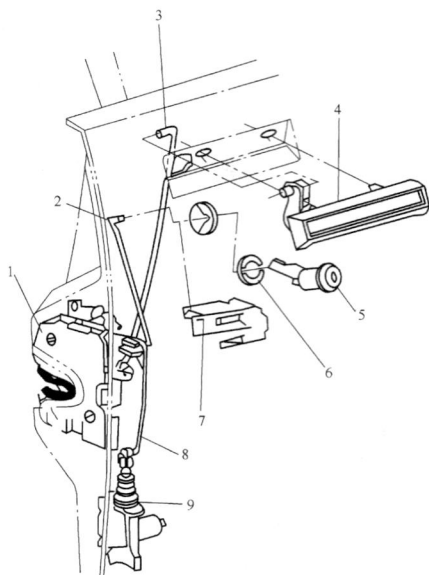

图6-2 直流电动机式中控门锁的操作机构

1—门锁总成；2—锁心至门锁连杆；3—外门锁

把手至门锁连杆；4—外门锁把手；5—锁心；

6—垫圈；7—锁心定位架；8—电动机

至门锁连杆；9—门锁电动机

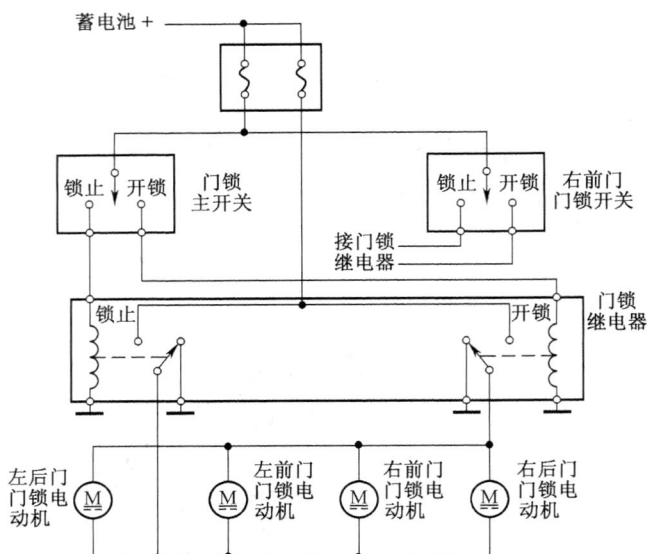

图6-3 自动门锁电路图

将开关搉向锁定位置时，电源供电给锁定继电器线圈，继电器动作，其动合触点闭合，电源电压经此动合触点施加于所有门锁电动机，电动机电枢另一端经开锁继电器动断触点搭铁，电机旋转并将各车门锁住。当开关断开电源（开关在中间位置）时，锁定继电器释放。

将开关搉向开锁位置时，开锁继电器线圈有电，继电器吸合，电源电压经闭合的开锁继电器动合触点施加于电动机，电动机电枢的另一端经锁定继电器动断触点搭铁，电动机转动，把锁打开。当开关断开，使其回到中间位置时，开锁继电器失去作用。

2. 电磁线圈式中控门锁

图6-4所示为一种电磁线圈式门锁的执行机构。当给锁门线圈通正向电流时，衔铁带动连杆左移，锁门；当给开门线圈通反向电流时，衔铁带动连杆右移，开门。

3. 双向压力泵式中控门锁

双向压力泵式中控门锁利用双向空气压力泵产生压力或真空，通过膜盒来完成门锁的开、关动作。其主要由机械部分、空气管路和电路3部分组成，是一个独立的控制系统。下面以奥迪100轿车中控门锁为例加以说明，其在车上的布置如图6-5所示。

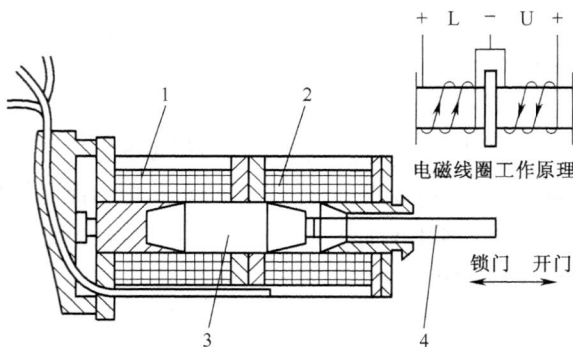

图6-4 电磁线圈式门锁执行机构

1—锁门线圈；2—开门线圈；3—柱塞；4—连接门锁机构

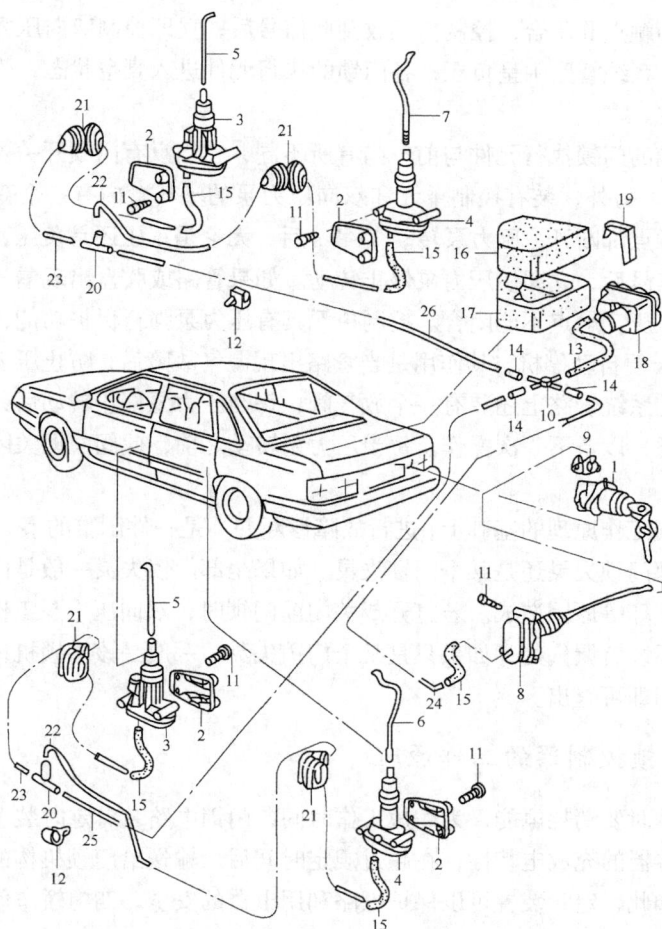

图 6-5　奥迪 100 轿车中控门锁系统的布置

1—行李舱盖锁心总成；2—门锁执行元件固定座；3—前门锁执行元件；4—后门锁执行元件；5—前门锁执行元件
操纵杆；6—左后门锁执行元件操纵杆；7—右后门锁执行元件操纵杆；8—行李舱门锁执行元件；9—活节套；
10—四通；11—螺钉；12—管夹；13、14、15—连接软管；16、17—减震垫；　18—双向压力泵及控制器总成；
19—支架；20—三通；21—波纹管；22、23、24、25、26—软管

当用钥匙或用手拉起两前门的任一门锁锁
扣来打开门锁时，由于锁扣通过连接杆与前车
门锁执行元件相连接，连接杆被向上拉起，车
门锁执行元件中的门锁开关的开锁触点 Ⅰ 闭
合，如图 6-6 所示。控制单元收到此信号后，
立即控制双向压力泵转动压缩空气，系统管路
中的气体呈正压，气体进入 4 个车门及行李舱
的执行元件（膜盒）内，膜片推动连接杆向上
运动，将各门锁打开。

当用钥匙或按下两前门的任一门锁锁扣来
锁住车门时，连接杆被压下，车门锁执行元件

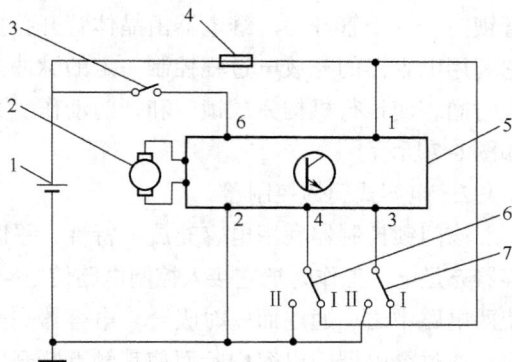

图 6-6　奥迪 100 中控门锁控制系统控制电路原理图

1—蓄电池；2—双向压力泵；3—点火开关；4—熔断器；
5—中控门锁控制单元；6—左前门锁开关；7—右前门锁开关

中的门锁开关的门锁触点 Ⅱ 闭合，控制单元收到此信号后，立即控制双向压力泵向另一个方向运转，用以抽吸空气，系统管路中呈负压，各门锁的执行元件进入真空状态，膜片带动连接杆向下运动而将各车门锁住。

后车门及行李舱的门锁执行元件与前车门有所不同，它们没有门锁开关及接线，只是一个气动执行元件（膜盒）。另外，装有控制单元和双向压力泵的塑料盒内有一个双触点压力开关，压力泵不转动时两对触点都断开，压力泵转动 3～7 s 后，无论是正压还是负压，都会使一对触点闭合。控制单元收到信号后，立即使压力泵停止转动。如果管路或膜盒出现漏气，压力泵虽然转动但建立不起正压或负压，触点不能闭合。控制单元具有压力泵强行保护功能，即延迟电路每次只允许压力泵转动 30 s 便自动停机，其作用是当管路出现漏气故障后，防止压力泵因长时间运转而被烧毁。塑料盒内的系统管路上还装有一个放气阀，每当压力泵停止转动后，此阀立即打开，使系统管路与大气相通，以备下一次操作。每当压力泵转动之前，此阀立即关闭，使系统管路与大气隔绝。

在掌握中控门锁工作原理的基础上，进行故障诊断并不是一件困难的事。在门锁系统失灵时，应该首先观察是全部门锁失灵还是某个门锁失灵。如果全部门锁失灵一般是由电源断路、空气管路破裂、控制单元损坏等原因造成。若打开或关闭前门锁时，双向压力泵工作时间长达 30 s，但门锁不动作，说明系统有漏气处；如果只是某个门锁失灵，一般是该门锁机械方面上的故障，只要拆检故障所在车门即可查出。

（三）中控门锁控制器的工作原理

门锁机构在工作时要消耗电能，为缩短工作时间，门锁电路装有定时装置。这种装置的工作原理一般是利用电容器的充放电特性，在超过规定时间后，输送给门锁机构的电流就自行中断，正常锁门或开门也如此，定时装置可以保护电路和用电器的安全。四门轿车使用电动机多，为防止电控门锁开关过载，一般增装继电器，通过门锁开关控制继电器，再控制电动机。为门锁执行机构提供锁/开脉冲电流的控制装置称为门锁控制器，常用形式有以下 3 种。

1. 晶体管式门锁控制器

晶体管式门锁控制器内部有两个继电器，一个管锁门，一个管开门。继电器由晶体管开关控制，它利用电容器的充放电过程控制一定的脉冲电流持续时间，使执行机构完成锁门和开门动作。其电路如图 6-7 所示。

2. 电容式门锁控制器

该门锁控制器利用电容充放电特性，平时将电容器充足电，工作时把它接入控制电路使电路放电，使两电路中之一通电而短时吸合。电容器完全放电后，通过继电器的电容中断而使其触点断开，门锁系统不再工作。其电路如图 6-8 所示。

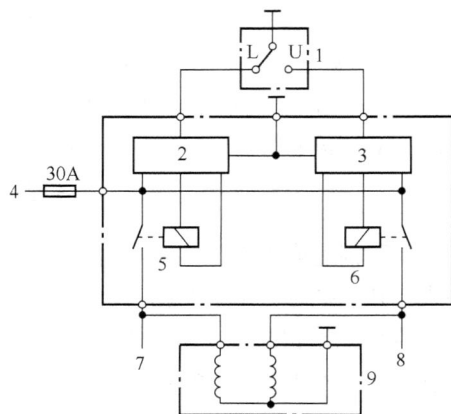

图 6-7　晶体管式门锁控制器电路图

1—门锁开关；2—锁门控制电路；3—开门控制电路；4—接电源正极；5—锁门继电器；6—开门继电器；7、8—其他车门锁；9—门锁执行机构（电磁式）；L—锁门；U—开门

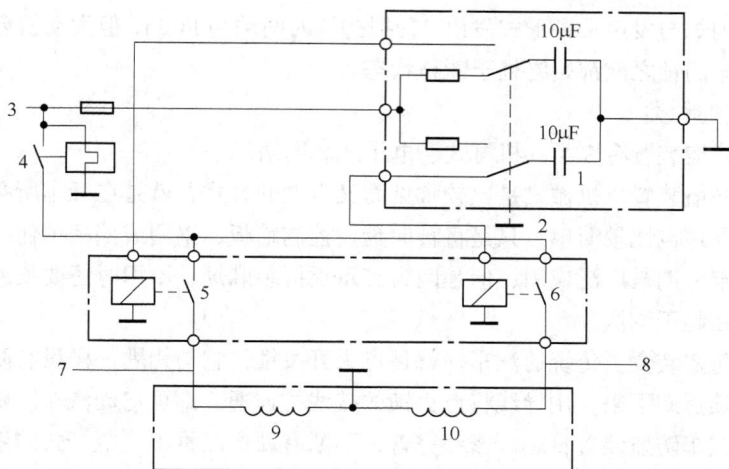

图 6-8　电容式门锁控制器电路图

1—电容器；2—门锁开关；3—接电源正极；4—热敏断路器；5—锁门继电器；6—开门继电器；

7—接其他车门（锁）；8—接其他车门（开）；9、10—门锁执行机构（电磁式）

3. 车速感应式门锁控制器

在中控门锁系统中加载车速为 10 km/h 的感应开关，当车速在 10 km/h 以上时，若车门未上

锁，则驾驶员不需动手，门锁控制器自动将门上锁。如果个别车门要自行开门或锁门可分别操作，其电路如图 6-9 所示。

当点火开关接通时（此时门未锁），电流流经报警灯可使 3 个车门的报警灯开关搭铁，报警灯亮。若按下锁门开关，定时器使三极管 VT_2 导通一下，在三极管 VT_2 导通期间，锁定继电器线圈 K_1 通电，动合触点闭合，门锁执行机构通正向电流，执行锁门动作。当按下开锁开关，开锁继电器线圈 K_2 通电，动合触点闭合，门锁执行机构通反向电流，执行开门动作。汽车行驶时，若车门未锁且车速低于 10 km/h 时，置于车速表内的 10 km/h 车速感应开关闭合，此时稳

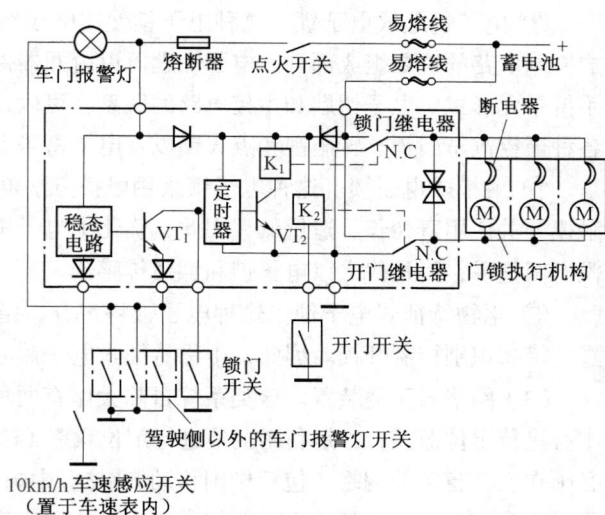

图 6-9　车速感应式中控门锁电路图

态电路不向三极管 VT_1 提供基极电流；当行车速度高于 10 km/h 时，10 km/h 车速感应开关断开，此时稳态电路给三极管 VT_1 提供基极电流，VT_1 导通，定时器触发端经 VT_1 和车门报警开关搭铁，如同按下锁门开关一样使车门锁定，从而保证行车安全。

（四）防盗系统的功能与种类

1. 防盗系统的功能

汽车防盗系统的任务是必须达到使偷盗者放弃偷盗汽车的企图。理想的防盗装置应能使偷盗者不能开动汽车，使之迷惑不解，同时使汽车发出一种报警信号，给偷盗者一种心理上的冲击。

警报一般以灯光闪烁与发声报警形式发出，警报持续时间约为1min，但发动机启动电路直到车主用车钥匙打开汽车门锁之前都始终处于断路状态。

2. 防盗系统的种类

常见的汽车防盗装置有3类：机械式、电子式和网络式。

（1）机械式防盗装置。机械式是比较常见而又古老的方式，就是在开车所必须用到的零件上加锁，其结构、原理也比较简单，只是将转向盘、控制踏板、钢圈或挡柄锁住。由于其价格相对便宜，所以在一定时期被广泛应用，但是因为其每次拆装麻烦，不用时还要找地方放置，安全性也太差，所以正在趋于淘汰。

（2）电子式防盗装置。传统的汽车锁就是点火开关锁，它与钥匙一样没有防盗功能，任何人只要将点火开关锁拆卸下来，用导线将点火锁的接线柱连通，即可启动汽车。随着电子软件和遥感技术的发展，汽车防盗装置日趋严密和完善，不断有新产品推出。电子式防盗装置具有强大的安全性能。

电子式防盗装置按照密码输入方式的不同可分为以下几类。

① 按键式电子锁。按键式电子锁采用键盘（或组合按钮）输入开锁密码，操作方便，内部控制电路常采用电子锁专业集成电路ASIC。此类产品包括按键式汽车电子门锁和按键式汽车点火锁。

② 拨盘式电子锁。拨盘式电子锁采用机械式拨盘开关输入开锁密码，很多按键式电子锁可以改造成拨盘式电子锁。20世纪80年代初，英国一些轿车曾采用过此类电子门锁。

③ 电子钥匙式电子锁。这种电子锁使用电子钥匙输入（或作为）开锁密码，电子钥匙是构成控制电路的重要组成部分。电子钥匙可以由元器件或由元器件构成的单元电路组成，做成小型手持单元形式。电子钥匙和主控电路的联系，可以是声、光、电和磁等多种形式，此类产品包括各种遥控汽车门锁、转向锁和点火锁以及电子密码点火钥匙。

④ 触摸式电子锁。这种电子锁采用触摸方法输入开锁密码，操作简便。相对于按键开关，触摸开关使用寿命长、造价低，因此，优化了电子锁控制电路。安装了触摸式电子锁的轿车前门没有门把手，而是代之以电子锁和触摸传感器。

⑤ 生物特征式电子锁。这种电子锁将声音、指纹等人体生物特征作为密码输入，由计算机进行模式识别控制开锁。因此，生物特征式电子锁的智能化程度相当高。

（3）网络式防盗装置。该类系统目前大体有两种：一是利用车载台（对讲机）通过中央控制中心进行定位监控；二是利用卫星进行定位跟踪（GPS）。这两种防盗系统的技术含量都很高，但必须在没有盲区的网络（包括中国移动GSM、中国联通CDMA等）支持下才能工作，更主要的是需要政府配合公安部门设立监控中心。发达国家已开始试用，由于上述条件的限制，我国还没有正式批量使用。不过，随着智能交通（ITS）和通信技术的发展、成熟，该技术必将广泛应用在汽车领域。

（五）汽车防盗系统的工作原理及防盗系统控制

1. 汽车防盗系统的工作原理

当有人擅自打开装有防盗系统汽车的任一车门时，防盗系统以及与其相关联的声光电路立即启动报警，且在发动机启动时会自行熄火，以达到防盗的目的。

防盗系统主要由电子模块、触发继电器、报警继电器、启动中断继电器、门框侧柱开关以及门锁开关等组成，如图6-10所示。当把自动门锁开关置于LOCK位置时，关闭车门，则系统进入防盗准备状态。这时如有人打开车门或由行李箱拉出锁筒,防盗电路就会起动:扬声器发出声响,尾灯、顶灯、外灯等发光,同时接通启动中断电路,阻止发动机启动。

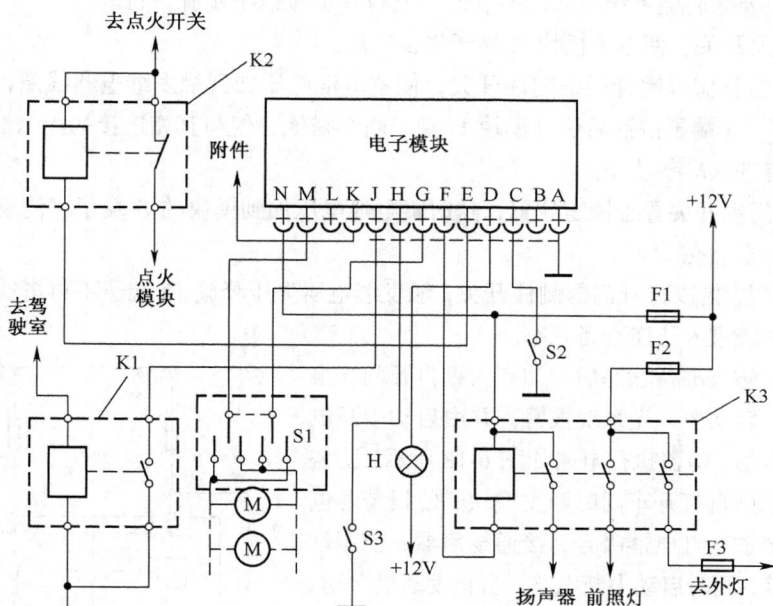

图 6-10 防盗系统电路图

K1—触发继电器;K2—起动中断继电器;K3—报警继电器;F1、F2、F3—熔断器;H—指示灯;

S1—门锁电动机开关;S2—后行李箱开关(当锁筒拉出时闭合);S3—门锁开关

图 6-11 所示为防盗系统的部分电路。电子模块的 G 端子连接到自动门锁的"锁定"电路,M 端子连接到自动门锁的"开锁"电路。左、右门锁开关接于模块的 H 端子,当车门关闭时,此开关打开。报警指示灯连接在电源和模块 D 端子间,(模块动作时)只要 D 端子搭铁,灯就点亮,它的作用是用来提醒驾驶员防盗系统各部分的工作状态。

系统处于防盗准备状态时,左车门打开时的电流方向如图 6-12 所示。电流从电源经左门框侧柱开关及二极管在经过触发继电器线圈后搭铁,触发继电器吸合,使模块的 J 端子搭铁,亮灯防盗系统工作。

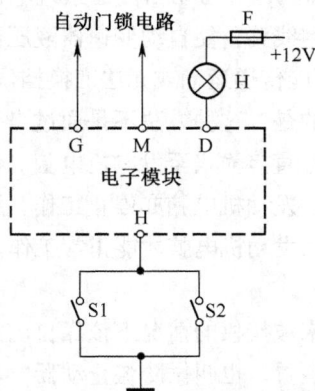

图 6-11 防盗报警系统门锁开关及指示灯电路

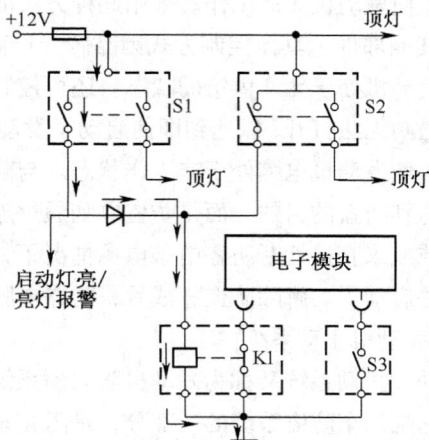

图 6-12 防盗系统左门打开时的电流方向

当右门打开时，右门框侧柱开关闭合，触发继电器吸合，也使模块的 J 端子搭铁。由于二极管的单向导电性能，电流不能通过二极管和亮灯防盗系统，所以亮灯防盗只有在打开左车门时才起作用。驾驶员要想防盗系统进入准备状态，其操作应按以下步骤进行。

① 关掉点火开关，使电子模块 K 端子失去电压。

② 打开车门，借以闭合门框侧柱开关，使蓄电池电压加到触发继电器线圈，使其动作，把模块 J 端子搭铁，J 端子搭铁后引进模块 D 端子断续搭铁，使与其相连接的指示灯闪烁，以提醒驾驶员系统没有进入准备状态。

③ 将自动门锁开关置于锁定位置，这时蓄电池电压加到模块的 G 端子，使模块 D 端子稳定搭铁，指示灯一直点亮。

④ 关闭车门，借以打开门框侧柱开关，触发继电器失压释放，J 端子不再搭铁，使指示灯 2 s 后熄灭，此时系统进入防盗准备状态。

当系统进入防盗准备状态后，如有人擅自开门，报警继电器动作，启动声、光系统报警，并由启动中断电路阻止发动机启动。防盗执行电路如图 6-13 所示。防盗电路在准备状态擅自打开车门时触发模块，使报警继电器线圈 F 端子搭铁，继电器吸合，接通扬声器、前照灯及外灯电路报警，同时启动中断电路，阻止发动机启动。

防盗系统准备状态的解除有两种情况。一是在关闭车门以后，但车门必须用钥匙打开。在用钥匙打开车门时，锁筒开关闭合，使模块 H 端子搭铁后，系统准备状态随即解除；二是在驾驶员关门以前想要解除准备状态，可将自动车门锁置于开锁位置，以供电给模块 M 端子，解除系统准备状态。也可利用点火开关转到 ACC 或 RUN 位置，此时电源电压经点火开关加到模块 K 端子，使系统准备状态解除。

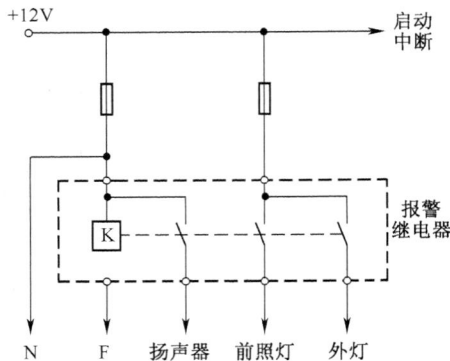

图 6-13　防盗执行电路

2. 防盗系统的控制方法

（1）使启动机无法启动。使用该种方法的汽车上有一根线是接启动机继电器的，该线外部连接至继电器控制线路，通过防盗电脑来控制该线是否搭铁，从而控制继电器是否闭合，也就控制了启动机能否正常工作。

（2）使发动机无法工作。采用此种方法的汽车，防盗电脑不仅控制着启动电路，还控制着发动机的其他部件（具体控制方式因品牌、厂商不同而有所不同），并可切断汽油泵继电器控制线路，使发动机处于无油供给的状态。还可控制自动变速器控制线路，使自动变速器液压油路中的控制电磁阀无法打开，以达到即使启动了发动机，变速器也不能传递运动或无法变换挡位的目的。

（3）使发动机电脑处于非工作状态。与前两种方法不同的是，这种方法不是通过自行搭铁的方法来达到防盗的目的，而是防盗电脑通过连线把一特定信号直接输入至发电机电脑。在未解除防盗警戒或未直接切断防盗电脑电源情况下，该信号不存在，发动机电脑亦停止工作，那么发动机便无法启动了。解除防盗警戒后，防盗电脑便发出该信号，发动机电脑才能正常工作。

3. 发动机止动系统

发动机止动系统又称为发动机防启动系统，即防止汽车未被授权的情况下依靠自己的动力被开走。它是汽车防盗系统的一部分，是阻止车辆行走的独立装置，也叫做防盗止动器，止动器发展到今天已经经历了 4 代。

（1）机械式防盗系统（第1代）。第1代防盗系统一般采用机械式防盗系统，例如锁住转向盘、变速器，这里不再赘述。

（2）芯片式数码防盗系统（第2代）。该系统由防盗器控制单元、点火开关上的读写线圈（天线）、点火钥匙（送码器）、发动机控制单元组成，如图6-14所示。

① 固定码的传输。点火开关打开，防盗止动器ECU通过改变天线磁场能量，

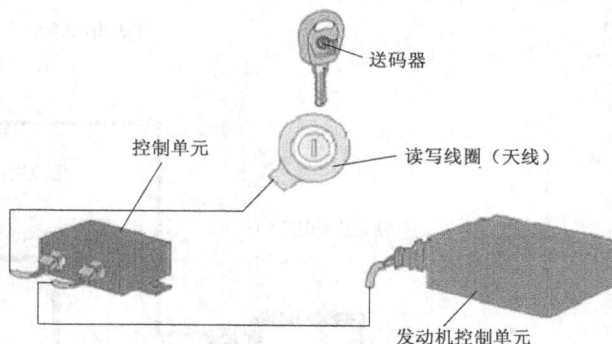

图6-14 防盗系统组成

向送码器传输数据提出质询，然后，钥匙发送回它的固定码（首次匹配中这个固定码储存在防盗止动器中），传送的固定码与储存的码在防盗止动器中进行比较，如果相同则开始传送可变码。

② 可变码的传输。防盗止动器随机产生一个可变码，这个码是钥匙和防盗止动器用于计算的基础。在钥匙内和防盗止动器内有一套公式列表（密码术公式）和一个相同且不可改写的SKC（隐秘的钥匙代码），在钥匙和防盗止动器中分别计算结果。钥匙发送结果给防盗止动器，防盗止动器把这个结果和自己的计算结果进行比较，如果相同，钥匙确认完成。

发动机控制单元随机产生一变码并传送给防盗止动器，防盗止动器把这个码和存储的码进行比较，如果它们相同，发动机被允许启动。发动机控制单元每次启动后按照随机选定原则产生一个密码（变化的码），并把这个码储存在发动机控制单元和防盗止动器中，用于下次发动机启动时计算（大众车系由W线传输），见表6-1。

表6-1 第2代防盗系统的密码传输过程

第1阶段			
步骤	防盗器控制单元	传送	钥匙的发射机应答器
1	打开点火开关		
2		能量	
		固定密码	
3	如固定密码正确则给予准许指令		
以上过程属于普通的固定密码发射机应答器			第2阶段
4	产生变换式密码	变换式密码	
5	按固定的公式进行计算		按固定的公式进行计算
6	控制单元的计算结果	钥匙发射应答器的计算结果	
7	如果控制单元的计算结果=钥匙发射应答器的计算结果		
控制单元准许点火指令（发动机控制单元）			

（3）电子式防盗系统（第3代）。第三代防盗系统的组成如图6-15所示。

防盗系统的工作过程如下所述。

① 固定码的传输。同第2代防盗系统。

② 可变码的传输。

防盗止动器随机产生一个可变码，这个码是钥匙和防盗止动器用于计算的基础（同第2代防盗系统）。

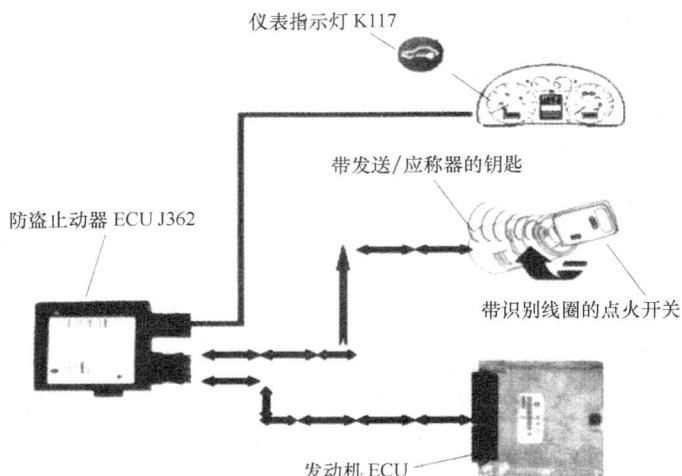

图 6-15　第 3 代防盗系统的组成

　　可变码的传输发动机控制单元随机产生一个可变码，在发动机控制单元和防盗止动器内有另一套密码术公式列表和一个相同的 SKC 防盗钥匙代码，防盗止动器返回这个计算结果到发动机控制单元内与其计算结果进行比较，这个数据由 CAN 总线进行传递。如果结果相同，发动机被允许启动（第 3 代由 CAN 总线传输），如图 6-16 所示。

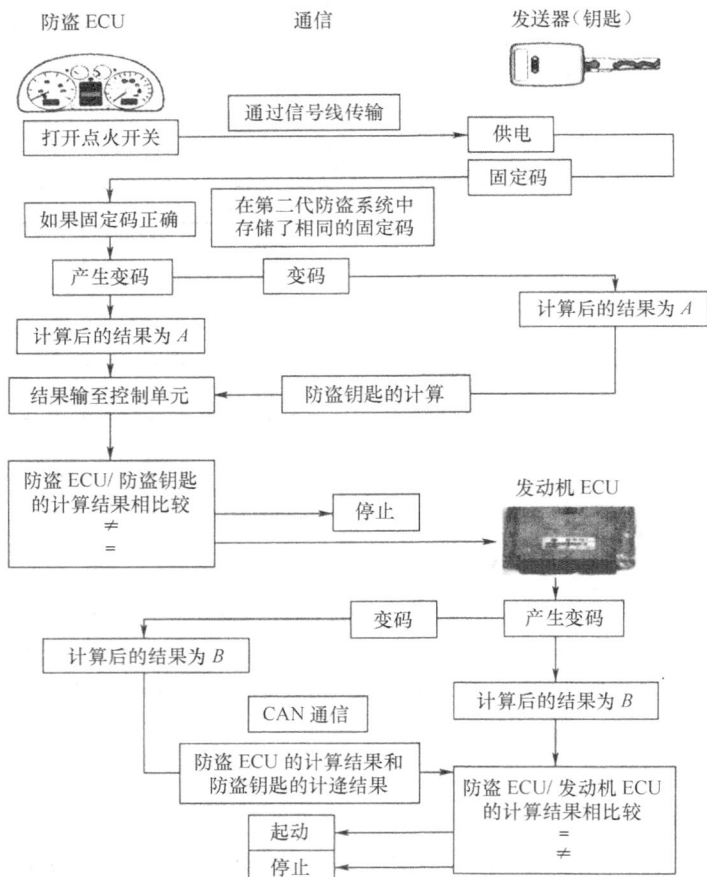

图 6-16　第 3 代防盗系统密码传输过程

（4）网络、GPS 防盗系统（第 4 代）。第 4 代防盗器组成如图 6-17 所示。

防盗系统工作过程如图 6-18 所示。

① 舒适系统中央控制单元 J393：防盗器集成在舒适系统控制单元中，更换后需要在线匹配调整。

② 进入和启动授权开关 E415：进入和启动授权开关 E415 中集成了防盗钥匙读写线圈，该件更换后无须调整匹配。

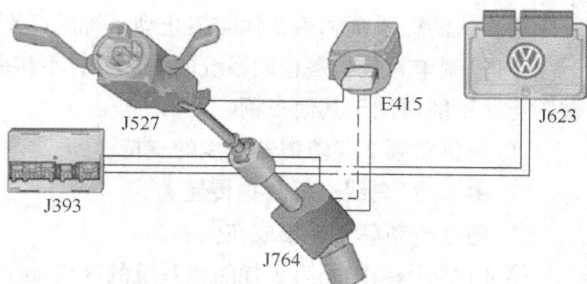

图 6-17　第 4 代防盗器组成

③ 发动机控制单元 J623：发动机控制单元是防盗器的一部分，更换后需要在线匹配调整。

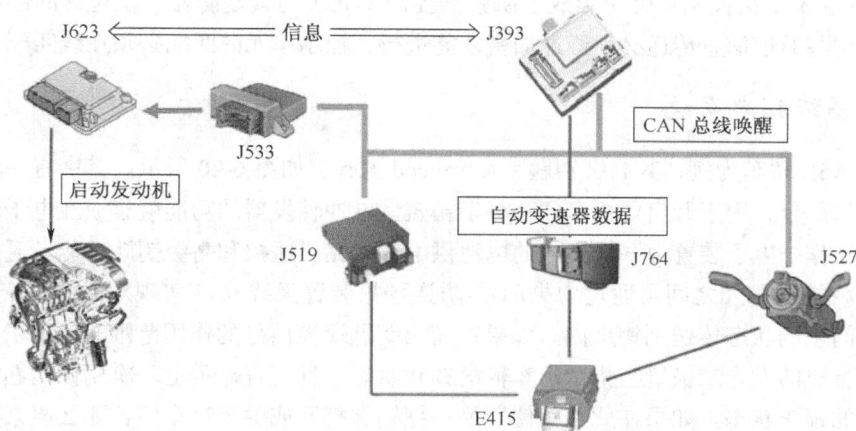

图 6-18　防盗系统工作过程

转向柱锁止控制单元 J764：转向柱锁止或是解锁必须得到位于舒适系统控制单元中防盗器的认可，J764 必须和舒适系统控制单元 J393 同时更换和匹配调整。在线匹配的过程如图 6-19 所示。

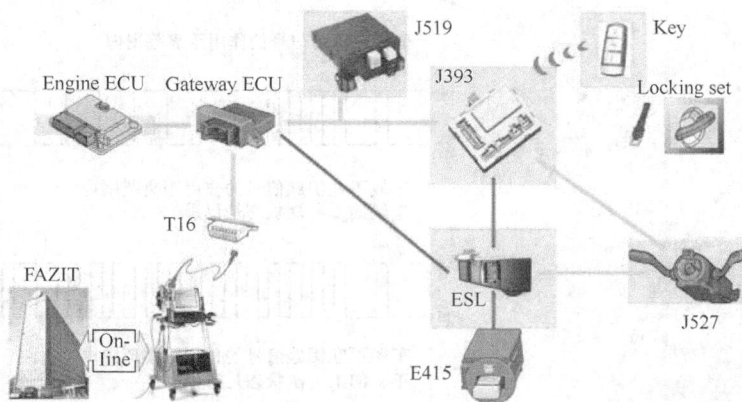

图 6-19　在线匹配过程

Engine ECU—发动机控制单元；Gateway ECU—网关；J519—电源管理控制单元；

J527—转向柱控制单元；T16—诊断插口

第 3 代防盗系统和第 2 代防盗止动系统的区别如下。

① 控制单元是防盗止动系统的一部分，不接受没有 PIN 的自适应，自适应后应答器（钥匙）被锁止，不能再用于其他车辆。

② 提供对第 2 代防盗器功能的支持。

③ 由 CAN 总线进行数据传递。

④ 防盗控制单元被集成在仪表内。

第 4 代防盗系统同第 3 代防盗系统的区别如下。

① 第 4 代防盗系统是网络的防盗系统，防盗止动器不是一个单独的控制单元，而是一项功能，包括位于狼堡的 FAZIT（FAZIT 为"车辆信息和核心识别工具"的缩写）中央数据库，存储了与防盗相关的控制单元参数。

② 舒适系统中央控制单元（集成了防盗器控制单元）与其他防盗系统包含的部件之间进行数据通信，这些通信信息传递必须经过加密才能进行，控制单元的匹配必须在线匹配。

（六）高级钥匙系统

以奥迪 A6L 轿车为例，其高级钥匙（Advanced Key）如图 6-20 所示。其中有一个带折叠式机械钥匙齿的部分，用于开启司机车门和行李箱盖。脉冲转发器的功能就集成在电子装置内，没有电池也可工作。电子装置由一块集成的电池供电，以完成遥控和高级钥匙功能。遥控钥匙与使用和启动授权控制单元之间可通过中央门锁/防盗警报装置天线 R47 实现双向数据交换，这样就可以将中控门锁的状态传送到钥匙内。如果在超出钥匙遥控信号的作用范围时按下了某个按钮，那么钥匙上集成的发光二极管会指示出车辆的锁止状态，且一直显示上一次用该钥匙操纵中控门锁时所呈现的锁止状态。如果在此期间使用另一把钥匙打开或关闭过车门，那么原来那把钥匙的锁止状态并不改变，如图 6-21 和图 6-22 所示。

图 6-20　奥迪 A6L 轿车高级钥匙

钥匙发光二极管（LED）的信号

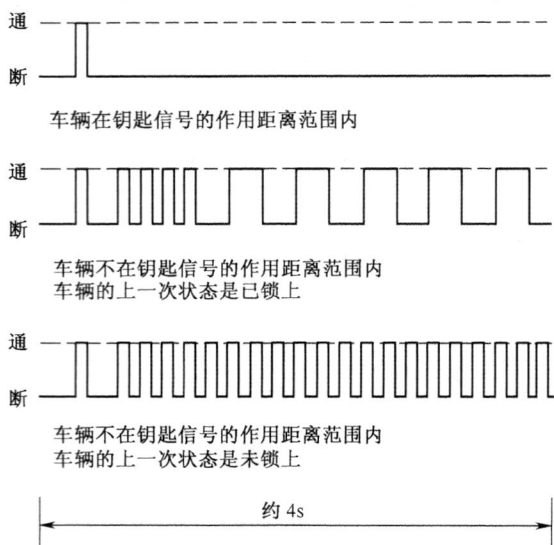

车辆在钥匙信号的作用距离范围内

车辆不在钥匙信号的作用距离范围内
车辆的上一次状态是已锁上

车辆不在钥匙信号的作用距离范围内
车辆的上一次状态是未锁上

约 4s

图 6-21　高级钥匙脉冲发生器检测状态

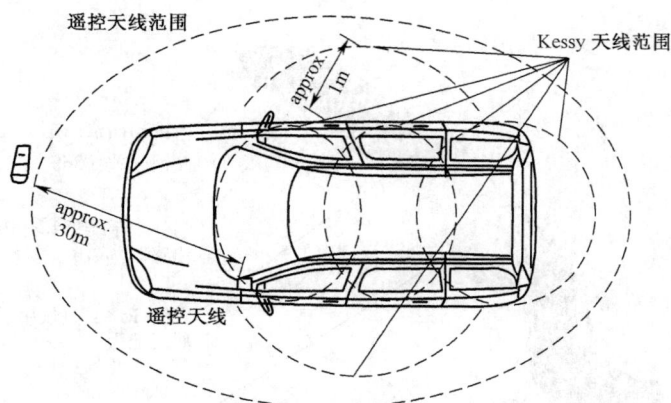

图 6-22　遥控天线控制范围

很多国家可将遥控信号频率从 433 MHz 调到 868 MHz，这个遥控信号频率更有助于在车钥匙和控制单元之间进行数据交换。由于这个频率的发射脉冲非常短，可避免各种持续的无线电发射干扰，如袖珍手机、无线耳机等。

（1）当奥迪 A6L 轿车驾驶员使用机械钥匙或按门把手进入车辆时，图 6-23 所示为此时控制单元、开关、传感器之间的信息传递过程，图中的数字顺序为信息传递的顺序，信息传递由舒适CAN 总线来完成。

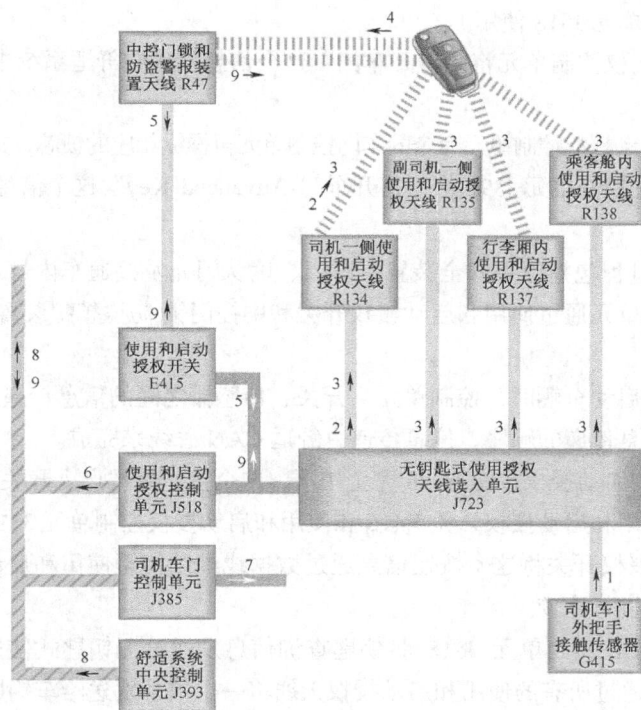

图 6-23　奥迪 A6L 轿车驾驶员使用机械钥匙或按门把手进入车辆时的控制过程

① 司机将手放入门把手的凹坑内，车门外把手接触传感器 G415 将"手指已放入把手凹坑"这个信息发送给无钥匙式使用授权天线读入单元 J723，门把手如图 6-24 所示。

181

司机侧门外把手中
控锁开关 E369

门外把手接近和开锁
传感器 G415

天线 R134 （仅用于
前门把手）

直接连接

分析电路

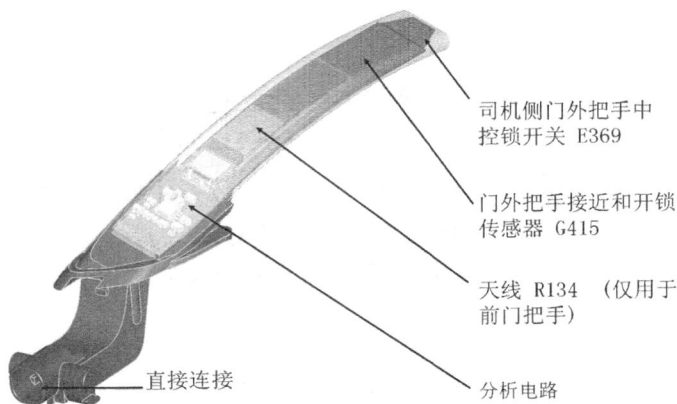

图 6-24　高级钥匙门把手

② 天线读入单元 J723 通过司机一侧的使用和启动授权天线 R134 将一个唤醒信号发送到车钥匙上。

③ 天线读入单元 J723 通过所有的使用和启动授权天线给车钥匙发送一个信号。

④ 车钥匙根据这些信号来确定钥匙在车上的位置，并将这个信息发送到中控门锁和防盗警报装置天线 R47。

⑤ 中控门锁和防盗警报装置天线接收到信息，这个信息由使用和启动授权开关 E415 传送给使用和启动授权控制单元 J518 使用。

⑥ 使用和启动授权控制单元将"打开车门"这个信息发送给舒适系统中央控制单元 J393 和车门控制单元。

⑦ 收到使用和启动授权控制单元命令的车门控制单元再操纵相应的锁芯，这样就打开了该车门。

⑧ 舒适系统中央控制单元 J393 将"打开车门-Advanced Key"这个信息发送到 CAN 舒适总线上。

⑨ 正常的开门过程包括停用安全装置、开门、确认闪光及接通车内灯。除了确认闪光外，使用和启动授权控制单元通过使用和启动授权开关和中控门锁/防盗警报装置天线 R47 将锁止状态发送到车钥匙内。

（2）按启动按钮启动车辆时，控制单元、开关、传感器之间的信息传递过程如图 6-25 所示，图中的数字顺序为信息传递的顺序，信息传递由舒适 CAN 总线来完成。

① 司机将使用和启动授权按钮 E408 完全按下，这个按钮将"点火开关接通"和"发动机启动"的信息发送到使用和启动授权开关 E415 和使用和启动授权控制单元 J518 上。

② 使用和启动授权开关将这个按钮信息通过数据线继续传至使用和启动授权控制单元，在这里两个按钮信息会进行比较。

③ 使用和启动授权控制单元 J518 将钥匙查询信息发送给无钥匙式使用授权天线读入单元 J723。天线读入单元通过所有的使用和启动授权天线将一个信号发送给车钥匙。

④ 车钥匙根据这个信号来确定钥匙在车上的位置，并将其信息发送给中控门锁/防盗警报装置天线 R47。

⑤ 中控门锁/防盗警报装置天线收到这个信息，然后将该信息通过使用和启动授权开关 E415 传送给使用和启动授权控制单元使用。

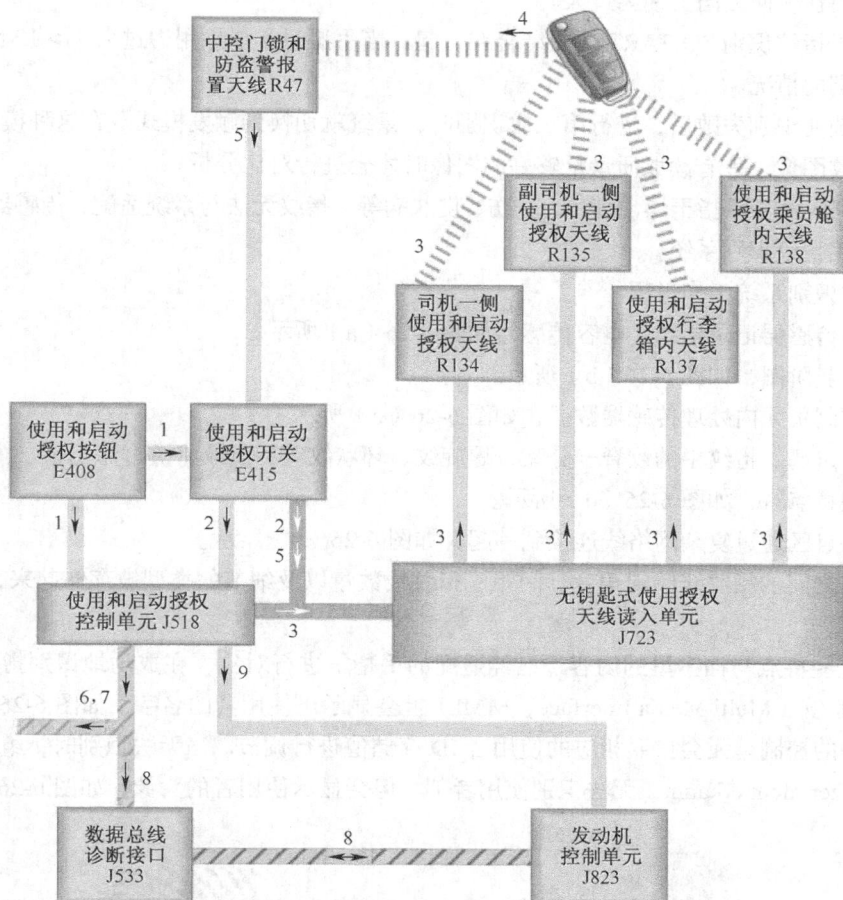

图 6-25　按启动按钮启动车辆时的控制过程

⑥ 根据钥匙的使用情况，触点信号被发送到 CAN 舒适总线上，转向系统开锁。

⑦ 转向锁完全打开后，接线柱 15 接通。

⑧ 接线柱 15 接通后，发动机控制单元与使用和启动授权控制单元之间开始经 CAN 数据总线进行数据交换，然后防盗锁被停用。

⑨ 使用和启动授权控制单元将"启动请求"信号发送给发动机控制单元。发动机控制单元检查离合器是否已踏下或变速器是否已挂入 P 或 N 挡，然后自动启动发动机。

（七）指纹识别系统

指纹识别系统通过指纹来识别乘客，是车辆启动的前提条件。该系统用来一次性启动多个个人预先存储的功能。指纹识别通过传感器完成，指纹识别传感器通过识别每个人指纹交叉点和断点的图形来识别不同的人。

1. 指纹识别系统介绍

（1）每个人的指纹都是不同的，这个特性是指纹识别安全系统成立的前提。

（2）在进行指纹对比时，至少 80% 的面积是相同的，为了保证指纹的准确性，START 按钮的形状设计总是和使用者的手指差不多在同一个位置上。START 按钮的窄面形成一个定位形状，这

样可防止手指在纵向方向上偏离过大。

（3）由于指纹识别与 START 按钮结合在一起，当手湿时，如果用力过大（ > 12 N ），就可能出现无法识别的情况。

（4）系统在识别失败后，进行第二次识别时，系统就切换到触发模式。在这种模式下，系统不断读取指纹图像，只有读取质量足够好的图像时才会进行对比分析。

（5）个别人由于手指干燥、脏污、受伤、皮肤病等，指纹无法与系统适配，传感器无法识别，所以不能采用指纹识别系统。

2. 指纹识别系统工作过程

① 电容传感器记录指纹，电容传感器如图 6-26（a）所示。

② 生成灰阶图，如图 6-26（b）所示。

③ 在控制单元内处理传感器数据，如图 6-26（c）所示。

④ 特点过滤。指纹中的纹脊、分叉、螺旋纹、环状纹等特点纹将被过滤出来。

⑤ 识别特点区，如图 6-26（d）所示。

⑥ 将特点区通过复杂网络线连接到一起，如图 6-26（d）所示。

⑦ 细节之间的指纹线倾斜角度、间距、指纹线数量以及细节的类型被存储起来，如图 6-27（f）所示。

⑧ 将这些特点与档案里的内容（已经适配的手指）进行对比，在成功地识别指纹后，奥迪多媒体交互系统（Multi Media Interface，MMI）上会显示出使用者的名字，如图 6-26（g）所示。

⑨ 相关的控制单元会按照相应的使用者 ID 存储值进行调节。当无法识别时，组合仪表上会显示"Benutzer nicht erkannt（无法识别使用者）"，但会显示使用者的头像，如图 6-26（h）所示。

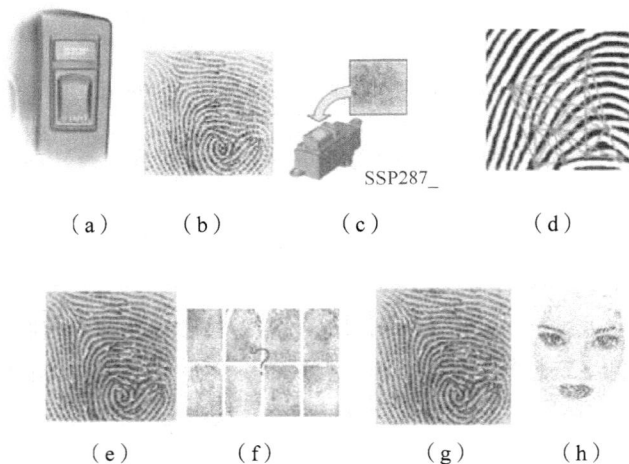

（a）　　　（b）　　　（c）　　　（d）

（e）　　　（f）　　　（g）　　　（h）

图 6-26　指纹识别系统工作过程

3. 适配过程

（1）可以通过 MMI 上的 CAR 菜单来进行适配，最多可适配 4 个使用者，每个使用者可适配 5 个手指。

（2）MMI 支持使用者的适配，这样就可以得到尽可能好的指纹图像。用中等力量（ < 12 N ）将手指连续 3 次放到传感器上后，这个手指的适配就完成了。

（3）要想识别出某个使用者，必须读取 3 个图像。

（4）为了避免出现不能识别的情况，最好适配 2 个或 2 个以上的手指。识别成功后，在 MMI 上会显示出图 6-27 的图形。

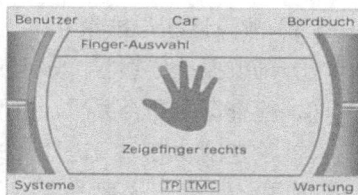

图 6-27　指纹系统适配

（八）故障案例

1. 捷达轿车防盗系统报警太过灵敏

（1）故障现象：车辆停放并进入防盗状态后，每当大型车辆经过或行人走过就触发报警。

（2）可能原因：振动传感器调整太过灵敏。

（3）故障诊断与排除：调整振动传感器的旋钮，降低灵敏度。

2. 捷达轿车防盗系统警报触发时喇叭不鸣叫

（1）故障现象：当警报触发时，喇叭不鸣叫。

（2）可能原因：喇叭故障、喇叭与主机连接线路故障、喇叭接地线接触不良、主机故障。

（3）故障诊断与排除：

① 检查喇叭，将喇叭的正负极接到蓄电池的正负极上。如喇叭鸣叫，则无故障；如喇叭不鸣叫，更换防盗警报喇叭。

② 检测喇叭与主机（正极线）连线，如线路无误，在报警触发状态下，测量该连线的电压值，应为蓄电池电压。

③ 检查喇叭接地线连接情况。

④ 如前面检查均无故障，则故障点在主机上，更换主机。

3. 捷达轿车遥控器失效

（1）故障现象：当使用遥控器时，指示灯不亮或无法进行遥控操作。

（2）可能原因。

① 遥控器电池电压不足。

② 遥控器存在或出现过浸水故障。

③ 遥控器摔坏。

④ 遥控器可能进行过频率调整。

⑤ 防盗系统连线故障。

⑥ 主机故障。

（3）故障诊断与排除。

① 拆开遥控器，检测电池电压，应不低于 10V（标准：12V）。

② 检查遥控器是否有水迹，如有，很可能已烧坏。废弃或更换遥控器并另行设定。

③ 更换或废弃遥控器，重新设定。

④ 同另一个遥控器进行比较，如另外一个功能正常且遥控器指示灯闪亮，则可能调整过频率。

⑤ 检查防盗系统连线。

⑥ 以上问题均不存在，更换主机。

4. 捷达轿车防盗喇叭非正常鸣叫

（1）故障现象：进入防盗状态后，10 s 之内喇叭鸣叫，解除后再设定为防盗状态，情况依旧。

（2）可能原因：振动传感器太过灵敏或损坏；车门没有关严；接线不正确，尤其是制动灯或门边灯室内灯接线；主机故障。

（3）故障诊断与排除

① 调整振动传感器，如无反应，更换传感器再试验一下，并观察传感器上 LED 灯的情况。

② 检查车门是否关严，关严后重新设定。

③ 检查制动灯、门边灯开关及连线，如有错误，更正后再设定。

④ 检查主机，必要时更换主机，设定遥控器。

5. 捷达轿车遥控中央门锁无响应

（1）故障现象：遥控中央门锁时无法正常动作，或无法动作。

（2）可能原因。

① 门锁电动机故障。

② 门锁机械故障导致电动机无法带动其动作。

③ 中央门锁的主控锁电动机故障。

④ 中央门锁线路故障。

⑤ 中央门锁系统与防盗系统的连线存在故障。

⑥ 防盗系统的熔断器损坏。

⑦ 防盗系统线路存在断/短路故障。

⑧ 中央门锁系统的控制模块故障。

⑨ 防盗系统的遥控器故障。

⑩ 防盗系统的主机故障。

（3）故障诊断与排除

① 针对不动作的车门，检查电机。可以将电机的供电及接地线与蓄电池相连试验，确定其故障后更换门锁电机。

② 检查车门锁机械故障，如存在，先排除后再试验该车门锁的动作情况。

③ 检查中央门锁的主控电动机（4 到 5 根接线），必要时更换。

④ 检查中央门锁的连接线路，如有故障先行修复。

⑤ 检查中央门锁系统与防盗系统的连线的正确性。

⑥ 检查防盗系统的熔断器有无烧毁，如有则更换后再试验。

⑦ 检查防盗系统的线路是否存在故障。

⑧ 检查中央门锁的控制模块，必要时更换。

⑨ 检查遥控器本身是否存在故障。

⑩ 检查验证主机故障，更换主机（或成套更换）后重新设定进行试验。

三、项目实施

任务一　奥迪 A6 轿车防盗系统检修

（一）实施目的及要求

（1）通过该任务的实施，应能够对奥迪轿车防盗系统进行故障诊断与排除，匹配电控单元，并掌握防盗系统的工作原理。

（2）该项目应具备完成项目的车辆和该车辆的电路图等资料。

（3）实训设备及仪器：V.A.G1551/V.A.G1552、VAS5051/VAS5052、VAS6150、X431 等诊断仪。

（二）实施步骤

1. 机械式防盗装置

奥迪 A6 轿车上除装有电子防盗装置外，还装有效果良好的机械式防盗装置，即转向盘锁，如图 6-28 所示。

转向盘上有一带槽圆环，它用一弹簧挡圈靠摩擦力固定在转向柱上。当拔下钥匙时，碰销通过带槽圆环嵌入外圆带有轴向槽的弹簧挡圈，使转向柱无法旋转，即方向盘锁锁闭。如果试图用暴力转动转向盘来切断啮合的碰销，转向柱将在带槽圆环内开始转动，碰销的切断扭矩为 $100\ N\cdot m$。

2. 电控防盗系统

奥迪 A6 轿车防盗系统由超声波传感器组件（2 个）、超声波传感器控制单元、防盗报警器控制单元、防盗报警器及执行元件等组成。超声波传感器控制单元和防盗报警器控制单元是通过一条警报线和开关线相连的，超声波传感器装在两个 B 柱上，如图 6-29 所示。

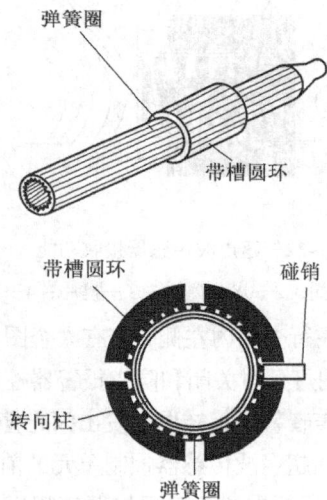

图 6-28 转向盘锁

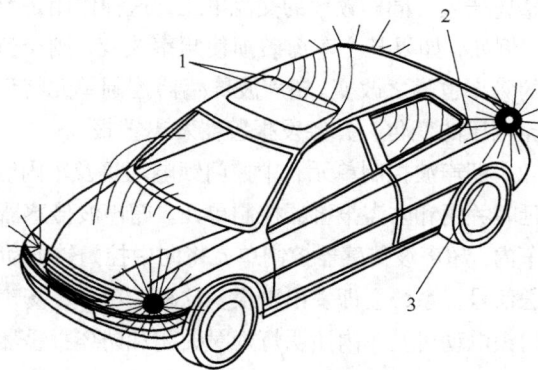

图 6-29 防盗系统示意图

1—超声波传感器；2—超声波传感器控制单元；3—带有车内灯延时
关闭和防盗报警器控制单元的中控门锁电动机

（1）超声波传感器。每个传感器组件包括 2 个超声波传感器和 1 个电子放大电路，分别装在左右 B 柱内，每个传感器监控一个车窗。

超声波传感器以 40 Hz 的频率发射声波（人耳无法听见），同时传感器又接收反射回来的声音信号，超声波控制单元分析反射回来的信号，如果必要，则触发报警。如果 4 个传感器中的某一个传递信号失败，则将中断对该车窗的监控，传感器放大电路如图 6-30 所示。

① 发射功能。交流电压作用于振动线圈时，其内部将产生一磁场，该磁场又反作用于永久磁铁的恒定磁场，因此，振动线圈的频率与交流电压相同。振动线圈与膜片相连，从而膜片也以

相同的频率振动。膜片振动引起空气运动，产生超声波，如图 6-31 所示。

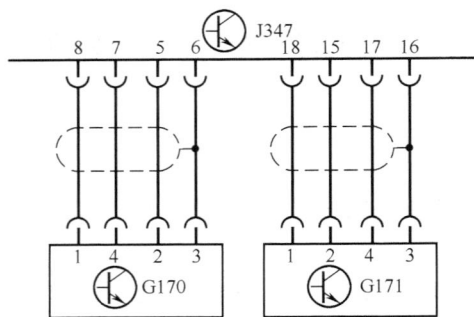

图 6-30　传感器放大电路

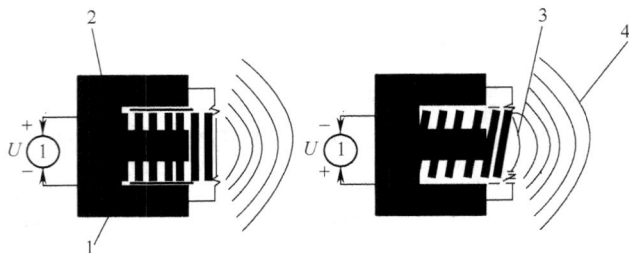

G170—超声波传感器左；G171—超声波传感器右；
J347—超声波传感器控制单元；8/18—插脚，
时钟信号（40 Hz）；5/15—插脚，电源（+8 V）；
7/17—插脚，信号线插脚；6/16—接地，屏蔽

图 6-31　超声波传感器发射功能

1—振动线圈；2—永久磁铁；3—膜片；4—声波

② 接收功能。超声波传感器也起接收器的作用，如图 6-32 所示。

发射出的声波射到车内壁，并被反射回来，反射的声波引起膜片以一定的频率振动。这样，在振动线圈上感应产生一同样频率的交流电压，这种作用是反向的。例如，如果某个车窗破损使频率改变，则交流电压的频率也随之改变。超声波传感器控制单元将识别交流电压的变化，并触发报警器发出警报。

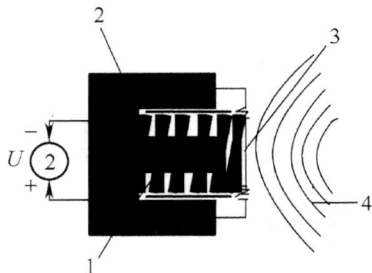

图 6-32　超声波传感器接收功能

1—振动线圈；2—永久磁铁；3—膜片；4—声波

（2）超声波控制单元、中控门锁电动机及车内照明灯延时关闭和防盗报警器控制单元。超声波传感器控制单元装在行李箱内左侧，若有人企图非法进入车内，超声波传感器控制单元将向中控门锁电动机及车内照明灯延时关闭和防盗报警器控制单元发送信号，系统立即发出警报。这种情况下，扬声器立即发出声音警报，转向灯发出闪光警报。中控门锁电动机及车内照明灯延时关闭和防盗报警器控制单元装在超声波传感器控制单元的前面。

（3）防盗报警器。关闭所有车门、发动机舱盖和行李箱，并用钥匙或无线遥控器锁闭后，报警器立即开始工作，防盗警报器控制下列区域。

① 司机和前乘客席侧（微动开关设在门锁内）。

② 发动机舱盖（微动开关设在锁下部位置）。

③ 行李箱盖（微动开关设在行李箱锁内）。

④ 收音机——必须在工厂安装（接地线）。

⑤ 点火开关（15 号端子）。

防盗报警器控制单元接到来自上述区域超声波传感器的信号后，控制单元立即发出声音警报，转向灯发出闪光警报。

（4）执行元件。

① 内部监控开关。内部监控开关装在司机侧 B 柱上，只需按一下该开关，就能中断防盗器

的监控功能，防止意外触发报警器。当司机侧车门打开后，内部监控功能被中断，超声波传感器控制单元通过左前车门触发开关收到"司机侧车门打开"的信号。防盗器开关电路如图 6-33 所示。

② 防盗报警器信号扬声器。防盗报警扬声器位于流水槽内，如图 6-34 所示。

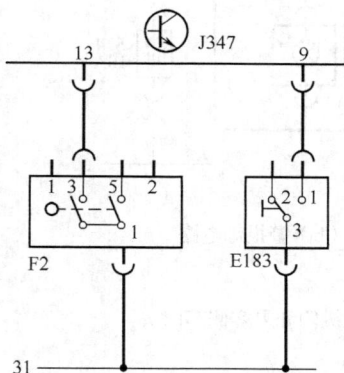

图 6-33 防盗器开关电路

E18—防盗器开关；F2—车门触发开关（左前）；

J347—超声波传感器控制单元

图 6-34 防盗报警器信息扬声器位置图

当报警时，防盗报警器控制单元 V94 接通扬声器电路，使扬声器发出声音警报，声音警报与闪烁转向信号交替发出。防盗报警器信号扬声器电路如图 6-35 所示。

③ 转向信号灯。转向信号灯也由防盗报警器触发。当报警时，防盗报警器控制单元接通转向信号灯电路，转向信号灯发出闪光信号（闪烁），如图 6-36 所示。

④ 警报灯。警报灯是发光二极管，由超声波传感器控制单元触发。闪烁频率表示防盗系统的状态，并可作为自诊断辅助指示灯，如图 6-37 所示。

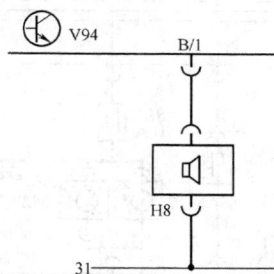

图 6-35 扬声器电路

H8—防盗报警器信号扬声器；V94—带有车内灯延时关闭和防盗报警器控制单元的中控门锁电动机；B/1—插脚（触发防盗报警器信号扬声器 H8）

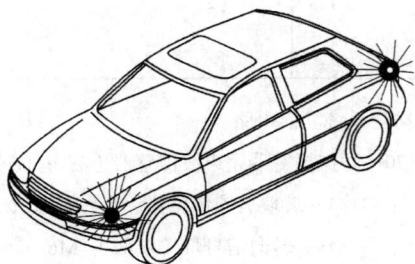

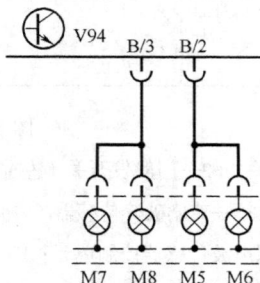

（a）转向信号灯 （b）转向信号灯电路

图 6-36 转向信号灯

M5/M6—转向信号灯（左）；M7/M8—转向信号灯（右）；V94—带有车内灯延时关闭和防盗报警器控制单元的中控门锁电动机；B/12—插脚（转向信号灯 M5/M6 左）；B/3—插脚（转向信号灯 M7/M8 右）

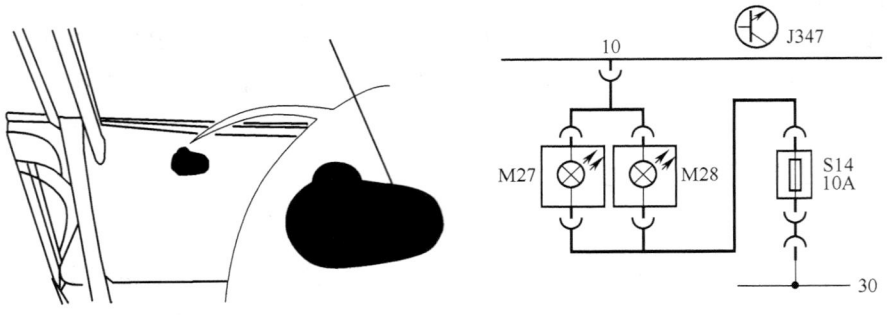

（a）警报灯示意图　　　　　　　　　　（b）警报灯电路

图 6-37　警报灯

J347—超声波传感器控制单元；M27/M28—警报灯（司机侧和乘客侧车门）；

10—插脚（触发警报灯 M27/M28）

（5）防盗系统功能电路

防盗系统功能电路如图 6-38 所示。

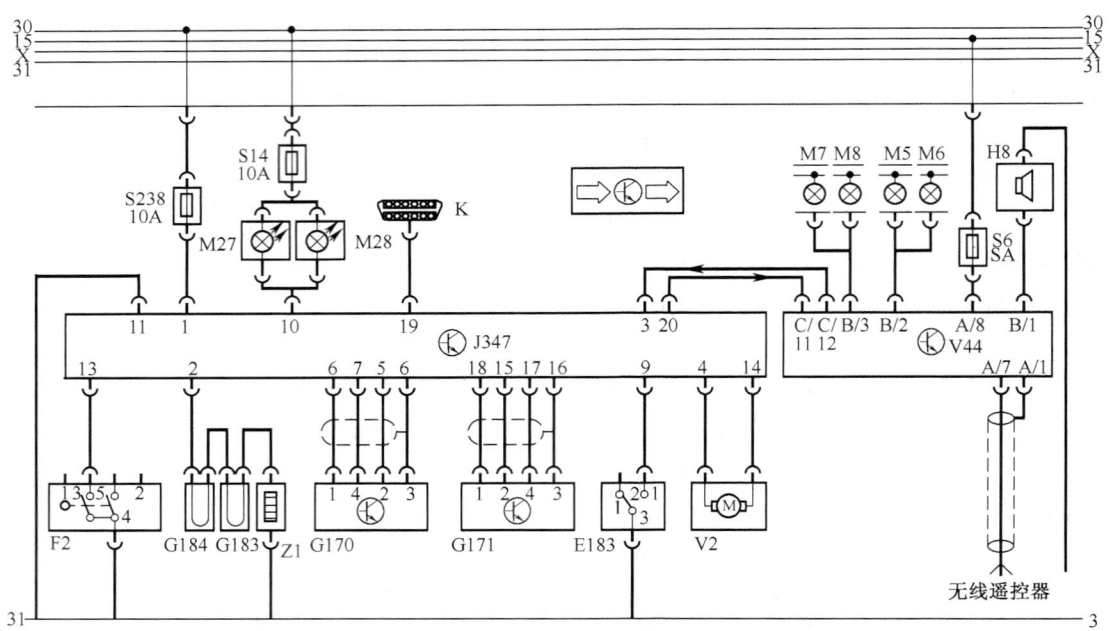

图 6-38　防盗系统功能电路

E183—防盗系统开关；F2—门触发开关（左前）；G170—防盗报警器超声波传感器（右）；G17—防盗报警器超声波传感器（右）；G183—玻璃破碎传感器（左后车窗）；G184—玻璃破碎传感器（右后车窗）；H8—防盗报警器信号扬声器；J347—超声波传感器控制单元；K—诊断接口；M5—转向信号灯（左前）；M6—转向信号灯（左后）；M7—转向信号灯（右前）；M8—转向信号灯（右后）；M27—警报灯（左车门）；M28—警报灯（右车门）；

S6—6 号保险丝（端子 15）；S14—14 号保险丝（端子 30）；S238—238 号保险丝（端子 30）；

V2—新鲜空气鼓风机；V94—带有车内灯延时关闭和防盗报警器控制单元的中控门锁电动机；

Z1—可加热后风窗

（三）奥迪 A6 防盗系统的自诊断

1. 故障表

奥迪 A6 防盗系统的自诊断故障码、故障原因和排除方法见表 6-2。

表 6-2　　　　　　　　　　　故　障　表

故障码	故障内容	故障原因	故障排除
01377	● 防盗报警装置左侧超声波传感器 G170 ● 对正极短路 ● 断路/对地短路 ● 不可靠信号	● G170 和 J347 之间导线断路 ● G170 损坏 ● G170 和 J347 之间导线断路 ● 启动超声波内部监控系统时出现故障	● 按电路图查询故障 ● 更换 G170 ● 检测
01378	● 防盗报警装置右侧超声波传感器 G171 ● 对正极短路 ● 断路/对地短路 ● 不可靠信号	● G171 和 J347 之间导线断路 ● G171 损坏 ● G171 和 J347 之间导线断路 ● 启动超声波内部监控系统时出现故障	● 按电路图查询故障 ● 更换 G171 ● 检测
01379	● 防盗系统开关 E183 ● 对地短路	● E183 和 J347 间导线损坏 ● E183 损坏	● 按电路图查询故障 ● 更换 E183
01380	● 通过左后防盗报警装置传感器发出警报	● 试图从左后车窗进入车内或功能检测后 ● 因误操作而启动警报	● 清除故障存储器 ● 功能检查 ● 进行传感器灵敏度自适应
01381	● 通过右后防盗报警装置传感器发出警报	● 试图从右后车窗进入车内或功能检测后 ● 因误操作而启动警报	● 清除故障存储器 ● 功能检查 ● 进行传感器灵敏度自适应
01382	● 通过左前防盗报警装置传感器发出警报	● 试图从左前车窗进入车内或功能检测后 ● 因误操作而启动警报	● 清除故障存储器 ● 功能检查 ● 进行传感器灵敏度自适应
01383	● 通过右前防盗报警装置传感器发出警报	● 试图从右前车窗进入车内或功能检测后 ● 因误操作而启动警报	● 清除故障存储器 ● 功能检查 ● 进行传感器灵敏度自适应

2. 自诊断

自诊断功能用来检查超声波传感器控制单元、超声波传感器执行元件，可使用故障检测仪 V.A.G1551、V.A.G1552、VAS5051、VAS5052 等检查系统。

防盗系统的地址码是"45"，可执行下列功能。

01—查询控制单元版本；

02—查询故障记忆；

03—执行元件诊断；

05—删除故障记忆；

06—结束输出；

07—对控制单元编码；

08—阅读测量数据块；

10—匹配。

（1）自适应功能。自适应功能可通过调整来降低超声波传感器的灵敏度，即可以用 V.A.G1551 或 V.A.G1552 进行调整。

显示屏显示：

Schnelle　　Daten ü bertragung	HELP
Funktion　　anwählen × ×	
快速数据传递	帮助
功能选择 × ×	

按"1"和"0"键，显示屏显示：

Schnelle　　Daten ü bertragung	Q
10　Anpassung	
快速数据传递	Q
10 – 自适应	

按"Q"键确认输入：

Anpassung	
Kanalnummer eingeben　　× ×	
自适应	
输入通道号 × ×	

按"0"和"1"键，显示屏显示：

Anpassung	Q
Kanalanzeige　10	
自适应	Q
通道　　10	

按"Q"键，显示屏显示：

Kanal　1　Anpassung　100	→
Empfindichkeit in　%	<-1　3->
通道 1　　自适应　　100	→
灵敏度　　%	<-1　3->

超声波传感器灵敏度最高可达 100%（生产厂设定），该值可减至 50%。

按"→"键，显示屏显示：

Kanal 1 Anpassung 100
Anpassungswert eingeben ××××
通道1 自适应 100
输入自适应值 ××××

输入灵敏度值，如75%即可定为（00075），显示屏显示：

Kanal 1 Anpassung 100	Q
Anpassungswert eingeben 00075	
通道1 自适应 100	Q
输入自适应值 00075	

按"Q"键确认输入，显示屏显示：

Kanal 1 Anpassung 75	Q	
Empfindichkeit in %		<-1 3->
通道1 自适应 75	Q	
灵敏度 %		<-1 3->

按"Q"键确认输入，显示屏显示：

Kanal 1 Anpassung 75	Q	
Ceänderter Wert speichem?		
通道1 自适应 75	Q	是否存储新值?

按"Q"键确认输入，显示屏显示：

Kanal 1 Anpassung 75	→
Ceänderter Wertist gespeichert?	
通道1 自适应 75	→
新值已被存储	

按"→"键终止灵敏度输入，显示屏显示：

Schnelle Daten ü bertragung	HELP
Funktion anwählen ××	
快速数据传递	帮助
功能选择××	

（2）通过警报灯进行辅助诊断。警报灯的闪烁频率表示内部监控系统的当前状况，可表示触发、车门关闭、自测正常等状态，如图6-39所示。若显示与图不符，证明出现故障。

每秒钟的闪烁频率

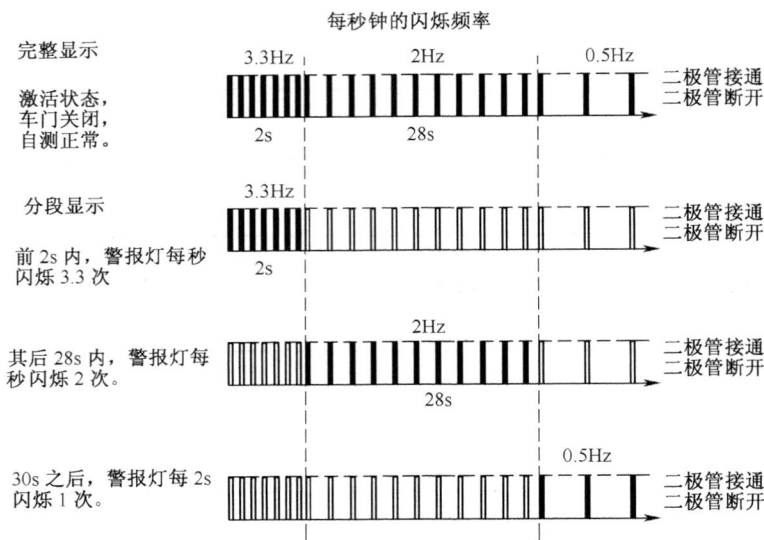

图 6-39　通过警报灯进行辅助诊断

任务二　宝来轿车防盗系统的检测

（一）实施目的及要求

（1）通过该任务的实施，应能够对宝来轿车防盗系统进行故障诊断与排除，匹配电控单元，并掌握防盗系统的工作原理。

（2）该项目应具备完成项目的车辆和该车辆的电路图等资料。

（3）实训设备及仪器：V.A.G1551/V.A.G1552、VAS5051/VAS5052、X431 等诊断仪。

（二）实施步骤

1. 宝来轿车防盗系统的诊断

自底盘号 LFVBA21JX13003182 以后的宝来轿车采用第 3 代防盗器的适配，只能采用 VAS5051、VAS6150、V.A.G1551（第 9 代卡）或 V.A.G1552（第 6 代卡），并且 VAS5051 和 V.A.G1551/2 必须已编过服务站代码。VAS5051 和 V.A.G1551 显示内容相同但格式不同，为安全起见，须编制防盗器密码（PIN 码），也叫识别码。PIN 码由 7 位字符组成，PIN 码当天有效，否则重新编制，PIN 码的变更对所有带防盗器的轿车都有效。全球范围内都可在线或传真查询，德国市场已改为 PIN 码系统，7 位密码的查询和使用方法如下。

① 进入发动机系统，读 ECU 版本信息，记下 14 位的 PIN 码。

② 把记下的 14 位的 PIN 码发给生产厂家或售后服务站，生产厂家或售后服务站返回给 7 位的隐秘的钥匙代码（SKC）。

③ 经销商代码由大众车经销商提供，国家代码可以从车主的维修资料中得知。

④ 进入系统，选择系统登陆，使用 7 位密码，输入 7 位 PIN 码与服务站代码，经销商代码以及查询密码的日期，得到一个 5 位密码（十进制），这就是原始密码。

从 2001 年开始，只可在进口商处变更 PIN 码，但不再用 4 位数查询系统。通过 VAS 方可使用 PIN 码（V02.00 版本，基本 CD），该版本包括服务站代码（WSC）及进口商或销售中心的 3 位数代码。宝来轿车诊断功能表见表 6-3。

表 6-3　　　　　　　　　　　　　　宝来轿车诊断功能表

功　能	内　　容	功　能	内　　容
02	查询故障存储	08	读取测量数据块
05	清除故障存储	10	自适应
06	结束输出	11	登录

连接 V.A.Gl551，打开点火开关，显示屏显示：

```
V.A.G-SELF-DLAGNOSIS          HELP
1—Rapid transfer
2—Flash code output
```

按 "1" 键，进入 "数据快速传递"。显示屏显示：

```
Rapid transfer              HELP
Input address word          ××
```

按 "1" 和 "7" 键（地址码 17）进入 "组合仪表"，按 "Q" 键确认，按 "→" 键，显示屏显示：

```
3B0920845 COMBI+IMMOBIL      VDO      XD7
Coding21115   WSC           00000
```

3B0920845 为控制单元零件号，COMBI+IMMOBIL 是系统名称（组合仪表），制造商代码 VDO，XD7 版本。Coding21115 为辅助设备代码，WSC 00000 为服务站代码。

按 "→" 键，显示屏显示：

```
WVWZZZ701H000054        VWZ1Z0X0264600
```

WVWZZZ701H000054 为底盘号（17 位），VWZ1Z0X0264600 识别码（14 位）。

按 "→" 键，显示屏显示：

```
Rapid transfer        HELP
Select   function     ××
```

若显示屏显示：

```
Control unit does not answer        HELP
```

则按下 "HELP" 键，打印可能出现的故障原因。排除故障后，再次输入地址码 17，进入 "组合仪表"，用 "Q" 键确认，可以进行一下操作。

2. 查询故障存储（02 功能）

显示屏显示：

```
Rapid transfer          HELP
Select   function    × ×
```

按"0"和"2"键，选择"查询故障存储"功能。显示屏显示：

```
Rapid   data   transfer          Q
02—Interrogate fault memory
```

显示屏显示存储的故障数量。

```
X faults   recognized!
```

依次显示和打印存储的故障，按故障表查出并排除打印的故障。
若显示"未查出故障"，则返回初始状态，使用 06 状态结束输出。

```
No faults   recognized!
```

若有故障，排除故障后，采用 05 功能清除故障存储，这里不再赘述。若无故障，按"Q"键后，显示屏回到初始状态，使用 06 状态结束输出。

```
Rapid transfer          HELP
Input address word    × ×
```

所有稳定及偶发故障均存储在故障存储器内，若故障显示并持续 2 s 以上，则认为该故障为稳定故障；若少于 2 s，则为偶发故障，显小屏显示"/SP"提示符。

打开点火开关后，存储的故障均被认为是偶发故障，完成检查后再出现的故障则为稳定故障。

若 50 次运行循环中（打开点火开关 2 s 以上）不再出现偶发故障，则清除该故障。宝来轿车防盗系统的自诊断故障码、故障原因以及排除方法见表6-4。

表6-4　　　　　宝来轿车防盗系统的自诊断故障码、故障原因及排除方法

故 障 码	故障内容	故 障 原 因	可能的影响	故 障 排 除
01128	防盗器读出线圈	读出线圈至组合仪表的导线损坏或带导线的读出线圈损坏	发动机不能启动，警报灯闪亮	● 目视检查带导线的读出线圈及导线走向，若出现故障，更换读出线圈 ● 清除并再次查询故障存储，若故障存在，更换组合仪表
01176	钥匙信号太弱钥匙未授权	● 读出线圈或导线损坏（接触电阻/触点松动）或点火钥匙内的脉冲收发机丢失或不起作用 ● 点火钥匙未适配	发动机不能启动，警报灯闪亮	● 目视检查带导线的读出线圈、导线和插头，如需要，更换线圈 ● 更换点火钥匙，重新适配所有钥匙并检查功能
01177	发动机控制单元未授权	发动机控制单元未适配	发动机不能启动，警报灯闪亮	适配发动机控制单元
01179	钥匙编程错误	点火钥匙适配有误	警报灯快速闪亮	输入密码，重新适配点火钥匙，检查功能

续表

故 障 码	故 障 内 容	故 障 原 因	可能的影响	故 障 排 除
01312	传动系数据总线损坏	数据总线有故障,传动系数据总线处于"bus off"状态	行驶性能恶化(换挡冲击,负荷变化震颤)无行驶动态调节	• 读取测量数据块,检查控制单元编码 • 读取所有控制单元的故障存储,视情况排除故障 • 按电路图检查数据总线
65535	控制单元损坏	组合仪表控制单元损坏	发动机不能启动,警报灯点亮	更换控制单元

> **注意** 仅在打印时显示故障代码,更换故障部件前,应按电路图检查导线、插头及接地连接。完成维修后,必须用 V.A.G1551 查询并清除故障存储。

3. 读取测量数据块

显示屏显示:

Rapid transfer	HELP
Input address word	× ×

显示屏显示:

Rapid transfer	HELP
Input address word	× ×

按"0"和"8"键,选择"读取测量数据"功能。显示屏显示:

Rapid transfer	HELP
08—Read measured value block	

按"Q"键确认:

Read measured value block	
Input display group number × ×	

显示屏显示:

Read measured value block	× × ×
1 2 3 4	

输入显示组号(022 023 025),可选显示组,见表6-5。

表6-5　　　　　　　　　数据组 022 023 025 显示含义

显 示 组	显 示 区	可能显示内容
022	1—表示允许的起动程序 2—表示发动机控制单元的响应 3—表示钥匙状态正常 4—已知钥匙的数量	0—否 1—是

续表

显 示 组	显 示 区	可能显示内容
023	1—授权的可变代码 2—钥匙（脉冲接发器）的状态 3—授权的不可变代码 4—防盗器的状态	0—否 1—是
025	1—数据变换类型	0—无数据交换 1—通过数据总线的数据交换 2—通过 W 线的数据交换

例如，022 显示组，显示屏显示：

Read measured value block 022
1 1 1 3

022 显示示例见表 6-6。

表 6-6　　　　　　　　　　　022 显示示例

显 示 示 例	显 示 区	可能显示内容
1	1—允许启动程序	0—否 1—是
1	2—发动机控制单元的响应	0—否 1—是
1	3—钥匙状态正常否	0—否 1—是
3	4—已知钥匙数量	0—最小 8—最大

025 显示组，显示屏显示：

Read measured value block 025
1

025 显示组的含义，见表 6-7。

表 6-7　　　　　　　　　　025 显示组，显示屏显示示例

显 示 示 例	显 示 区	可能显示内容
1	1—数据交换类型	0—无效数据 1—通过数据总线的数据交换 2—通过 W 线的数据交换

4. 宝来轿车防盗系统的自适应

更换发动机控制单元后的自适应，使用 VAS5051 进行自适应。

（1）对于新发动机控制单元。地址 17—车辆底盘号，14 位识别码—查取本车 PIN。

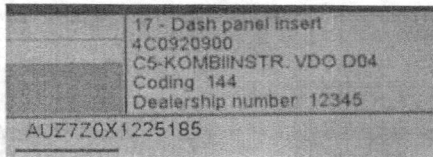

地址 01→功能 10→通道 50→输入本车 PIN→显示车辆底盘号→"Q" 键确认出现底盘号→确认并存储底盘号。

01 功能，显示屏显示：　　　　　　　　　　　　显示屏显示：

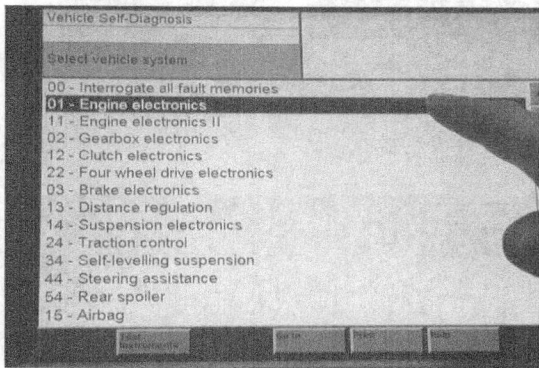

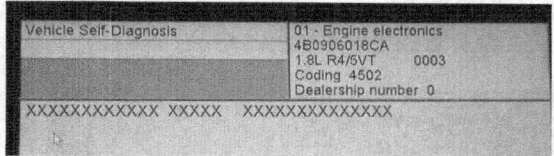

功能 10 自适应，显示屏显示：　　　　　　　　输入 50 通道：

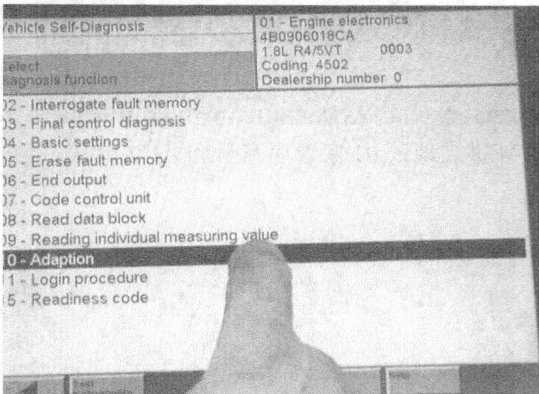

输入查询到的防盗止动器密码（PIN 码）：　　　选择键盘：

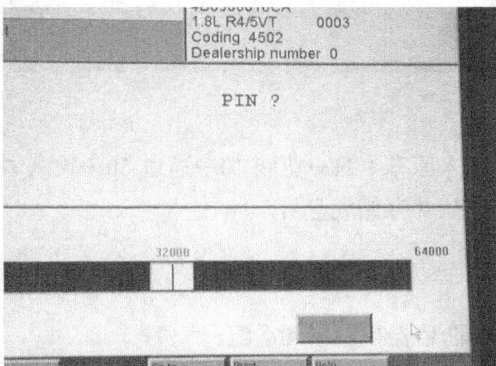

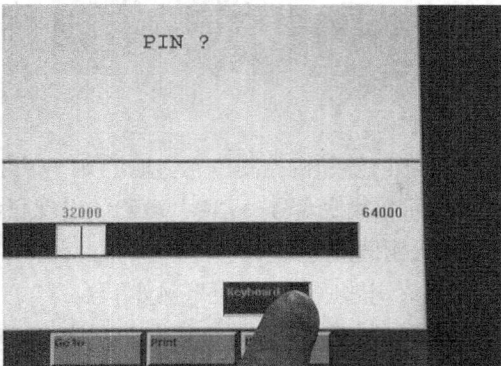

图 6-40

输入 PIN 码，以 02024 为例：

用"Q"键确认 PIN 码：

仪表盘上防盗止动系统警告灯亮：

对底盘号进行确认：

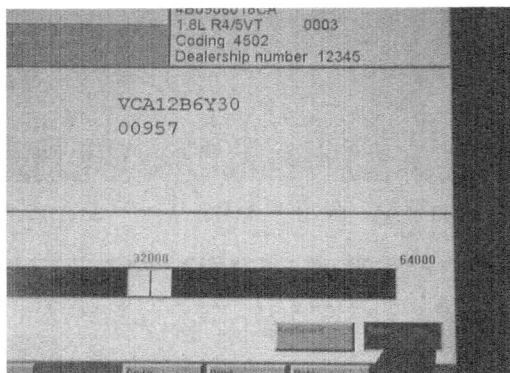

对底盘号进行存储：

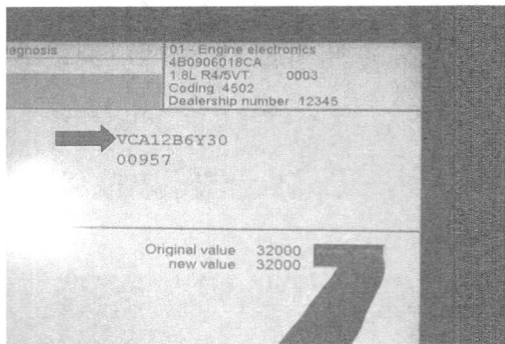

重新进入地址 01 察看底盘号和 AUZ 代码：

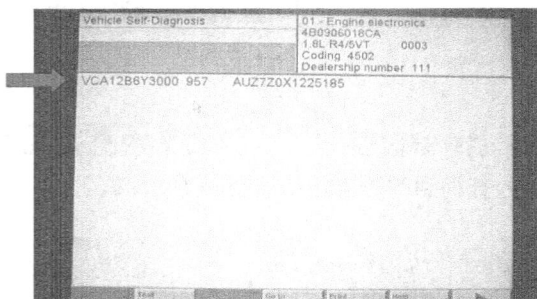

（2）对于旧发动机控制单元。地址 01→功能 11→输入原车 PIN→功能 10→通道 50→输入本车 PIN→显示车辆底盘号→"Q"键确认出现底盘号→确认并存储底盘号。

5. 点火钥匙的适配

（1）点火钥匙适配的注意事项如下。

① 若需订制新钥匙或附加钥匙，则这些钥匙必须与防盗器控制单元适配。

② 与宝来轿车防盗器适配的钥匙上均标有标记"W"。

③ 更换锁总成及防盗器控制单元时，必须记住防盗控制器的防盗密码。

④ 所有点火钥匙，包括现有的钥匙均需进行适配。

⑤ 选择自适应功能后，显示屏将显示已适配钥匙的数量。

⑥ 若仅适配一把钥匙，则可用该钥匙立即启动轿车；若适配多把钥匙，只能用最后适配的钥匙立即启动轿车。

⑦ 新版本 V.A.G1551 及 VAS5051 上可以随时中断适配，以 V.A.G1551 为例加以说明。

（2）点火钥匙的适配步骤如下。

① 连接测试仪，接通点火开关，选择"数据快速传递"，输入"11"，进入菜单如下：

```
Rapid data transfer                    HELP
Insert address word          × ×
```

显示屏显示，按"Q"键确认：

```
Rapid data transfer              Q
11—Login procedure
```

```
Login procedure                  Q
Enter code number            × × × × ×
```

② 输入密码，四位前应加"0"（如 01915）：

```
Rapid datatransfer                     HELP
Select function  × ×
```

按"Q"键确认，显示屏显示：

```
Function is unknown or
Cannot be carried outat the moment
```

若显示屏显示上述内容，则密码未被接受，再次输入密码。可连续 3 次输入密码，若仍未被接受，则需至少等待 10 min，方可再次输入。

连续 3 次输入密码，在此期间点火开关应一直打开，并用 06 功能"结束输出"。每 3 次输入未被接受，再次输入前的等待时间将延长 1 倍，但最长不超过 255 min。

（3）按"1"和"0"键，选择"自适应"功能，显示屏显示：

```
Rapid datatransfer                     Q
10-Adaption
```

按"Q"键确认：

```
Adaptation
Feed in Channel number          × ×
```

按"2"和"1"键，显示屏显示：

```
Channel 21      Adaption    2              →
```

显示屏显示上一行数字"2"，表示 2 把点火钥匙已与系统适配。

按 "→" 键，显示屏显示：

Channel 2l   Adaption   2
Enter Adaptation value   × × × ×

输入 0003（3 把钥匙，最多 8 把钥匙），按 "Q" 键确认。

Channel 2l   Adaption   3   Q

按 "Q" 键确认：

Channel 2l   Adaption   3   Q
Store amended   value?

按 "Q" 键确认：

Channel 2l   Adaption   3
Stored   value is stored

VD0 组合仪表警报灯 K117 熄灭，至此，点火锁内的第一把钥匙适配完毕。按 "→" 键，关闭点火开关，插入第二把钥匙，打开点火开关，警报灯 K117 亮约 2 s 后熄灭，第二把钥匙适配完毕。重复上述过程，直至适配完所有钥匙，最后一把钥匙适配完毕后，警报灯 K117 闪亮 1 次，表明已完成适配过程

任务三　迈腾轿车更换发动机控制单元及钥匙的匹配

（一）实施目的及要求

（1）通过该任务的实施，应能够自主对迈腾轿车防盗系统进行电控单元匹配，并掌握防盗系统的工作原理。

（2）该项目应具备完成项目的车辆和该车辆的电路图等资料。

（3）实训设备及仪器：　VAS5051/VAS5052、VAS6150、X431 等诊断仪。

（二）实施步骤

1. 更换/匹配发动机控制单元

操作步骤如下。

① 登录锁止查询。

② 防盗器检查。

③ 从防盗器中读取数据。

④ 用户身份查询。

⑤ 在线连接登录。

⑥ 将数据传输到发动机控制单元，匹配。

2. 匹配钥匙

操作步骤如下。

① 登录锁止查询。

② 防盗器检查。

③ 从防盗器中读取数据。

④ 用户身份查询。

⑤ 在线连接登录。

⑥ 进行匹配/学习过程。

⑦ 确认读写线圈数据。

⑧ 将确认信息回传到数据库。

小 结

1. 为了使汽车的使用更加舒适和安全，现代轿车多数都安装了中控门锁控制系统。

2. 中控门锁控制系统一般由门锁开关、门锁控制器和门锁执行机构组成。

3. 中控门锁根据驱动方式的不同分为直流电动机式中控门锁、电磁线圈式中控门锁、双向压力泵式中控门锁。

4. 中控门锁控制器分为晶体管式门锁控制器、电容式门锁控制器、车速感应式门锁控制器。

5. 防盗的方式包括使起启机无法启动、使发动机无法工作、使发动机电脑处于非工作状态。

6. 发动机止动系统是防止发动机未被授权的情况下依靠自己的动力被开走。

7. 防盗器系统组成：防盗器控制单元、点火开关上的读写线圈（天线）、点火钥匙（送码器）、发动机控制单元。

8. 防盗器系统发展到今天，共分为 4 代：机械式防盗系统（第 1 代）、芯片式数码防盗系统（第 2 代），电子式防盗系统（第 3 代）、网络、GPS 防盗系统（第 4 代）。

习 题

1. 怎样使用 VAS5051 更换宝来轿车的防盗器控制单元？

2. 怎样在线匹配速腾轿车的钥匙？

一、项目要求

【知识要求】

掌握安全气囊的功能、结构和工作原理。

【能力要求】

能使用专用仪器排除安全气囊故障。

二、相关知识

（一）安全气囊的作用

安全气囊系统（Supplemental Restraint System，SRS），也称辅助乘员保护系统。它是一种当汽车遭到冲撞而急剧减速时能很快膨胀的缓冲垫，通常它与座椅安全带配合使用，可以为乘员提供十分有效的防撞保护。当汽车发生碰撞时，安全气囊系统迅速在乘员和汽车内部结构之间打开一个充满气体的袋子，使乘员撞在气袋上，避免或减缓碰撞，从而达到保护乘员的目的，如图 7-1 所示。由于乘员和气囊相碰时容易因振荡造成乘员伤害，所以在气囊的背面开两个直径 25 mm 左右的圆孔。这样，当乘员和气囊相碰时，借助圆孔的放气可减轻振荡，放气过程同时也是一个释放能量的过程，因此可以很快地吸收乘员的动能，有助于保护乘员。

图 7-1　安全气囊对乘员的保护作用

（二）安全气囊的种类

1. 按照气囊的数量来分

按照气囊的数量分为单气囊系统（只装在驾驶员侧）、双气囊系统（驾驶员侧和副驾驶员侧各有一个安全气囊）和多气囊系统（前排安全气囊、后排安全气囊、侧面安全气囊）。

2. 按照气囊的大小来分

按气囊的大小可分为保护全身的安全气囊、保护整个上身的大型气囊和主要保护面部的小型护面气囊。

3. 按充气装置点火系统来分

按充气装置点火系统分为电子式与机械式。

4. 按照保护对象的不同来分

（1）驾驶员防撞安全气囊。驾驶员防撞安全气囊装在转向盘上，分美式和欧式两种。

美式气囊是考虑到驾驶员没有佩带座椅安全带而发生汽车相撞时起保护作用，其体积较大，约60 L。

欧式气囊是假定驾驶员佩带座椅安全带的前提下而设计的，其体积较小，约 40 L。日本的安全气囊也属于此类。近年来，由于安全气囊的生产成本下降，日本防撞安全气囊规格有所增加，如本田轿车的驾驶员防撞安全气囊的体积为 60 L。

（2）前排乘员防撞安全气囊。由于副驾驶位置乘员在车内位置不固定且前方空间较大，因此为保护其撞车时免受伤害，设计的防撞安全气囊也较大。美式的约 160 L，欧式的约 75 L（后者考虑了乘员受座椅安全带的约束）。

（3）后排乘员防撞安全气囊。装在前排座椅上，防止后排乘员在撞车时受到伤害。

（4）侧面防撞安全气囊。装在车门上，防止驾驶员及乘员受侧面撞击。

（5）智能型安全气囊。为了克服普通安全气囊系统的不足，目前新一代 SRS 正在研制中，又被称为智能型安全气囊（Smart Air Bag）。智能型 SRS 比一般 SRS 增加了以下几种功能。

① 检测乘员是否系上座椅安全带。

② 检测乘员乘坐位置。

③ 检测儿童座椅。

④ 调控安全气囊充气膨胀力。

⑤ 检测座椅上是否有乘员。

⑥ 检测气温。

（三）安全气囊的组成与工作原理

机械式 SRS 主要由传感器、气囊组件、气体发生器等组成。安全气囊由传感器直接引爆点火，如图 7-2 所示。该 SRS 的优点是结构简单，成本低；缺点是可靠性差，容易误动作。

下面重点介绍电子式 SRS 的工作过程。

电子式 SRS 主要由传感器、气囊组件、气体发生器、电控装置（ECU）等组成，如图 7-3 所示。

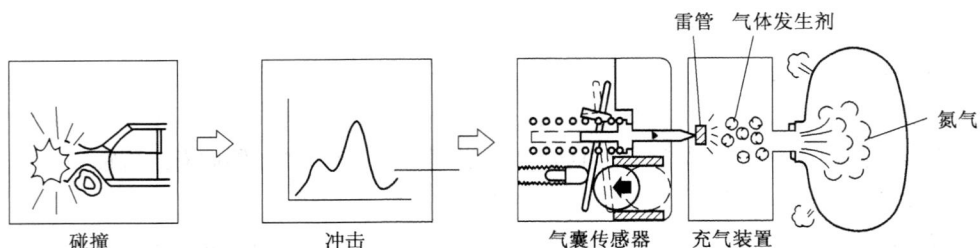

图 7-2　机械式 SRS 工作原理

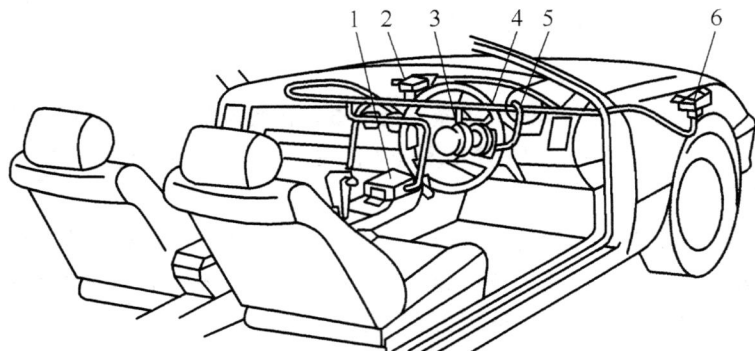

图 7-3　电子式 SRS 的组成

1—中央气囊传感器总成；2—前部碰撞传感器（左）；3—气囊与充气装置；4—螺旋电缆；5—气囊报警灯；
6—前部碰撞传感器（右）

　　汽车上装有车前与车内两种碰撞传感器。位于车前两侧的车前传感器可保证在正面 30°
范围内有效地工作。当汽车发生碰撞时，由传感器对碰撞程度进行识别，对于中等程度以
上的碰撞，传感器发出信号给 ECU，经 ECU 判别后发出点火信号使点火器工作，气体发生
装置在极短的时间内产生大量气体并通过滤清器充入卷收在一起的气囊，使其膨胀，如图 7-4
所示。

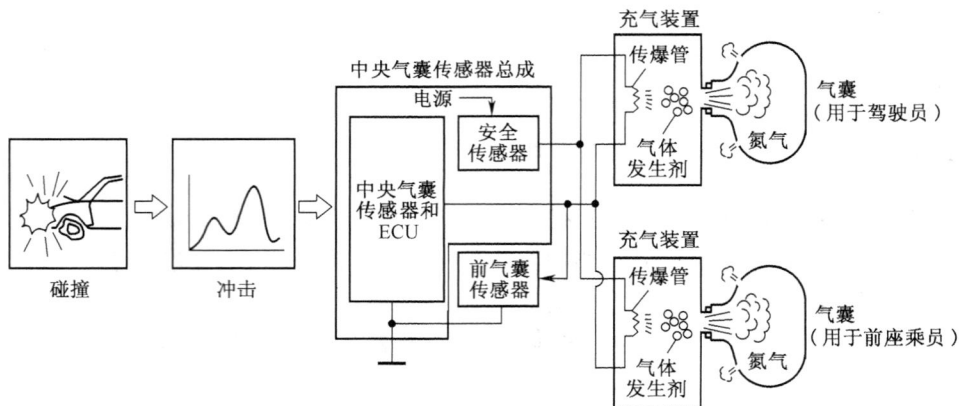

图 7-4　SRS 工作原理

　　SRS 所用的碰撞传感器，一般根据所承担的任务不同分为车前传感器、中央传感器与安全传感器。车前传感器用来检测汽车正面低速碰撞时所受到的冲击信号；中央传感器用来检测汽车发生高速碰撞的信息；安全传感器用来防止系统在非碰撞状况引起安全气囊误动作。安全气囊点火及点火的判断条件如图 7-5 所示。

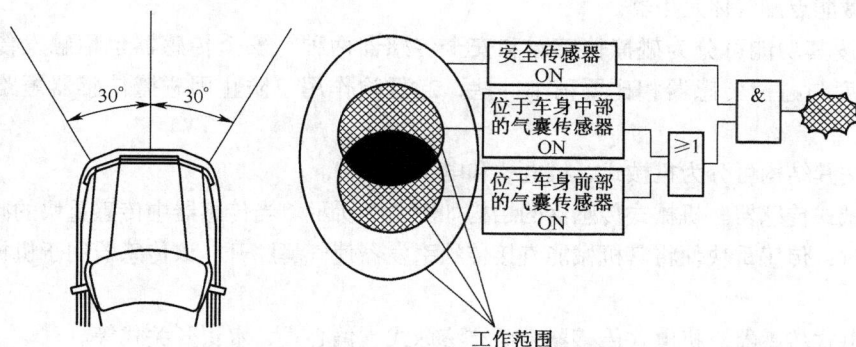

图 7-5　安全气囊点火及点火的判断条件

　　SRS 的整个工作过程大约需要 100 ms 左右，可分为 4 个阶段，如图 7-6 所示。

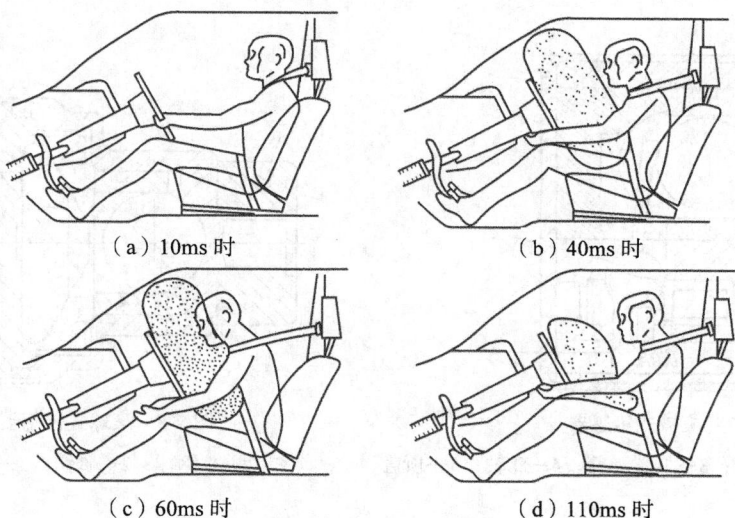

（a）10ms 时　　　　　　　　　　（b）40ms 时

（c）60ms 时　　　　　　　　　　（d）110ms 时

图 7-6　SRS 动作时序

　　第 1 阶段：汽车撞车，达到气囊系统引爆极限，传感器从测出碰撞到接通电流需 10 ms，引爆器点燃气囊的气体发生器，而此时驾驶员仍然处于直坐状态。

　　第 2 阶段：气体发生器在 30 ms 内将气囊完全胀起，撞车（50 km/h 的速度）40 ms 后驾驶员身体开始向前移动，因为安全带斜系在驾驶员身上，随驾驶员的前移，安全带被拉长，一部分撞车时产生的冲击能量由安全带吸收。

　　第 3 阶段：汽车撞车 60 ms 之后，驾驶员的头部及身体上部都压向气囊，气囊后面的排气口允许气体在压力作用下匀速地逸出。

　　第 4 阶段：汽车撞车 110 ms 之后，驾驶员向后移回到座椅上，大部分气体已从气囊中逸出，前方又恢复了清晰的视野。

（四）主要部件

1. 传感器

传感器用于检测、判断汽车发生事故后的撞击信号，以便及时启动安全气囊，并提供足够的电能或机械能点燃气体发生器。

传感器按其功能可分为碰撞传感器和安全传感器两种。安全传感器也称触发传感器，其闭合的减速度与碰撞传感器相比要稍小一些，起保险作用，防止因碰撞传感器短路而造成误爆开。

传感器按其结构可分为机械式、机电式和电子式 3 种。

（1）机械式传感器。机械式传感器的结构如图 7-7 所示。当传感器中传感重块的减速度达到某一特定值时，传感重块便将其机械能直接传给引发器使气囊膨开。该传感器用于机械式安全气囊系统。

（2）机电式传感器。机电式传感器主要有滚球式、偏心式、水银开关式等。

① 滚球式传感器。如图 7-8 所示，平时小钢球被磁场力所约束。当碰撞时，在圆柱形钢套内小钢球向前运动。一旦接触到前面的触点，则将局部电路接通。这种传感器目前应用很广，可以检测各种撞击信号。

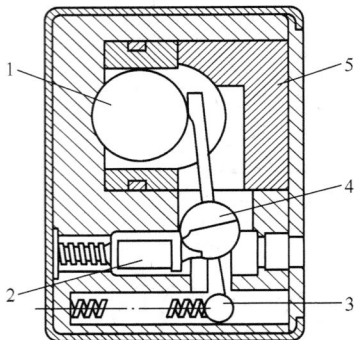

图 7-7　机械式传感器

1—感应块；2—撞针；3—偏置弹簧；4—D 轴；5—顶盖

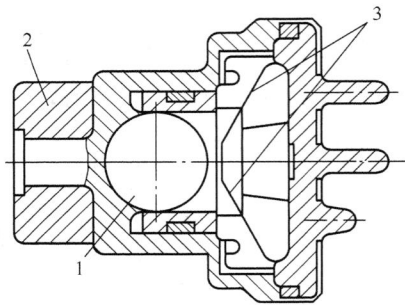

图 7-8　滚球式传感器

1—小钢球；2—磁铁；3—触点

② 偏心式传感器。偏心式传感器为具有偏心转动质量的机电式加速度传感器，由外壳、偏心转子、偏心重块、旋转触点与固定触点、螺旋弹簧等构成，如图 7-9 所示。偏心式传感器的外侧装有一个电阻，作为自检之用，检测传感器总成与其之间的线路是否有开路或短路。

当汽车正常行驶时，偏心转子和偏心重块被螺旋弹簧拉回，处于平衡状态，此时转子上安装的旋转触点与固定触点不接触。当车辆受到正面碰撞且速度达到设定值时，由于偏心重块惯性的作用，使偏心重块连同偏心转子和旋转触点一起转动，旋转触点与固定触点发生接触，如图 7-10 所示，从而向 ECU 发出闭合电路信号。

③ 水银开关式传感器。水银开关式传感器是安全传感器中常见的一种，如图 7-11 所示。当汽车碰撞时，水银产生惯性力抛向电极 2 和电极 3，使两极接通，并使点火器接通。安全传感器一般比碰撞传感器所需的惯性力或减速度小，以保证碰撞传感器的可靠工作。

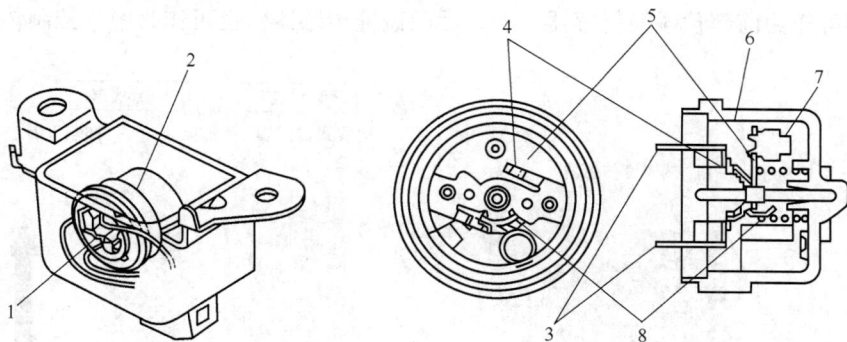

图 7-9　偏心式传感器的结构

1—自检电阻；2—传感器；3—固定触点；4—旋转触点；5—偏心转子；6—外壳；7—偏心重块；8—螺旋弹簧

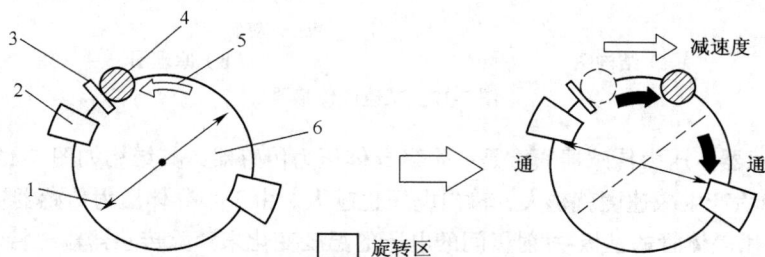

图 7-10　偏心式传感器的工作过程

1—旋转触点；2—固定触点；3—止动器；4—偏心重块；5—螺旋弹簧力；6—偏心转子

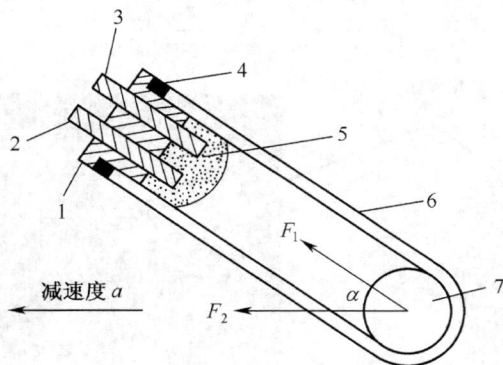

图 7-11　水银开关式传感器

1—盖；2、3—电极；4—O 形圈；5—水银撞上后位置；6—壳体；7—水银；F_1—水银运动分力；F_2—撞击力

（3）电子式传感器（中央安全气囊传感器）。

① 加速度传感器。加速度传感器用来对汽车正向减速度进行连续测量，并将测量结果输送给 ECU。ECU 内有一套复杂的碰撞信号处理程序，能够确定气囊是否需要膨开。若需要气囊膨开，ECU 便会接通点火电路，同时安全传感器闭合，电子点火器接通，气囊膨开。如图 7-12 所示，图 7-12（a）为结构图，图 7-12（b）为原理图。发生碰撞后，由于电容器的电极（移动片或移动电极）位置发生变化，造成电容器的电量发生变化，使得输出电压变化，电控单元检测到相应的电压信号就可判断碰撞的减速度以及是否接通电子点火器点火，触发安全气囊。加

速度传感器可作为前部预碰撞传感器，前、后门碰撞传感器，也可作为中央控制传感器。

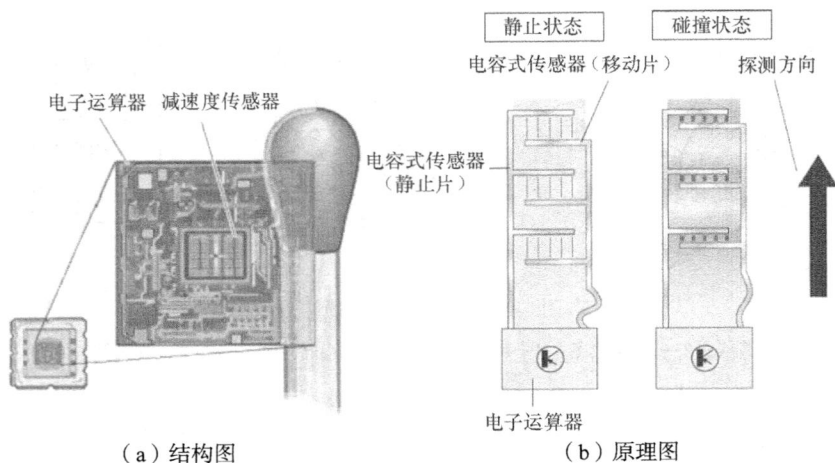

（a）结构图　　　　　　（b）原理图

图 7-12　减速度传感器

② 压力传感器。压力传感器通常是一个半导体压力传感器，其结构如图 7-13 所示。汽车的速度越大，碰撞后产生减速度就越大，输出电压也越大。由于半导体压力传感器输出特性受温度影响较大，故应用晶体管的基极-发射极间的电压的温度变化来消除传感器输出特性的变化，所以半导体压力传感器要求有稳定的电源。压力传感器可作为前门碰撞传感器或中央碰撞传感器。

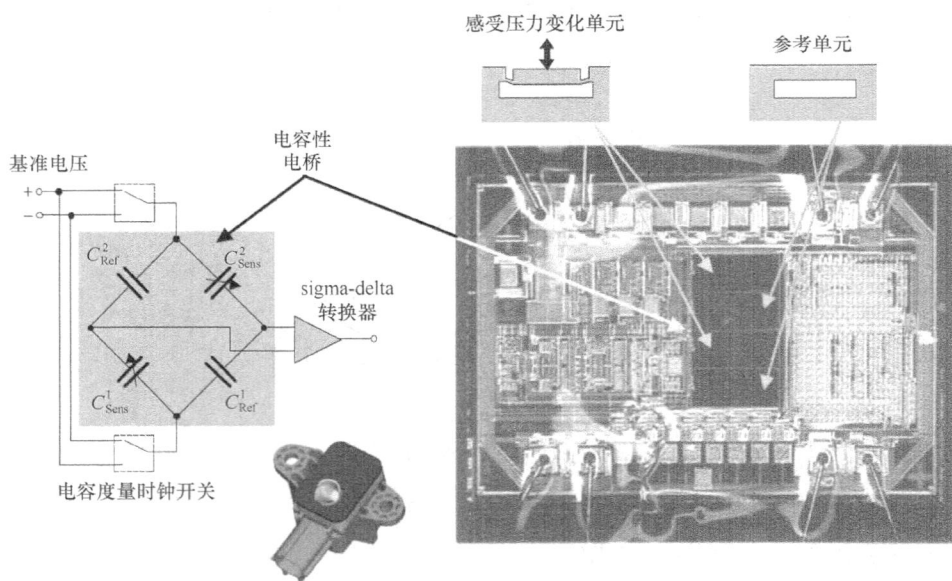

图 7-13　压力传感器

2. 气囊组件

气囊组件主要由气体发生器、点火器、气囊、饰盖和底板组成。驾驶员侧气囊组件位于转向盘中心处，乘客侧气囊组件位于仪表板右侧手套盒的上方。

（1）气体发生器。气体发生器又称充气器，用于在点火器引爆点火剂时产生气体向气囊充气，使气囊膨开。气体发生器用专用螺栓和螺母固定在气囊支架上，装配时只能用专用工具进行装配。气体发生器由上盖、下盖、充气剂（片状叠氮化钠）和金属滤网等组成，如图 7-14 所示。上盖有若干个充气孔，充气孔有长方孔和圆孔两种。下盖上有安装孔，以便将气体发生器安装到气囊支架上。上盖与下盖用冷压工艺压装成一体，壳体内装充气剂、滤网和点火器。金属滤网安放在气体发生器的内表面，用以过滤充气剂和点火剂燃烧后的渣粒。

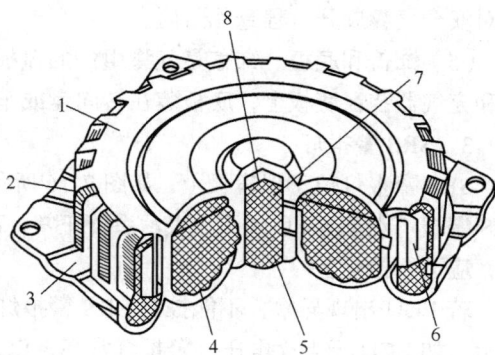

图 7-14　电子式传感器

1—上盖；2—充气孔；3—下盖；4—充气剂；5—点火器药筒；
6—金属滤网；7—电热丝；8—引爆炸药

目前，大多数气体发生器都是利用热效反应产生氮气充入气囊。在点火器引爆点火剂的瞬间，点火剂会产生大量热量，叠氮化钠受热立即分解释放氮气，并从充气孔充入气囊。

（2）点火器。点火器外包铝箔，安装在气体发生器内部中央位置，其结构如图 7-15 所示。

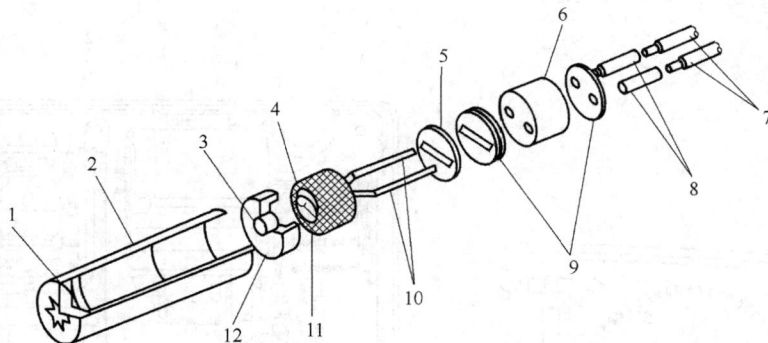

图 7-15　点火器结构

1—引爆炸药；2—药筒；3—引药；4—电热丝；5—陶瓷片；6—永久磁铁；7—引出导线；
8—绝缘套管；9—绝缘垫片；10—电极；11—电热头；12—药托

点火剂包括引爆炸药和引药，引出导线与气囊插接器插头连接，插接器中设有短路片（铜质弹簧片）。当插接器插头拔下或插头与插接器未完全结合时，短路片将两根引线短接，防止静电或误导电将电热丝电路接通而造成气囊误膨开。

当 SRS ECU 发出点火指令时，电热丝电路接通，电热丝迅速红热引爆引药，引药爆炸瞬间产生热量，药筒内温度和压力急剧升高并冲破药筒，使充气剂受热分解释放氮气充入气囊。

（3）气囊。气囊按位置分为驾驶员气囊、乘员气囊、侧面气囊等。有用来保护上身的大型气囊，也有用来主要保护面部的小型气囊。驾驶员气囊多采用尼龙布涂氯丁橡胶或有机硅制造。橡胶涂层起密封和阻燃作用，气囊背面有两个泄气孔。乘员气囊没有涂层，靠尼龙布本身的间隙泄气。

（4）衬垫。衬垫是气囊组件中的一个重要的组成部分，由聚氨酯制成，在制造过程中使用了很薄的水基发泡剂，所以质量特别轻。平时它作为转向盘的上表面，把气囊与外界隔离开，既能起到维护作用，也能起到修饰作用。气囊膨开时，它在气囊爆发力的作用下快速、及时裂开，并

且对安全气囊展开过程毫无阻碍。

（5）饰盖和底板。饰盖是气囊组件的盖板，上面模制有裂缝，以便气囊能冲破饰盖膨开。气囊和充气器装在底板上，底板装在转向盘或车身上，气囊膨开时，底板承受气囊的反力。

3. SRS 警报灯

SRS 警报灯位于仪表板上，如图 7-16 所示。接通点火开关时，诊断单元对系统进行自检，若 SRS 警报灯点亮 6 s 后熄灭，表示系统正常；若 6 s 后依然闪烁或长亮不熄，表示气囊系统出现故障，应进行检修。

若 ECU 出现异常，不能控制 SRS 警报灯，SRS 警报灯便在其他电路的直接控制下做出异常显示。如 ECU 无点火电压，警报灯常亮；ECU 无内部工作电压，警报灯常亮；ECU 不工作，警报灯在看门狗电路的控制下，以 3 次/秒的频率闪烁；ECU 未接通，警报灯经线束插接器的短接条接通。

4. ECU

ECU 主要由 SRS 逻辑模块、信号处理电路、备用电源电路、保护电路和稳压电路等组成，安全传感器一般与 SRS ECU 一起被制作在 SRS 控制组件中。福特汽车公司林肯城市轿车 SRS 控制组件的内部结构如图 7-17 所示。

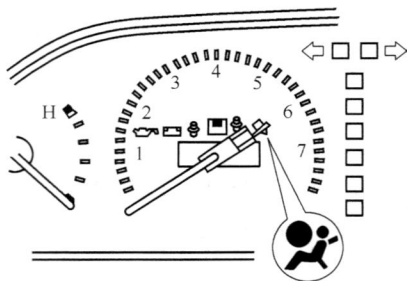

图 7-16　SRS 警报灯

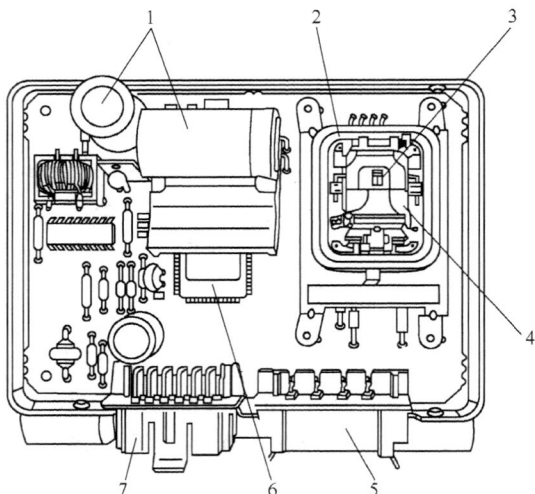

图 7-17　福特汽车公司林肯城市轿车 SRS 控制组件的内部结构
1—能量储存装置（电容）；2—安全传感器总成；3—传感器触点；
4—传感器平衡块；5—端子插接器；6—逻辑模块；
7—SRS ECU 插接器

（1）SRS 逻辑模块。SRS 逻辑模块主要用于监测汽车纵向减速度或惯性力是否达到设定值，控制气囊组件中的点火器引爆点火剂。在汽车行驶过程中，SRS ECU 不断接收前碰撞传感器和防护碰撞传感器传来的车速变化信号，经过数学计算和逻辑判断后，确定是否发生碰撞。当判断结果为发生碰撞时，ECU 立即运行控制点火的软件程序，并向点火电路发出点火指令，引爆点火剂。

除此之外，SRS ECU 还要对控制组件中关键部件的电路不断进行诊断测试，并通过 SRS 指示灯和存储在存储器中的故障代码来显示测试结果。仪表板上的 SRS 指示灯，可直接向驾驶员提供 SRS 的状态信息。逻辑存储器中的状态信息和故障代码可用专用仪器或通过特定方式从串行通

信接口调出，以供维修参考。

（2）信号处理电路。信号处理电路主要由放大器和滤波器组成，用于对传感器检测的信号进行整形、放大和滤波，以便 SRS ECU 能够接收、识别和处理。

（3）备用电源电路。安全气囊系统有 2 个电源，一个是汽车电源，另一个是备用电源。备用电源又称为后备电源或紧急备用电源。备用电源电路由电源控制电路和 2 个电容器组成。备用电源用于当汽车电源与 SRS 逻辑之间的电路切断后，在一定时间内维持 SRS 供电，保持 SRS 的正常功能。

（4）保护电路和稳压电路。在汽车电气系统中，许多电气部件有电感线圈，电气开关多，电气负载变化频繁。当线圈电流接通或切断、开关接通或断开、负载电流突然变化时，都会产生瞬时脉冲电压即过电压。若过电压加到 SRS 电路上，系统中的电子元件就可能因电压过高而损坏。为了防止 SRS 元件遭受损害，SRS ECU 中必须设置保护电路。同时，为了保证汽车电源电压变化时 SRS 能够正常工作，还必须设置稳压电路。

（五）安全气囊系统的保险机构与线束

为了便于区别电气系统线束插接器，SRS 的插接器与汽车其他电气系统的插接器有所不同。过去曾采用过深蓝色插接器，目前 SRS 的插接器绝大多数采用黄色插接器。SRS 的插接器采用导电性能和耐久性能良好的镀金端子，并设计有防止气囊误爆机构、端子双重锁定机构、插接器双重锁定机构和电路连接诊断机构等，用以保证气囊系统可靠工作。丰田科罗娜轿车 SRS 采用的各种特殊插接器，如图 7-18 所示。插接器采用的各种保险机构见表 7-1。

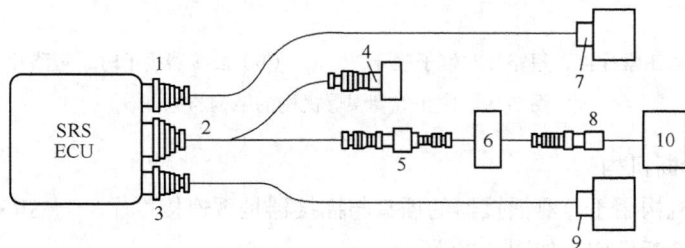

图 7-18　丰田科罗娜轿车 SRS 插接器

1、2、3—ECU 插接器；4—SRS 电源插接器；5—中间线束插接器；6—螺旋线束；7—右碰撞传感器插接器；
8—气囊组件插接器；9—左碰撞传感器插接器；10—点火器

表 7-1　　　　　　　　　　　　丰田科罗娜轿车 SRS 插接器保险机构

序　号	名　称	插接器代号
1	防止气囊误爆机构	2、5、8
2	电路连接诊断机构	1、3、7、9
3	插接器双重锁定机构	5、8
4	端子双重锁定机构	1、2、3、4、5、7、8、9

1. 防止 SRS 气囊误爆机构

如图 7-18 所示，从 SRS ECU 至 SRS 点火器之间的插接器 2、5、8 均采用了防止气囊误爆的短路片机构，当插接器拔下时，短路片自动将靠近 SRS 点火器一侧的插头或插接器的两个引线端子短接，如图 7-19 所示，防止静电或误通电将电热丝电路接通而造成气囊误膨开。

（a）插接器正常连接，短路片与端子脱开　　　　（b）插接器拔下时，短路片端子短接

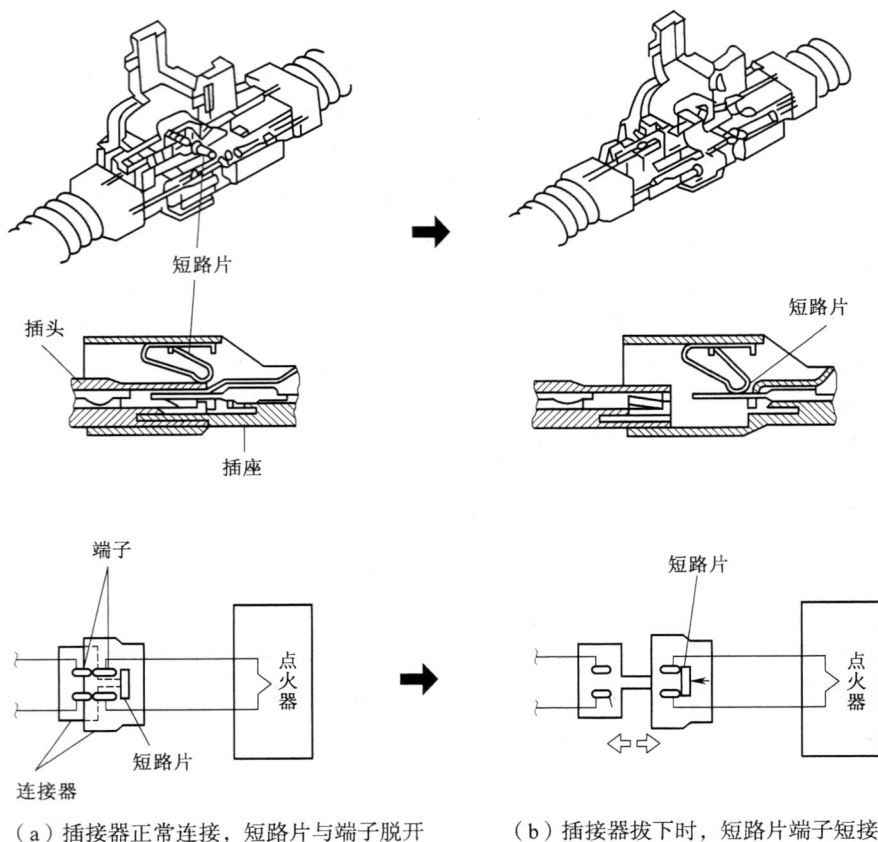

图 7-19　防止气囊误爆机构的结构与原理

2. 电路连接诊断机构

电路连接诊断机构用于监测插接器的插头与插接器是否连接可靠。与 SRS ECU 连接的插接器采用了电路连接诊断机构，如图 7-20 所示。

插接器插头上有一个诊断销，插接器上有两个诊断端子，端子上有弹簧片。其中一个诊断端子与碰撞传感器触点的一端相连，另一个诊断端子经过一个电阻与碰撞传感器触点的一端相连。

碰撞传感器触点为常开触点，当传感器插头与插接器半连接（未可靠连接）时，诊断端子与诊断销尚未接触，如图 7-20（a）所示，此时电阻尚未与传感器触点构成并联电路，插接器引线"＋"与"－"之间的电阻为 ∞。因为"＋""－"引线与 SRS ECU 插接器 1 或 3 的插头连接，所以当 ECU 监测到碰撞传感器的电阻为 ∞ 时，即诊断为插接器连接不可靠，自诊断电路便控制 SRS 警告灯闪亮报警，同时将故障编成代码储存在存储器中。

当传感器插头与插接器可靠连接时，诊断端子与诊断销可靠接触，如图 7-20（b）所示，此时电阻与碰撞传感器触点并联。因为传感器触点为常开触点，所以，当 SRS ECU 检测到的阻值为该并联电阻的阻值时，即诊断为插接器连接可靠。

3. 插接器双重锁定机构

SRS 系统在线束的重要连接部位，其插接器采用了双重锁定机构，用于锁定插接器插头与插接器，防止插接器脱开，如图 7-21 所示。插接器插头上有主锁和两个凸台，插接器上有锁柄能够转动的副锁。

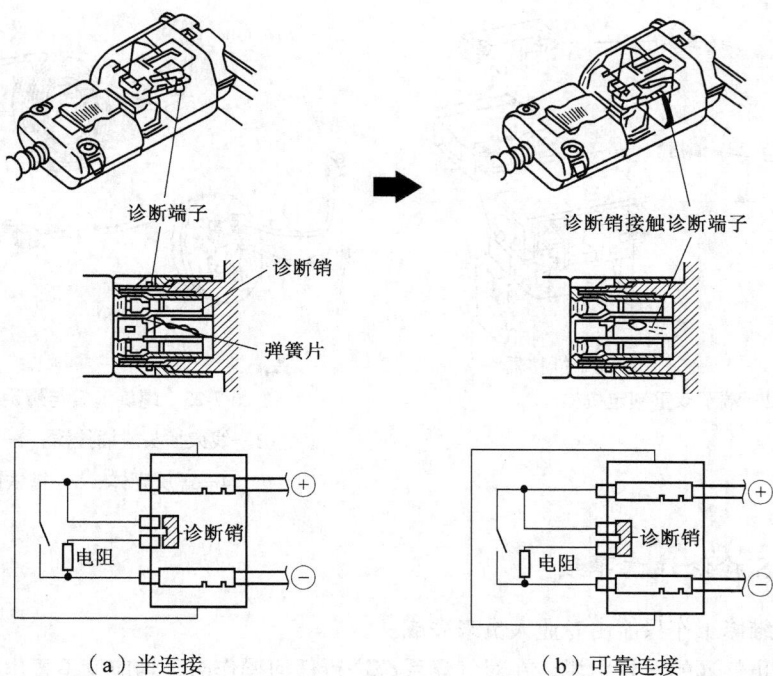

诊断端子

诊断销接触诊断端子

诊断销

弹簧片

电阻 诊断销

电阻 诊断销

（a）半连接

（b）可靠连接

图 7-20　电路连接诊断机构结构与原理

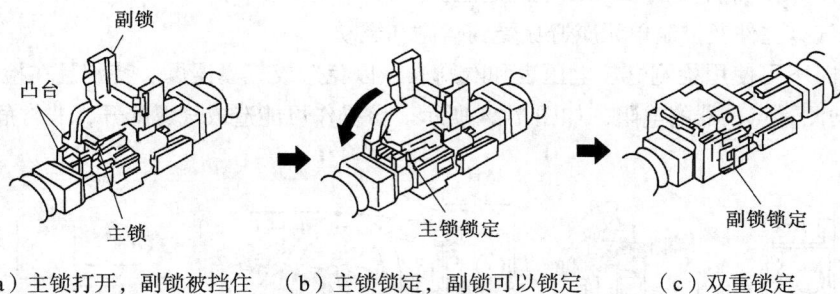

副锁

凸台

主锁

主锁锁定

副锁锁定

（a）主锁打开，副锁被挡住　（b）主锁锁定，副锁可以锁定　（c）双重锁定

图 7-21　插接器双重锁定机构

4．端子双重锁定机构

SRS 的每一个插接器都设有端子双重锁定机构，用于防止引线端子滑动，主要由插接器壳体上的锁柄与分隔片组成，如图 7-22 所示。锁柄为一次锁定机构，可防止端子沿引线轴线方向滑动；分隔片为二次锁定机构，可防止端子沿引线径向移动。

5．SRS 线束

SRS 的所有线束都套装在黄色波纹管内，以便于区别。为了保证转向盘具有足够的转动角度而又不致损伤驾驶席 SRS 气囊组件的连接线束，在转向盘与转向柱管之间采用了螺旋线束。先将线束安装在螺旋弹簧内，再将螺旋弹簧安放到弹簧壳体内，如图 7-23 所示。通常，电扬声器线束也安装在螺旋形弹簧内。在不同汽车公司的电路图中，螺旋线束的名称各不相同，有的称为螺旋弹簧，有的称为游丝，有的称为游丝弹簧。在安装螺旋弹簧时，应注意其安装位置和方向，否则将会导致转向盘转动角度不足或转向沉重。

（a）插头　　　（b）插接器

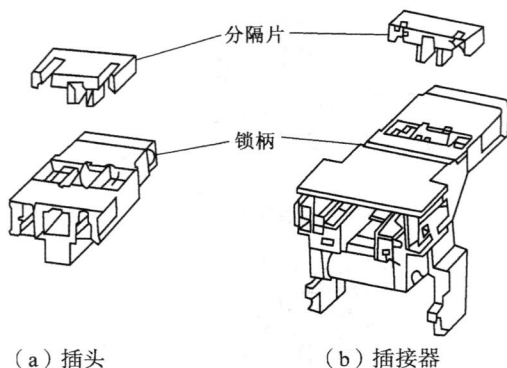

图 7-22　端子双重锁定机构

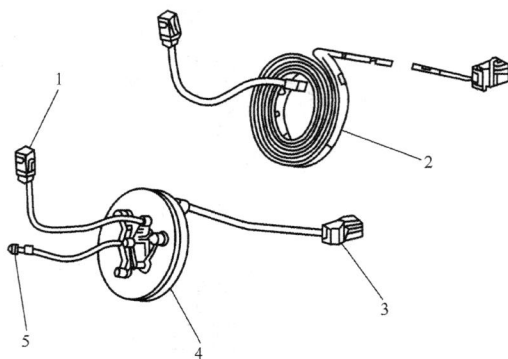

图 7-23　螺旋弹簧与螺旋线束

1、3—线束插头或插接器；2—螺旋弹簧；

4—螺旋壳体；5—搭铁插头

（六）SRS 检修注意事项

① 安装与维修工作只能由专业人员来完成。

② 为了防止气囊的意外引爆，在对气囊系统进行任何操作时，均应摘下蓄电池的负极导线，等 30 s 以后方可进行操作。

③ 不要使 SRS 部件受到 85℃以上的高温。

④ 安全气囊主件及控制单元应避免受到磕碰和震动。

⑤ 检测时不可使用检测灯、电压表和欧姆表，以免造成气囊误爆。特别是在检修安全气囊过程中，切勿测量点火器的电阻，如图 7-24 所示。该操作可能造成气囊膨开，非常危险。

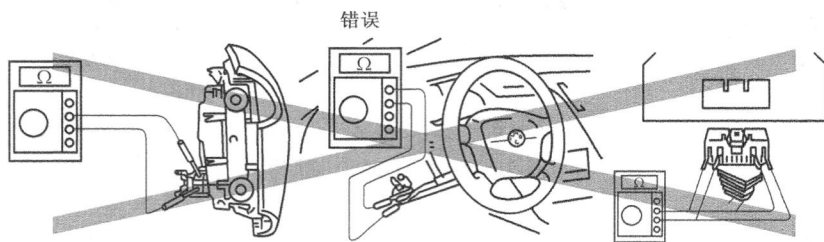

图 7-24　切勿测量点火器的电阻

⑥ 不得擅自改动 SRS 的线路和元件。

⑦ 在拆卸转向盘衬垫或处理新的转向盘衬垫时，应将衬垫正面朝上放置，如图 7-25 所示。另外，不要将转向盘衬垫存放在另一个衬垫上面。将转向盘衬垫的金属面朝上存放时，如果转向盘衬垫因为某种原因充气，可能导致严重事故。

⑧ 若在事故中气囊被引爆，为安全起见，所有元件都需要更新。

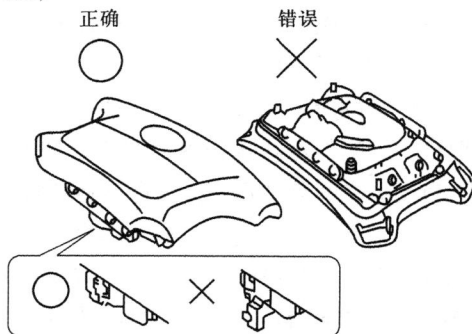

图 7-25　衬垫的正确放置

⑨ 气囊装置不允许打开或修理，只允许更换新的元件。

⑩ 安全气囊不能沾油脂及清洁剂等。

⑪ 气囊装置有更换日期，即使不撞车，到期后也需更换。

（七）SRS 检修方法

SRS 的传感器、充气装置和中央气囊传感器等元件均不能分解修理，所以，SRS 的故障诊断主要在电气方面。由于 SRS 平时不使用，一旦使用之后便报废，所以 SRS 不像汽车上的其他系统那样，在使用过程中出现故障会表现出来。因为没有异常现象的出现，SRS 的故障就难于发现。为此，SRS 本身设置了自诊断系统，若系统出现故障，即可通过故障警告灯反映出来。这样，SRS 的故障警告灯和故障码就成了最重要的故障信息来源和故障诊断依据。由于 SRS 是一个独立系统，与汽车上的其他系统都没有关系，所以，若系统中存在故障，只需按照故障码所指示的内容进行诊断，找出故障是出在元件还是在导线或插接器上。因为各充气装置的点火器不允许测量其电阻，点火器的开路或短路的判断必须利用自我诊断系统来进行，这是 SRS 故障诊断的特殊性。SRS 的故障诊断可按图 7-26 所示的步骤进行。

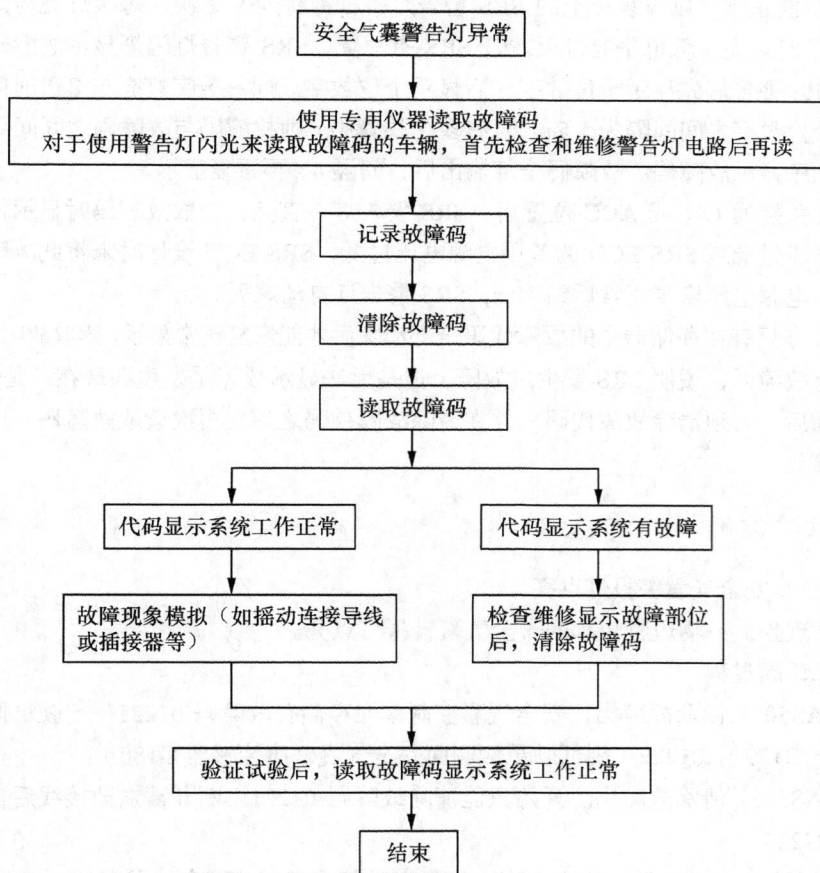

图 7-26　SRS 故障诊断方法

例如，丰田汽车 SRS 的故障码，可用一根跨接线跨接诊断插接器上的 TC 与 E1 两个端子来读取。具体检修方法如下所述。

（1）检查 SRS 警告灯。将点火开关转到 ON 或 ACC 位置，如 SRS 警告灯亮 6 s 后熄灭，说明 SRS 警告灯及其线路正常，可以读取故障码；若 SRS 警告灯不亮，说明指示灯或其线路有故障，应检修后才能读取故障码。

（2）将点火开关转到 ON 或 ACC 位置，并等待 20 s 以上。

（3）用跨接线将 TDCL 诊断插接器的 TC、E1 两个端子短接。

（4）根据仪表板上的 SRS 警告灯闪烁情况，读取故障码。故障码的闪烁规律如图 7-27 所示。

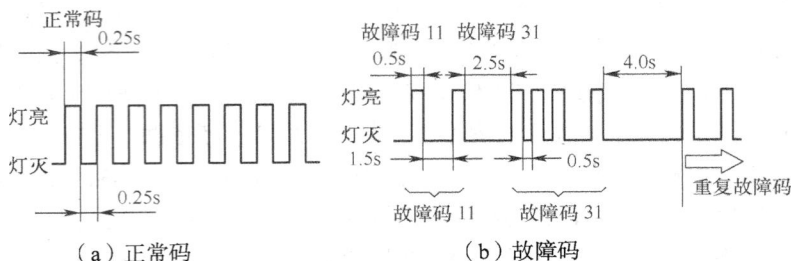

图 7-27　故障码的闪烁规律

若 SRS 功能正常，则仪表板上的 SRS 警告灯每秒钟将闪烁 2 次，每次灯亮与灯灭时间均为 0.25 s，高电平时灯亮，低电平时灯灭。若 SRS 有故障，SRS 警告灯闪烁显示故障码，故障码为两位数字，SRS 警告灯先显示十位数字，后显示个位数字。同一数字灯亮与灯灭时间均为 0.5 s，十位数字与个位数字之间间隔为 1.5 s。若有多个故障码，则故障码与故障码之间间隔 2.5 s，并按由小到大的顺序显示故障码。故障码全部输出后，间隔 4 s 再重复显示。

当点火开关接通 ON 或 ACC 位置后，SRS 警告灯一直亮，读取故障码时显示代码又正常，说明蓄电池电压过低或 SRS ECU 的备用电源电压过低，SRS ECU 设计时未将此故障编成代码存入存储器。当电源电压恢复正常后约 10 s，SRS 警告灯自动熄灭。

SRS 警告灯只有在存储器中的故障代码全部清除后才能恢复正常显示。读取故障码时，如 SRS 警告灯显示有故障，说明 SRS 发生过故障，但是无法显示故障是发生在现在还是过去。因此，每当排除故障后，必须清除故障代码，并在清除故障代码之后，再次读取故障码，以确认故障码已经全部清除。

（八）故障案例

1. 迈腾轿车安全气囊警报灯点亮

（1）故障现象。一辆迈腾轿车的安全气囊警报灯点亮。

（2）故障诊断过程。

① 用 VAS5051 读取故障码，安全气囊控制单元存储有故障码 01221（驾驶员侧侧面安全气囊碰撞传感器 G179）、01222（副驾驶员侧侧面安全气囊碰撞传感器 G180）。

② 用 VAS5051 清除故障。开始只能清除故障码 01221，断开蓄电池接线后重新接上，清除故障码 01222。

③ 直线行驶 3~4 km 后，仪表上安全气囊灯重新点亮，故障存储器存储 01221 和 01222 故障码。

④ 将碰撞传感器直接跨接线至控制单元，故障未解决。

⑤ 更换安全气囊控制单元和驾驶员侧侧面安全气囊碰撞传感器（因为当时库存只有一个碰

撞传感器,左/右零件编码一样),故障未解决。

⑥ 更换副驾驶员侧侧面安全气囊碰撞传感器,故障排除。

（3）故障原因分析。

① 根据"故障诊断过程"第1~5步和下列电路图分析,可排除线束和控制单元故障,迈腾轿车安全气囊控制系统图如图7-28所示,迈腾轿车安全气囊电路图如图7-29所示。

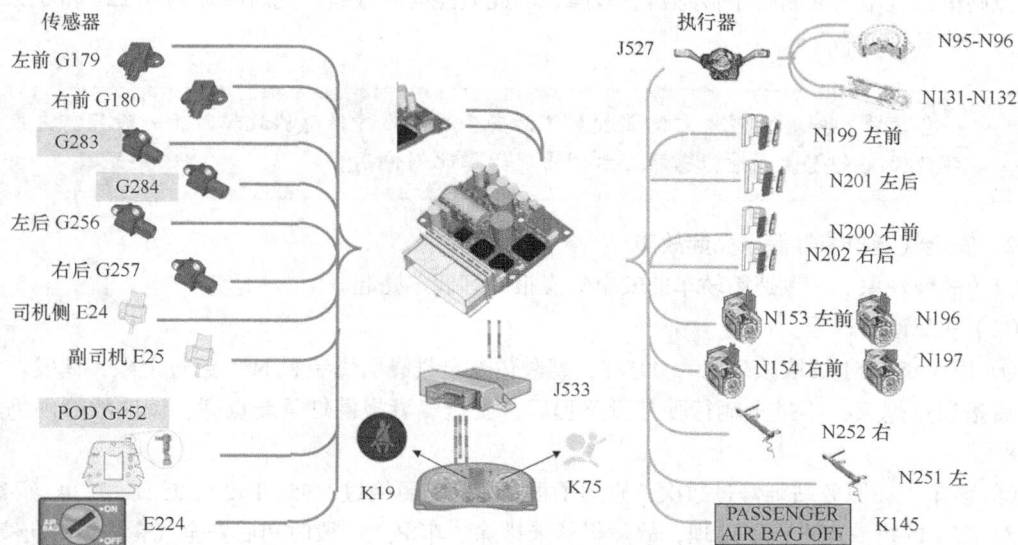

图 7-28 迈腾轿车安全气囊控制系统图

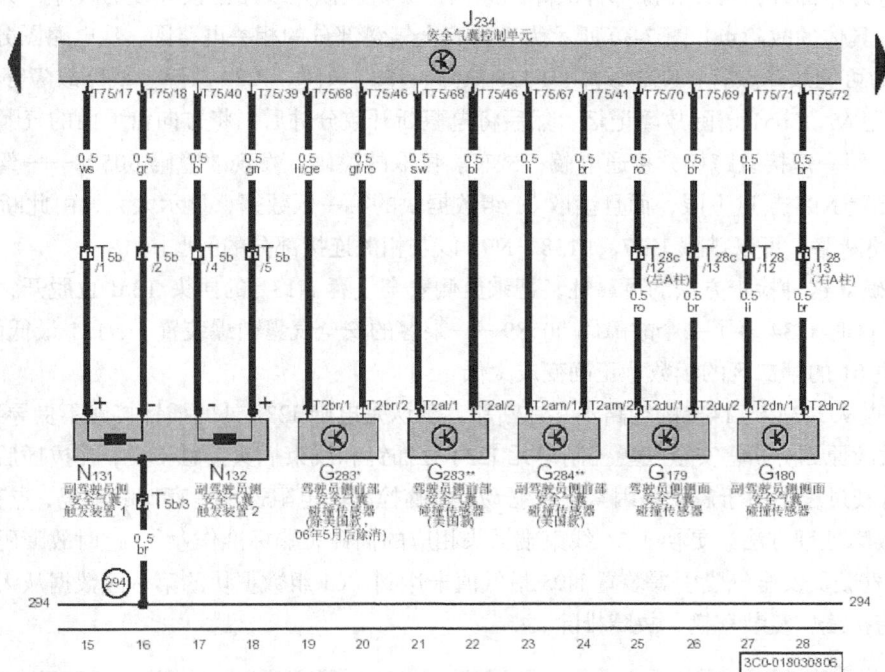

图 7-29 迈腾轿车安全气囊电路图

219

② 两个碰撞传感器同时出现故障的概率很小。

③ 驾驶员侧侧面安全气囊碰撞传感器/副驾驶员侧侧面安全气囊碰撞传感器间的关系是相互检测。即：如果发生右侧碰撞时，驾驶员侧侧面安全气囊碰撞传感器/副驾驶员侧侧面安全气囊碰撞传感器同时得到从右向左的碰撞信号。如果只有一个碰撞传感器有碰撞信号，但另一侧没有信号（例如副驾驶员侧侧面安全气囊碰撞传感器得检测到发生碰撞，但左侧未检测到碰撞），安全气囊控制单元就不能判断哪个传感器有故障，因此只能同时报错。此时故障码 01221 和 01222 应理解为"信号不可靠"。

> 迈腾车同时出现左右侧驾驶员侧面安全气囊碰撞传感器故障时，一般只需更换一侧侧面安全气囊碰撞传感器。右侧出现故障比例偏高。

2. 安全气囊报警灯偶尔亮起故障

（1）故障现象。一辆速腾轿车的安全气囊报警灯偶尔亮起。

（2）故障诊断过程。

① 用 VAS5051 读取故障码为 00588，驾驶员安全气囊引爆装置 N95 超过上限，偶发。清除故障后报警灯熄灭，不过车辆行驶一段路程后，安全气囊报警灯重新点亮，读取故障码仍然是 00588。

② 该车曾在服务站维修过数次，修理了很长时间，更换过 N95、F138、J527、J234 等部件，并且对 J234 的搭铁点进行了处理，故障仍然未排除，车辆跑一段时间后安全气囊报警灯仍亮起。

③ 首先确认故障，如上所述，清除故障码后，车辆运行一段时间，报警灯点亮。因服务站已经更换过许多部件，可以排除部件故障的原因，分析应该是线路虚接导致的故障，关键问题在于如何确认具体的故障点。图 7-30 所示为速腾安全气囊部分的相关电路图，从电路图分析，故障码 00588 的可能故障点有：N95 故障、F138 故障、J527 故障、J234 故障、线路故障等。

④ 使用 VAS5051 清除故障记忆，然后将电瓶断开数分钟后，将方向盘下面的气囊线束插头 T4K 脱开，用一短接线跨接，接通电瓶，试车。读取故障码，发现故障码 00588——驾驶员安全气囊引爆装置 N95 超过上限，而且读取 01 组数据块的第一区数据，显示太大，由此断定是 J234 到 T4K 线路断路。可以排除 J527、F138、N95 以及相关连接部分的问题。

⑤ 为确认这种检查方法的可靠性，把乘员侧安全气囊 N131 的插头 T3af 也脱开，同样用短接线跨接，这时 J234 多了一个故障码 00589——乘客的安全气囊引爆装置 1-N131 最低值未达到，且在数据块 01 的第二区的读数从正确变成太低。

⑥ 检查从 J234 到 T4K 的线路不存在断路，确认是电脑 J234 处的插针接触不良导致故障。

（3）故障原因分析。安全气囊控制单元 J234 处插针和线束插头接触不良，在拔插后偶尔能正常，但在行驶过程中由于震动等因素导致松动，电脑检测到电阻过大后存储故障码，点亮报警灯。

（4）故障处理方法。更换 J234 线束端插头相应的插针（非标准作业），这时故障码相应变为 00588——驾驶员安全气囊引爆装置 N95 最低值未达到，01 组数据块的第一区数据从太高变为太低，取掉跨接线，复装车辆，故障排除。

> 要善于利用控制单元的自诊断功能以及数据流功能，改变相应终端的状态并查看控制单元对这种改变的反应，快速确定故障点。

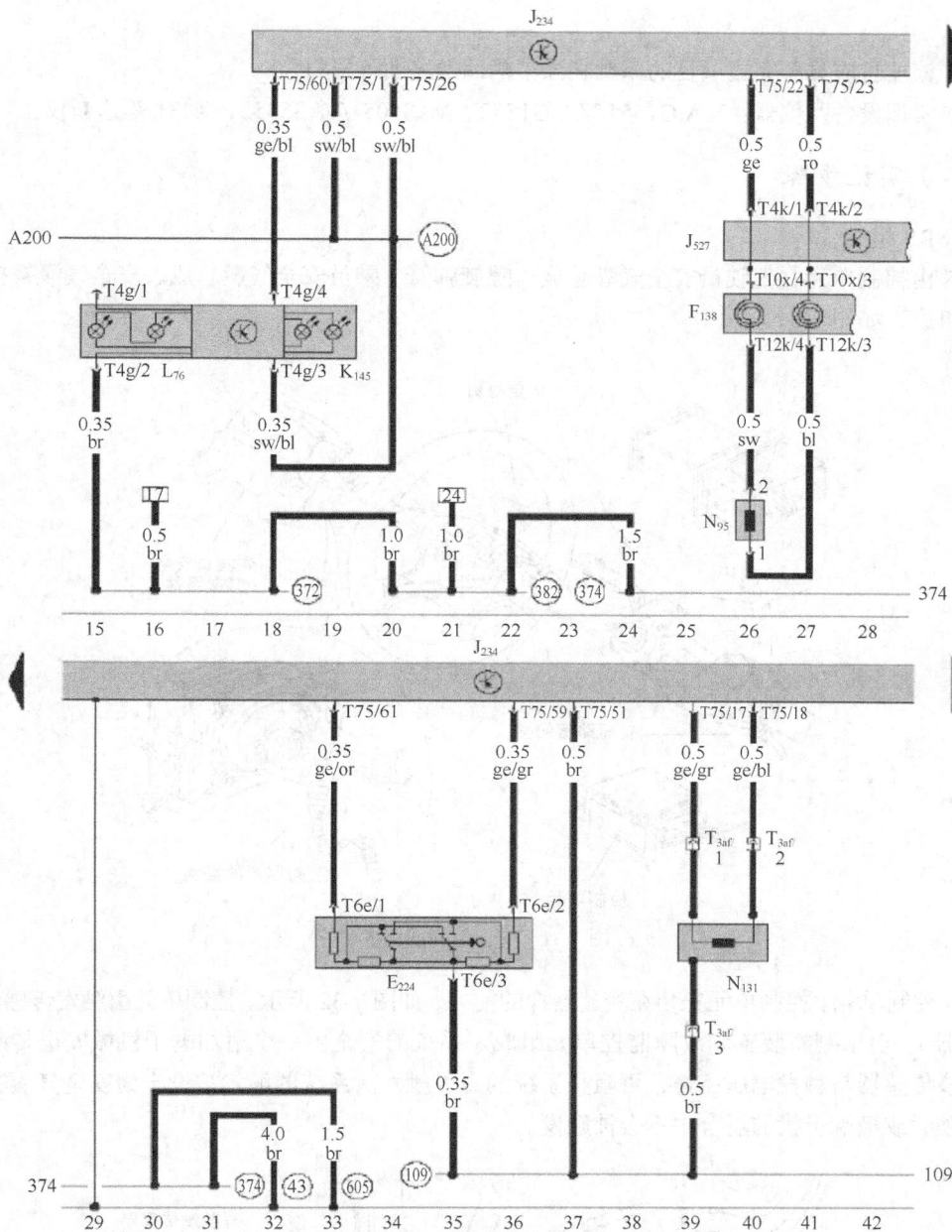

图 7-30　速腾轿车安全气囊控制电路

三、项目实施

任务一　捷达轿车 SRS 检修

（一）实施目的及要求

（1）通过该任务的实施，应能够对捷达轿车 SRS 进行故障诊断与排除，并掌握 SRS 的工作

原理。

（2）该项目应具备完成项目的车辆和该车辆的电路图等资料。

（3）实训设备及仪器：V.A.G1551/V.A.G1552、VAS5051/VAS5052、X431等诊断仪。

（二）实施步骤

1. SRS组成

SRS由控制单元、驾驶员安全气囊总成、螺旋弹簧、乘员安全气囊总成、安全气囊警报灯及线束等组成，如图7-31所示。

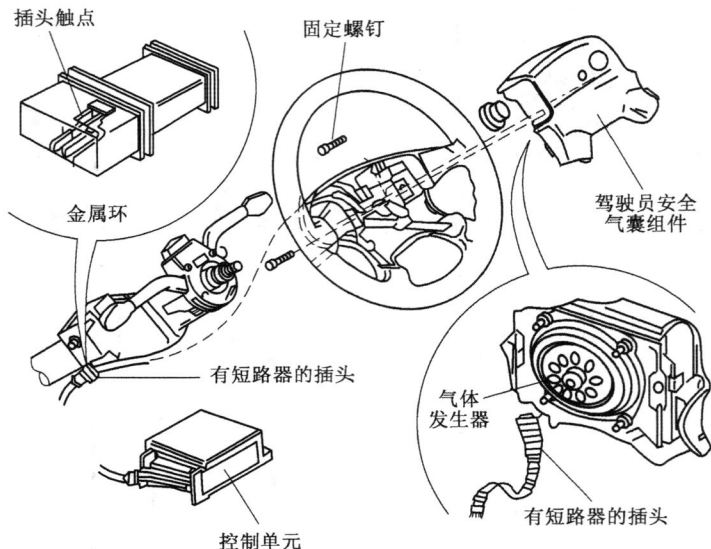

图7-31　安全气囊的组成

（1）控制单元。控制单元安装在变速器杆的前方，如图7-32所示。控制单元由触发传感器（加速传感器）、电子判断装置和故障监控单元组成。系统的安全由一个附加电子机械安全传感器来保证，该传感器与触发电压相连，可阻止系统的意外触发。系统的触发被设定为安全气囊在车辆正常驾驶时或极端干扰的场合中不会被触发。

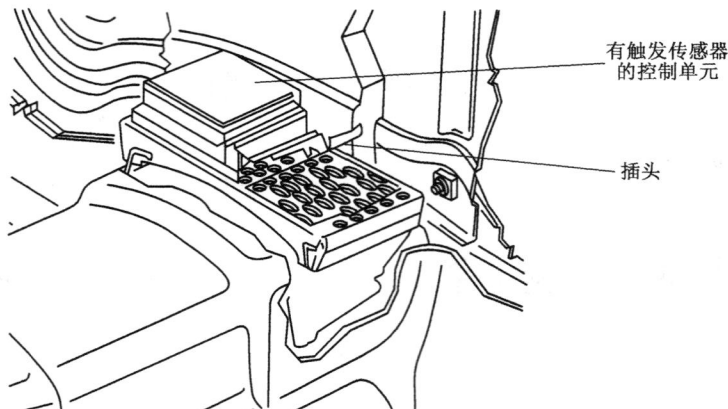

图7-32　安全气囊控制单元

（2）驾驶员安全气囊总成。驾驶员安全气囊总成由安全气囊组件、螺旋弹簧、带有短路环的接头等组成，如图 7-33 所示。

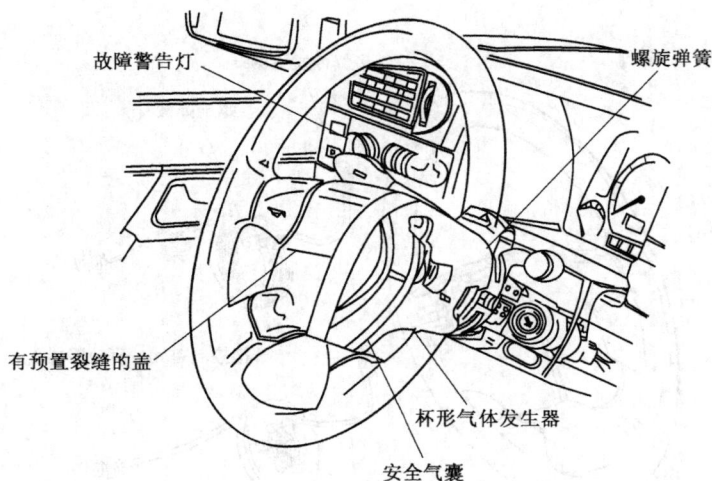

图 7-33 驾驶员安全气囊总成

驾驶员安全气囊总成作为一个完整的单元，由转向盘背面的两条螺栓安装在转向盘的中部，由气体发生剂、尼龙材料的气囊、罩盖等组成，如图 7-34 所示。扬声器按钮由以前安装在罩盖改为安装在组件外面的转向盘辐条上，紧紧折叠的安全气囊使得组件结构很薄，气囊的容积为 35 L 左右。安全气囊被触发后，罩盖上预置的裂缝被撕开，为气囊充入气体后膨胀留出了空间。

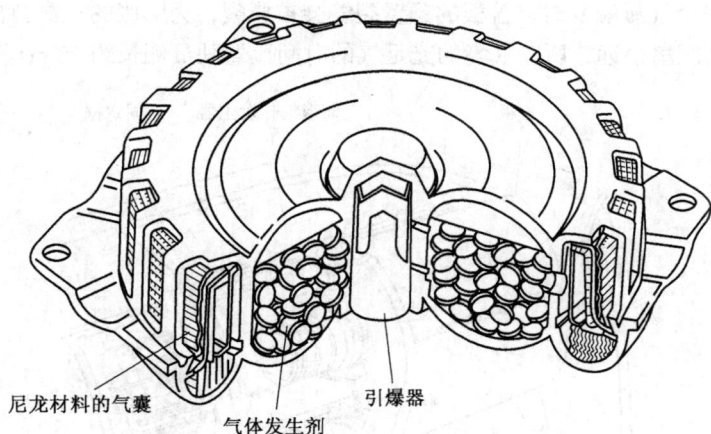

图 7-34 气囊组件

① 引爆器。气囊中心是电子桥式引爆器，其通电后产生的热量点燃气体发生剂。

② 气体发生剂。气体发生剂是片状的叠氮化钠（NaN3），受热后经化学反应生成氮气。气体发生器的形状有杯形和筒形，氮气流过金属过滤器被清洁和冷却。

③ 气囊。气囊所用材料是无涂层的尼龙织物，气囊在转向盘背面开有几个排气孔，当车内人员身体都陷入气囊时，气体经排气孔排出，从而使得身体的冲击力被吸收和减弱。

④ 螺旋弹簧。它将控制单元和驾驶员气囊组件连接起来，如图 7-35 所示，用来保证转向

盘在任何位置都与电气接触良好。螺旋弹簧壳体用螺钉固定在转向盘上，螺旋弹簧内有 2 层导电膜。安装螺旋弹簧时，汽车前轮应处在正前方位置，将螺旋弹簧卷紧后，再放松 3 圈，然后安装。

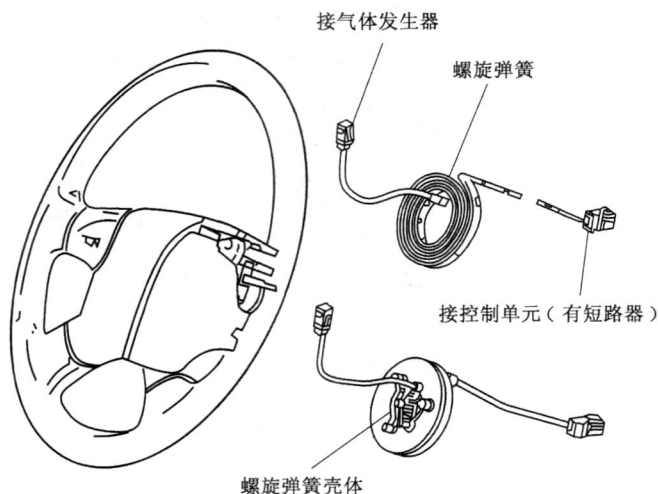

图 7-35　螺旋弹簧

⑤ 短路环。气囊所有的电气接头和引线都装有短路环，以防止错误触发。如果一个接头松弛，则气囊一侧的插头触点会被金属短路环短路。

（3）乘员安全气囊总成。乘员安全气囊总成安装在仪表板右侧杂物箱上方，气囊和筒形气体发生器安装在盖板的背后，如图 7-36 所示。由于乘员与仪表板之间的距离很远，所以乘员气囊的容积约 65 L。当安全气囊触发时，盖板的预置裂缝会被撕裂，为膨胀的气囊留出空间。因为乘员安全气囊与乘员的距离很远，所以气囊的充足气的时间比驾驶员侧长约 10 ms。

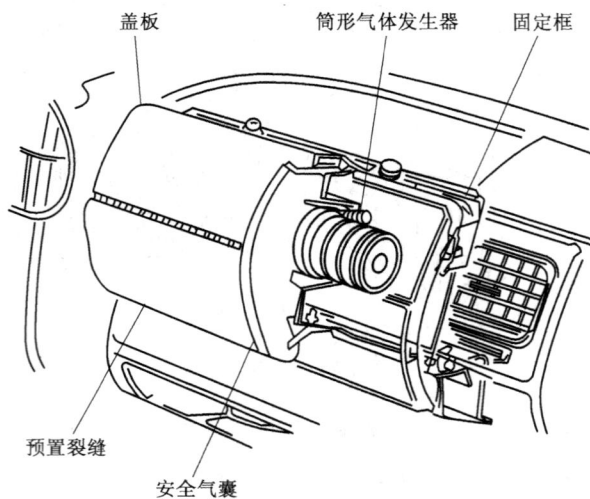

图 7-36　乘员安全气囊总成

（4）安全气囊警报灯。打开点火开关后，故障警报灯会闪亮约 3 s，如果系统不存在故障，该灯熄灭。以下 3 种情况故障灯常亮：系统存在故障时；车辆发生碰撞后；自诊断测试期间。

2. 安全气囊引爆条件与引爆时序

（1）安全气囊引爆条件。

① 车速一般在 20 km/h 以上。

② 如图 7-37 所示，在汽车轴线左右 30° 范围内与前方坚硬物体碰撞，汽车纵向减速达到规定值，气囊被引爆。

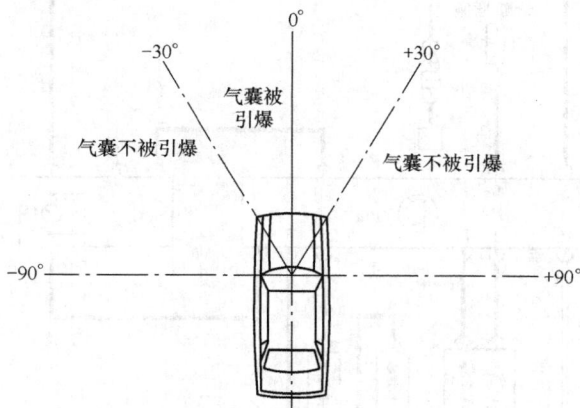

图 7-37　与前方坚硬物体碰撞时引爆的范围

（2）安全气囊引爆时序。气囊引爆时序如图 7-38 所示，驾驶员侧安全气囊引爆情况如下。

① 0 ms 时，前保险杠接触碰撞物。

② 30 ms 时，转向盘安全气囊的罩盖被撕开，气体发生剂开始对气囊充气。

③ 54 ms 时，转向盘安全气囊完全被气体充满，驾驶员陷入气囊。

④ 84 ms 时，驾驶员完全陷入气囊，并开始向后离开转向盘。

⑤ 150 ms 时，驾驶员回到原位置，气囊内的大部分气体已排出。

乘员侧气囊的动作时间比驾驶员侧稍晚一些。

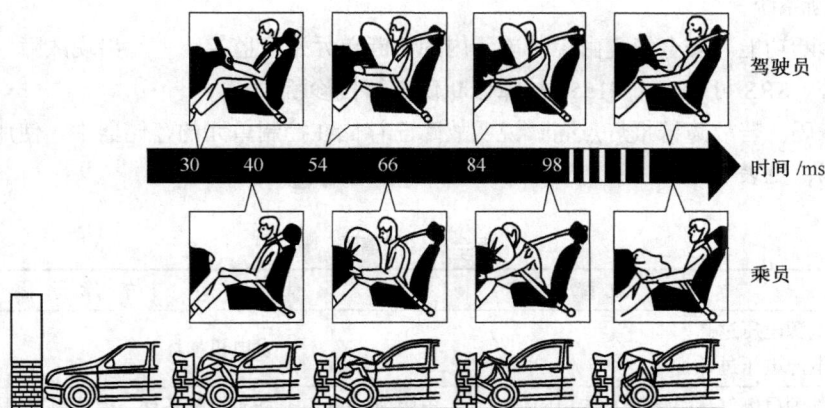

图 7-38　气囊引爆时序

3. 电路图

捷达轿车的安全气囊电路如图 7-39 所示。

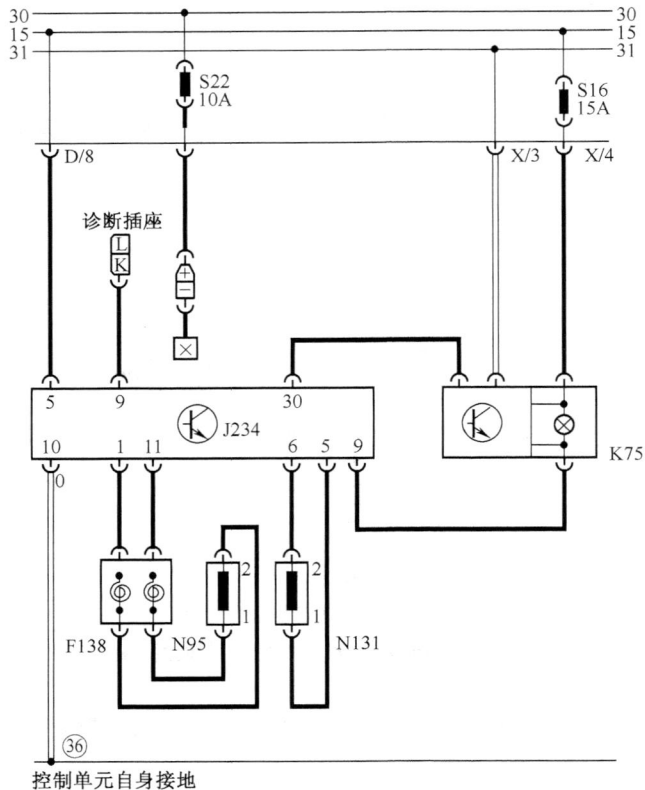

图 7-39　捷达轿车安全气囊电路图

F138—安全气囊螺旋弹簧；J234—安全气囊控制单元；K75—安全气囊故障警报灯；

N95—驾驶员安全气囊引爆器；N131—乘员安全气囊引爆器；

S16—熔丝，15 A；S22—熔丝，10 A

4. 自诊断系统

（1）自诊断功能。安全气囊由控制单元内的诊断单元进行监控，一旦出现故障，安全气囊警报灯就会报警。SRS 可用 V.A.G1551 故障诊断仪进行自诊断。

（2）故障码。若故障警报灯点亮，说明故障已存储在控制单元的存储器中，使用 V.A.G1551 可读取故障码，见表 7-2。

表 7-2　　　　　　　　　　　　　　安全气囊故障码

故障码	故 障 内 容	故 障 原 因
00532	电源电压过高 电源电压过低	发电机损坏
00588	驾驶员侧气囊引爆器 N95 电阻值过大，电阻值过小 对正极短路，对地短路	插头接触不良，螺旋弹簧损坏 引爆器损坏，控制单元损坏，线路故障
00589	乘员侧气囊引爆器 N131 电阻值过大，电阻值过小 对正极短路，对地短路	插头接触不良，引爆器损坏 控制单元损坏，线路故障

5. 维修安全规则

① 维修安全气囊应由受过专门培训的人员进行。

② 只能使用故障诊断仪，不允许使用试灯、电压表或其他设备。

③ 对安全气囊操作时，必须断开蓄电池的接地线。

④ 操作结束，重新连接地线时，车内不应留人。

⑤ 安全气囊从运输包装箱内取出后，应立即装到车上。

⑥ 安全气囊拆下后，膨胀的那一面应该朝上放置。

⑦ 如安全气囊已被触发，必须更换下列元件：转向盘气囊组件、乘员气囊组件、控制单元、螺旋弹簧、触发时使用的安全带。

⑧ 如目测下列元件：转向盘、安全气囊线束、乘员侧安全气囊盖板、故障警报灯已经损坏，必须更换。

⑨ 对于报废的安全气囊，必须进行引爆。在保证引爆现场安全的情况下，将 12 V 电压加到引爆器上。

任务二　认识奥迪 A6L 轿车安全气囊系统

（一）实施目的及要求

（1）通过该任务的实施，应能够认识奥迪 A6L 轿车的安全气囊的组成及工作原理，并掌握奥迪轿车安全气囊网络拓扑。

（2）该项目应具备完成项目的车辆和该车辆的电路图等资料。

（二）实施步骤

1. 网络拓扑

奥迪 A6L 轿车的安全系统网络拓扑如图 7-40 所示。

2. 奥迪 A6L 轿车组成

（1）安全气囊控制单元 J234。其功能就是计算车辆的减速度，以便识别车辆的撞击力。该控制单元可识别前部、侧部和后部的交通事故，另外还会根据撞击的种类和强度来激活安全气囊和安全带。

（2）安全气囊警报灯 K75。该灯位于组合仪表（J285）上，由 CAN 总线触发。若无安全气囊控制单元数据信息，则该灯自动点亮。

（3）车尾碰撞探测。发生车尾碰撞时，安全气囊控制单元评估车内碰撞传感器及前排安全气囊碰撞传感器（G283 和 G284）的信号，若信号超过规定值，则安全带张紧器被触发，同时触发蓄电池断开继电器。

（4）数据交换。安全气囊控制单元装在传动系统 CAN 总线里，通过传动系统数据总线传输下列信息：警报灯 K75 触发、触发安全带警报、诊断数据、碰撞信号、检测执行元件的碰撞信号、ESP 数据、前排乘员安全气囊关闭（仅用于美国）。若安全气囊警报灯暗，该乘员安全气囊关闭。

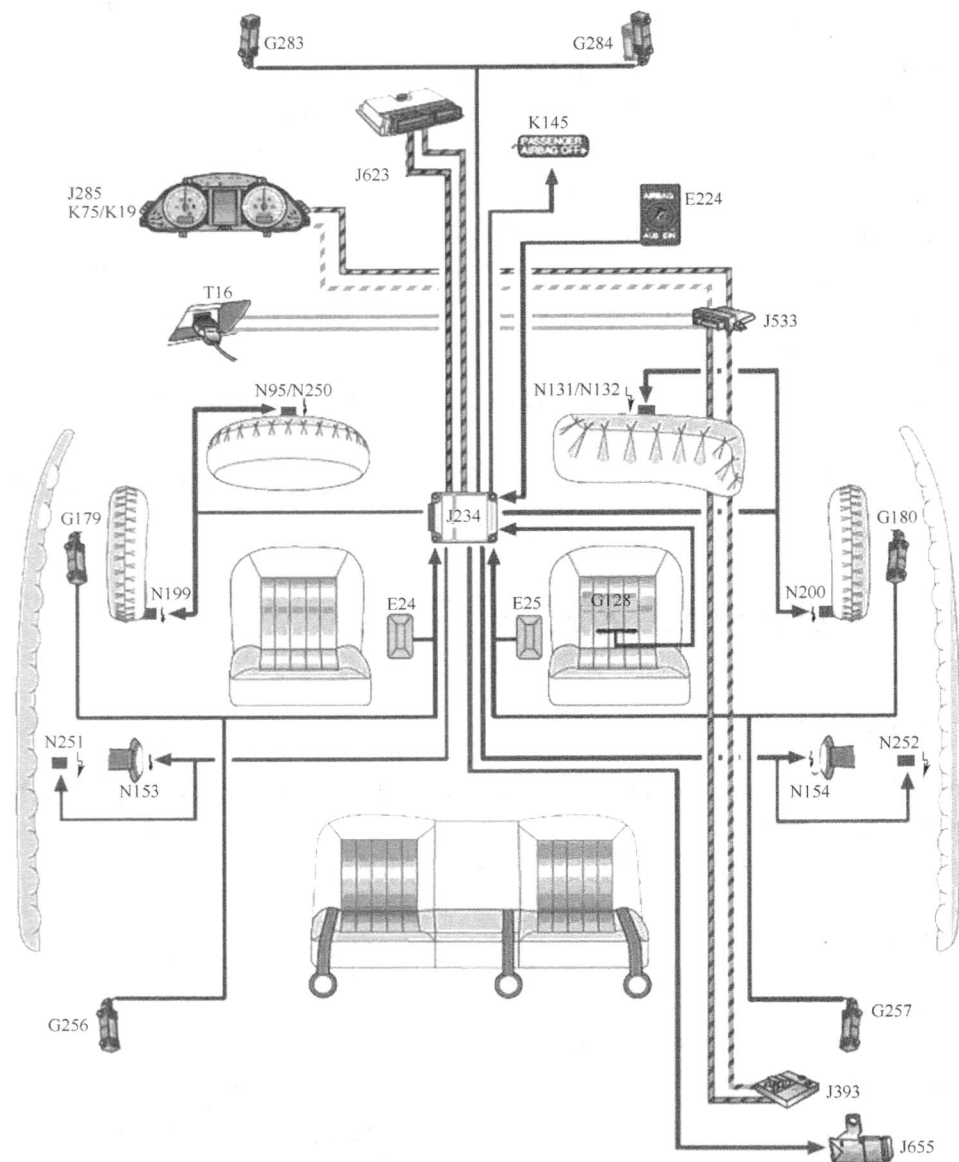

图 7-40　奥迪 A6L 的安全系统网络拓扑

E224—前排乘员安全气囊关闭开关；E24—驾驶员侧安全带开关；E25—前排乘员侧安全带开关；G128—前排乘员座椅被占传感器；G179—驾驶员侧面安全气囊碰撞传感器（前门）；G180—前排乘员侧面安全气囊碰撞传感器（前门）；G256—驾驶员侧后排侧面安全气囊碰撞传感器；G257—前排乘员后排侧面安全气囊碰撞传感器；G283—驾驶员安全气囊碰撞传感器；G284—前排乘员安全气囊碰撞传感器；J234—安全气囊控制单元；J285—组合仪表控制单元；J393—方便系统中央控制单元；J533—数据总线诊断接口；J623—发动机控制单元；J655—蓄电池断开继电器；K19—安全带警报灯；K75—安全气囊警报灯；K145—前排乘员安全气囊关闭警报灯；N95—驾驶员安全气囊触发器 1；N250—驾驶员安全气囊触发器 2；N131—前排乘员安全气囊触发器 1；N132—驾驶员安全带张紧器触发器 2；N153—驾驶员安全带张紧器触发器；N154—前排乘员安全带张紧器触发器；N199—驾驶员侧面安全气囊发触发器；N200—前排乘员侧面安全气囊触发器；N251—驾驶员头部安全气囊触发器；N252—前排乘员头部安全气囊触发器；T16—16 芯诊断接口

（5）传感器。

① 碰撞传感器（在控制单元里）：可探测汽车纵轴（y 轴）及横轴（x 轴）减速度的位置。

② 安全开关（在控制单元内）：该传感器可探测汽车行驶方向（x 轴）的减速度，并将信号传送给控制单元进行检查。

③ 前排安全气囊碰撞传感器 G283 和 G284（前端传感器）：根据碰撞严重程度使信号发生变化，将信号传送至安全气囊控制单元。控制单元根据信号触发安全气囊，从而改进了碰撞探测功能，使安全气囊可被提前触发，提高保护效率。

④ 侧面安全气囊碰撞传感器 G179 和 G180（在前门内）：两前门内装有压力传感器，发生侧面碰撞时，汽车变形使车门内的空气压力短时增高，传感器测得压力增高，并将该信号传至安全气囊控制单元。

⑤ 侧面安全气囊车尾碰撞传感器 G256 和 G257：两传感器装在左右 C 柱附近，属传统加速传感器。

（6）安全带警报装置。奥迪 A6L 的前排座椅具有安全带警报功能。打开点火开关，安全气囊控制单元评估驾驶员安全带锁开关以及前排乘员安全带锁开关。根据座椅被占传感器的电阻值，控制单元识别前排乘员座椅是否被占。如前排两乘员未系安全带，组合仪表里的安全带警报灯 K19 点亮，并发出声响警报，如图 7-41 所示。

（7）安全气囊。

① 驾驶员安全气囊 N95 和 N250。采用两级气体发生器，撞车时作用在驾驶员身上的负荷取决于碰撞类型和严重程度。两次点火之间的延迟时间约为 5 ms～50 ms。安全气囊气体发生器装在一个橡胶环（如减震器）上，从而可将转向盘的震动降至最小程度。

② 前排乘员安全气囊 N131 和 N132。前排乘员安全气囊配备两级气体发生器，与驾驶员安全气囊不同，前排乘员安全气囊利用混合气体技术工作，其气体发生器内有两种烟火气体发生剂。安全气囊控制单元点燃气体发生剂，产生压力使活塞加速运动，打开汽缸，气体在气囊内膨胀。点燃气体发生剂 II，向气囊提供附加气体，结构如图 7-41 所示。

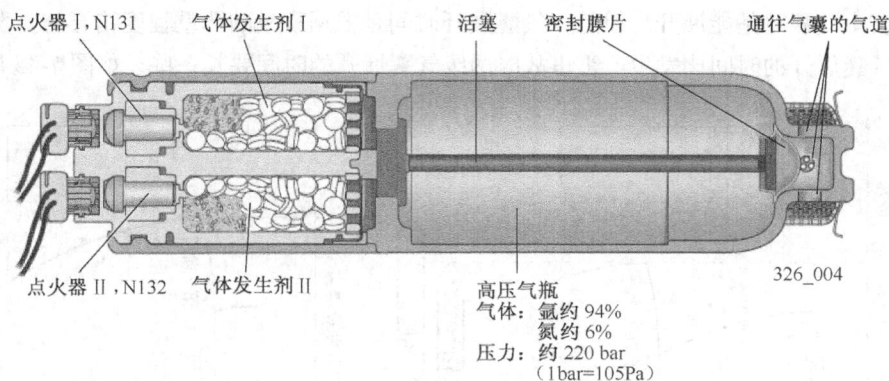

图 7-41　前排乘员安全气囊

安全气囊 N131 点火器 I 已经将气体发生剂 I 点燃，如图 7-42 所示。

气体发生剂 I 正在燃烧，并推开活塞使高压气体进入气囊，如图 7-43 所示。

安全气囊 N132 点火器 II 将气体发生剂 II 点燃并产生气体进入气囊，如图 7-44 所示。

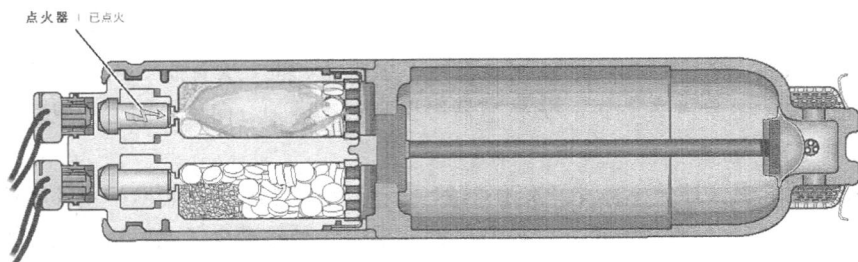

图 7-42　点火器Ⅰ将气体发生剂Ⅰ点燃

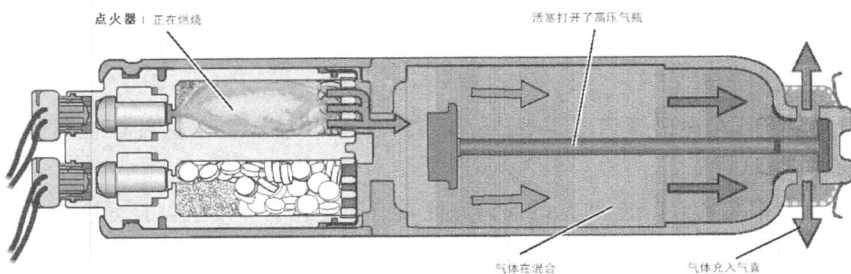

图 7-43　气体发生剂Ⅰ燃烧并推开活塞使气体进入气囊

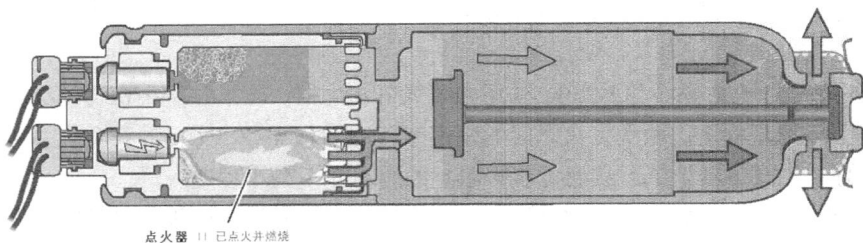

图 7-44　点火器Ⅱ将气体发生剂Ⅱ点燃

两级释放安全气囊的特点如下。

（a）气囊总能展开。两个独立的点火电路和炸药安装在两级释放安全气囊里。如果发生事故，两级释放安全气囊总是能展开。但是，气囊展开时间是根据事故的严重程度错开的。发生轻微事故时两级气囊展开的时间比发生严重事故时两级气囊展开的时间要长一些，如图 7-45 所示。

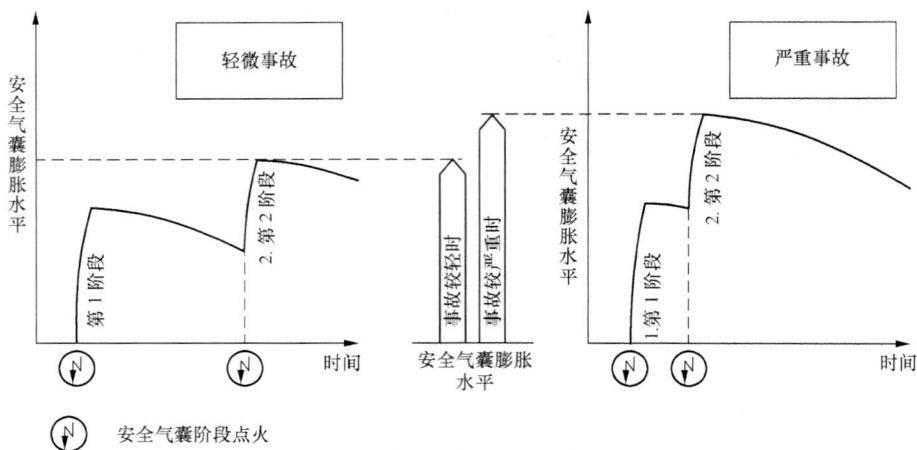

图 7-45　两级气囊展开时间和膨胀水平图

（b）发生严重事故时，两个阶段展开的时间间隔影响安全气囊膨胀水平。如果第二阶段展开晚一些，第一阶段展开安全气囊的压力就会释放一些，安全气囊膨胀水平就相对较低。如果两个阶段展开的时间间隔短些，第一阶段展开的安全气囊压力还没有来得及释放，安全气囊就会变得硬一些。

（c）侧面安全气囊 N199 和 N200。奥迪同期生产的侧面安全气囊的结构和功能相同。

（d）头部安全气囊 N251 和 N252。侧面防撞范围包括整个侧窗区域，奥迪采用新型头部安全气囊。混合气体发生器不再装在 C 柱附近，而是装在 B 柱顶部，气体发生器所处中央位置确保气体均匀进入气囊。此外，不再需要喷气枪，因而其总重量减轻了 50%，并为邻近部件留出足够安装空间。

（8）前排乘员安全气囊关闭开关 E224。此开关用于关闭前排乘员安全气囊，关闭后，乘员安全气囊关闭警报灯（K145）亮。

（9）安全带 N153 与安全张紧器 N154。安全带张紧器比前排安全气囊先触发。发生侧面碰撞，侧面安全气囊触发时，也触发相应的安全带张紧器。

（10）安全带开关 E24 和 E25。此开关在安全带锁扣内。驾驶员与前排乘员安全带配有安全带锁查询程序，通过测量电阻确定开关位置，根据测得的电阻值，安全气囊控制单元可知乘员是否已系安全带。

（11）主动头枕。前排座椅采用主动头枕。发生车尾碰撞时，该系统使头枕前移，缩短头部和头枕间的距离，降低肩部和头部之间的相对加速度，大大降低颈部脊椎的受伤风险。

（12）蓄电池断开继电器 J655。奥迪 A6L 具有蓄电池撞车断开功能。撞车时，该继电器切断蓄电池与启动机及发电机的电路，从而避免因短路引发火灾。

凡安全气囊触发及车尾碰撞，均会触发该继电器。触发过的继电器必须更换。

（13）座椅被占识别系统。前排乘员座椅的被占传感器 G128 由几个单独的压力电阻组成，分别感知座椅相关部位。该传感器根据压力改变电阻。若传感器承受的负荷大于 5 kg，则安全气囊控制单元确定"座椅被占"，前排乘员座椅未被占时，传感器电阻很高，一旦该座椅被占，电阻下降。若电阻超过 480 Ω，则安全气囊控制单元判定为断路，并存储故障。安全气囊控制单元利用该传感器和安全带锁开关判断乘客是否系安全带。

奥迪 A6L 轿车和 VAS5051 检测仪间的信息交流通过 CAN 总线、诊断总线进行。

任务三　迈腾轿车安全气囊编码

（一）实施目的及要求

（1）通过该任务的实施，应能够对迈腾轿车安全气囊进行编码。

（2）该项目应具备完成项目的车辆和该车辆的电路图等资料。

（3）实训设备及仪器：V.A.G1551/V.A.G1552、VAS5051/VAS5052、X431 等诊断仪。

（二）实施步骤

随着车型的不断增多和备件的更新，安全气囊编码问题常常困扰大家。为更好更快地处理大众车型安全气囊的电脑编码问题，总结出以下特点。

气囊电脑的编码主要取决于电脑内部的索引码，并不是取决于其被安装到什么车型上，具体如下。

使用 VAS5051 等诊断仪器进入 15-气囊控制单元，显示内容如图 7-46 所示。

每一个索引码对应一个编码，所以只要我们看到了索引码，就会通过查表的方式查找对应的正确安全气囊电脑编码。对于以备件方式订购的备件请参照备件标签上的索引码查表进行正确编码。

图 7-46 控制单元显示的索引码及编码

具体索引码对应的正确编码参见表 7-3，新气囊电脑的索引码查询位置如图 7-47 所示。

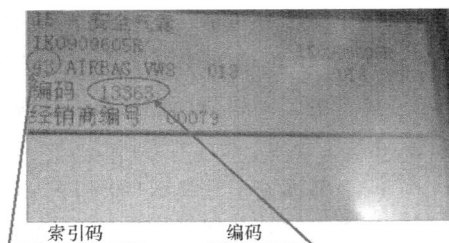

表 7-3 安全气囊电脑编码表

气囊电脑编码表											
Index	coding	Index	coding	Index	coding	Index	coding	Index	coding		
索引码	编码	索引码	编码	索引码	编码	索引码	编码	索引码	编码		
01	12337	34	13108	0R	12370	2H	12872	4A	13377		
02	12338	35	13109	0S	12371	2J	12874	4B	13378		
03	12339	36	13110	0T	12372	2K	12875	4C	13379		
04	12340	37	13111	LA	12609	2L	12876	4D	13380		
05	12341	38	13112	1B	12610	2M	12877	4E	13381		
06	12342	39	13113	1C	12611	2N	12878	X1	22577		
07	12343	41	13361	1D	12612	2P	12880	X2	22578		
08	12344	42	13362	1E	12613	2Q	12881	X3	22579		
09	12345	43	13363	1F	12614	2R	12882	Y8	22840		
11	12593	44	13364	1G	12615	2S	12883	Y9	22841		
12	12594	45	13365	1H	12616	2T	12884	YA	22849		
13	12595	46	13366	1I	12617	3A	13121	YB	22850		
14	12596	47	13367	1J	12618	3B	13122	YC	22851		
15	12597	48	13368	1K	12619	3C	13123	YD	22852		
16	12598	49	13369	1L	12620	3D	13124	YE	22853		
17	12599	0A	12353	1M	12621	3E	13125	YF	22854		
18	12600	0B	12354	1N	12622	3F	13126	YG	22855		
19	12601	0C	12355	1O	12623	3G	13127	YH	22856		
21	12849	0D	12356	1P	12624	3H	13128	YI	22857		
22	12850	0E	12357	1Q	12625	3J	13130	YJ	22858		
23	12851	0F	12358	1R	12626	3K	13131	ZI	23089		
24	12853	0G	12359	1S	12627	3L	13132	Z2	23090		
25	12853	0H	12360	1T	12628	3M	13133	Z3	23091		
26	12854	0J	12362	2A	12865	3N	13134	Z7	23095		
27	12855	0K	12363	2B	12866	3O	13135	CG	17223		
28	12856	0L	12364	2C	12867	3P	13136	A	00065		
29	12857	0M	12365	2D	12868	3Q	13137	B	00066		
31	13105	0N	12366	2E	12869	3R	13138	C	00067		
32	13106	0P	12368	2F	12870	3S	13139				
33	13107	0Q	12369	2G	12871	3T	13140				

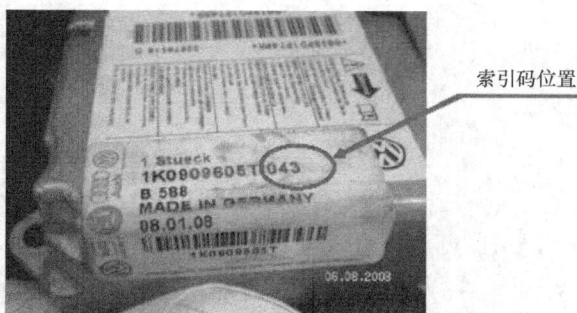

图 7-47　新气囊电脑的索引码查询位置图

小　结

1. 安全气囊通常与座椅安全带配合使用，可以为乘员提供十分有效的防撞保护。

2. 电子式 SRS 主要由传感器、气囊组件、气体发生器、电控装置（ECU）等组成。

3. SRS 所用的碰撞传感器，一般根据所承担的任务不同分为车前传感器、中央传感器与安全传感器，应注意各传感器的不同作用。

4. SRS 由电子装置加以监控，并由安全气囊警报灯指示其状态。打开点火开关后，安全气囊警报灯将亮 6 s，系统完成自检后自动熄灭。若该灯不熄灭或行驶中点亮，则表明系统存在故障。

5. 为了便于区别电气系统线束插接器，SRS 的插接器与汽车其他电气系统的插接器有所不同，目前 SRS 的插接器绝大多数采用黄色插接器。

6. SRS 的传感器、充气装置和中央气囊传感器等元件均不能分解修理，所以，SRS 的故障诊断主要是电气方面的故障诊断。

7. 安全气囊是一种被动安全装置，其使用、检测、安装和维修工作具有很多特点，必须熟知各注意事项才可以进行操作。

习　题

1. 试述检测安装和维修安全气囊的注意事项。

2. 试述凌志轿车安全气囊的检测方法。

3. 试述安全气囊的使用方法。

4. 试述奥迪 A6L 轿车安全气囊的检测方法。

一、项目要求

【知识要求】

了解汽车音响系统的组成及工作原理。

【能力要求】

能够自主设定、操作和维护音响系统。

二、相关知识

（一）汽车音响系统的组成

汽车音响系统包括天线、接收装置、扬声修正、可听频率增幅及扬声器系统 5 个部分，如图 8-1 所示。

1. 天线

天线用于接收广播电台的发射电波，通过高频电缆向无线电调频装置传送。

2. 接收装置

接收装置由无线电调谐装置将电台发射的高频电磁波有选择地接收，并解调为音频电信号。

3. 可听频率增幅

可听频率增幅用于将微弱的音频信号放大到可推动扬声器作用的足够功率。

4. 声场修正

通过特定频率域的滤波器和增幅控制电路，根据车厢内扬声特性及视听者的爱好，增强或减弱频率带，以提高车内音质。

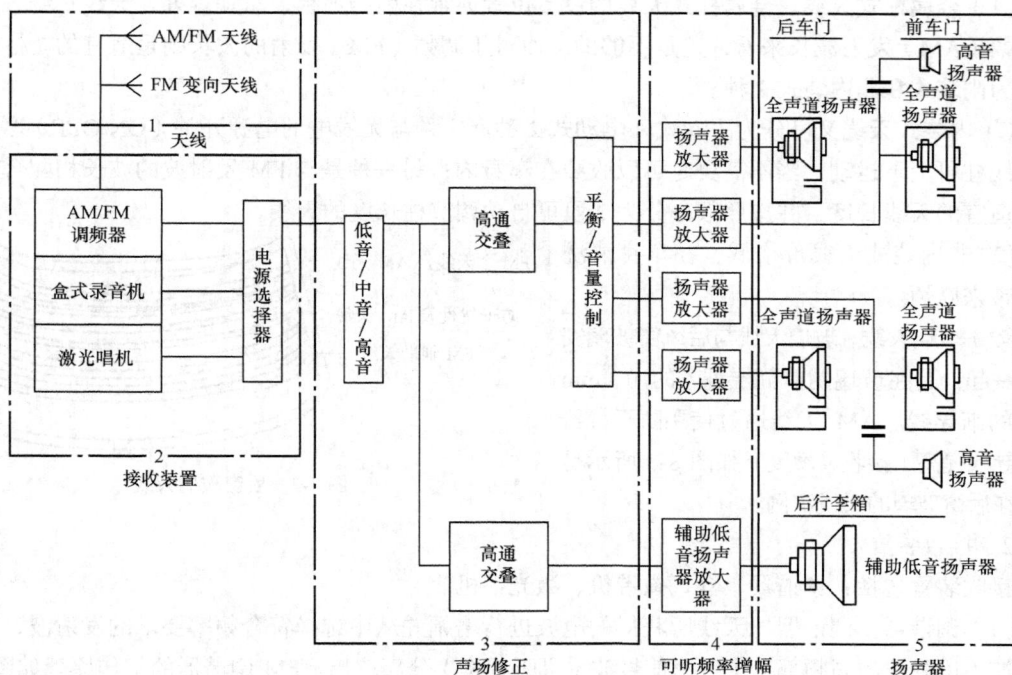

图 8-1 汽车音响系统组成

5. 扬声器

扬声器是最终决定车箱内音响性能的重要部件。扬声器口径的大小和在车上安装的方法、位置是决定音响性能的重要因素。为欣赏立体声音响，车上至少要装 2 个扬声器。汽车音响系统各部件的安装配置情况如图 8-2 所示。

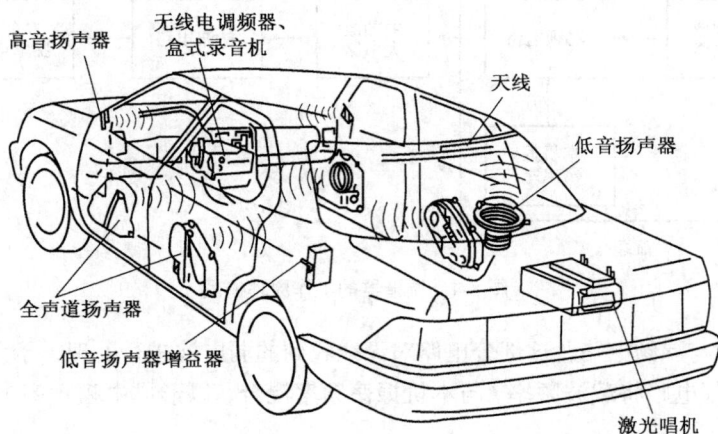

图 8-2 汽车音响系统各部件的安装配置情况

（二）汽车音响主要部件的工作原理

1. 天线

天线可分为在车身外体上伸出的金属柱式天线和装在车身上的玻璃天线 2 种。

（1）金属柱式天线。金属柱式天线的设置位置通常在前挡泥板、车顶等处，天线长约 1 m。从调幅（AM）发射波长来看，这是不够的，而对于调频（FM）发射的波长则是适宜的。柱式天线分为内装式和非内装式 2 种。

① 内装式天线又可分为手动式和电动式 2 种。一种与无线电的电源开关（ON/OFF）联动，使天线柱可上下运动，当不需要时可以收藏在车身内；另一种是与 FM 发射波的波长相配合，选择最适宜的天线长度，并按照频率分为 2 段可自动调节柱长度的天线。

② 非内装式天线价格低，在车身清洗时会带来麻烦。

（2）玻璃天线。玻璃天线与后风窗玻璃安装在一起，是在玻璃的中间层埋入的 0.3 mm 以下的细导线。AM 天线通过使用防干扰器发热导线提高了接收灵敏度。如图 8-3 所示是印制在后窗玻璃的天线实例。

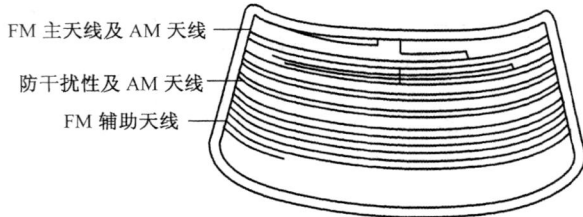

FM 主天线及 AM 天线
防干扰性及 AM 天线
FM 辅助天线

图 8-3 后窗玻璃天线

2. 接收装置

接收装置包括：调谐器、盒式磁带机、激光唱机。

（1）调谐器。调谐器把天线所获得的电波进行增幅并从中选择符合频率要求的发射波，再从发射波（运载波的高频部分）中把信号波（可听频率）分离取出。FM 调谐器的工作原理如图 8-4 所示，点画线所包围的前端是进行运载波处理的部分。

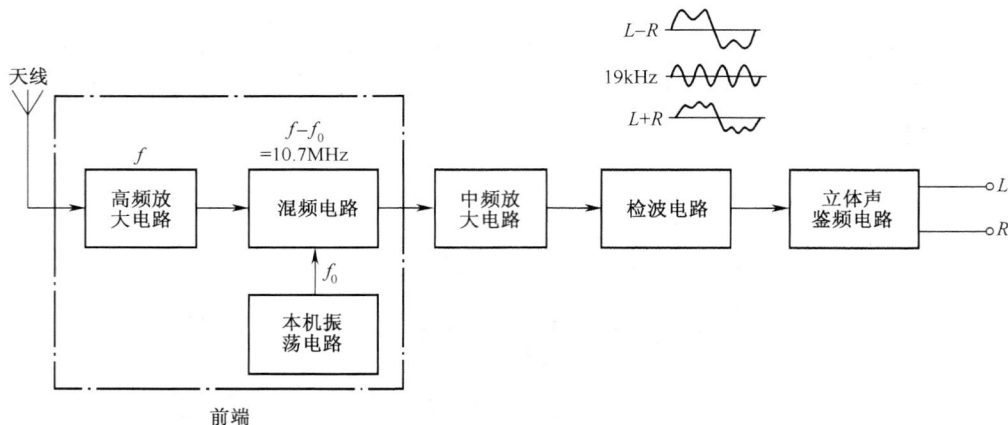

图 8-4 调谐器的工作原理框图

① 高频放大与混频电路。这部分电路对天线收到的弱电波进行处理，予以放大，与此同时去除干扰波。混频电路将载波频率 f 与本机振荡频率混合，以形成中频频率 10.7 MHz（调幅为 465 kHz）。

② 中频放大电路。这部分电路将 10.7 MHz（调幅为 465 kHz）的信号进行放大至检波、鉴频所需电平。

③ 检波、鉴频电路。中频放大后的信号，在检波、鉴频电路中去除载波，以解析出立体声导向信号（19 kHz）和立体声左、右声道信号（L、R）的合成信号（$L-R$，$L+R$）。在没有立体声信号的情况下，从检波电路送出单通道音频信号。

（2）磁带放音机。磁带放音机是用来播放录音磁带的设备。目前，在汽车音响设备中，收音和磁带放音一体机已被普遍采用。磁带从插入口插入时，磁带放音机工作。当按下操作面板上的"Eject"按钮时，磁带会自动弹出，磁带放音机停止工作。在磁带放音机工作时收音机不工作，面板前面的操作按钮具有双重功能。磁带放音机具有快进、快退、A面与B面转换、循环播放等功能。

① 磁带放音机构。磁带放音机的磁头如图8-5所示，在环状磁心上绕有线圈，环状磁心上有一间隙，与非磁性材料形成镶块构造。这种非磁性材料的间隙决定了磁头的性能。放音时，磁带压紧磁头从左向右移动，磁带上记录的信号在磁头线圈上随着时间的变化产生电动势并转变为电信号。

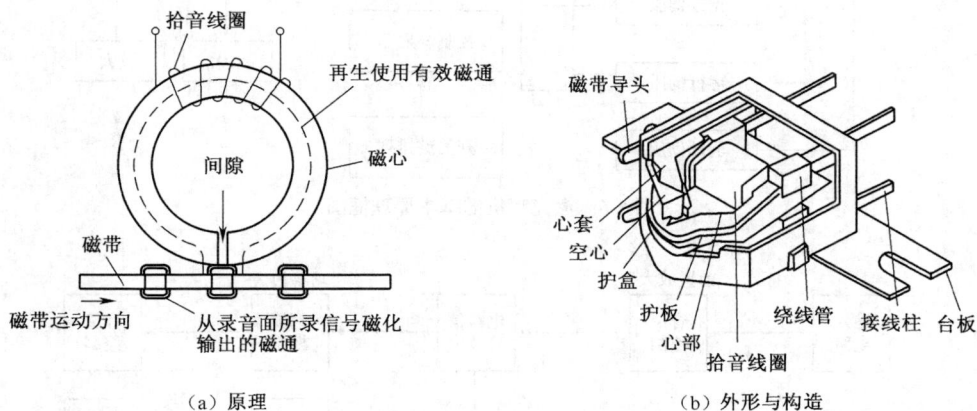

图 8-5　磁带放音机的磁头

② 磁带驱动机构。为了使磁带数据再生，就要以一定速度驱动磁带。当磁带速度发生变化时，引起磁头与磁带的相对速度变化，再生音就会出现抖动失真。此外，卷在录音带盒上的磁带自身的惯性力和来自车身的震动等也会使放音失真。为消除走带失真，在机械传动系统中设计了稳定走带速度的机构。

（3）激光唱机。光盘是将音乐信号或者图像信号进行记录的介质，所记录的信号可利用激光的光拾音作用进行非接触式读出。读出信号时，对信号记录部分的凹凸处不断照射聚焦的激光，利用光接收器检测反射光的强弱并转换成数字电信号。在数字信号处理电路中进行数/模（D/A）转换并放大，从而恢复原来的音乐信号。

激光唱机通常由机械转盘系统、激光拾音器、伺服系统、信号处理系统及控制显示系统等部分组成，其基本原理框图如图8-6所示。机械转盘系统驱动转盘旋转并带动光盘旋转，与此同时，激光拾音器利用直径不到 0.78 μm 的激光束，以非接触方式读出记录在光盘上的脉冲编码调制（PCM）数字信号。在数字信号处理系统中，读出的信号经放大、解调和纠错后，再送到 D/A 转换器转换成音频模拟信号送到音频处理、放大电路中。

对于 VCD 放像系统来说，激光读取和走盘控制电路是相同的，区别只是在解码电路和格式上。

3. 可听频率增幅

放大器通过增强可听频率信号的模拟电压加大扬声器音量。其组成框图如图8-7所示。

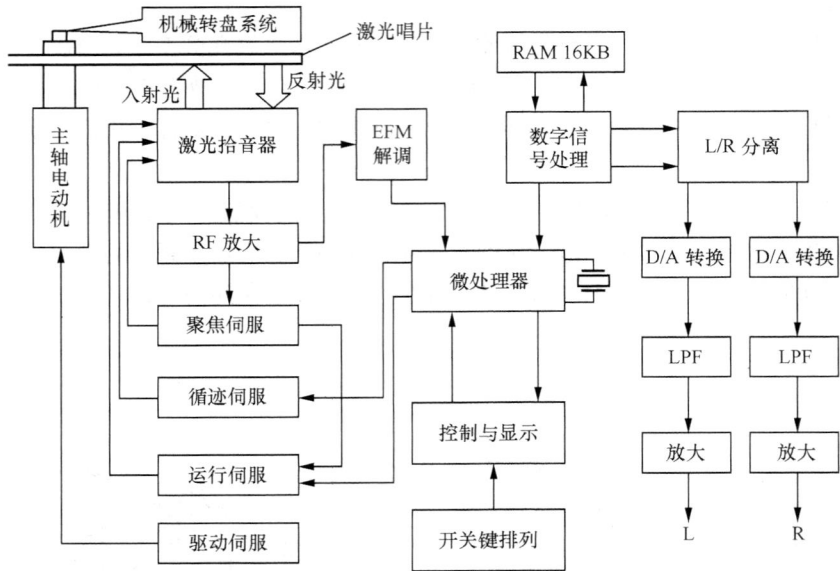

图 8-6　激光唱机的基本原理框图

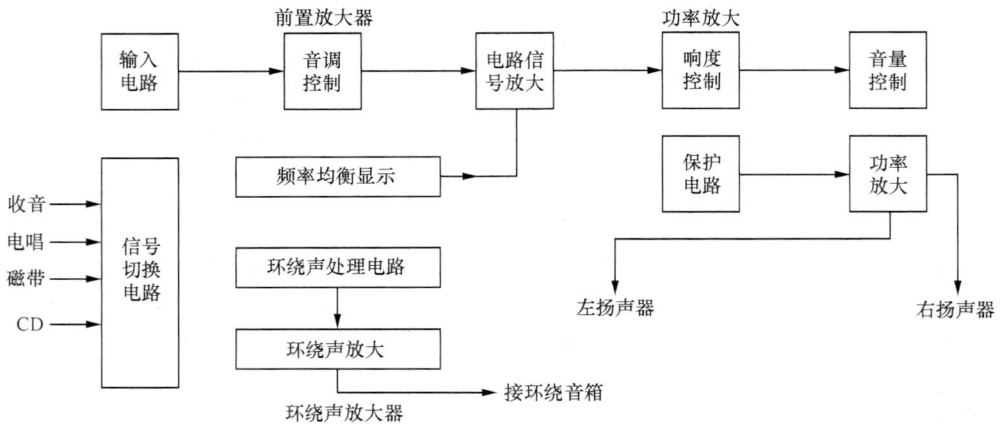

图 8-7　放大器的组成框图

（1）前置放大器。前置放大器是连接信号源及控制信号的开关，它对各种节目进行必要的处理和电压放大。前置放大器与信号源之间不是简单的连接，其内部还要设置各种均衡电路，用于实现前后级的阻抗匹配和频率补偿。

前置放大器主要包括输入电路、音调控制和电路信号放大。输入电路对收音机、激光唱机和磁带放音机送来的信号进行均衡和控制，包括阻抗和频率的均衡。

音调控制对节目信号的各段频率成分进行提升或衰减，以便满足欣赏时的不同需要。由信号源传送来的信号需要被放大到一定的电压值才能推动功率放大器，电路信号放大器通常把弱信号放大到 0.2 V～1 V，以便和功率放大器配接。

（2）功率放大器。功率放大器主要对前置放大器送来的电信号进行不失真的放大，形成强有力的功率信号去推动扬声器发声。功率放大器主要包括以下几部分。

① 等响度控制电路。由于人耳收听低声压级信号时，具有在低频和高频呈现衰减的特性，所以在小音量的情况下欣赏音乐时有信号失真的感觉。等响度电路的作用是对小信号中低频和高频部分进行补偿，以弥补人耳的不足。而在大信号重放时，等响度电路不起作用。

② 音量控制。用以调节重放音量的大小。调节方法有手动电位器、电子音量控制和伺服电动机带动音量旋钮控制音量。

③ 功率放大。对前置放大器送来的信号进行电流和电压放大，以推动扬声器发出声音。

④ 保护电路。由于功率放大器工作在大电流和高电压状态，重放中可能会出现过电流、过电压和过热等情况，此保护电路可自动进行断电，以保护放大电路和扬声器不受损坏。

（3）环绕声放大器。环绕声能使听众在欣赏音乐时有被声音围绕的感觉，使人更具有临场感。环绕声放大器主要包括以下两部分。

① 环绕声处理电路。它利用信号延迟方法产生环绕声效果，前方音箱重放正面声源，而环绕处理电路输出经过延迟的环绕信号，以产生一种音乐厅堂的混响效果。

② 环绕声放大器。环绕声放大器带动环绕音箱发声。由于环绕声放大器用于模拟反射声，故其频响一般不需要很宽，功率也不需要过大。

4. 扬声器系统

（1）扬声器的结构及特性。动圈式扬声器的结构如图 8-8 所示，可动线圈装在振动膜的中央，放置于永久磁铁中。由低频放大电路送来的信号，经变压器感应后，传送到可动线圈，线圈因电流大小不同而发生不同程度的移动，因而带动振动膜振动而发出声音。当扬声器发声时，振动膜向前部振动，使前面的空气密度增加，与此同时，背面空气密度降低。在扬声器前后部，声相位变为逆相位，所以在指向性宽广的低声域中声音被抵消，如图 8-9（a）所示。为此，需要如图 8-9（b）所示的缓冲板。在实用上不使用太大的缓冲板，遮蔽低音反射的背面音如图 8-9（b）所示，在箱容积与通道中使背面音共鸣，形成密闭型音箱（相位反转型音箱或低音反射型音箱）。

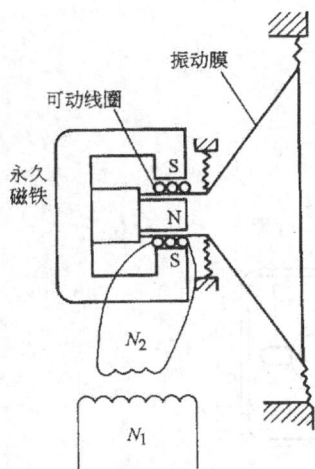

图 8-8 动圈式扬声器的结构　　　图 8-9 动圈式扬声器的工作原理

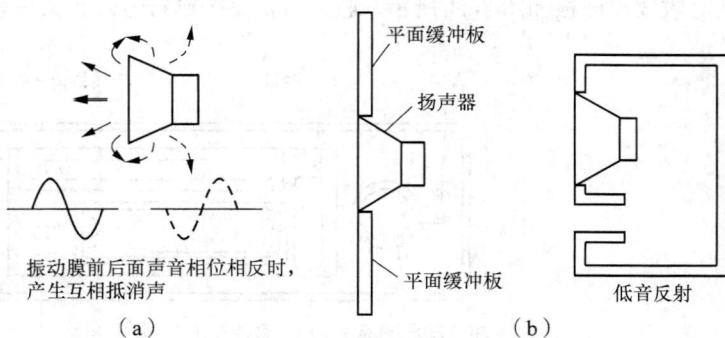

（2）多扬声器系统。为在更宽阔的频率域中获得音响定位感和声音扩展感的高品音质，可使用 2 个或 2 个以上的扬声器，形成多扬声器系统。这时不是把相同特性的扬声器加以组合，而是

把扬声器本身最佳的频带域的声音进行再生，去除不需要的频带。把中低音专用和高音扬声器相组合的双声道系统以及低音专用、中音专用和高音专用的三个频带的专用扬声器加以组合，形成三声道系统，与邻近频带域相连接，这种波带称为过渡频率。如图8-10所示即为多扬声器系统的工作特性。

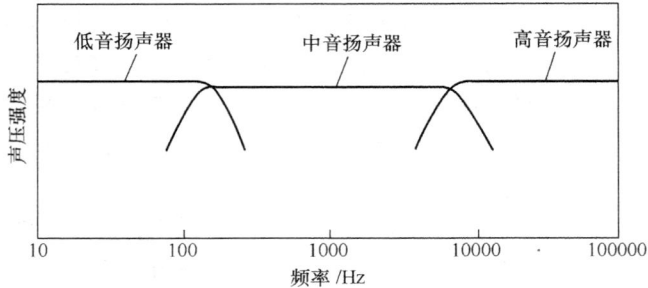

图8-10　多扬声器系统的工作特性

三、项目实施

任务一　收放机的操作

（一）实施目的及要求

（1）通过该项目的实施，应能够对音响系统进行设定和操作，并掌握音响系统的工作原理。

（2）该项目应具备完成项目的车辆和该车辆的电路图和维修手册等资料。

（3）实训设备及仪器：VAS5051/VAS5052、X431等诊断仪。

（二）实施步骤

收放机面板如图8-11所示。收放机常见按键符号及含义见表8-1。

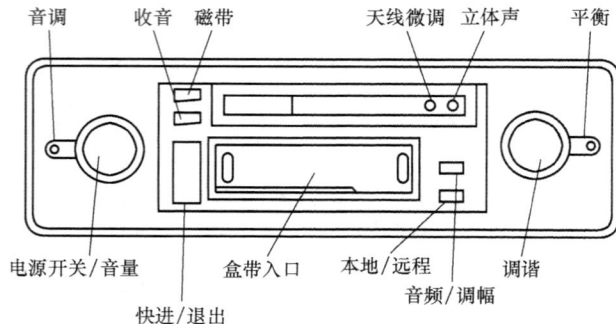

图8-11　收放机面板

表8-1 收放机常见按键符号及含义

符　号	英　文	中　文
■/▲	ST/EJ	停止/弹出
II	PAUSE	暂停
◀◀	F.FWD	快进
▶▶	REW	快倒
◀	PLAY	放音

1. 收音操作步骤

① 顺时针转动音量控制旋钮，接通电源开关，按AM/FM波段开关键，选择调幅或调频方式。

② 旋转调谐旋钮，调到欲收电台，如果想接收调频立体声信号，按下调频立体声开关。

③ 调整音量、平衡控制钮，得到最佳的音响效果。

2. 磁带放音操作步骤

① 顺时针转动音量控制旋钮，接通电源开关。

② 检查磁带有无松散，先用铅笔将其卷紧，将磁带开口面朝右推入收放机磁带仓门。

③ 调整音量、音调和平衡控制钮，以得到所需的音量和满意的音质以及声道音量平衡。

④ 按下快进键或快倒键可使磁带快速进带或倒带。

⑤ 按下出带键，磁带弹出，收放机由放音自动转为收音。

带自动返带机的收放机，按下磁带换向键，磁带可自动换向放音。当磁带运行到一面终端时，磁带自动反转播放，直到关机为止。

3. 收放机的接线

收放机的接线如图8-12所示。接线时，首先要分清收放机引出线，将带熔管式保险器的火线接到汽车点火开关的ACC脚（附件脚，一般接收放机和点烟器），将黑色线可靠地连接到搭铁线上，插上收放机的车外天线插头并将扬声器接线按图8-12所示连接好即可。

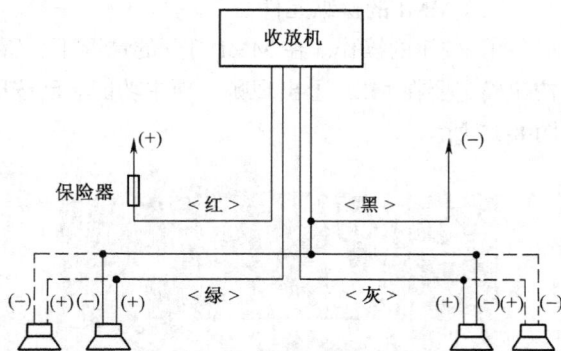

图8-12　收放机的接线示意图

任务二　奥迪A6L音响系统的操作

（一）实施目的及要求

（1）通过该任务的实施，应能够了解和认识奥迪轿车多媒体交互系统，并掌握其音响系统的操作方法。

（2）该项目应具备完成项目的车辆和该车辆的使用和维修手册。

（二）实施步骤

1. 多媒体交互系统

（1）驾驶室内多媒体交互系统的组成

奥迪A6L拥有最现代化的技术和多种豪华装备，多媒体交互系统（Multi Media Interface，

MMI）就是其中的一个典型装备，如图 8-13 所示。

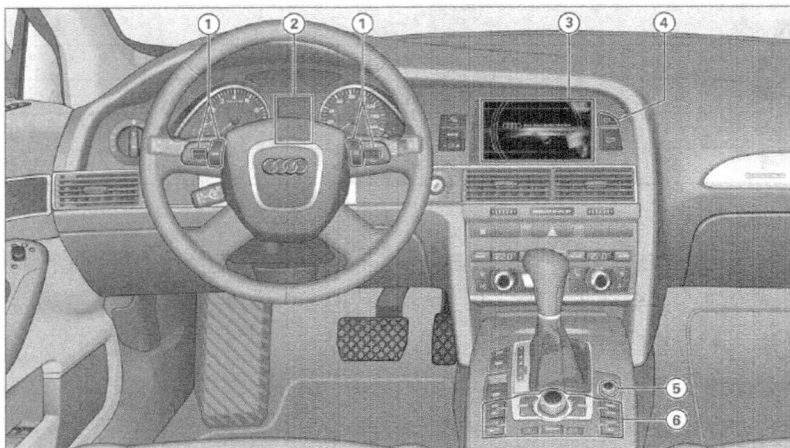

图 8-13　奥迪 A6L 轿车 MMI 组成图

1—多功能方向盘；2—组合仪表显示屏（驾驶员信息系统）；3—MMI 显示屏；4—导航系统 MMI 显示屏用于伸出和缩进的按钮；5—打开/关闭钮；6—MMI 终端（操作单元）

（2）MMI 的操纵元件。

① 按钮的操作。在 MMI 打开的情况下，所有功能都处于打开状态，此时可以通过按压某个按钮确定要在 MMI 上出现哪一项主功能。已按压的按钮会亮起来，用来导向。中控台如图 8-14、图 8-15 所示。

图 8-14　中控台 MMI 终端

图 8-15　MMI 终端旋/压控制钮

中控台 MMI 终端的以下按钮配置了四种基本功能。

（a）按压某个功能按钮进入所需要的主功能（例如收音机运行模式等）。

（b）转动和按压旋/压式控制钮，在 MMI 显示屏上选择。

（c）按压某个控制按钮，在当前主功能中调出一个下属的子菜单。控制按钮的当前功能可从 MMI 显示屏的 4 个角上查看。MMI 显示屏上的 4 个角与旋/压式控制钮周围的 4 个控制按钮位置一一对应。

（d）按压按钮即可中止尚未确认的选择或者退回到前一个界面。原则上您只需记住前面描述的按钮和与其对应的主功能即可。可借助 MMI 菜单本身附带的详细说明逐步进行操作。按压某个功能按钮，即可调出相应的主功能。

② 中控台 MMI 终端按钮功能。中控台 MMI 终端按钮功能见表 8-2。

表 8-2 中控台 MMI 终端按钮功能

按 钮	功 能
NAV	导航系统
INFO	交通信息
CAR	汽车设置
SETUP	主动功能的设置选项
CD/TV	CD 转换盒与电视运行模式
MAME	地址薄
TEL	电话（免提车载电话/移动电话适配装置）

2. 奥迪 A6L 收音机的调整

（1）调整接收波段。可供选择的接收波段如图 8-16 所示。

① 在某个收音机菜单中按压带有 Frequency（波段）功能的控制按钮。

② 转动旋/压式控制钮，选择所需要的接收波段。

③ 按压旋/压式控制钮确认您的选择。

图 8-16 菜单中内容代表的含义见表 8-3。

图 8-16 可供选择的接收波段

表 8-3 可供选择的接收波段含义

Radio FM	收音机波段
FM（very high frequency）	超短波
MW（medium wave）	中波
LW（long wave）	长波
DAB 收音机（Digital Radio）	波段Ⅲ和 L-Band（数字收音机）

（2）调出设置。

① 在某个收音机菜单中按压功能按钮 SETUP，调出收音机功能设置主菜单，如图 8-17 所示。

图 8-17 设置收音机

② 再次按压功能按钮 SETUP，关闭设置主菜单。

SETUP 按钮完成功能参见表 8-4。

表 8-4   SETUP 按钮完成功能

功 能 按 钮	SETUP 子菜单
在收音机 FM 功能中按压功能按钮 SETUP	交通广播
	地区电台
	电台接收
	电台显示
	常用电台首选页
	备选频率
	PTY 节目筛选
	删除前电台首选页
	删除存储内容
在收音机 MW / LW 功能中按压功能按钮 SETUP	交通广播
	电台接收
	删除存储内容
在 DAB 收音机功能中按压功能按钮 SETUP	交通广播
	节目跟踪
	L-Band（L 波段）
	PTY 节目筛选
	删除存储内容

> 收音机中能进行的设置取决于已设定的接收波段。如果您已设定了 FM 接收波段，便能进行所有上述设置。如果您已设定了 MW 或 LW 接收波段，能进行设置的是"交通广播""电台接收"和"删除存储内容"这几项功能。

（3）具体功能设置操作。

① 交通广播功能（Traffic program）。在 Traffic program（交通广播）选项下选择 on（打开），打开接收交通广播公告的功能。此时如果您已调到的电台不是交通广播电台，MMI 系统便会自动搜索处在接收范围之内的交通广播电台。

如果您正在收听一个不播放交通信息的广播节目，但是该节目属于一个较大的广播网络，该电台发射交通信息，但并不设置交通广播的内容。只有在交通广播公告进行期间，您的收音机才会自动转换到交通广播电台上去。在 Traffic program on（交通广播打开）的情况下，如果您正在收听收音机 MW、收音机 LW、收音机 DAB、CD 或正在接受导航，装置则也会自动接通到交通广播上去。此外，关闭 MMI 后还会自动记录不超过 1 小时之内的交通广播内容。通过 TP 记忆功能，可将录制的交通公告调出来。

② 调整广播电台自动搜索的灵敏度（Station reception）。调整广播电台自动搜索的灵敏度界面如图 8-18 所示，在某个收音机菜单中按压功能按钮，选择 Station reception（电台接收），本地

广播电台接收只有在电台或频率的接收信号非常强的情况下才会停止自动搜索广播电台。

在电台或频率距离遥远、信号微弱的情况下，自动搜索广播电台也会停止。

③ 电台显示（Station display）。在某个收音机菜单中按压功能按钮，将可能发送的滚动文字显示出来。或者选择 fixed（固定），将可能发送的滚动文字停止，文本的当前段落便会固定不动。如图 8-19 所示。

图 8-18　调整广播电台自动搜索的灵敏度　　　　图 8-19　电台显示

> 如果您已将电台显示设置为 variable（可变），并且电台也随同节目发送滚动文字，收听这一类电台时便会将滚动文字显示出来。

④ 在某个收音机菜单中按压功能按钮。在 Last stations（常用电台首选页）中选择设定为 on（打开），让爱好电台列表在收音机主菜单中显示；或者选择 off（关闭），使收音机主菜单中只显示 Station list（电台列表）。

> 如果您打开了 Last stations（常用电台首选页）功能，您的爱好电台便会出现在 FM 电台列表的前 5 个位置。

在 Alt.frequency（备选频率）项中将设置选择为 on（打开），便能在某个电台网络内部自动进行频率切换。

由于超短波覆盖范围有限制，因此一个广播电台的同一套节目是由多个发射站以不同的频率发送的（电台网络）。在 Alt.frequency on（备选频率打开）的情况下，MMI 系统会使用这个电台当时接收效果最好的频率。

从某个频率到另一个频率的切换以实际上几乎听不到的方式进行。屏幕显示的仍是该节目名称。

小　结

1. 汽车音响系统由天线、接收装置、扬声修正、可听频率增幅及扬声器系统 5 个部分组成。
2. 天线可分为在车身外体上伸出的金属柱式天线和装在车身上的玻璃天线 2 种。

3. 激光唱机通常由机械转盘系统、激光拾音器、伺服系统、信号处理系统及控制显示系统等部分组成。

习　题

1. 汽车音响系统由哪 5 个部分组成？
2. 奥迪 A6L 音响如何解码？

项目九

信息通信系统的检测与设定

一、项目要求

【知识要求】

（1）掌握电子显示系统工作原理。

（2）掌握 GPS 导航系统工作原理。

【能力要求】

（1）能够对信息通信系统进行设定。

（2）能够使用 VAS5051、V.A.G1551 或 V.A.G1552 等诊断仪对轿车信息通信系统进行故障诊断。

二、相关知识

（一）汽车电子显示装置

汽车上使用的显示装置主要有以下几种：发光二极管（LED）、真空荧光显示屏（VFD）、液晶显示屏（LCD）、场致发光屏（DCEL）、阴极射线管（CRT）。

1. 汽车电子显示装置的组成及工作原理

（1）发光二极管（LED）。发光二极管结构最简单，应用最广泛，在很大程度上已代替了过去仪表板常用的白炽灯泡，如图 9-1 所示。

发光二极管是一种固态发光元件，体积小，结

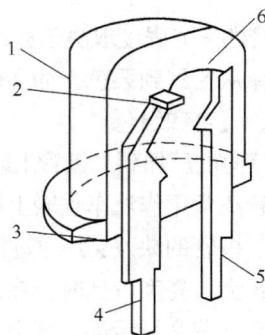

图 9-1　发光二极管结构

1—塑料外壳；2—二极管芯片；3—阴极缺口标记；

4—阴极引线；5—阳极引线；6—导线

构简单，使用寿命可达 50 000 h，能在较低的外加电压（如 5 V）下发出相当亮的光。由于发光二极管正向电阻很小，因此必须使用串联电阻器，以限制其电流。当以 1.5 V～2.0 V 的正向电压加到二极管上时，二极管导通。二极管的光线辐射形状取决于管壳的材料。若管壳是透明的，二极管的光辐射角度很小；若管壳是半透明的，光线散射，其光辐射角度较大。由于管壳起到透镜的作用，因此可利用它来改变发光形式和发光颜色，以适应不同的用途。单个 PN 结用环氧树脂封装成半导体发光二极管；多个 PN 结可按点、段式或矩阵式封装做成半导体数码管和点阵显示器，如图 9-2 和图 9-3 所示。

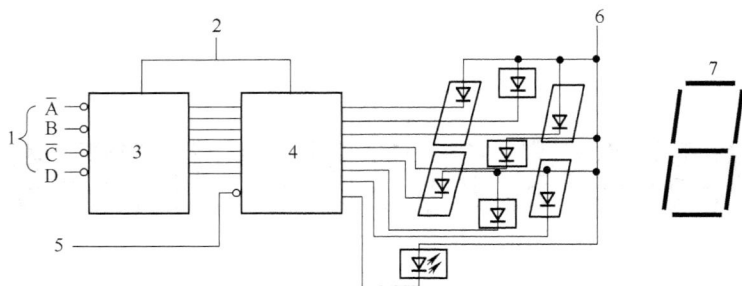

图 9-2　7 划发光二极管显示装置

1—二十进制编码输入；2—逻辑电路；3—译码器；4—恒流源；5—小数点；6—发光二极管电源；7—"8"字形

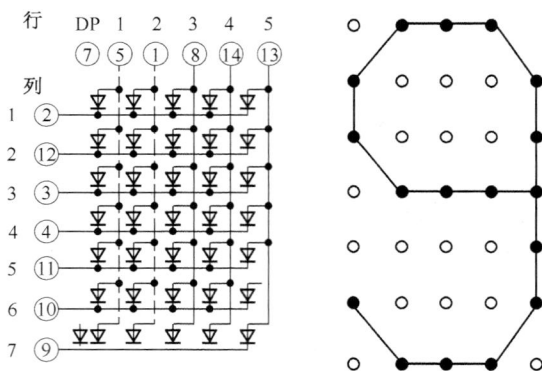

图 9-3　光点矩阵型发光二极管显示装置

二极管的发光强度取决于通过二极管的 PN 结电流的大小。红色光的范围为 7 000～9 000 μA，其相应色泽从粉红到栗色。如在砷化镓中掺入杂质，还可使二极管发出黄光、绿光。常用的有红色、橙色、黄色和绿色。

当以反向电压加到二极管上时，二极管截止，不再发光，它能在极短的时间（0.5 ms）内通断。发光二极管还常用作汽车仪表上的警告指示灯。

发光二极管的缺点：其通过调制二极管电流调制光的输出。亮度较强时，需要相当大的电流，功率消耗较大；亮度较低时，在阳光的直射下很难辨认，且难以实现大屏幕显示。

（2）真空荧光显示屏。真空荧光显示屏是一种主动显示系统，使用寿命长，色谱宽，易于和控制电路连接，环境温度适应性强，可改变显示亮度，适用于显示数字、单词和柱状图表等，但因其被封装在玻璃壳内而容易震碎。真空荧光显示器由真空玻璃盒、热阴极、加速栅极和荧光屏组成，如图 9-4 所示。

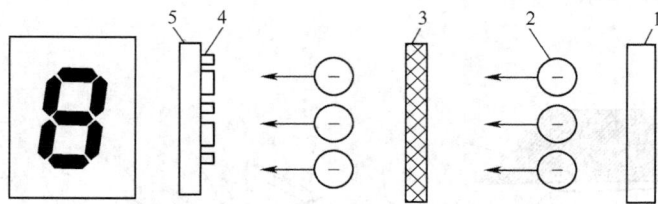

图9-4　真空荧光显示屏结构原理

1—阴极（灯丝）；2—电子；3—加速栅极；4—阳极笔划段；5—玻璃面板

恒定电压作用于阴极（灯丝）上，当它被加热到 600℃左右，其表面释放出热电子，因栅网和阳极都有较高的正电位，使自由电子加速通过栅网射向阳极。阳极上的荧光物质因电子冲击而受激发光。阳极由不同的笔划段组成，在数字电路的开关控制下能显示不同的字母和数字，如图9-5 和图9-6 所示。

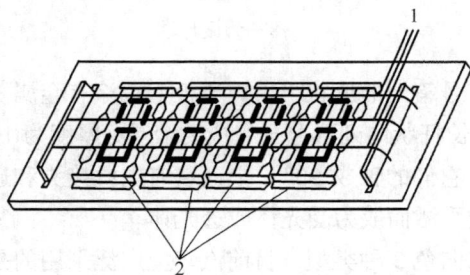

图9-5　4 位真空荧光屏显示装置

1—阴极（灯丝）；2—栅网

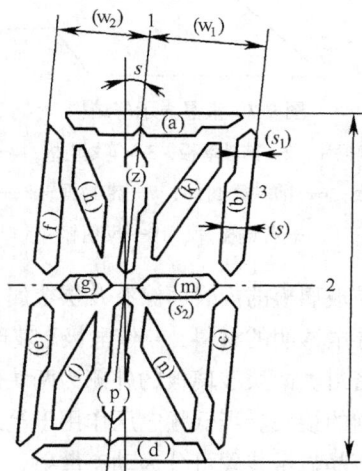

图9-6　14 划图形

1—图型宽；2—图形高；3—笔划宽

真空荧光装置显示图形的方式有 2 种，即 7 笔划段和 14 笔划段。14 笔划段能显示全部字母和数字。

（3）液晶显示屏。液晶是一种有机化合物，在一定温度范围内，既具有液体的流动性，又具有晶体的某些光学特性。液晶显示屏是一种被动显示装置，具有显示面积大、耗能少、显示清晰、通过滤光镜可显示不同颜色、在阳光直射下不受影响等特点，应用十分广泛。液晶显示与发光二极管、真空荧光显示的主要区别是发光二极管和真空荧光显示在电源的作用下自己能发光，液晶显示本身不能发光，只能起到吸收、反射或透光的作用，因此液晶显示装置需要日光或某种人造光线作为外光源。

液晶显示本身没有色彩，只是靠液晶元件后面的有色透光片形成色彩，透光片通常采用荧光液着色，当光线通过时能形成所需要的色彩。液晶显示利用偏振光的特性成像。正常的光线包括多平面震动的波，如果让光通过一个有特殊性能的偏振滤波物体，则只有与滤波器轴在同一平面的震动波能够通过，其余大部分波受阻不能通过。液晶显示屏的结构如图9-7 所示。液晶显示屏

显示板的结构如图 9-8 所示。

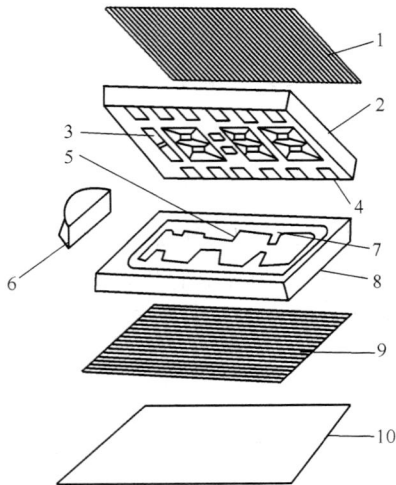

图 9-7 液晶显示屏结构

1—前偏振片；2—前玻璃板；3—笔划电极；4—接线端；

5—背板；6—前端密封件；7—密封面；8—玻璃背板；

9—右偏振片；10—反射镜

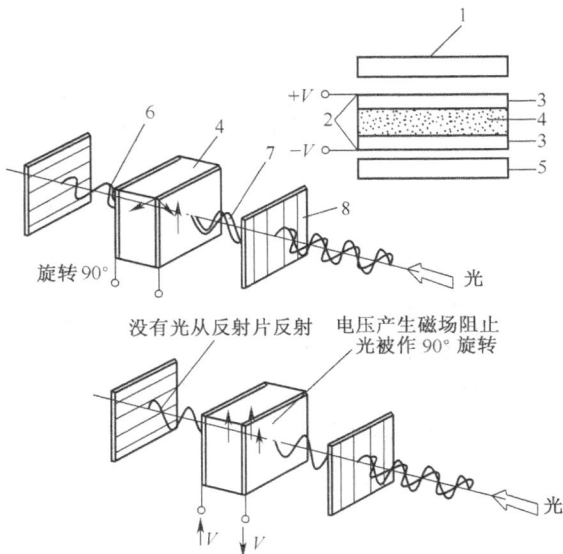

图 9-8 液晶显示屏显示板的结构

1—反射偏振片；2—透明导体；3—玻璃基片；4—液晶；

5—偏振片；6—反射光；7—旋转 90°后的反射光；

8—偏振片轴

前玻璃板的内表面涂有几层金属，用于显露符号笔划的形状，后玻璃板上也涂有金属。金属层为导电透明的材料，兼作电极。玻璃板中间夹着长杆状向列形分子组成的液晶，厚度为 10 μm，四周密封。两块玻璃板的外侧为两块偏振滤波片，它们的轴成 90°，上面装有电源接头和通往每个笔划的接头。当低频电压作用于笔划段上时，它受激而成为受光体或透光体。

液晶显示装置可分为动态散射、扭曲向列和二向色 3 种类型，目前汽车上广泛采用的是扭曲向列型液晶显示装置。扭曲向列型显示装置结构如图 9-9 所示。

（4）场致发光屏。场致发光装置也是一种固态元件，其结构和液晶显示装置类似，只是其活性材料用硫化锌层代替了液晶层。

这种装置具有和液晶显示装置一样的很多优点，不同的是它在电场作用下能够发光，而不像液晶显示装置要依赖于反射光。因此，

图 9-9 扭曲向列型显示装置结构

它在无外部光照条件下也可使用。场致发光屏也可产生多种颜色，其电源可以是交流的，也可以是直流的，但通常用直流电。直流场致发光板常用来为液晶显示装置提供背光。

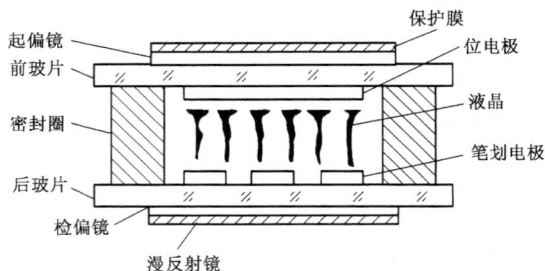

（5）阴极射线管。仪表板使用单独的整体目视显示装置（VDU）向驾驶员提供各种信息，可以降低使用成本。阴极射线管就是这样的显示装置。

阴极射线管要在较高电压下才能发出电子束，比其他显示装置脆弱、笨重。但根据飞机制造部门的经验，这种装置具有亮度高、响应速度快、清晰度高和启动比较简易等优点，因此很适于

仪表系统使用。

2. 电子仪表板

电子仪表板应用数字显示、字母数字混合显示、曲线图和柱状图表等形式向驾驶员发出汽车各种工作状态的信号和故障警告信号。不论采用何种显示形式，其结构基本相同。

（1）电子仪表板的多路复用传输。电子仪表板需要很多导电接头向光柱或光点供电。7笔划字形显示需要 7 个电接头来形成 1 位数字，车速显示需要 3 位数，因此需要 21 个电接头和 21 根缆线，同时还需用 1 个搭铁接头。为降低成本、节省空间，电子仪表板采用了多路复用传输，即几个数字采用独立的搭铁接头，3 位数字共用 7 位电接头。仪表板启动后，电流在各位数字间快速扫描，并通过独立的搭铁接头形成回路，虽然每次仅有 1 个数字发亮，但每个笔划每秒都要开关数千次，加上人眼具有暂留图像的特点，因此看到的还是连续发亮而不是闪烁的数字和图像，如图 9-10 所示。

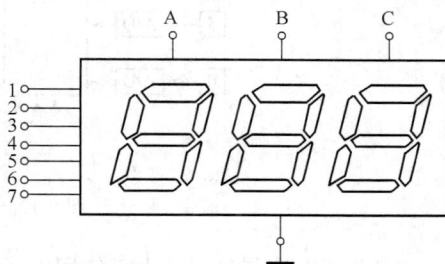

图 9-10　7 笔划字显示的多路复用传输

（2）信息选送。汽车一旦启动，发动机转速、温度、燃油液位等多种信息同时被传输给计算机进行处理。由于传输信息项目多，需要采用多路传输技术（总线把各种信号分开），因此采用多路传输（总线）信号转换开关选择信号源。

信息经计算机处理后，还需要 1 个与其能正确配合的开关，以把信号适时传输给相应的显示装置，为此采用了信号分离开关。

安装在电子仪表板上的计算机在同一时刻只能处理一项信息，但传输给它的信息量大且数目多。为解决这一问题，设计人员根据各项信息的快慢，如冷却水温度变化慢、发动机转速变化快的特点，计算出不同信息源开关接通的时间，即确定对某一信号源在一段时间内选送信息的次数，再根据项目数据的多少，编制出相应的控制电路，以实现上述控制功能。图 9-11 所示为用多路传输信号转换开关进行信息传输的示意图。

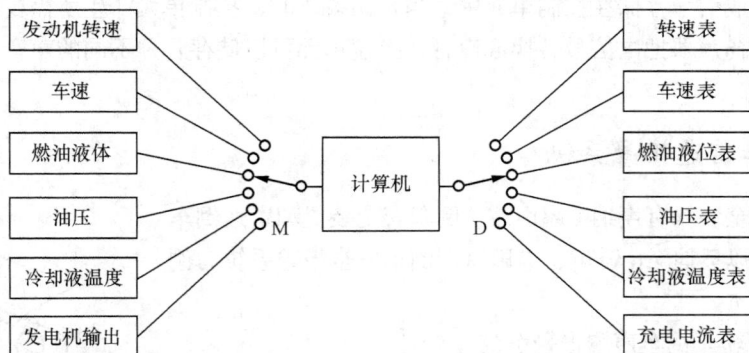

图 9-11　用多路传输信号转换开关进行信息传输的示意图

（3）显示系统结构。图 9-12 所示为一个有 6 个仪表、包含 3 种显示方式、由 1 个计算机系统控制的显示系统。传感器信号经 A/D 转换成 8 位数码后，由信号转换开关传输给中央处理装置。显示系统由模拟显示、开闭型警告灯和 7 笔划数字显示等不同方式组成。信号经过中央处理装置处理后，再以 8 位数码式开关信号形式由信号分离开关输出，以启动相应的显示装置。

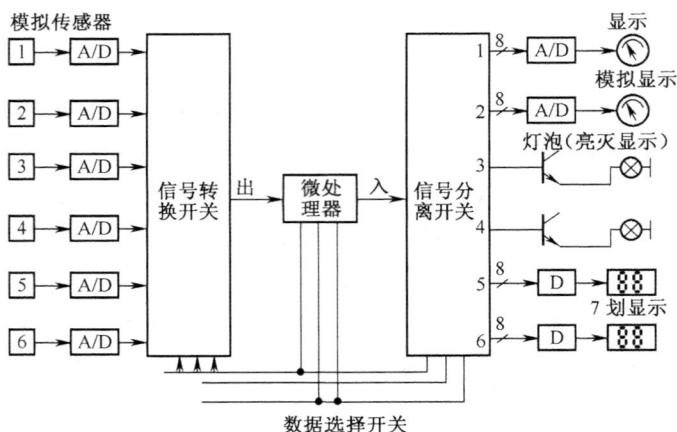

图 9-12　各种显示装置的多路传输系统

（4）仪表控制单元。由于使用电子仪表系统和各种相关的传感器，因此可以比较方便地利用这些信号为行车控制单元提供信息输入。

仪表控制单元系统显示日期和时间，还能计算平均车速、行车时间、燃油消耗量、瞬时耗油量和平均耗油量等。除里程表和时钟所需信号外，基本仪表系统中还要安装相应传感器，以满足行车微机系统的需要。

（5）语音合成器。除主仪表显示外，为了在紧急情况下向驾驶员发出警告，还装有语音合成器，用来弥补视觉信号可能没有引起驾驶员注意的问题。这种系统由仪表显示板发出警告主信号，同时由语音合成器发出音频信号，视觉和音响信号通常包括发动机温度、油压、蓄电池充电状况、制动蹄片磨损、制动力不足、驻车制动未解除、灯泡故障、车门未关、大气温度状况、已到维护时间、各种液位不足等。各种信息依据其重要程度分为几个等级，如"油压低"和其他同时显示的次要信息相比较，就属于优先项目。

语音合成器是通过采用计算机技术和音响装置的扬声器来实现的。事先将所需的单元词或词组的语音被转换成信号存储在控制单元中，当发出警告时，控制单元产生所需要的语言电信号，再由声响装置的扬声器把电信号转换成声音，控制单元可以储存几种不同的声音，还可以模仿男女语言以供选用。

（二）倒车雷达报警系统

汽车倒车安全装置有声纳（超声波）倒车安全装置和雷达倒车安全装置，下面以奥迪 A6 轿车、丰田轿车倒车安全报警系统为例加以介绍。

1. 奥迪 A6 轿车倒车声纳报警系统

该系统装有 4 个声纳传感器，并均匀安装在汽车后保险杠上未喷漆的部位内，如图 9-13 所示。

（1）系统结构。声纳传感器既是执行元件，也是传感器；既发射信号，也接收信号。控制单元向 4 个声纳传感器中的 1 个发出命令，该传感器即发出超声波，4 个传感器都接收超声波的回波。

在声纳传感器内，回波信号被转换成数字信号，并将其传递到

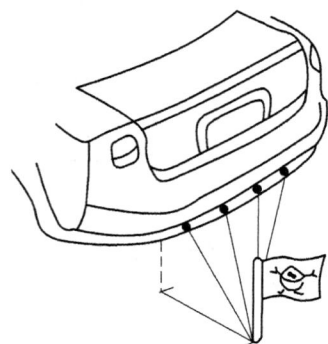

图 9-13　奥迪 A6 轿车倒车声纳
传感器安装位置

控制单元，控制单元根据回波的传播时间计算出与障碍物的距离。

图 9-14 所示为奥迪 A6 轿车倒车声纳报警系统图。声纳传感器由 1 个无线电收发机和 1 个整理器构成，整理器将回波信号转换成数字信号传递给控制单元，其结构如图 9-15 所示。

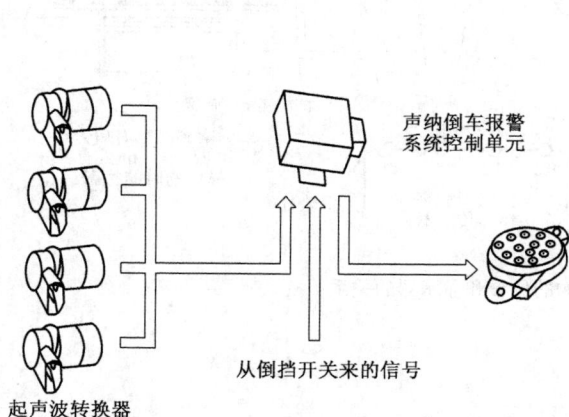

图 9-14 奥迪 A6 轿车倒车声纳报警系统图

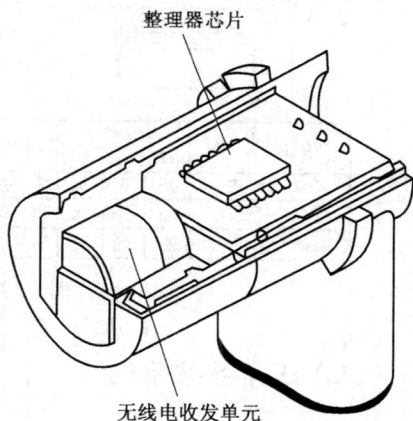

图 9-15 声纳传感器结构图

（2）工作过程。

① 当挂上倒挡时，声纳倒车报警系统即开始工作，发出"嘟嘟"的声音表明该系统状态良好。

② 当车与障碍物相距 1.6 m 时，可听见间歇警报声。离障碍物越近，声音越急促。如距离小于 0.2 m，则连续发出警报声。警报声间隔及音量用故障检测仪 V.A.G1551 设定。警报区域如图 9-16 所示。

2. 丰田轿车倒车安全报警系统

丰田轿车声纳传感器的安装位置和工作原理与奥迪 A6 轿车相似。40 kHz 的超声波脉冲，以 15 次/秒的频率向后发射。若车后有障碍物，超声波在该处被反射，根据超声波的往返时间，就能确定障碍物到汽车的距离。不同的距离采用不同的报警方式，并分别用不同声响区别不同距离范围。

障碍物位置的判断是用不同传感器发射头与接收头的

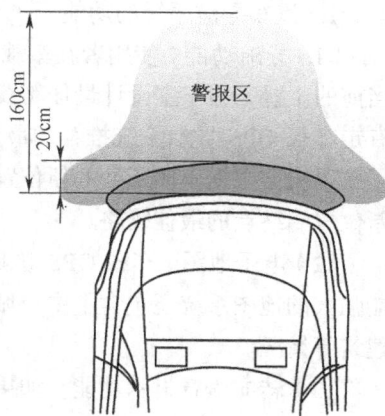

图 9-16 警报区域

组合而获得的，发射头为 T1、T2，接收头为 R1、R2。汽车在倒车时，由微机控制左方发射头 T1 与右方接收头 R1 工作，覆盖左后方区域；用 T2 和 R1 覆盖正后方区域；用 T2 和 R2 覆盖右后方区域。这样用不同 T 和 R 的组合巡回检测，即可确定障碍物在汽车后左、中或右的位置，如图 9-17 所示。

距离的显示用蜂鸣器发出声音警报，显示器警报灯发亮。当距离为 1 m～2 m 时，发出"嘟、嘟"两声短音；当距离为 0.5 m～1 m 发出"嘟、嘟、嘟"三声短音；当距离＜0.5 m 时，发出"嘟"一声长音。

新型的停车入位系统，可通过仪表板的显示器将转向盘在某一位置下的倒车轨迹显示出来，更为直观和方便。

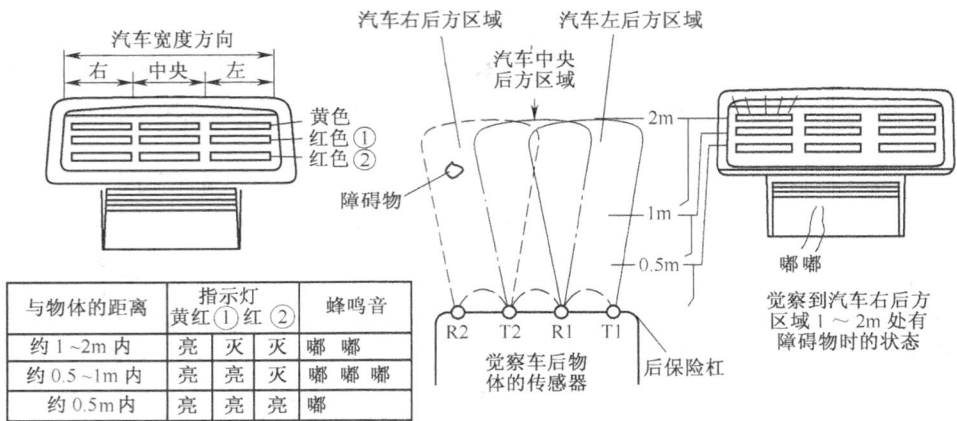

图 9-17　障碍物的位置和显示器的关系

（三）汽车导航系统

车用卫星导航系统是全球卫星定位技术（Global Positioning System，GPS）应用于汽车定位导航的电子产品。来自太空的 GPS 卫星 24 小时免费向全球发送定位信号，使之成为定位导航应用中最方便廉价的信息源。自 1990 年世界第一台车用卫星导航系统问世以来，在短短的时间里，车用卫星导航系统在全球迅速普及，增长势头锐不可挡。

1．汽车导航系统的功能

（1）导航功能。使用者在车载 GPS 导航定位系统上任意标注两点后，导航系统便会自动根据当前的位置，为车主设计最佳路线。有些系统还有修改功能，假如用户因为不小心错过路口，没有走车载 GPS 导航系统推荐的最佳线路，车辆位置偏离最佳线路轨迹 200 m 以上时，车载 GPS 导航系统会根据车辆所处的新位置，重新为用户设计一条回到主航线路线，或为用户设计一条从新位置到终点的最佳线路。

（2）电子地图。车载 GPS 导航定位系统都配备了电子地图，一般覆盖全国各大省会城市。功能强大的地图系统还包含了中小城市，城市数目达到近 400 个，可以随时查看目的城市的交通、建筑等情况。

（3）转向语音提示功能。如果前方遇到路口需转弯，系统具有转向语音提示功能，这样可以避免车主走弯路。此外，还可以查阅街道及其周围建筑物，甚至可能具有一些城市交通中的单行线、禁左、禁右等路况信息供查阅。

（4）定位功能。GPS 通过接收卫星信号，能够准确地定位出车辆所在的位置。如果装置内带有地图的话，就可以在地图上相应的位置用一个记号标记出来。同时，GPS 还可以显示方向、海拔高度等信息。

（5）测速功能。通过 GPS 对卫星信号的接收计算，可以测算出车辆行驶的具体速度。

（6）显示航迹。如果去一个陌生的地方，GPS 带有航迹记录功能，可以记录下用户车辆行驶经过的路线，误差小于 10 m，甚至能显示 2 个车道的区别。回来时，用户可以启动返程功能，顺着来时的路线返回。

（7）信息检索功能。根据情况使用不同的检索功能，快速将待查地点显示在画面上。

（8）娱乐功能。可以接收电视，播放娱乐光盘等。

2. 汽车导航系统结构与工作原理

汽车导航系统的定位原理如图 9-18 所示。内置的 GPS 天线接收到来自环绕地球的 24 颗 GPS 卫星中至少 3 颗所传递的数据信息，由此测定汽车当前所处的位置。车载导航仪内部装有储存大量电子地图信息的 CD-ROM，通过 GPS 卫星信号确定的位置坐标与此相匹配，便可确定汽车在电子地图中的准确位置。

汽车导航系统主要由电子计算机、方位检测设备、电子道路数据及显示器组成，如图 9-19 所示。车辆前座中央有约 6 英寸的显示器，可显示道路地图和其他有关交通信息，其数据由 CD-ROM 提供。车的前、后部各装有 GPS 接收天线，GPS 接收器装在行李厢内，地磁传感器装在车顶，在车轮上装有车速传感器，转向机构上装有转向角传感器等。有关信息经导航微处理器（ECU）统一管理，通过显示器显示汽车导航。

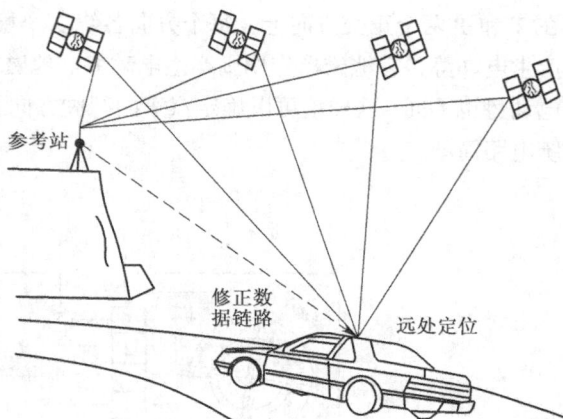

图 9-18　汽车导航系统的定位原理

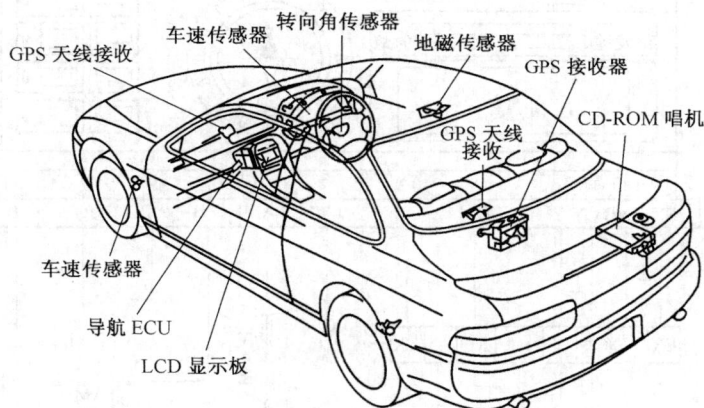

图 9-19　汽车导航系统的组成和布置

该系统可为一辆以上的车辆提供其在地球表面上的导航，它可在任一给定时间内精确确定车辆在道路网中的位置。该系统可从以下 3 个基本的信息源获得数据。

（1）GPS 接收。一台 GPS 接收机被安装在车上，接收高达 11 颗卫星的信号。这些信号用来精确定位车辆的位置，但它可能遭受偶然的干扰，如坏天气影响、隧道和建筑物遮挡、超宽带无线电通信干扰等，为此通常采用航位推算导航（如惯性传感器）或辅助定位技术作为 GPS 信号丢失时的补偿，以使导航系统功能连续。

（2）车载传感器。车载传感器通常包括测量转弯速率的陀螺仪、输出电子速度脉冲的测速计以及测量方向的罗盘。这些数据被用来进行航位推算，以便确定车辆相对道路的运动。

汽车行驶路径的方向和位置通过装在车上的传感器检测，方向和转向角传感器决定汽车行驶方向，车速传感器决定汽车行驶的距离。

① 地磁传感器。地磁传感器感应元件是在高导磁性材料制成的磁环上绕制励磁绕组，绕组

在 X 和 Y 两个正交方向上，每个方向各绕 2 个检测线圈（共 4 个）。无地磁场作用，检测线圈不产生电动势，有地磁场作用则产生电动势。地磁方向与检测线圈方向夹角不同，检测线圈产生的电动势也不同，这样就可以确定汽车的行驶方向。如图 9-20 所示为地磁传感器导向原理和导向系统电路简图。

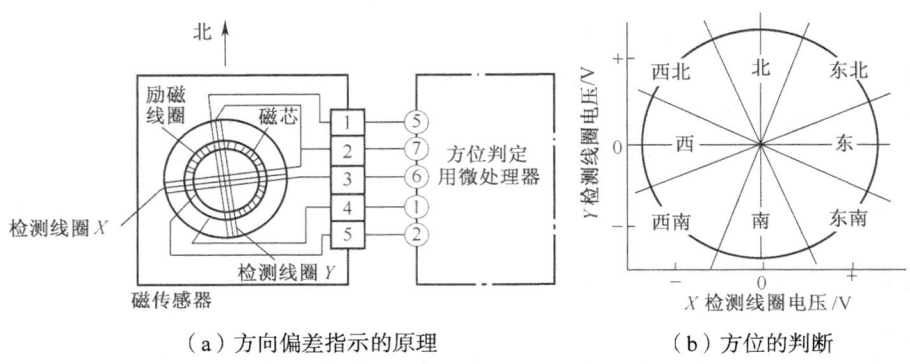

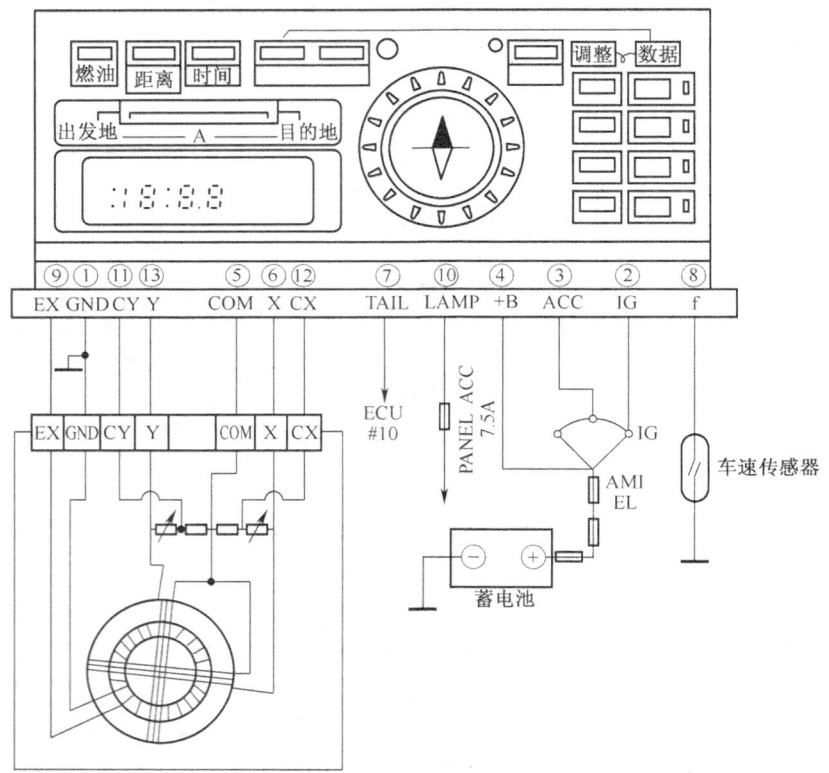

（a）方向偏差指示的原理   （b）方位的判断

（c）地磁传感器导向原理和导向系统电路

图 9-20　地磁传感器导向原理和导向系统电路简图

　　② 陀螺仪。陀螺仪根据其测定元件的不同分为惯性陀螺仪、气流陀螺仪和光纤维陀螺仪。

　　（a）惯性陀螺仪。高速旋转体不受外力作用时，其轴线方向固定。陀螺由轴承悬浮成球形支撑在汽车车身上，汽车以一定横摆角速度转向，相当于在陀螺上作用了另一个旋转运动，产生了科氏惯性力，利用科氏惯性力的大小和方向可以计算出汽车的行驶方向。

（b）气流陀螺仪。气流陀螺仪利用气泵喷嘴喷出稳定的氮气流对两根热线冷却作用的差异来测量汽车行驶方向的改变。其结构原理如图 9-21 所示。汽车直线行驶，喷出的氮气流与两根热线平行，散热能力相等，两线无温差。当汽车转向时，由于喷出气流的惯性，使得对两根热线的冷却作用不同，测量两根热线的温差便可以计算出汽车转角。

（c）光纤维陀螺仪。光纤维陀螺仪检测原理图如图 9-22 所示。光从光纤维线圈 A 点入射，经向左向右方向回转传播，光程相同时，两方向同时经过 1 个周期到达输出的 B 点。当光纤维线圈有向右旋转的角速度 ω 时，则从 A 点入射的同一周期左右方向传播的光程不同，右回转传播光程长，比较左回转传播过程，两者相差一定角度。在原输出 B 点测量两方向传到的光相位不同，测定两光干涉的强度，可以确定两方向光的传播时间差（相位差），从而计算出光纤维线圈（汽车）的转向角速度 ω。

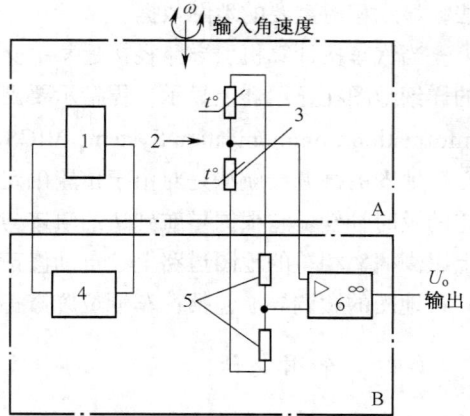

图 9-21　气流陀螺仪结构原理

1—气泵；2—气流；3—热线；4—振荡器；5—电阻；
6—放大器；A—传感器；B—信号处理电路

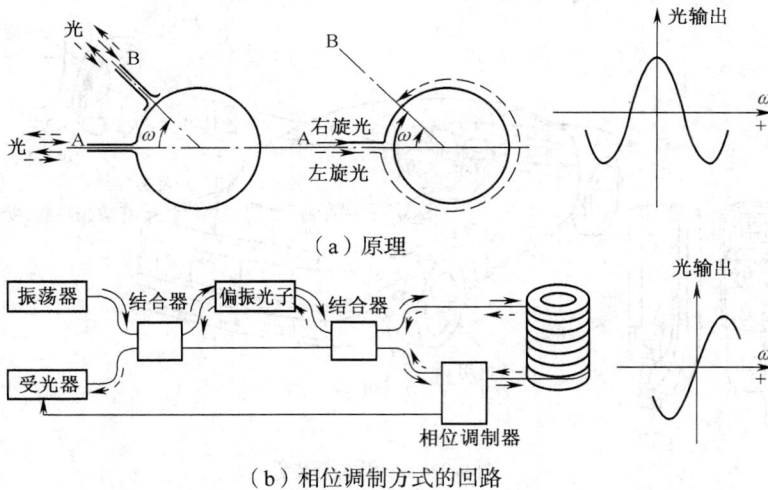

（a）原理

（b）相位调制方式的回路

图 9-22　光纤维陀螺仪检测原理图

（3）导航地图数据库。通过 GPS 和车载传感器所采集到的数据，利用地图匹配进行处理，与存储在数字地图（GIS）数据库中的地形数据进行比较。最后，对来自这些信息源中的所有信息都要进行运算，以便实现定位。采用这些技术的组合可使系统定位精度达到米级。

以航空测量出的地形道路图为基础，将地图涵盖范围按一定比例划分成若干个区域，每个区域上标明道路走向和道路管理的相关信息。如日本全国按每区域纵横约 80 km（经度为 1°，纬度为 40°）划分成一次网络，每个方向划分为纵横约 10 km 的二次网络和进一步以纵横各约 1 km 范围的三次网络（组成全国道路地图数据）。日本约有 39 万个属于三次网络的区域。

CD-ROM 数据库存储着有各种道路属性的数据（路面、路标、桥隧等）、基本道路地图数据。根据汽车行驶所处的位置（经、纬度）坐标，用手动操作或接收车外信息表示该车现处位置的方法，显示相应需要的地图数据。

当汽车按计算机引导路径接近某一交通信标（或装有信号反射的交通灯）时，计算机将当地的详细地图在显示器上显示，再指示要到达目的地的最佳路径。作为汽车信息通信系统（Vehicle Information Communication System，VICS）的路上通信装置，目前相关人员正在研究其实际应用。

地图的微调导航法是对由于位置确定、导航传感器和地图与实际道路之间重合存在的积累误差的及时补偿。它根据导航到达的轨迹与显示器上道路地图指示的行车道路形状相比较，在形状上以高概率相符的地图道路上，自动修正汽车位置和方向。

地图的微调导航包括：车辆位置修正；多路径追迹；距离偏离补偿。

（四）车用电话

1. 车用电话的基本组成与工作过程

车用电话装置由天线（发射及接收）、无线电台、微处理器控制电路及电话机组成，如图 9-23 所示。车用电话装置的无线电台负责与汽车电话网的无线电基地局（MBS）通信，一方面将电话机的声音信号，通过 FM 调制器调整成载波信号，增幅后从天线发射出去；另一方面将 MBS 发送出来的 FM 载波信号，解调增幅送到电话机。无线电台和由微处理器组成的控制电路具有信道干扰检测、接收级位检测、管理收发呼叫、收发控制管理等功能。

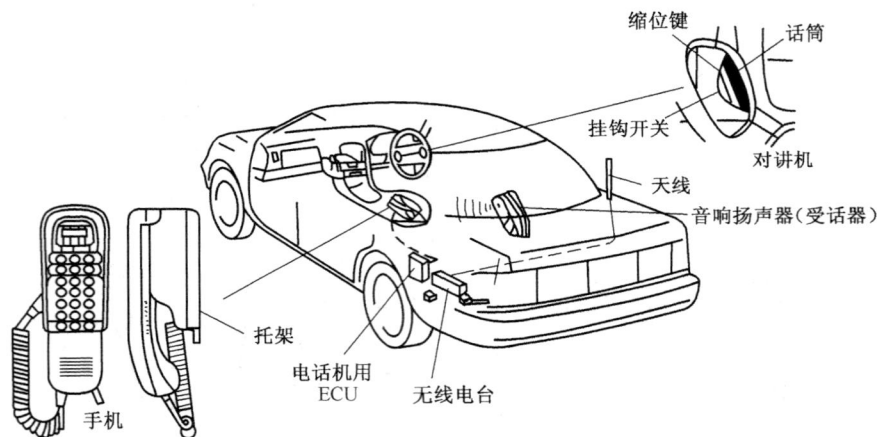

图 9-23　车用电话装置

车用电话机的形式有装在托架上的一般手提式电话机、无线对讲式电话机和声音控制拨号式电话机等多种，后两种电话机的使用是为了减少因使用一般手提式电话需要单手驾车而造成对安全的影响。车用电话的工作原理框图如图 9-24 所示。

汽车电话网组成如图 9-25 所示。车用电话网由 MBS、无线电回程控制局（MCS）和汽车电话交换局（AMC）组成。MBS 通常是一个半径为 3～10 km 的无线电区域，是直接负责与汽车电话联系的通信设施；MCS 是一种中间管理设施，它按照汽车移动电话通过 MBS 提出建立无线通信线路的指令，对若干个有关的 MBS 进行管理；AMC 协同 MBS 建立汽车无线电话之间或汽车电话网与固定电话网之间的连接。固定电话网与汽车电话网之间的连接如图 9-25（a）所示。为优化资源使用，使无线电波在发射半径内能保持足够强度，且不产生过多的区域重叠或产生区域空隙，各 MBS 的电波区域按正六边形连接，如图 9-25（b）所示，因其类似蜂窝状，所以称其为蜂窝电话。

258

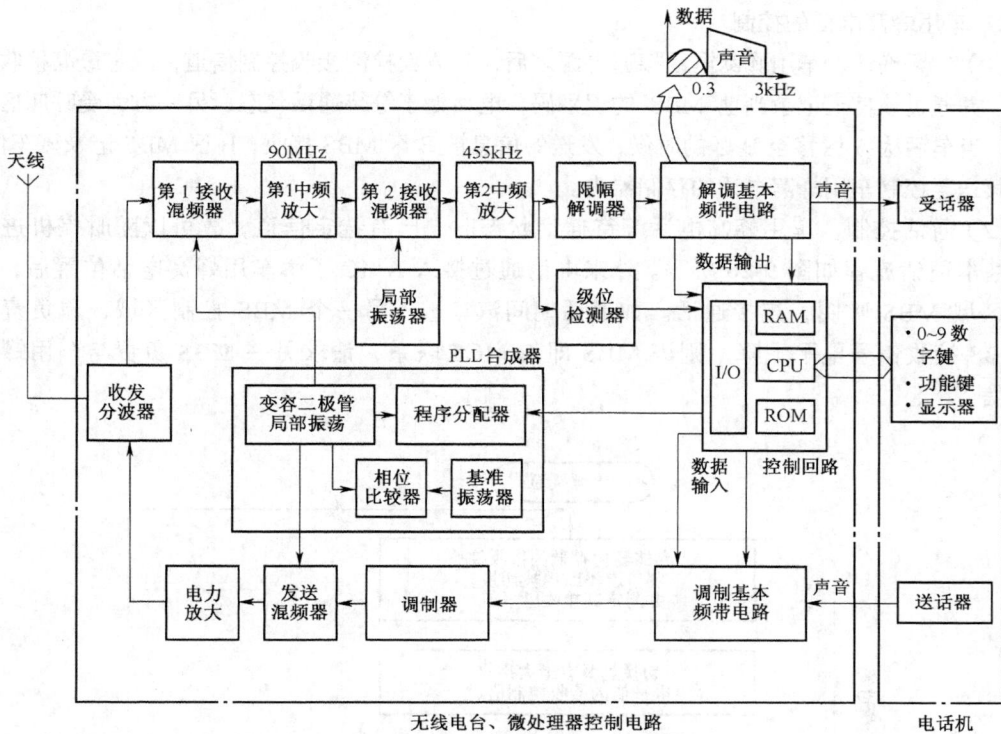

图 9-24 车用电话机的工作原理框图

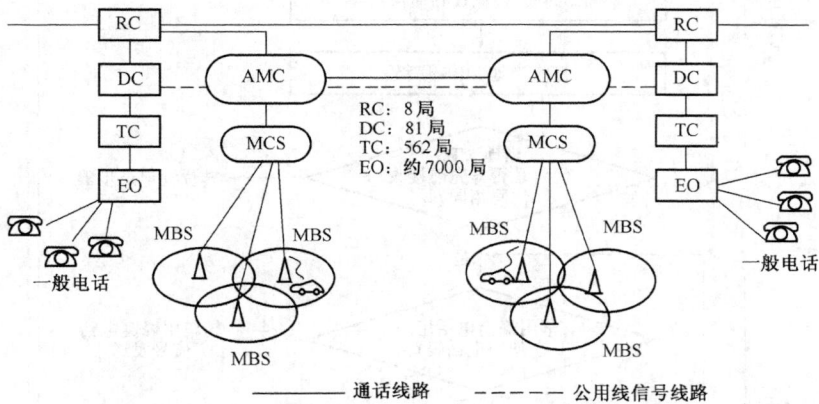

（a）固定电话网与汽车电话网之间的连接

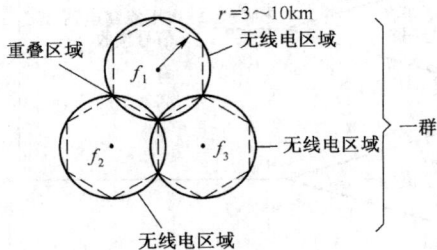

（1）无线电区域与群　　　　　（2）服务区域

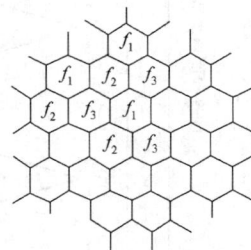

（b）服务区域的组成

图 9-25 汽车电话网组成

2. 车用蜂窝电话的控制

（1）位置确认。车用蜂窝电话接通电源之后，一方面检测接收控制信道，选定最高接收值的信道，并通过该信道记录当地 MBS 的识别码，电话处于等待通话状态；另一方面受呼叫区域的限制，当车辆从 A 区移至 B 区的时候，发送的信息被 B 区 MBS 接收，B 区 MBS 记录该车位置，并将其送至控制车用蜂窝电话的存储器内。

（2）通话控制。车用蜂窝电话等待通话状态时，已有选定信道，故可以随时提机进行通话。基本通话流程如图 9-26 所示。外来电话通过接入 AMC 了解车用蜂窝电话位置后，通过所在区域 MBS 呼叫，连接通话。如通话期间汽车进入另一个 MBS 控制区域，原负责通话的 MBS 接收信号电平下降，则该 MBS 即与 MCS 联系，请求另一 MBS 负责与车用蜂窝电话通信。

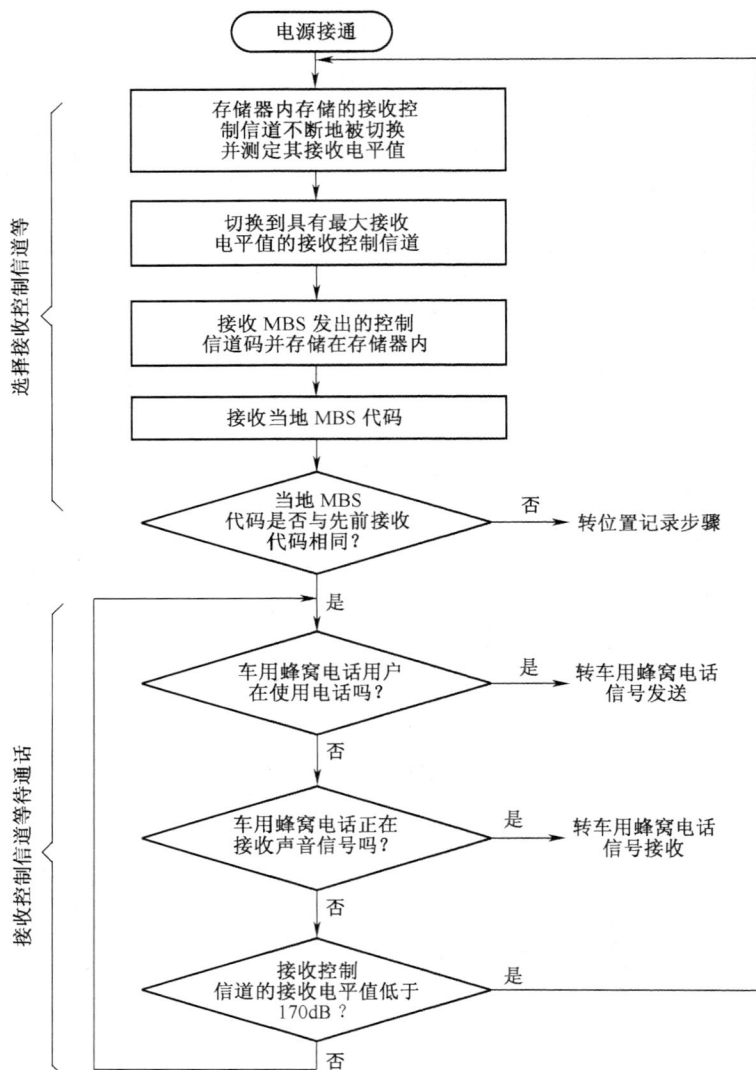

图 9-26　基本通话流程图

通话结束，AMC 对通话期间的信息进行处理，计算通话费用并释放通话期间占用的信道，车用蜂窝电话再次处于待通话状态。

3. 汽车自动拨号电话

汽车自动拨号电话是指不仅能通过拨号与汽车电话网内的汽车用户自动通话，而且能与任一城市有线电话用户自动通信。这种电话在我国属于国家邮电通信网的一部分，以出租方式租给各种用户。用户每月按使用量交费，它可以拨打国内长途电话，还可以自动拨打国际长途电话，使用方便。其电话网络拨打如图 9-27 所示。

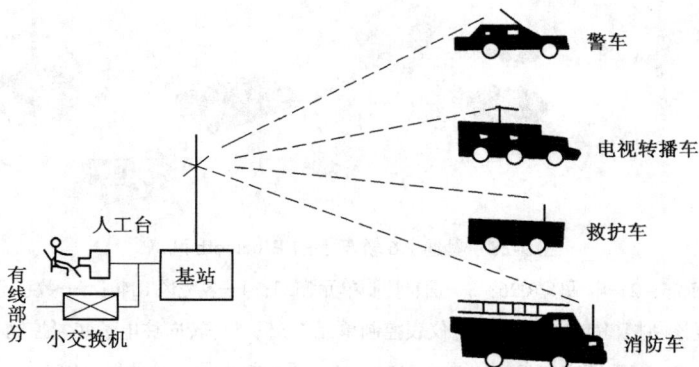

图 9-27　汽车自动电话网络拨打示意图

4. 数字汽车电话

利用数字化技术可以提高通信的抗干扰能力，有利于通信安全和保密，提高无线电频率的利用率，增加信道容量，并且可以提供语言之外的图形、数据传递服务，数字汽车电话技术在未来将得到大力的发展。

数字汽车电话首先将声音信号代码化（对声音信号进行编码），利用数码通信，再将接收的代码解码，组合后复原成模拟声音信号。

声音模拟信号调制方法有调幅（AM）、调频（FM）、调相（PM）等，而相应的数字信号调制方法有振幅偏移调制（ASK）、频率偏移调制（FSK）和相位偏移调制（PSK）等。汽车电话的数字化程度和水平会随着移动通信技术一起发展，因此数字移动电话当然可以在汽车、火车之类的移动交通工具上使用。

5. 蓝牙技术

（1）蓝牙技术简介。在现代商业和个人领域，使用多个移动电话、掌上电脑（PDA）或笔记本电脑都是很常见的，在过去，移动装置之间的信息交换只能通过导线或红外线技术来实现。这种非标准连接严重限制了移动的范围，且使用也很复杂。蓝牙（Bluetooth）技术弥补了这方面的不足，该技术可为不同厂家生产的移动装置提供一个标准的无线连接方式。

Bluetooth 技术首先被应用在奥迪 A6 轿车上，该车的电话装置的听筒和控制单元间就是通过 Bluetooth 技术利用 MOST 总线联系的，如图 9-28 所示。

（2）Bluetooth 技术的由来。瑞典的爱立信公司开发了一种标准的短距离无线系统，人们把这种系统的技术称为 Bluetooth 技术。

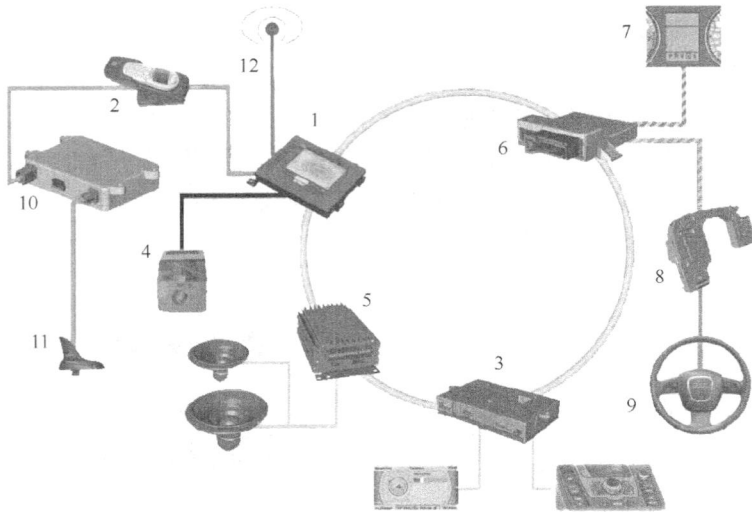

图 9-28　奥迪 A6 轿车上的 Bluetooth 网络

1—电话发射和接收器 R36；2—电话座 Rl26；3—信息控制单元 J523；4—麦克风 Rl40；5—数字音响包控制单元 J525；

6—数据总线诊断接口 J533；7—组合仪表控制单元 J285；8—转向柱电子装置控制单元 J527；

9—多功能方向盘控制单元 J453；10—手机放大器（补偿器）R86；

11—GPS 导航天线 R50；12—Bluetooth 天线 152

目前 Bluetooth 专利集团已经拥有超 2 000 家公司，涉及的领域有电信、数据处理、仪器制造和汽车制造。Bluetooth 这个名字源于维京国王 Harald Bltand，他在 10 世纪时曾统一丹麦和挪威，他的绰号就叫 Bluetooth。由于这个无线系统可以将各种信息系统、数据处理系统以及移动电话系统联在一起，正与 Harald 国王的功绩相仿，因此该系统就被称为 Bluetooth。

（3）Bluetooth 系统的构造。短距离无线电收发器（发射器和接收器）直接安装在所选用的移动装置内或集成在适配器（PC 卡、USB 等）内。Bluetooth 系统使用 2.45 GHz 的波段来进行无线通信，该波段在全世界范围内都是免费的。由于该频率的波长非常短，因此可将天线、控制装置和编码器、发送和接收系统等都集成到 Bluetooth 模块上。Bluetooth 模块结构小巧，可以很方便地将其安装在很小的电子装置内。

传输速率可达 1 Mbit/s，可同时传送 3 个语音通道的信号。Bluetooth 发射器的有效距离为 10 m，如果某些装置外加放大器的话，有效距离可达 100 m。数据的传送不需要进行复杂的设定，如果两个 Bluetooth 装置相遇，它们之间会自动建立起联系。

（4）Bluetooth 的性能。Bluetooth 系统内的数据传送采用无线电波的方式，其频率为 2.4 GHz ~ 2.48 GHz。Bluetooth 技术采取能提高抗干扰性的措施，因此可减少各种装置所产生的干扰。控制模块将数据分成短而灵活的数据包，其长度为 625 μs。用一个 16 位大小的校验和数来检查数据包的完整性，如有干扰，将再次发送数据包，使用一个稳定的语言编码将语言转换成数字信号。无线电模块在每个数据包发送后，以随机的方式改变发送和接收的频率（1 600 次/秒），称为跳频。

三、项目实施

任务一　宝来轿车收音机导航系统自诊断

（一）实施目的及要求

（1）通过该任务的实施，应能够对宝来轿车的收音机导航系统进行设定和操作、故障诊断与排除，并掌握其工作原理。

（2）该项目应具备完成项目的车辆和该车辆的电路图等资料。

（3）实训设备及仪器：V.A.G1551/V.A.G1552、VAS5051/VAS5052、VAS6150、X431 等诊断仪。

（二）实施步骤

1. 故障诊断

宝来轿车安装有收音机导航系统（RNS），装备 RDS 收音机、矩阵式液晶显示器、带有 GPS 卫星接收器的导航系统、音响和导航系统 CD 驱动器。使用 V.A.G1551、V.A.G1552、VAS5051、VAS5052 等诊断仪对导航系统进行自诊断。

（1）连接测试仪。接通点火开关，输入 1，选择"快速数据传递"，进入以下菜单。

显示屏显示：

Rapid and transfer	HELP
Inter address word	× ×
快速数据传递	帮助
输入地址码	× ×

按"3"和"7"键输入"导航"地址码 37。

（2）查询导航控制单元版本。

1J0919887　Navigtion	0001→
Coding 00000	WSC00000
1J0919887　导航	0001→
编码 0000	WSC　00000

1J0919887：导航备件号；Navigtion：系统名称（导航），在 RNS 的壳体上；0001：导航软件版本号；0000：导航编号；WSC00000：服务站代码。

进入系统时，服务站代码会自动被存入收音机控制单元中，收音机、导航系统有各自的备件号，整个 RNS 备件号打印在 RNS 壳体的条形码上。

自诊断过程中，RNS 显示屏显示：

| DLAG |

按"→"键，组合仪表显示：

DLAG

显示屏显示：

Control unit does not answer　　　HELP
控制单元无应答！

按"HELP"键打印可能的故障原因清单，排除故障后，再次输入导航地址码37。

按"Q"键确认，显示屏显示：

1J0919887　Navigtion	0001→
Coding 00000	WSC00000
1J0919887　导航	0001→
编码 0000	WSC00000

按"→"键，显示屏显示：

Rapid and transfer	HELP
Inter address word　　37	
快速数据传递	帮助
输入地址码　　37	

可执行以下功能：

查询导航控制单元版本号	功能 01
查询故障存储器	功能 02
进行执行元件诊断	功能 03
消除故障记忆	功能 05
结束输出	功能 06
读取测量数据块	功能 08
自适应	功能 10

（3）查询故障存储器。选择 02 功能即可完成查询故障，显示屏显示的是存储的故障数量或"无故障"。若按"→"键，存储的故障依次显示并打印出来，故障表见表9-1。

表9-1　　　　　　　　　　　　　故障表

故 障 码	故 障 内 容	故 障 原 因	可能的影响	故 障 排 除
00625	车速信号（GALA）没有信号	车速传感器损坏 车速传感器导线损坏 组合仪表损坏 RNS 损坏	导航部分没有功能	读取测量数据块 按电路图检查导线 进行组合仪表自诊断，必要时更换组合仪表 更换 RNS
00668	接线柱 30 的电压信号太弱 　如果启动机运行超过 10 s，也会存储该故障	蓄电池电压低于 9.5 V 蓄电池不能充电 蓄电池损坏 发电机损坏 个别用电设备开关打开	收音机没有功能或功能不全 　导航功能不正常	读取测量数据块 检查蓄电池，必要时充电或更换 检查发电机，关闭所有不需要的用电设备

故　障　码	故　障　内　容	故　障　原　因	可能的影响	故　障　排　除
00854	组合仪表上收音机频率显示输出无法通信	导线断路 RNS 损坏 组合仪表损坏	RNS 和组合仪表之间无数据传递 组合仪表上的显示屏显示不正常	读取测量数据块 按电路图检查导线 进行仪表板自诊断,更换仪表板 更换 RNS
00862	导航天线（GPS）R50/R52断路/短路对地短路	导线断路 导航天线（GPS）损坏	导航功能不正常	读取测量数据块 按电路图检查导线 检查导航天线（GPS）,必要时进行更换
01311	数据总线信息无信号	导线损坏 RNS 损坏 音响系统（DSP）损坏	音响系统（DSP）功能不正常	读取测量数据块 按电路图检查导线
65535	控制单元损坏	RNS 损坏	RNS 功能不正常	更换 RNS

① 故障可由 RNS 识别，并由 V.A.G1551 打印，按 5 位数故障码排列。

② 故障码只出现在打印结果中。

③ 更换有故障的部件前，应先按电路图检查该件的插头及导线的接地状况。

④ 修理及检测后，重新用故障诊断议 V.A.G1551 查询并清除故障存储器。

（4）测量数据块。

① 自诊断始终在监控 RNS 的输出信号和电压需求。

② 测量数据块分为 4 组。

③ 连接故障诊断仪 V.A.G1551，选择操作模式 1 "快速数据传递"，打开点火开关，输入导航地址码 37。

输入 08 读取测量数据块，用 "Q" 键确认，显示屏要求输入显示组号，输入显示组号后，用 "Q" 键确认。选择另一显示组时，按 C 键。按 3 键可切换到下一个显示组，按 1 键可切换到前一个显示组，如果显示区达到规定值，按 "→" 键可回到功能选择。各显示组显示区的含义见表 9-2。

表 9-2　　　　　　　　　　　　　各显示组显示区的含义

显示组：001			
显示区	描　　述	V.A.G1551 显示	故　障　排　除
1	来自车速表的车速信号	"1" 或 "0" 前车轮转动时,显示值必须在 0 和 1 之间变化	目视检查线路 检查相关电路的插接件安装是否正确 如果上述操作过程中显示屏的显示内容没有变化,则应更换零件 清除故障存储器 再次查询故障存储器
2	供电电压	约等于蓄电池电压	
3	收音机照明变光百分比	关闭照明灯: 0% 打开照明灯: 用亮度控制开关进行亮度无级控制,根据控制位置显示: 20%～95%	
4	S 触点输入状态	S 触点开: 显示 "ON" S 触点关: 显示 "OFF"	

显示组：002

显示区	描　述	V.A.G1551 显示	故　障　排　除
1	倒车灯开关输入状态	"Rev.OFF" 没有挂倒挡齿轮 "Rev.ON" 挂倒挡齿轮	目视检查线路 检查相关电路的插接件安装是否正确 如果上述操作过程中显示屏的显示内容没有变化，则应更换零件 清除故障存储器 进行功能检查 再次查询故障存储器
2	接线柱 15 输入状态	"Term 15 ON" 接线柱 15 给 RNS 供电 "Term 15 OFF" 点火开关打开，但接线柱 15 不给 RNS 供电	

显示组：003

显示区	描　述	V.A.G1551 显示	故　障　排　除
1	GPS 接收器供电状态	"GPS-Aer"	目视检查线路检查相关电路的插接件安装是否正确 如果上述操作过程中显示屏的显示内容没有变化，则应更换零件 清除故障存储器 进行功能检查 再次查询故障存储器
2	供电电压是否正常	"OK"（正常）或 "not OK"（不正常）	

显示组：004

显示区	描　述	V.A.G1551 显示	故　障　排　除
1	组合仪表第二显示屏	显示电话号码	目视检查线路 检查相关电路的插接件安装是否正确 如果上述操作过程中显示屏的显示内容没有变化，则应更换零件 清除故障存储器 进行功能检查 再次查询故障存储器
2	组合仪表第二显示屏连接状态	"OK" 或 "not OK"	

显示组：005

显示区	描　述	V.A.G1551 显示	故　障　排　除
1	数据总线通信	"数据总线" "Data BUS"	目视检查线路 检查相关电路的插接件安装是否正确 如果上述操作过程中显示屏的显示内容没有变化，则应更换零件 清除故障存储器 进行功能检查 再次查询故障存储器
2	数据总线通信是否正常	"OK"（正常）或 "not OK"（不正常）	

续表

显示组：006

显示区	描　述	V.A.G1551 显示	故 障 排 除
1	左侧脉冲信号发射器	"Left"（左）	目视检查线路
2	左侧速度（km/h）	"……km/h" 显示车速，取决于左侧车轮 转动有多快	检查相关电路的插接件安装是否正确 如果上述操作过程中显示屏的显示 内容没有变化，则应更换零件
3	右侧脉冲信号发射器	"Right"（右）	清除故障存储器 进行功能检查
4	右侧速度（km/h）	"km/h" 显示车速，该处永远显示"0 km/h"	再次查询故障存储器

2. 宝来轿车 RNS 部件的拆装

（1）拆装注意事项。

① 整个 RNS 的备件号打印在 RNS 壳体上的条形码上。

② 如果一辆车的 RNS 部件安装在另一辆车上，替代件的备件号应与被替代件的备件号相同，否则会由于 RNS 部件的转角传感器调节不兼容而发生故障。

③ 拆卸 RNS 前应从用户处获得收音机防盗码，如果 RNS 已被更换，通常防盗码已被激活，应将新防盗码提供给用户。

（2）拆装 RNS 部件的专用工具。拆装 RNS 部件的专用工具为两套脱扣工具 T10057，如图 9-29 所示。

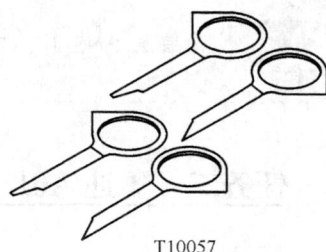

图 9-29　拆装 RNS 部件的专用工具

① 拆卸。

● 将专用工具 T10057 插入箭头处的狭缝内，直到工具被卡住，如图 9-30 所示。

● 拉动专用工具的套环，将 RNS 从仪表板中拉出，松开连接，取出部件。

● 取下专用工具：按压箭头处的锁止片，向外拉出专用工具，如图 9-31 所示。

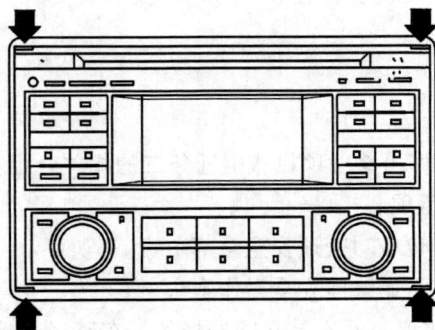

图 9-30　专用工具 T10057 插入箭头处的狭缝内

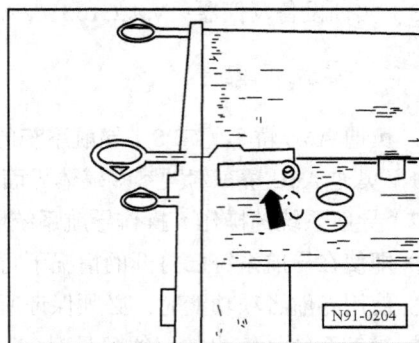

图 9-31　取下专用工具

② 装配。

● 连接 RNS 接头。

● 将 RNS 垂直推入组合仪表板，直到其定位于装配框架内。

● RNS 连接如图 9-32 所示。

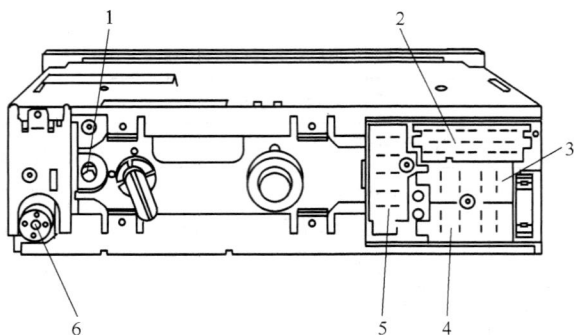

图 9-32　RNS 的连接

1—导航系统的天线连接；2—多孔插头 I（20 脚插头，连接 DSP 前功放输出，电话音频输入和第二显示屏以及 CD 转换控制）；3—多孔插头 II（8 脚插头，扬声器输出）；4—多脚插头 III（8 脚插头，与供电线、电话静音、GSLA 信号照明、"SAFE" 锁止和 S 触点相接）；5—多脚插头 IV（10 脚插头，与导航传感器相接）；6—收音机天线接口

装配 RNS 时，不要按压显示屏和操纵单元，以免造成损坏。

任务二　奥迪 A6L 轿车（GPS）导航系统的设定和使用

（一）实施目的及要求

（1）通过该项目的实施，应能够对奥迪 A6L 导航系统进行自主设定和操作，并熟悉其结构组成。

（2）该项目应具备完成项目的车辆和该车辆的电路图等资料。

（3）实训设备及仪器：V.A.G1551/V.A.G1552、VAS5051/VAS505 等诊断仪。

（二）实施步骤

1. 奥迪 A6L 轿车（GPS）导航系统的设定

（1）奥迪 A6L 轿车驾驶室多媒体界面及按钮的操作可参考项目八中任务二的相关介绍。

（2）导航系统的操作。操作导航系统应注意以下事项。

① 即使在导航系统已打开的情况下行驶，驾驶员也应对交通安全全部负责。

② 使用导航各项功能时，必须保证所有交通情况下始终能安全操作本车。

③ 导航系统计算出的路线只是对到达目的地的建议，并不是必须选择的行车路径，请注意交通信号灯，禁止停车标志和公告。

2. 导航系统的使用

借助导航系统，不必费时查阅地图即可到达所需行驶目的地。在路径引导期间，可从 MMI 和组合仪表上获得汽车所在位置，以及转弯指示（到该转弯处的方向和距离）和到达目的地的时间方面的信息，如图 9-33、图 9-34 所示，此外，系统还会提供语音模式的导航信息。

图 9-33 MMI 上导航系统显示图

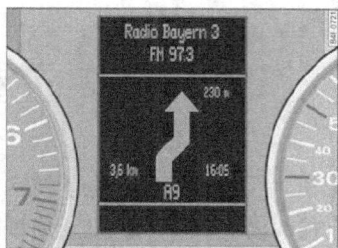

图 9-34 组合仪表上导航系统显示图

　　导航系统测定汽车的当前位置时，使用了里程信息装置和卫星信号。GPS 测得的信息传送到导航系统中后，与导航系统 DVD 上存储的地图资料进行比较，用这种方式能准确计算出路径引导。计算路径引导需要将导航系统 DVD 光盘放入导航系统的驱动器中。导航系统会自动读取 DVD 光盘，驾驶员和乘客便可以输入导航目的地。导航系统的 DVD 光盘上包含 7 种语言（汉语、德语、英语、法语、西班牙语、意大利语、葡萄牙语），几种语言可以相互转换。

　　① GPS 天线上的冰雪等障碍物或树木、高大建筑物的遮挡都可能会妨碍天线的接收效果，因此影响汽车的定位结果。如果多个卫星关闭或失灵，也可能会导致 GPS 接收故障，并由此影响车辆定位。
　　② 如果街道名称被更改了，在 DVD 中的存储名称可能与实际的街道名称不同。
　　③ 即使在导航系统已打开的情况下行驶，驾驶员也应对交通安全全部负责。
　　④ 使用导航系统的各项功能时，必须保证所有交通情况下始终能安全操作本车。
　　⑤ 导航系统计算出的路线只是对到达目的地的建议，并不是必须选择的行车路径，请注意交通信号灯、禁止停车标志和公告。

小 结

　　1. 汽车上使用的显示装置主要有以下几种：发光二极管（LED）、真空荧光显示屏（VFD）、液晶显示屏（LCD）、场致发光屏（DCEL）、阴极射线管（CRT）。
　　2. 汽车倒车安全装置有声纳（超声波）倒车安全装置和雷达倒车安全装置。
　　3. 汽车导航系统的功能：导航功能电子地图、转向语音提示功能、定位功能、测速功能、显示航迹、信息检索功能、娱乐功能。

习 题

　　1. 怎样对宝来轿车 RNS 进行自诊断？
　　2. 如何操作奥迪 A6 轿车的 MMI 功能？

参 考 文 献

［1］李春明. 汽车车身电子技术［M］. 北京：北京理工大学出版社，2007.

［2］侯树海. 汽车单片机及局域网技术［M］. 北京：高等教育出版社，2005.

［3］方贵银，李辉. 汽车空调技术［M］. 北京：机械工业出版社，2002.

［4］汪立亮，彭生辉，徐寅生. 汽车空调原理与维修［M］. 武汉：武汉测绘科技大学出版社，1990.

［5］汪立亮，彭生辉，徐寅生. 汽车电子巡航系统（CCS）原理与检修［M］. 北京：电子工业出版社，2000.

［6］李春明. 捷达都市先锋轿车结构与维修［M］. 北京：北京理工大学出版社，2000.

［7］第一汽车集团公司. 中国轿车丛书：奥迪［M］. 北京：北京理工大学出版社，1998.

［8］李春明，张军，刘艳莉. 汽车故障诊断方法与维修技术［M］. 北京：北京理工大学出版社，2004.

［9］李春明. 汽车电路读图速成［M］. 北京：北京理工大学出版社，2004.

［10］张军. 捷达轿车装配线［M］. 长春：一汽集团公司，2006.

［11］李春明. 汽车电器与电路［M］. 北京：高等教育出版社，2003.